・儒学学科丛书・

舒大刚 朱汉民 主编

舒大刚 程兴丽 编

尚书研读

上海古籍出版社

图书在版编目(CIP)数据

尚书研读／舒大刚，程兴丽著．－－上海：上海古籍出版社，2024.12．－－（儒学学科丛书）．－－ISBN 978-7-5732-1446-1

Ⅰ．K221.04

中国国家版本馆 CIP 数据核字第 2024Q1M157 号

儒学学科丛书

《尚书》研读

舒大刚　程兴丽　著

上海古籍出版社出版发行

（上海市闵行区号景路 159 弄 1－5 号 A 座 5F　邮政编码 201101）

（1）网址：www.guji.com.cn
（2）E-mail：guji1@guji.com.cn
（3）易文网网址：www.ewen.co

商务印书馆上海印刷有限公司印刷

开本 700×1000　1/16　印张 24.5　插页 23　字数 427,000

2024 年 12 月第 1 版　2024 年 12 月第 1 次印刷

ISBN 978-7-5732-1446-1

K·3768　定价：138.00 元

如有质量问题，请与承印公司联系

海南大学科研启动基金项目阶段成果

国际儒学联合会委托项目"中国儒学试用教材"成果

湖南大学岳麓书院国学研究院"岳麓书院国学文库"系列成果

国家社会科学基金重点项目
"巴蜀易学文献通考与研究"（23AZX007）阶段成果

四川省哲学社会科学基金重大专项
"巴蜀学案编撰与蜀学流派研究"（SCJJ24ZD88）阶段成果

编委会名单

主 编
舒大刚 朱汉民

编 委
（序齿）

陈恩林（吉林大学）
刘学智（陕西师范大学）
蔡方鹿（四川师范大学）
朱汉民（湖南大学岳麓书院）
李景林（北京师范大学）
牛喜平（国际儒学联合会）
廖名春（清华大学）
王钧林（曲阜师范大学）
舒大刚（四川大学）
颜炳罡（山东大学）
郭 沂（韩国首尔大学）
杨朝明（中国孔子研究院、山东大学）
尹 波（四川大学）
干春松（北京大学）
张茂泽（西北大学）
肖永明（湖南大学岳麓书院）
彭 华（四川大学）

审 稿
李存山 张践 单纯 陈静 于建福

秘 书
杜春雷 马琛 马明宗

出 版 说 明

儒学（或经学）作为主流学术在中国流行了2 000余年，形成了系统的经典组合、历史传承、学术话语等体系，积累了丰富的学术思想、制度设施和教育成果，我们今天所说的"中华优秀传统文化"，儒学无疑是其主体内容。

从《尚书》"敷五教"、《周礼》"乡三物"，到孔子"文、行、忠、信"四教，以及他所培养的"德行""政事""言语""文学"四科人才，儒学都以特色鲜明的学科体系、学术体系和话语体系，作育人才，淑世济人。可是，自从民国初年废除"经学"科以后，儒学学科便被肢解分散，甚至被贬低抛弃，儒学研究和人才培养顿时体系不再，学科不存，绕树三匝无枝可依。这极不利于民族文化自觉和当代学术振兴。

为寻回中华民族久违了的教育轨迹、古圣先贤的学术道路，重构当代中国特色、中国风格的学科体系，四川大学国际儒学研究院于2016年接受国际儒学联合会的委托，从事"中国儒学试用教材"编撰和儒学学科建设研究。嗣后邀请到北京大学（干春松）、清华大学（廖名春）、北京师范大学（李景林）、中国孔子基金会（王钧林）、山东大学（颜炳罡）、山东师范大学（程奇立）、中国孔子研究院（杨朝明）、湖南大学（朱汉民、肖永明）、西南政法大学（俞荣根）、陕西师范大学（刘学智）、四川师范大学（蔡方鹿）、四川大学（舒大刚、杨世文、彭华），以及韩国首尔大学（郭沂）等校专家，参加讨论并分工撰写，由舒大刚、朱汉民总其成。数年以来，逐渐形成"儒学通论""经典研读""专题研究"等三个系列，差可满足人们了解儒学，学习经典，深入研究的需要。现以收稿早晚为序，分批逐渐出版，以飨读者。其有未备，识者教焉。

四川大学国际儒学研究院
湖南大学岳麓书院国学研究院
2019年12月

目　录

出版说明 ··· 1
凡例 ··· 1

《尚书》导读

一、《尚书》概论 ··· 3
二、《尚书》的内容及其价值 ··· 21
三、《书》学要籍 ··· 34

《尚书》集注

卷一 ··· 93
　虞书 ··· 93
　　尧典第一 ··· 93
卷二 ··· 101
　虞书 ··· 101
　　舜典第二 ··· 101
卷三 ··· 115
　虞书 ··· 115
　　大禹谟第三 ··· 115
　　皋陶谟第四 ··· 124
卷四 ··· 130

虞书 ··· 130
　　　　益稷第五 ·· 130
卷五 ··· 139
　　夏书 ··· 139
　　　　禹贡第一 ·· 139
卷六 ··· 162
　　夏书 ··· 162
　　　　甘誓第二 ·· 162
　　　　五子之歌第三 ·· 164
　　　　胤征第四 ·· 166
卷七 ··· 172
　　商书 ··· 172
　　　　汤誓第一 ·· 172
　　　　仲虺之诰第二 ·· 174
　　　　汤诰第三 ·· 178
　　　　伊训第四 ·· 180
　　　　太甲上第五 ·· 183
　　　　太甲中第六 ·· 186
　　　　太甲下第七 ·· 187
　　　　咸有一德第八 ·· 189
卷八 ··· 194
　　商书 ··· 194
　　　　盘庚上第九 ·· 194
　　　　盘庚中第十 ·· 199
　　　　盘庚下第十一 ·· 204
　　　　说命上第十二 ·· 206
　　　　说命中第十三 ·· 208
　　　　说命下第十四 ·· 211
　　　　高宗肜日第十五 ·· 213
　　　　西伯戡黎第十六 ·· 214
　　　　微子第十七 ·· 216
卷九 ··· 219

周书 219
　　泰誓上第一 219
　　泰誓中第二 222
　　泰誓下第三 224
　　牧誓第四 225
　　武成第五 228

卷十 233
　周书 233
　　洪范第六 233

卷十一 248
　周书 248
　　旅獒第七 248
　　金縢第八 250
　　大诰第九 255
　　微子之命第十 261

卷十二 264
　周书 264
　　康诰第十一 264
　　酒诰第十二 273

卷十三 280
　周书 280
　　梓材第十三 280
　　召诰第十四 283
　　洛诰第十五 290

卷十四 298
　周书 298
　　多士第十六 298
　　无逸第十七 303

卷十五 308
　周书 308
　　君奭第十八 308
　　蔡仲之命第十九 315

多方第二十 ································· 317

卷十六
周书 ····································· 324
  立政第二十一 ··························· 324
  周官第二十二 ··························· 330
  君陈第二十三 ··························· 335

卷十七
周书 ····································· 339
  顾命第二十四 ··························· 339
  康王之诰第二十五 ······················· 347

卷十八
周书 ····································· 352
  毕命第二十六 ··························· 352
  君牙第二十七 ··························· 356
  冏命第二十八 ··························· 358

卷十九
周书 ····································· 360
  吕刑第二十九 ··························· 360

卷二十
周书 ····································· 371
  文侯之命第三十 ························· 371
  费誓第三十一 ··························· 373
  秦誓第三十二 ··························· 376

后记 ····································· 380

影印师伏堂本《尚书大传疏证》

凡 例

一、本书是《尚书》的导读及旧注整理，期为读者了解、学习《尚书》提供较为方便的文献材料和治学路径。

二、本书包括《尚书》导读和《尚书》集注（包括晋传《古文尚书孔传》和宋苏轼《东坡书传》）并节选《师伏堂丛书》本《尚书大传疏证》部分篇幅影印附于书后。

三、《尚书》导读包括释名、体例、传授系统、内容及价值，并对《尚书》学史上众说纷纭的学术公案进行较为系统的说明，以便研究参考。同时还选介了自汉至清《尚书》研究的名著，涉及作者生平及著作简介，尽可能呈现其价值和意义。

四、《古文尚书孔传》以《四部丛刊》影印吴兴刘氏藏（上海涵芬楼原藏）宋刊本为底本，并参考杨世文教授主持的贵州省"国学"单立项目"《尚书》汇校"的校勘成果。

五、《东坡书传》以清刻《学津讨原》本为底本，以明万历刻《两书经解》本、明凌濛初刻朱墨套印本、清文渊阁《四库全书》本参校。

六、整理中为了经注分明，经文皆以宋体字顶格排列，《孔传》《苏传》皆以小号楷体字、退格排列，以示别异。

七、《小序》作仿宋体，篇题及经文作宋体，以明文章层次，便于阅读。

《尚书》导读

一、《尚书》概论

《尚书》是公认中国最古老的经典之一。《尚书》的内容包括虞夏书、商书、周书等,涉及二帝(尧、舜)、三王(夏、商、周)的相关史事,也保存了中国人的政治理想和文明追求。如《尧典》所言"尧舜禅让""礼让为国"的政治理想、《禹贡》所记"禹分九州""天下一统"的天下观念、《洪范》中的"九畴""八政"等治国大法、"周诰""殷盘"的仁政学说。《尚书》既是最古的史料、史书,也是最古的政典、教典。

(一)《尚书》释名

对《尚书》一名的解释,历来莫衷一是。东汉郑玄认为:"尚者,上也,尊而重之,若天书然,故曰《尚书》。"①其遵从河图洛书之说,认为《尚书》乃上天所授,是神圣的。魏晋之际经学家王肃则解之为:"上所言,史所书,故曰《尚书》。"②他将《尚书》归于史书一派,认为《尚书》乃史官记录下来的君上的言行。也有学者因《尚书》所记均是上古三代之事,故释"尚"为"上古"之义,释《尚书》为"上古之书"。结合我国"君举必书"的悠久史学传统,我们认为所谓《尚书》,应为当时史官所记录,或为后代史官所整理的上古三代的文献,它上起唐尧,下迄秦穆,所载内容几乎涉及社会生活的各个方面,诸如政治、经济、文化、历史、思想等。所以,《尚书》是研究上古三代必不可少的基本文献。

传世本《尚书》分为《虞书》《夏书》《商书》《周书》四个部分,共计58篇,其中涉及不同的文体,也得到历代学者的关注。伪孔传本《尚书序》将《尚书》的文体概括为典、谟、训、诰、誓、命六种,唐代孔颖达于《尚书正义》中又将其扩充为十体:典、谟、贡、歌、誓、诰、训、命、征、范,我国当代学者、

---

① (唐)孔颖达:《尚书正义》,十三经注疏本,北京:中华书局,1980年,第115页。
② (唐)孔颖达:《尚书正义》,十三经注疏本,第115页。

《尚书》研究专家钱宗武认为"根据文体特征的相似性原则粗线条归并,《尚书》可以分为四类:典、诰、誓、命"。①

《尚书》最早为史官所记载的史料,然其成书及流传,得益于后代学者的整理及编纂,《史记·孔子世家》即记载了孔子对《尚书》的整理之功,称"孔子之时,周室微而礼乐废,《诗》《书》缺。追迹三代之礼,序《书传》,上纪唐虞之际,下至秦缪,编次其事"。② 此外,先秦诸子散文多引及或提及《尚书》,因此,《尚书》或在先秦时已成书。然文献记载中《尚书》最早的版本当属秦汉时期的伏胜,《史记·儒林列传》载:

> 伏生者,济南人也。故为秦博士。孝文帝时,欲求能治《尚书》者,天下无有,乃闻伏生能治,欲召之。是时伏生年九十余,老,不能行,于是乃诏太常使掌故朝错(又作晁错)往受之。秦时焚书,伏生壁藏之。其后兵大起,流亡,汉定,伏生求其书,亡数十篇,独得二十九篇,即以教于齐鲁之间。学者由是颇能言《尚书》,诸山东大师无不涉《尚书》以教矣。③

伏生又作伏胜,伏胜乃秦朝博士,其所治《尚书》乃秦官本,也是秦火之余流传下来的唯一版本,可惜数十篇毁于秦末战火,仅存二十九篇。伏生所传授的《尚书》于西汉时用当时通行文字隶书写成,称为"今文《尚书》",并立于学官,影响甚大。

到汉武帝时,鲁恭王刘余坏孔子宅,从坏壁中得孔子后人所藏古文《尚书》及《礼记》《论语》《孝经》凡数十篇,皆用先秦古字写就,故称"古文《尚书》",此本后被孔子后人孔安国所得,并将其考定当时官本《尚书》"二十九篇,得多十六篇"(《汉书·艺文志》。《经典释文》说"增多伏生二十五篇"),于是用隶书的笔法描摹,故又称为"隶古定本",后孔安国将其上献朝廷,藏于秘府。

当时经学博士所传仍然是今文《尚书》二十九篇,形成欧阳氏和大、小夏侯三家之学。古文《尚书》只在民间逐渐有所传习。如东汉初年,杜林在西州得漆书古文《尚书》一卷,视若珍宝,潜心研习。卫宏为作《训旨》,于是《古文尚书》之学大兴。之后,贾逵为之作《训》,马融为之作《传》,郑玄为之《注》解(见《后汉书》《经典释文》)。这些传注使古文《尚书》之学得到一脉传承。

---

① 钱宗武解读:《尚书》,北京:国家图书馆出版社,2017年,第3页。
② (汉)司马迁:《史记》,北京:中华书局,1959年,第1935页。
③ (汉)司马迁:《史记·儒林列传》,第3124—3125页。

西晋末年，今文三家《尚书》说尽佚，孔安国所献存于秘府的隶古定本《尚书》亦毁于战火，官方学术受到极大损毁。直至东晋元帝时期，豫章内史梅赜向朝廷献上一部声称由孔安国作传的古文《尚书》，共计五十八篇，此书一出即得到儒林的关注和认可，后经由唐代孔颖达作《尚书正义》定为一尊，遂流传至今。

然从南宋开始，学者们普遍认为孔安国并未给《尚书》作传，由此拉开了《尚书》辨伪的序幕。自宋至元，又由明而清，经过吴棫、朱熹、吴澄、梅鷟等人的考证，直至清代阎若璩《尚书古文疏证》的问世，《尚书》辨伪工作终于告一段落。

被指认梅赜所献上的孔传本古文《尚书》之伪，主要包括三方面内容：其一为较伏胜本及西汉古文本所增多的二十五篇经文；其二为孔安国所作的五十八篇传；其三为孔安国《尚书序》。

虽然今传本《尚书》非孔安国所传，增多的二十五篇也不是真正的孔壁古文，但它们却是魏晋前《尚书》异文的辑佚之作，因此，钱宗武说："我们认为'晚书'主要是《尚书》的辑佚，它补充、丰富了《尚书》的内容，具有较高的史料价值。"① 所以，辑佚各家材料而成的孔传本古文《尚书》出现于经籍道消之际，在战乱频仍、文献匮乏的时代，无疑具有无可替代的重要价值。郭仁成《六朝南学的集体杰构》认为："如果屏弃传统经学的门户之见，换上现代史学的宏观视角，就能清晰地看到，在自古众多的《尚书》版本中，东晋'晚书'不愧为后来居上的集大成之作，而所增廿五篇经文所涵载的古史信息和思想资料，对于复原我国古史的真相，还将发挥经久不衰的作用。"② 显然，抛开辨伪的视角，传世本古文《尚书》自有其重要的价值和意义。

（二）《尚书》今古文之争

两汉今、古文之争历来是学者津津乐道的经学史上的重大公案，表现在《书》学方面，就是用隶书写就的伏生本今文《尚书》与用籀文和六国文字写就的孔壁本古文《尚书》的争锋。二者从文字，到篇目，再到解经均有差异。

1. 汉今文本

金景芳于其《经学概论》中对今文《尚书》梳理甚为完备："秦政焚经，唯济南伏生传《尚书》，授晁错、张生。张生授千乘欧阳生。欧阳生授兒宽。宽

---

① 钱宗武：《〈尚书〉述略》，《益阳师专学报》1989年第3期，第57页。
② 郭仁成：《六朝南学的集体杰构》，《求索》1994年第3期，第123页。

授欧阳生之子。世传其业至于曾孙欧阳高,是谓《尚书》欧阳氏之学。又有夏侯都尉受业于张生,以授族子始昌。始昌传族子胜,是为《尚书》大夏侯之学。胜授从子建,又别为小夏侯之学。西汉之世,三家咸立于学官。然所传之《书》,仅二十九篇,是为今文《尚书》。东汉之世,欧阳氏世为帝师,故欧阳氏之学于东京为最盛。"①今据此线索,胪列如下:

(1) 来源

汉今文本究其根源为秦官本,主要来源有两部分,即伏生本和后得《泰誓》。前引《史记·儒林列传》中所言"秦时焚书,伏生壁藏之",据秦始皇本纪记载,始皇帝三十三年时李斯建议始皇焚书:"非博士官所职,天下敢有藏《诗》、《书》、百家语者,悉诣守、尉杂烧之。"②由于秦始皇实行书同文,故其所焚毁的必是民间私藏的用六国文字写就的本子,留存的也只能是用隶书改写的博士所掌管的《尚书》了。秦朝的严苛律法和暴政终致农民起义的爆发,战乱中《尚书》从此散佚。只有山东济南伏生将其藏于壁中,独留二十八篇。《史记》伏生本传中所言二十九篇应是就伏生所有二十八篇加上后得之《泰誓》而言。又因伏生原为秦博士,故其所藏必为秦官本,即用隶书改写之本,与用六国古文字写就之本比较而言,称为今文本。

据马国翰《玉函山房辑佚书》考证可知,伏生本无《泰誓》篇,盖为汉武帝得到后将其列入伏生本,故后欧阳、大小夏侯传授时才有《泰誓》。

(2) 篇目

今文本所具篇目有:《尧典》《皋陶谟》《禹贡》《甘誓》《汤誓》《盘庚》《高宗肜日》《西伯戡黎》《微子》《泰誓》③《牧誓》《洪范》《金縢》《大诰》《康诰》《酒诰》《梓材》《召诰》《洛诰》《多士》《无逸》《君奭》《多方》《立政》《顾命》《吕刑》《文侯之命》《费誓》《秦誓》,共二十九篇。

按《汉书·艺文志》所著录"经二十九卷",即伏生所传本。而二十九篇之数,历来有三种说法:一、分《顾命》出《康王之诰》,清代江声、龚自珍、俞正燮、皮锡瑞、王先谦与近代程元敏诸家从此。二、汉武帝将后来《泰誓》加进去,刘起釪主此说。三、二十八篇经文加一篇序而成此数,明梅鷟,清朱彝尊、陈寿祺主此说。今笔者取第一种说法。

(3) 传授

据《汉书·儒林传》,伏生本传授系统如下:

---

① 金景芳著,吕文郁、舒大刚主编,舒星点校:《金景芳全集·经学概论》,上海:上海古籍出版社,2015年,第2852页。
② (汉)司马迁:《史记·秦始皇本纪》,第255页。
③ 《泰誓》在武帝时得,之后加入三家今文本。

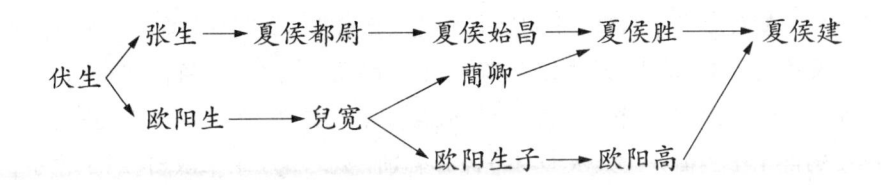

```
伏生 ─┬─ 张生 ──→ 夏侯都尉 ──→ 夏侯始昌 ──→ 夏侯胜 ──→ 夏侯建
      │                            簡卿 ↗
      └─ 欧阳生 ──→ 兒宽
                     └──→ 欧阳生子 ──→ 欧阳高
```

欧阳学最早立为官学,到汉宣帝时大小夏侯、欧阳三家均为官学,鼎足而立。此外,据《汉书·艺文志》著录:(伏生今文本)经二十九卷。欧阳经三十二卷。大、小夏侯二十九卷。显然,大、小夏侯篇数同于伏生本,同为二十九篇,而欧阳家却分为三十二篇。程元敏认为所谓三十二篇即是伏生本的二十八篇加上后得《泰誓》三篇和《书序》一篇。而刘起釪则认为欧阳氏把《盘庚》分为上、中、下三篇,再加上《书序》一篇,总为三十二篇。诸家说法各执一词,莫衷一是。但不论如何,欧阳与大、小夏侯虽同出于兒宽,同为今文学,但二家分篇、篇目却存有差异,解经、说经亦略有不同。

2. 汉古文本

金景芳论汉古文《尚书》云:"孔安国本从伏生授《书》,复得孔壁所藏'《古文》十六篇',以授胶东庸生。五传而至桑钦,而刘歆亦崇信其书。及东汉时,贾逵、孔僖世传古文之学。尹咸、周防、周磐、杨伦、张楷、孙期亦习'古文'。特古文十六篇,绝无师说,故传其学者,咸无注释,非晋梅赜所称之'孔氏古文'也。"①今结合文献,对汉古文《尚书》来源、篇目、传授具述如下。

(1)来源

汉古文本来源于孔壁藏书。《汉书·景十三王传·鲁恭王传》:"恭王(刘余)初好治宫室,坏孔子旧宅以广其宫,闻钟磬琴瑟之声,遂不敢复坏,于其壁中得古文经传。"②又《汉书·艺文志》:"武帝末,鲁共王(即恭王)坏孔子宅,欲以广其宫,而得古文《尚书》及《礼记》《论语》《孝经》凡数十篇,皆古字也。共王往入其宅,闻鼓琴瑟钟磬之音,于是惧,乃止不坏。孔安国者,孔子后也,悉得其书,以考二十九篇,得多十六篇。安国献之。遭巫蛊事,未列于学官。"③又据《史记·儒林列传》载:"自此之后,鲁周霸、孔安国、雒阳贾嘉,颇能言《尚书》事。孔氏有古文《尚书》,而安国以今文读之,因以起其家。《逸书》得十余篇,盖《尚书》滋多于是矣。"④

由此可见,盖鲁恭王坏孔子壁得古文《尚书》,后被孔子后人孔安国得之,

---

① 金景芳著,吕文郁、舒大刚主编,舒星点校:《金景芳全集·经学概论》,第2852页。
② (汉)班固:《汉书》,北京:中华书局,1962年,第2414页。
③ (汉)班固:《汉书》,第1706页。
④ (汉)司马迁:《史记》,第3125页。

与伏生本相较多得十六篇。且孔安国将古文改作"今文",而这种"今文"区别于今文家之隶书,是为"隶古定",即用当时流行隶书之笔法将古文重新摹写一遍,由此汉古文本又称"隶古定本"或孔壁本。显然,西汉今文本与古文本的区别首先在于篇数。其次书写字体亦有别,今文本用隶书改写,属于今字;而古文本则是运用隶书的笔法、不变动任何笔画地重抄、摹写,故仍属古字。

(2)篇目

古文本所具篇目有:《尧典》《舜典》《汩作》《九共》《大禹谟》《皋陶谟》《益稷》《禹贡》《甘誓》《五子之歌》《胤征》《汤誓》《典宝》《汤诰》《伊训》《肆命》《咸有一德》《原命》《盘庚》《高宗肜日》《西伯戡黎》《微子》《牧誓》《武成》《洪范》《旅獒》《金縢》《大诰》《康诰》《酒诰》《梓材》《召诰》《洛诰》《多士》《无逸》《君奭》《多方》《立政》《顾命》《康王之诰》《冏命》《吕刑》《文侯之命》《费誓》《秦誓》《书序》,共四十六篇。

其中,《舜典》《汩作》《九共》《大禹谟》《益稷》《五子之歌》《胤征》《汤诰》《咸有一德》《典宝》《伊训》《肆命》《原命》《武成》《旅獒》《冏命》十六篇,"绝无师说",历代儒师也仅为其《书序》作注,故此时古文家传授经文的篇目与今文家仍是相同的,唯一不同的就是写经的文字以及由此而致的说经内容。

(3)传授

汉古文本的传授系统据两汉史料可以基本梳理明晰。《汉书·儒林传》:"(孔安国)授都尉朝,而司马迁亦从安国问故。……都尉朝授胶东庸生。庸生授清河胡常少子。……常授虢徐敖……(敖)授王璜、平陵涂恽子真。子真授河南桑钦君长。……世所传百两篇者,出东莱张霸。"①《后汉书·儒林传》:"(周防)师事徐州刺史盖豫,受古文《尚书》。……(孔僖)自安国以下,世传古文《尚书》《毛诗》。……二子长彦、季彦……(杨伦)师事司徒丁鸿,习古文《尚书》。……扶风杜林传古文《尚书》,林同郡贾逵为之作《训》、马融作《传》、郑玄《注》解,由是古文《尚书》遂显于世。……(卫宏)后从大司空杜林更受古文《尚书》,为作《训旨》。时济南徐巡师事宏,后从林受学。"②《后汉书·马融传》:"初,京兆挚恂以儒术教授,隐于南山,不应征聘,名重关西,融从其游学,博通经籍。"③《后汉书·贾逵传》:"(贾逵)父徽……受古文《尚书》于涂恽。……逵悉传父业。"④《后汉书·郑玄传》:"又从东郡张恭祖受《周官》、《礼记》、《左氏春秋》、《韩诗》、古文《尚书》。

---

① (汉)班固:《汉书》,第3607页。
② (南朝宋)范晔:《后汉书》,北京:中华书局,1965年,第2560—2575页。
③ (南朝宋)范晔:《后汉书》,第1953页。
④ (南朝宋)范晔:《后汉书》,第1234—1235页。

以山东无足问者,乃西入关,因涿郡卢植,事扶风马融。……其门人山阳郗虑至御史大夫,东莱王基、清河崔琰著名于世。又乐安国渊、任嘏,时并童幼,玄称渊为国器,嘏有道德。"①《后汉书·卢植传》:"少与郑玄俱事马融。"②

据以上记载,列古文《尚书》传授系统如下:

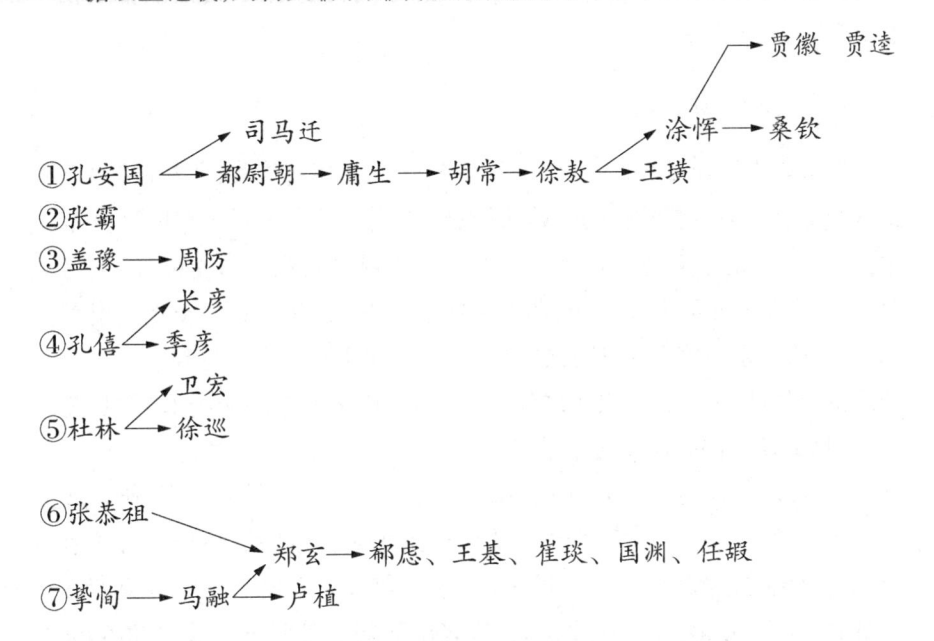

①孔安国 → 都尉朝 → 庸生 → 胡常 → 徐敖 → 涂恽 → 桑钦
　　　　↘ 司马迁　　　　　　　　　　　↗ 贾徽　贾逵
　　　　　　　　　　　　　　　　　　　　王璜
②张霸
③盖豫 → 周防
④孔僖 → 长彦
　　　　 季彦
⑤杜林 → 卫宏
　　　　 徐巡

⑥张恭祖 ↘
　　　　　郑玄 → 郗虑、王基、崔琰、国渊、任嘏
⑦挚恂 → 马融 → 卢植

古文经出现之日,必然随之生出今古文之争。《汉书·刘歆传》:"及歆亲近,欲建立《左氏春秋》及《毛诗》、《逸礼》、古文《尚书》皆列于学官。哀帝令歆与五经博士讲论其义,诸博士或不肯置对。歆因移书太常博士,责让之。"③《后汉书·贾逵传》亦载:"建平中,侍中刘歆欲立《左氏》,不先暴论大义,而轻移太常,恃其义长,诋挫诸儒,诸儒内怀不服,相与排之。孝哀皇帝重逆众心,故出歆为河内太守。从是攻击《左氏》,遂为重雠。"④显然,建平中,刘歆要将藏于秘府的古文经立于学官,然而受到今文经学家的强烈抵制,今古文之争由此肇端。

基于书写文字的区别,今古文经学家在解读经文的时候也出现了较大的差别,概而言之,今文家解经注重家法和师法,呈现出了谶纬神学的渗透及空疏繁琐之特点,与古文家质朴平实的解经风格形成了鲜明对比。

今古文之争最激烈的交锋当属东汉章帝建初四年召开的白虎观会议,

---

① (南朝宋)范晔:《后汉书》,第1207—1212页。
② (南朝宋)范晔:《后汉书》,第2113页。
③ (汉)班固:《汉书》,第1967页。
④ (南朝宋)范晔:《后汉书》,第1237页。

会议的举行乃今文家意图借助皇权以期压倒声势浩大的古文家，旨在否定古文之说，以维持其在思想文化方面的统治地位。

虽然，今文家总在不遗余力地遏制古文经学，但随着今文学派的日趋没落，古文经学在民间的流传中觅得良机，且影响日趋重大，终是取得了较今文经学更大的回响。

（三）王肃、郑玄之争

郑玄是东汉经学大家，上引《后汉书》卷三五郑玄传载，郑玄最初"遂造太学受业，师事京兆第五元先，始通《京氏易》《公羊春秋》《三统历》《九章筹术》"，接受的是今文经学教育。后来才从东郡张恭祖受古文诸经，最后又"西入关"从马融问学。① 显然郑玄是融汇今古，兼有众长，"于是经生皆从郑氏，不必更求各家"。② 郑玄的《书》学在东汉末年基本上达到了一统天下的地位，影响巨大。到了汉魏之际，在兴盛的郑学之外，王肃《书》学独树一帜，由此引发了《尚书》学史上的又一大公案：王肃、郑玄之争。

王、郑之争是经学史上的重大事件，因王肃《尚书》学一出现，便表现出了与郑玄不同的地方，故不少学者均认为王肃是凭借国戚的身份与郑学颉颃。皮锡瑞《经学历史》云："郑学出而汉学衰，王肃出而郑学亦衰。"③据《三国志》等书记载，王肃师事宋衷，宋衷出自刘表时荆州学派，荆州学派以古文学相号召，王肃本有比较正统的古文经学师传。但又据皮锡瑞考证，王肃之父王朗师杨赐，杨赐家世传《欧阳尚书》。检《后汉书·杨震列传》，赐祖父杨震，"字伯起，弘农华阴人也。八世祖喜，高祖时有功，封赤泉侯。高祖敞，昭帝时为丞相，封安平侯。父宝，习《欧阳尚书》"，"震少好学，受《欧阳尚书》于太常桓郁，明经博览，无不穷究"。震中子秉，"秉字叔节，少传父业，兼明《京氏易》，博通书传"，秉子赐，"赐字伯献，少传家学，笃志博闻"。④ 由此可见，王肃也并非纯古文学家，也受到了其父今文《尚书》的影响，"故其驳郑，或以今文说驳郑之古文，或以古文说驳郑之今文"，故自廖平、皮锡瑞以下皆讥其自乱家法，"反效郑君而尤甚焉"。⑤《三国志》本传云王肃为了和郑学争锋，甚至"集《圣证论》以讥短玄"。⑥

---

① （南朝宋）范晔：《后汉书》，第 1207 页。
② （清）皮锡瑞：《经学历史》，北京：中华书局，1959 年，第 142 页。
③ （清）皮锡瑞：《经学历史》，第 155 页。
④ （南朝宋）范晔：《后汉书》，第 1759—1775 页。
⑤ （清）皮锡瑞：《经学历史》，第 155 页。
⑥ （晋）陈寿：《三国志·魏志·王肃传》，北京：中华书局，1971 年，第 419 页。

此外,周予同先生亦认为:"郑学盛行,而今古文的家法完全混乱了。"又说:"在郑学盛行以后数十年内,曾发生过反郑学运动……他(王肃)的经术和郑玄一样,也是博通今古文者,他的反对郑学,完全出于个人的好恶,所以或用今文说驳郑的古文说,或用古文说驳郑的今文说,而且伪造《孔子家语》《孔丛子》二书,作为反郑专著的《圣证论》的根据。后来肃学虽依靠外孙为帝王的权威将他的《尚书》《诗》《论语》《三礼》《左氏解》和他的父朗的《易传》立于学官,使郑学受一打击,但是今古文家法从此更无人过问,而所谓当时儒者也只晓得参加郑王之争了。"①

通过上面论述不难发现,王肃与郑玄《书》学之争不在所传《书》经之篇目,因为他们二者所传篇目实与马融同,仍为一脉相承的西汉古文本,盖因"逸十六篇"被孔安国献书朝廷存于秘府后,在民间绝无师说,后经东汉末、三国丧乱或已遗失不全。民间传承的古文家则多依靠《百篇书序》而存有"逸篇"之名与《序》,故他们所传经文应是除去逸篇之外的三十篇,而所传《序》和篇名则为四十六篇:《尧典》《舜典》《汩作》《九共》《大禹谟》《皋陶谟》《益稷》《禹贡》《甘誓》《五子之歌》《胤征》《汤誓》《典宝》《汤诰》《伊训》《肆命》《咸有一德》《说命》《盘庚》《高宗肜日》《西伯戡黎》《微子》《牧誓》《武成》《洪范》《旅獒》《金縢》《大诰》《康诰》《酒诰》《梓材》《召诰》《洛诰》《多士》《无逸》《君奭》《多方》《立政》《顾命》《康王之诰》《冏命》《吕刑》《文侯之命》《费誓》《秦誓》《书序》。

如上所言,因较西汉今文本多出来的十六篇经文"绝无师说",故郑玄和王肃仅注及逸文之序,而未及逸文之经;或及逸文之篇名,而不及逸文之正文。如,二者注及《益稷》篇名,《尚书正义》云:"马、郑、王所据《书序》此篇名为《弃稷》。"②是郑玄、王肃承传孔壁古文作《弃稷》者,乃逸十六篇之一也。

虽然王肃、郑玄所治皆为西汉古文《尚书》一脉,但鉴于隶古定本《书》经在传授过程中诸师难免会对其中"隶古定"的某些字词作一些修改和调整,从而造就了王肃和郑玄《书》经异文情况的出现,这是二者之争浅层次的表现之一。然王肃、郑玄之争最为深刻的表现则是对经典阐释的出入,对此,以皮锡瑞、周予同为代表的后世学者都对王肃极力批评,认为其故意与郑玄争锋,以求名望。但通过对王肃与郑玄《尚书》注释的全方位比较,不难发现王注多有与郑注相同之处,即使不同的见解,王肃也多用马融之说驳斥郑玄之说,即王肃是基于古文学家的立场来反对郑学融合古今的做法,并非

---

① 朱维铮编:《周予同经学史论著选集》,上海:上海人民出版社,1983年,第16—17页。
② (唐)孔颖达:《尚书正义》,十三经注疏本,第141页。

单单基于政治原因,有意炫奇,以期压倒郑学。对于皮锡瑞所说的他们互相以今古文争锋,用古文驳今文,用今文驳古文,在现有的资料里亦缺乏充分的证据。此外,王学与郑学争锋的基点之一就是对郑学沉溺谶纬解经的反驳。王肃身处经学发生逆转的关键时期,当时经学的走向是对谶纬解经的批判,向客观经解的回归,因此,王肃便站在反对谶纬的立场上对郑玄予以辩难。显然,王肃与郑玄之争当如王肃所言:"郑氏学行五十载矣,自肃成童,始志于学,而学郑氏学矣。然寻文责实,考其上下,义理不安,违错者多,是以夺而易之。"①可见王注也有针对郑注"义理不安""违错者多"的原因。

(四)《尚书》辨伪

从宋代开始的对古文《尚书》的辨伪工作是紧紧围绕着东晋梅赜献上的孔传本古文《尚书》而展开的,故有必要首先交代一下孔传本古文《尚书》的版本源流。

1. 孔传本古文《尚书》

晋朝建立不久,中原就发生了永嘉之乱。永嘉五年(311),匈奴人刘聪攻陷晋朝首都洛阳,此后司马氏南迁,晋朝偏安江左,是为东晋。据《隋书·经籍志》:"晋世秘府所存,有古文《尚书》经文,今无有传者。及永嘉之乱,欧阳、大、小夏侯《尚书》并亡。"②可知,对古文《尚书》而言,这次战乱的损毁是致命的。孔安国所献四十六卷《书》一直藏于秘府,先经汉末董卓之乱,再经西晋末年永嘉之乱,最终完全被毁。这次变乱也彻底地将今文经学赶出了历史舞台,欧阳、大、小夏侯三家今文《尚书》也全部丧失。

东晋建立后,面对被毁坏至如斯境地的典籍文化,东晋统治者决心再开重视经籍之风。随着朝廷所推出的兴建礼制、设立学官、开置博士等一系列措施取得成效,伪《孔传》面世了。关于伪《孔传》的出现有很多记载:

《经典释文·序录》:"江左中兴,元帝时豫章内史梅赜奏上孔传古文《尚书》,亡《舜典》一篇,购不能得,乃取王肃注《尧典》从'慎徽五典'以下,分为《舜典》篇以续之,学徒遂盛。"③孔颖达《尚书正义》在《舜典》篇首"曰若稽古帝舜"至"乃命以位"疏释:"昔东晋之初,豫章内史梅赜上《孔氏传》,犹阙《舜典》。自此'乃命以位'已上二十八字,世所不传。"④《隋书·经籍志》:"至东晋,豫章内史梅赜,始得安国之传,奏之,时又阙《舜

---

① (魏)王肃注:《孔子家语·序》,上海:上海古籍出版社,2019年,第1页。
② (唐)魏徵:《隋书》,北京:中华书局,1973年,第915页。
③ (唐)陆德明:《经典释文》,上海:上海古籍出版社,1984年,第31页。
④ (唐)孔颖达:《尚书正义》,十三经注疏本,第125页。

典》一篇。"①

据诸家记载可知,伪《孔传》乃由东晋元帝时梅赜所献上,后遂流行于世。

(1) 孔传本《尚书》篇目

按孔颖达《尚书正义》可得伪《孔传》五十八篇如下:

《尧典》《舜典》《大禹谟》《皋陶谟》《益稷》《禹贡》《甘誓》《五子之歌》《胤征》《汤誓》《仲虺之诰》《汤诰》《伊训》《太甲(三篇)》《咸有一德》《盘庚(三篇)》《说命(三篇)》《高宗肜日》《西伯戡黎》《微子》《泰誓(三篇)》《牧誓》《武成》《洪范》《旅獒》《金縢》《大诰》《微子之命》《康诰》《酒诰》《梓材》《召诰》《洛诰》《多士》《无逸》《君奭》《蔡仲之命》《多方》《立政》《周官》《君陈》《顾命》《康王之诰》《毕命》《君牙》《冏命》《吕刑》《文侯之命》《费誓》《秦誓》。

(2) 孔传本《尚书》的传授

据孔颖达《尚书正义》两引《晋书》,可知古文《尚书》之传授:《晋书·皇甫谧传》云:"姑子外弟梁柳边得古文《尚书》,故作《帝王世纪》往往载《孔氏传》五十八篇之书。"《晋书》又云:"晋太保公郑冲以古文授扶风苏愉,愉字休预;预授天水梁柳,字洪季,即谧之外弟也;季授城阳臧曹,字彦始;始授郡守子汝南梅赜,字仲真,又为豫章内史,遂于前晋奏上其书而施行焉。"孔颖达于此两处引文后云:"时已亡失《舜典》一篇,晋末范甯为《解》时已不得焉,至齐萧鸾建武四年,姚方兴于大航头得而献之,议者以为孔安国之所注也。"②

对于此处《晋书》引文的问题,刘起釪论述甚为详悉:"关于所引《晋书·皇甫谧传》一段,今《二十四史》中的《晋书》谧传并无此文。过去或以为引臧荣绪《晋书》,或以为引王隐《晋书》,皆出推想。按唐修《晋书》(即今《二十四史》之本)以前,自晋至宋撰《晋书》者达二十三家,传至唐初可考者尚有十九家(见金毓黻先生《中国史学史》),刘知幾《史通》则说有前后晋史十八家。孔颖达撰《正义》时,十余家《晋书》大抵都在,不知其究引其中哪一家,但总之当是其中的一家。"③

据孔颖达引《晋书》的记载,可知梅赜《尚书》的传授系统:

郑冲 ——→ 苏愉 ——→ 梁柳 ——→ 皇甫谧
                            ↘ 臧曹 ——→ 梅赜

---

① (唐)魏徵:《隋书》,第915页。
② (唐)孔颖达:《尚书正义》,十三经注疏本,第118页。
③ 刘起釪:《尚书学史》,北京:中华书局,1989年,第172页。

(3) 孔传本古文《尚书》的作者

关于孔传本古文《尚书》的作者，几百年来依然众说纷纭，难成定论。大体来说，有以下六种看法。

王肃说。此论以惠栋、丁晏为代表。惠栋《古文尚书考》云："王肃注《家语》亦以'今失厥道'当夏太康时。又《左传正义》曰：'案王肃注《尚书》，其言多是《孔传》，疑肃见古文，匿之而不言。'《经典序录》曰：'肃注今文，而解大与古文相类，或肃私见《孔传》而匿之。'据此二说，故栋常疑后出古文肃所撰也。"①惠栋明知以这两点作为王肃伪造孔传本的证据很不充分，故其于《古文尚书考》的前言中又主张为梅赜所伪造。李惇《群经识小》亦云："刘端临（台拱）曰：'是书既非汉以前人所作，汉以后非子雍（王肃）之明敏博洽亦不能作。'其说是也。……子雍旷代之才，使其平心静气，研精覃思，何难与康成并驾，惜其克伐之心太甚，以康成压其前，专欲为异说以胜之，作《圣证论》未已也，又出《孔氏家语》；出《家语》未已也，又为《孔传》。是书虽成而未遽出，又数十年后乃出于梅赜，其所争者在后世之名，固不必及其身而出之也。"②此外，丁晏《尚书余论》总结有十九题，旗帜鲜明地主张王肃伪造《孔传》，云："盖自魏王肃私造古文，谧、冲实亲见之，古文施行不始于西晋之初矣。"③"《家语》本肃所伪撰，则此古文书传亦肃所私造而托名安国者也。"④

此外，亦有学者认为伪孔出于王肃后学之手，程元敏于其《尚书学史》云：

> 初，（郑）冲与郑小同为高贵乡公讲《尚书》，时当主郑玄学。曹爽既见杀，司马家即将取代曹氏，其势甚显，而肃女早适司马昭，冲本为曹爽所引，转而阿党司马家，劝进司马昭受封公爵，礼九锡（《世说新语·文学》、《文选》阮籍《为郑冲劝晋王笺》），又奉魏策告禅。在魏为太保，封侯，入晋进爵公，拜太傅。晋武帝为王肃外孙，肃说经早与郑君倡异，自伪造《孔子家语》《孔丛子》《圣证论》以难郑，魏太保晋太傅郑冲者，遂与肃党阴造伪古文本《尚书》经、传，诡称私得之于民间，递传至东晋梅赜上献。⑤

---

① （清）惠栋：《古文尚书考》，《续修四库全书·经部·书类》，上海：上海古籍出版社，2002年，第74页。
② （清）李惇：《群经识小》，《续修四库全书·经部·群经总义类》，上海：上海古籍出版社，2002年，第23页。
③ （清）丁晏：《尚书余论》，《续修四库全书·经部·书类》，上海：上海古籍出版社，2002年，第824页。
④ （清）丁晏：《尚书余论》，《续修四库全书·经部·书类》，第821页。
⑤ 程元敏：《尚书学史》，上海：华东师范大学出版社，2013年，第944页。

皇甫谧说。此观点以明梅鷟为代表，清王鸣盛亦同其说。梅鷟于其《尚书考异》云"东晋之古文乃自皇甫谧而突出"，"赜乃得之梁柳，柳即谧之外兄，此亦可知谧之假手于柳以传"，"至其作《帝王世纪》也，凡《尚书》之言多创为一纪以实之"。① 王鸣盛《尚书后案》于《又辨卷首疏》中说："伪《书》非王肃作，即皇甫谧作，大约不外二人手。"②

然遍检《孔传》和《帝王世纪》二书，不同之处甚多，关于二本之不同，陈梦家于其《尚书通论》中罗列多条，论述详悉。③ 此外，钱熙祚《帝王世纪序》亦列举二书之同异，并云：

> 使皇甫谧果得孔《书》，不应牴牾若此！妄意其时孔传尚在权舆，即二十五篇之书，亦未必如今之完备，故自夏、商四篇而外，厥无只字及之。观郑氏《尚书注》引《伊训》'征是三朡'一语，与《世纪》略同，而《周官》'太师、太傅、太保，兹惟三公'之文，乃先见于《郑志》，可见魏、晋之际，真古文未尽亡，好事者搜集遗文，重为补缀，盖不出于一人，亦不成于一时。宋以后儒者类能攻驳古文，或断然以为出皇甫谧手，是未取《帝王世纪》之文与孔书互相勘也。④

显然，钱熙祚通过二本对勘否定了皇甫谧作伪之说，并且提出了其乃"好事者搜集遗文，重为补缀，盖不出于一人，亦不成于一时"之言，实为的论。

梅赜说。此论断以阎若璩和惠栋为代表。阎若璩《尚书古文疏证》："梅赜上伪《书》，冒以安国之名，则是梅赜始伪。"惠栋之说前已论及，开始主张伪孔为王肃所作，后又甚觉证据不够充分，故于其《古文尚书考》前言云："今世所谓古文者，乃梅赜之书，非壁中之文也。赜采撮传、记，作为古文，以绐后世，后世儒者靡然信从，于是东晋之古文出，而西汉之古文亡矣。"⑤二人皆因伪孔为梅赜献上，故疑其为伪孔之制造者，然据孔传本古文《尚书》传授系统可知，此书于西晋时已出现，断不可能为梅赜所伪造。

东晋孔安国说。此观点以陈梦家为代表，他于其《尚书通论》中言："（东晋）安国既是孔氏后裔，对于当日的俗儒淫辞繁说十分不满，所以根据

---

① （明）梅鷟：《尚书考异》，《四库全书·经部·书类》，上海：上海古籍出版社，1989年，第14页。
② （清）王鸣盛：《尚书后案》，《续修四库全书·经部·书类》，上海：上海古籍出版社，2002年，第311页。
③ 陈梦家：《尚书通论》（增订本），北京：中华书局，1985年，第115—116页。
④ （清）顾观光辑：《帝王世纪》，丛书集成初编本，上海：商务印书馆，1936年，第1页。
⑤ （清）惠栋：《古文尚书考》，《续修四库全书·经部·书类》，第57页。

东汉传下来的百篇序推造百篇中的五十八篇,此五十八篇有三十三篇仍用今文,所造只二十五篇。"①关于此说,蒋善国《尚书综述》已一一驳之:

一、郭璞在西晋末作《尔雅注》已明引伪《孔传》两处,足证当时伪《孔传》已通行,绝不致九十年后东晋孔安国出来,才作《书传》。据《晋书·荀崧传》,东晋已立《古文尚书·孔氏》,既然立学,不能没有传,足证在东晋以前,伪《孔传》已经出现。再说,如汉孔安国已有《书传》行世,并且立在学官,更无须东晋孔安国以远孙的资格来重作《书传》,与他的远祖汉孔安国所作的《书传》争立。

二、伪《孔安国古文尚书传大序》附会汉武帝时候的巫蛊事件,说:"会国有巫蛊之事……"如果伪《孔传》是东晋孔安国所作,除非他假汉孔安国,有意作伪,那又该怎样解释伪《大序》这段文字呢?

三、《连丛子》所载《叙书》说侍中孔安国奉诏作《书传》,这是一件大事,如果有这件事,在《晋书·孝武帝纪》和《孔愉传》里面,一定大书特书,但根本未提及,足证本来没有这件事。所以晋孔安国作《尚书传》这件事,根本没有实证。②

孔晁说。此观点以范寿康和蒋善国为代表。范寿康于《中国哲学史通论》中云:"考王肃的门人里面有一孔晁其人;孔晁曾作过《逸周书》注,又著有《尚书义问》三卷。《隋志》谓《尚书义问》一书出王肃、孔晁的合撰。《新唐志》则谓系述录王肃、孔安国二人的问答而成,可见孔晁之字实为安国,所以《尚书孔安国传》,也许就是《尚书孔晁传》。果如是,则《孔晁传》的见解与王肃的言论多相符合,事极自然。"③蒋善国认为:"一、孔晁是宗王肃的学者;二、因孔晁曾作《尚书义问》,很有作《古文尚书传》的可能;三、如果孔晁作《古文尚书传》,容易被人误当作汉孔安国作的。"④

集体杰构说。此观点以钱熙祚、黄肃、李学勤和郭仁成为代表。钱熙祚《帝王世纪序》云:"可见,魏、晋之际,真古文未尽亡,好事者搜集遗文,重为补缀。盖不出于一人,亦不成于一时。"⑤黄肃于其《梅赜〈尚书〉古文真伪管见》亦云:"梅赜献的《尚书》,集两汉、魏、晋人辑佚、整理《尚书》的大成,这是

---

① 陈梦家:《尚书通论》(增订本),第 130 页。
② 蒋善国:《尚书综述》,上海:上海古籍出版社,1988 年,第 351 页。
③ 范寿康:《中国哲学史通论》,武汉:武汉大学出版社,2008 年,第 189—190 页。
④ 蒋善国:《尚书综述》,第 353 页。
⑤ (晋)皇甫谧:《帝王世纪》,丛书集成初编 3701 册,北京:中华书局,1985 年,第 2 页。

《尚书》的第一个被当时以及后来的人承认的定本。"①李学勤在出土文献《家语》研究的基础之上,进一步认定伪孔、《孔丛子》、《家语》为汉代到东晋的孔氏后裔逐渐编纂、增补而成。他说:"今传本古文《尚书》《孔丛子》《家语》,很可能陆续成于孔安国、孔僖、孔季彦、孔猛等孔氏学者之手,有着很长的编纂、改动、增补的过程。"②

郭仁成则直接提出了伪孔为南学之集体构造的观点,其于《六朝南学的集体杰构》中云:"很可能此书(伪孔)并非出自一时一人之手,而是在一个较长时期中由众手陆续编撰补缀而成,因此,要想确切地考出一个令人信服的作者,几乎是不可能的了,倒不如去寻找这个参与编撰并使之广为传播的群体。"③在此基础之上,郭仁成考证了从三国时期王肃、虞翻、王粲、李譔,到东晋梅赜、孔安国,再到隋唐之际陆德明、刘焯、刘炫,这些人或与郑学相对立,为伪孔的编纂提供了资料;或为伪孔的直接编纂者;或又积极传播伪孔,更为重要的是,他们或为包括吴越在内的楚人,或游学、受学于楚地,都是楚人的后代或楚文化的继承者。故郭仁成将伪书命为"六朝南学的集体杰构"。

显然,孔传本古文《尚书》的成书确实经历了一个漫长的润色、修饰、增改的过程。由《正义》所记载的传授系统亦可知,孔传本古文《尚书》于魏晋之际已经出现,从郑冲,经由苏愉、梁柳、臧曹,四传而到梅赜,各家在传授过程中难免会做修改或增补。因此孔传本古文《尚书》的形成应该是魏晋之际的集体杰构。

总言之,孔传本古文《尚书》并非一人之力所能成,而是通过很多人的努力,在搜集、辑佚、整理、润色旧籍引语、见在古本和散落于民间的各种古本的基础之上,经过一个漫长的过程,最终由东晋梅赜以定本的形式献上而列于学官。

2.《尚书》辨伪

孔传本古文《尚书》自东晋被梅赜献上,盛行于整个南朝,后孔颖达奉诏作《尚书正义》,以其为底本,由此便成为儒生士子遵循的《书》学准则,人们坚定不移地相信,此本即是东汉孔安国作传的古文《尚书》。宋代疑古风气的兴起,又揭开了孔传本古文《尚书》辨伪的序幕,这一风潮浩浩荡荡,直到清代阎若璩才算告一段落。

北宋末年,苏轼《书传》已从文义、制度、史事等方面怀疑《胤征》等篇章

---

① 黄肃:《梅赜〈尚书〉古文真伪管见》,《许昌师专学报》1987年第3期,第59页。
② 李学勤:《简帛佚籍与学术史》,南昌:江西教育出版社,2001年,第386页。
③ 郭仁成:《六朝南学的集体杰构——论东晋晚出尚书古文不可废》,《求索》1994年第3期,第120页。

内容。① 南宋吴棫《书稗传》又从语言入手，认为孔传所增二十五篇经文，文从字顺，不像伏胜今文那样诘屈聱牙。之后，朱熹亦着重从文字难易和辞气方面对孔传本《尚书》进行了辨伪，材料散见于《朱子语录》及其《文集》。朱熹怀疑晚出经文：

> 汉儒以伏生之《书》为今文，而谓安国之《书》为古文。以今考之，则今文多艰涩，而古文反平易。或者以为今文自伏生女子口授晁错时失之，则先秦古书所引之文皆已如此，恐其未必然也。……然伏生倍文暗诵，乃偏得其所难，而安国考定于科斗古书错乱磨灭之余，反专得其所易，则又有不可晓者。②

> 孔壁所出《尚书》，如《禹谟》《五子之歌》《胤征》《泰誓》《武成》《冏命》《微子之命》《蔡仲之命》《君牙》等篇皆平易，伏生所传皆难读，如何伏生偏记得难底，至于易底全记不得？此不可晓。③

朱熹亦怀疑《孔传》和《书序》：

> 尝疑今《孔传》并《序》皆不类西京文字气象，未必真安国所作，只与《孔丛子》同是一手伪书。盖其言多相表里，而训诂亦多出《小尔雅》也。④
> 《书序》恐不是孔安国做。汉文粗枝大叶，今《书序》细腻，只似六朝时文字。……汉人文字也不唤做好，却是粗枝大叶。《书序》细弱，只是魏晋人文字。⑤

宋人接踵前贤，辨孔传本古文《尚书》之伪者尚有洪迈、晁公武、赵汝谈、陈振孙等。

元代学者延续宋代的疑古风潮，怀疑"晚书"的人逐渐增多，且较宋代辨伪呈现出两个方面的特色：其一，区分今文和古文，始自赵孟頫；其二，舍古文而专释今文，肇端于吴澄。

赵孟頫撰《尚书今古文集注》，将今文与古文相区别，分别集注，且认为

---

① 舒大刚：《苏轼〈东坡书传〉述略》，《四川大学学报（哲学社会科学版）》2000 年第 5 期。
② 朱杰人等编：《朱子全书》第 23 册，上海：上海古籍出版社；合肥：安徽教育出版社，2002 年，第 3153—3154 页。
③ （宋）黎靖德编：《朱子语类》，北京：中华书局，1986 年，第 1978 页。
④ 朱杰人等编：《朱子全书》第 23 册，第 3425 页。
⑤ （宋）黎靖德编：《朱子语类》，第 1984 页。

古文为伪,实乃分编今文与古文之第一人。吴澄亦注重区分今文与古文,他撰《尚书叙录》,将古文别列于后,区别于伏生之今文。而且,吴澄的辨伪大体沿着朱熹的方法,依然着重分析今、古文辞气之不同,其于《书纂言》中云:

> 窃尝读之,伏生《书》虽难尽通,然辞义古奥,其为上古之书无疑;梅赜所增二十五篇,体制如出一手,采集补缀,虽无一字无所本,而平缓卑弱,殊不类先汉以前之文。夫千年古书,最晚乃出,而字画略无脱误,文势略无龃龉,不亦大可疑乎?……故今以此二十五篇自为卷帙,以别于伏氏之《书》,而《小序》各冠篇首者,复合为一,以置诸后,孔氏序并附焉。而因及其所可疑,非澄之私言也,闻之先儒云耳。①

此外,吴澄作《书纂言》,而不取"晚书"二十五篇,且将《孔传》本各冠篇首之《序》复合为一,置于卷终,由此可见其对于晚出古文的决绝态度,亦是后世今文经学家独取二十九篇今文之肇端。

明代从事辨伪的学者也很多,如杨慎《丹铅续录》卷一"圣贤之君六七作"已批评伪孔传之不合理:"甚矣安国之愚也!不信经而信史,不信周公而信司马迁。"其继者有梅鷟、归有光、焦竑、郝敬等,其中对《尚书》辨伪作出巨大贡献者非梅鷟莫属,其著有《尚书谱》和《尚书考异》,他对于古书辨伪最大的贡献即在于考据方法的介入。他通过考证史传,发现汉儒皆未见过伪书,故证明伪书之不可信:

> 晋人假孔安国《书》,东晋方出,不惟前此诸儒皆不曾见,虽前此真孔安国亦不曾见。盖安国子孙孔臧、孔僖,递递相承;安国诸弟子儿宽、庸生,表表人望;安国诸友董仲舒、太史迁,名世儒者,曾无一人一言及于二十五篇之内者,则亦不必置疑,而的然可知其伪矣。②

梅鷟还考证地名,以证"晚书"之伪。如,瀍水原出谷城县,晋代始省谷城入河南,而《孔传》注"出河南北山"。积石山在西南羌中,汉昭帝时始置金城郡,事在孔安国身后,而《孔传》竟注"积石山在金城西南"。③

---

① (元)吴澄:《书纂言》,《四库全书·经部·书类》,上海:上海古籍出版社,1989年,第7页。
② (明)梅鷟:《尚书考异》,《四库全书·经部·书类》,第13页。杨慎《丹铅续录》卷一则认为虽"司马迁作《史记》,未见《古文尚书》",但《丹铅摘录》卷二言班固《汉书·律历志》引《古文尚书》'予欲闻六律、五声、八音、七始咏以出纳五言',今文'七始咏'作'在治忽'"云云。
③《四库全书总目提要》,《四库全书·经部·书类》,上海:上海古籍出版社,1989年,第2页。

梅鷟除了考证"晚书"之伪,还注重对伪书作者的探求:"东晋时延四五百年间,称士曰皇甫谧者,见安国《书》摧弃,人不省惜,造《书》二十五篇、《大序》及《传》,冒称安国古文,以授外弟梁柳,柳授臧曹,曹授梅赜,遂献上而施行焉。"①

显然,梅鷟认为伪书乃皇甫谧所伪造。对于直接将伪书定为皇甫谧所作,梅鷟实为开天辟地第一人。梅鷟开创的考证、比较的研究方法被清代学者广泛运用,并最终由阎若璩发挥到极致,用二十余年的时间,著成《尚书古文疏证》一书,通过一百二十八条疏证为辨"晚书"之伪提供了坚实的文献依据,由此,从宋以来的辨伪工作终于告一段落。

阎若璩的辨伪围绕着二十五篇经文、五十八篇《孔传》及《书序》而展开。阎氏关于经文的辨伪:一、伪古文的篇名和篇数与两汉之际的"逸书"之十六篇不全合,故知其不可信。② 二、伪古文《尚书》于郑冲之前的传授不明,故其来源可疑。③ 三、将伪古文与石经相比较,则可知其与今文、古文经皆有差异,是亦可疑。④

阎氏关于《孔传》的辨伪:一、《孔传》《尚书》之说与孔安国《论语注》多有相左,故可知《孔传》之伪。⑤ 二、就体例而言,汉武帝时期尚未有"经下为之"这种体例。⑥ 三、仍梅鷟之路,对地名进行考察,《孔传》中有些地名非汉孔安国时已有。⑦

阎氏关于《书序》的辨伪主要体现于《疏证》第一百七条,他认为《大序》是仿许慎《说文解字序》而作:"余直谓此篇盖规摹许慎《说文解字序》而作,观其起处犹可见至承袭而讹,遂谓科斗书废已久,时人无能知,以所闻伏生《书》考论文义,始得知。其妄可得而辨焉。"⑧

由宋到清,经过朱熹、洪迈、晁公武、陈振孙、熊与可、吴澄、王充耘、梅鷟、归有光、焦竑、郝敬、顾炎武、黄宗羲、朱彝尊、姚际恒、阎若璩等一大批学者几百年的努力,最终证明《孔传》古文《尚书》是晚出伪作。伪书包括三个部分:《书大序》、五十八篇《孔传》以及二十五篇经文:《泰誓(三篇)》《大

---

① （明）梅鷟:《尚书谱序》,《续修四库全书·经部·书类》,上海:上海古籍出版社,2002年,第69页。
② （清）阎若璩:《尚书古文疏证·第三》,上海:上海古籍出版社,1987年,第44—53页。
③ （清）阎若璩:《尚书古文疏证·第十七》,第133—152页。
④ （清）阎若璩:《尚书古文疏证·第二十三》,第194—199页。
⑤ （清）阎若璩:《尚书古文疏证·第十九》,第162—175页。
⑥ （清）阎若璩:《尚书古文疏证·第六十九》,第430—438页。
⑦ （清）阎若璩:《尚书古文疏证·第八十七》,第739—743页。
⑧ （清）阎若璩:《尚书古文疏证·第一百七》,第1053页。

禹谟》《五子之歌》《胤征》《仲虺之诰》《汤诰》《伊训》《太甲(三篇)》《咸有一德》《说命(三篇)》《武成》《旅獒》《微子之命》《蔡仲之命》《周官》《君陈》《毕命》《君牙》《冏命》。①

随着近年来出土文献的不断面世,当代学者也积极运用最新材料对孔传本古文《尚书》进行系统研究,有借出土文献以证"晚书"之伪,亦有借出土文献以证"晚书"之真,亦有抛开辨伪,深入探讨晚出《尚书》对经学史、学术史、文学、哲学乃至当代社会的价值和意义,遂逐渐形成共识:虽然孔安国并非"晚书"之作者,但"晚书"之材料亦并非无稽之物,作为魏晋时期辑佚大成之作,其所具有的价值自不待言。

二、《尚书》的内容及其价值

《尚书》主要记载了上古君王的文诰和君臣之间的对话,是我国最早的政史资料汇编,涉及政治、经济、法律、地理、哲学、宗教等社会生活的各个方面,是我们研究上古社会文化极其重要的文献依据,其中所蕴含的治政理念、学术思想等都对后世产生了深远的影响。鉴于《尚书》复杂的版本系统,下面从今文和伪古文两个方面略述《尚书》之价值。

(一)今文《尚书》之价值

西汉《书》学始师伏生《尚书大传》提及孔子《书》教云:"'六誓'可以观义,'五诰'可以观仁,《甫刑》可以观诫,《洪范》可以观度,《禹贡》可以观事,《皋陶谟》可以观治,《尧典》可以观美。"②伏生借孔子之说极言《尚书》的治世价值,今围绕此"七观"之说,略述如下。

1. 六誓可以观义:程元敏认为"六誓"当为《甘誓》《汤誓》《泰誓》《牧誓》《大誓》《费誓》,据《周礼·秋官》"誓,用于军旅"可知,六篇都是军队出征前的誓师之辞。《甘誓》乃夏启讨伐有扈氏之誓辞,因"有扈氏威侮五行,怠弃三正",故"天用剿绝其命",而夏启代天行罚。《汤誓序》言:"伊尹相汤伐桀,升自陑,遂与桀战于鸣条之野,作《汤誓》。"是可知《汤誓》乃商汤讨伐夏桀之前的誓师之辞。《牧誓》乃周武王与商纣王于牧野决战前的誓师之

---

① 其中《大禹谟》《五子之歌》《胤征》《汤诰》《伊训》《咸有一德》《武成》《旅獒》《冏命》等篇名,取自孔安国古文《尚书》中的"逸书"。对原来古文《尚书》作了割裂变动,分《尧典》出《舜典》,分《皋陶谟》出《益稷》,造《泰誓》取代原先之《泰誓》。

② (清)皮锡瑞:《尚书大传疏证》,上海:上海古籍出版社,1995年,第309页。

辞。《费誓》是鲁公伯禽因徐戎、淮夷叛乱,故率师讨伐时在鲁国费地所发布之誓辞。《泰誓》为周武王伐纣前夕,率军渡过黄河,于孟津大会天下诸侯,于战前所作的三篇誓文。《泰誓》版本繁复,伏生今文本无《泰誓》,今传本《泰誓》乃东晋梅赜所献之本,已非先秦《泰誓》原貌,亦非孔子《书》教之《泰誓》。又《大誓》之辞早已亡佚,故此处略而不论。

单就其他几篇誓辞来说,"六誓"之义大略表现于天之义、君之义两端。

"天之义"着重通过君主之行为体现出来,故"六誓"中反复言及此意,如《甘誓》"恭行天之罚",《汤誓》"非台小子,敢行称乱!有夏多罪,天命殛之","夏氏有罪,予畏上帝,不敢不正",《牧誓》"今商王受惟妇言是用,昏弃厥肆祀弗答,昏弃厥遗王父母弟不迪,乃惟四方之多罪逋逃,是崇是长,是信是使,是以为大夫卿士。俾暴虐于百姓,以奸宄于商邑。今予发惟恭行天之罚"。

显然,这些"天罚""天命""上帝"等,都代表至高无上的合理性和终极裁判,即上天之正义。天虽不能言,然其有特定的道德准则和行为规范,并通过转换为人的意志而作用于政治,如果君主不能够顺从天义,施行暴政,则会有遵从天义、实施仁政之圣君代天行罚。古代圣王都是奉天之命,恭行上天之罚,以此来宣扬天下大义。

此外,天之义亦体现出了对群众利益的顺从和维护,《汤誓》载征讨夏桀之因时曾言及夏桀治下民众对深受苦毒的抱怨:"时日曷丧?予及汝皆亡。"显然,天之义从某种意义上就是民之意。商汤时期,先民终是从神灵的信仰与崇拜中看到了民众的力量。

"六誓"中亦体现出"君之义"。誓师之际,君主除了首先声明师出有名之外,亦会严明军纪,故誓辞中反复言及赏罚分明,如《甘誓》:"用命,赏于祖;弗用命,戮于社。"《汤誓》:"尔不从誓言,予则孥戮汝,罔有攸赦。"《费誓》:"马牛其风,臣妾逋逃,勿敢越逐,祗复之,我商赉汝。乃越逐不复,汝则有常刑。"以赏功罚过之辞激越士气,整肃军心,以保证上下一心,确保顺利恭行天罚。

2. 五诰可以观仁:"五诰"分别为《大诰》《康诰》《酒诰》《召诰》《洛诰》。《书序》:"武王崩,三监及淮夷叛。周公相成王,将黜殷,作《大诰》。"是可知《大诰》乃周公以成王的口吻在平定三监及武庚叛乱前对诸侯及其官员的诰辞,力求劝诫同心同德,共克时艰,平定叛乱。《康诰》乃周公平定三监及武庚叛乱之后,封康叔于卫治殷之遗民,对康叔所作的诰辞,记载了周初的政治思想。《酒诰》是周公因殷人以酗酒亡国的缘故,告诫康叔要于其封地实施戒酒的政策,切勿重蹈殷商之覆辙。后周公还政成王,成王为了加强管理,巩固统治,欲营建洛邑为东都,故史官记录了营建洛邑的过程及召公的诰辞,是为《召诰》。《洛诰》乃史官所记录的周公、成王围绕治洛之告答及洛邑祭祀时的盛况,反映了周公对国家的拳拳之忠,以及成王对周公的倚重之情,也是西周初期君臣相得的历史记载。

"五诰"均作于西周初期,涉及东征、治殷、营洛等重大的政治活动,诰辞充分体现了以文王、武王、成王、周公、召公等为核心的周初统治者的政治思想,我们也可以从周初统治者的政治实践及君臣之间的诰答中透视周初统治者上下相亲之"仁",也可以体悟到周初仁政理念的实施。"仁"乃儒家思想的核心,孔子所谓"五诰"之仁主要表现在重民明德和明德慎罚两个方面。

《康诰》强调敬德与重民之关系:"别求闻由古先哲王,用康保民。弘于天,若德裕乃身,不废在王命。"只有敬德,方可保民,才能更好地履行使命,维护周王朝的统治。《召诰》亦云:"王不敢后,用顾畏于民碞。"蔡沈释其为:"小民虽至微,而至为可畏,王当不敢缓于敬德,用顾畏于民之碞险可也。"①因为民情于国家之安定至为重要,故统治者必须要敬德,才能更好地关注民情,维护统治,是以《召诰》中反复强调敬德:"王其疾敬德!""王敬作所,不可不敬德""惟不敬厥德,乃早坠厥命""肆惟王其疾敬德",于正反两个方面谆谆教诲敬德之重要性。至于敬德之条目,"五诰"中亦有具象的阐释,"往尽乃心,无康好逸豫,乃其乂民",是敬德要克制私欲,专心治政;"无作怨,勿用非谋非彝蔽时忱",是敬德需敏其耳目,善听善纳;"尚克用文王教,不腆于酒,故我至于今,克受殷之命",是敬德要以殷为鉴,不可耽湎饮酒。而保民为其治政之目的,周初统治者已经认识到民众对于政治之重要性,《酒诰》即云:"古人有言曰:'人无于水监,当于民监。'"即通过考察民情来检省政治之得失,此乃后世儒家民本思想构建中非常关键之一环。

明德慎罚之仁明确标举于《康诰》:"惟乃丕显考文王,克明德慎罚。"蔡沈以其为《康诰》之纲领,《书集传》云:"明德谨罚,一篇之纲领。'不敢侮鳏寡'以下文王,明德谨罚也;'汝念哉'以下,欲康叔明德也;'敬明乃罚'以下,欲康叔谨罚也;'爽惟民'以下,欲其以德行罚也;'封敬哉'以下,欲其不用罚而用德也,终则以天命殷民结之。"②相对而言,德罚为统治者治理天下之权柄,于西周初年统治者而言,明德与慎罚虽然并举,但明德依然为核心,蔡沈于《书集传》所说即就此而言。

此外,关健英于《西周德刑关系思想论》一文中亦云:西周的德刑关系思想,主要包括三个方面的内容,即天讨有罪,刑不可少;明德慎罚,慎重用

---

① (宋)蔡沈著,钱宗武、钱忠弼整理:《书集传》,南京:凤凰出版社,2010年,第182页。
② (宋)蔡沈著,钱宗武、钱忠弼整理:《书集传》,第165页。

刑；以德化人，教而后刑。西周的德刑论从头到尾都贯穿着"德治"的主张，对后世的德刑关系思想产生了重要的影响，成为中国古代德刑关系思想的理论元型。① 是可知，西周虽然德刑并举，但仍以德治为核心，明德既是慎罚之基础，亦是慎罚之依归。

"仁"虽为儒家思想之核心，然孔子并未对"仁"作出明确的界定和概说，只是依据因材施教的原则，针对不同的学生提出相宜的要求，因此，"五诰"中所体现出来的仁的思想内涵以及具体仁政实施的要求，对于追溯孔子仁学观点具有重要的学术价值。

此外，"五诰"中所涉及的敬德重民、明德慎罚等思想，亦成为后世统治者执政之纲领。

3.《甫刑》可以观诚。《甫刑》即《吕刑》，乃针对周穆王初年刑罚严苛、政乱民怨的社会现实而发，虽为周穆王对四方司政典狱及诸侯大臣的诰辞，但集中体现了吕侯的刑法思想和法律主张，故名《吕刑》。又因吕侯做过甫侯，故又名《甫刑》。该篇主要涉及刑法的种类条目、案件审理的程序、要求和方法等方面的内容，是研究西周刑律内容重要的文献资料。

是篇提出五刑之说：墨、劓、剕、宫、大辟；强调治狱要不轻不重，不偏不倚，"罔不中听狱之两辞""罔非在中""两造具备"；强调断案要能得其理，疑罪从轻，"墨辟疑赦，其罚百锾，阅实其罪。劓辟疑赦，其罚惟倍，阅实其罪。剕辟疑赦，其罚倍差，阅实其罪。宫辟疑赦，其罚六百锾，阅实其罪。大辟疑赦，其罚千锾，阅实其罪"。

《吕刑》的核心思想即"中刑"，故其多次言及"中"，如"士制百姓于刑之中""故乃明于刑之中，率乂于民棐彝"，"中刑"乃适度之刑法，其中蕴含着浓厚的敬刑思想，《吕刑》云"惟敬五刑""何敬，非刑""哀敬折狱""朕敬于刑"，显然，敬刑即慎刑，既要谨慎使用刑法，亦要在治狱断案过程中，严格遵照法律、客观事实，适度审判定罪，不但要坚决遏止罔民之律法，也要杜绝残害无辜的情况。

此外，《吕刑》关于刑法之目的的探讨是围绕刑德关系而呈现的。《吕刑》篇德刑关系着重体现为两端，其一为德刑统一，其二为德主刑辅。《吕刑》曰："惟敬五刑，以成三德。"显然，刑法的根本目的并非为了惩民罔民，而是为了成敬顺、正直、勤劳之德。刑法也并非治民之根本手段，而是为了辅助德化，助成其德，"士制百姓于刑之中，以教祗德"，是可知，刑法的目的为促成德政，德政的目的在于教民敬德。而刑与德相统一的关键在于"朕敬

---

① 关健英：《西周德刑关系思想论》，《道德与文明》2004年第3期，第20页。

于刑,有德惟刑",即治狱执法之官须为有德之人。虽德与刑之根本目的均为化民成教,然在实际运用过程中又以德为主要手段,刑为辅助途径,所以《吕刑》篇概言其要"穆穆在上,明明在下,灼于四方,罔不惟德之勤,故乃明于刑之中,率乂于民棐彝"。

总之,《吕刑》篇主要从刑法角度探讨为国治政需要警戒之事,其中所记载的西周法律内容及相关原则是我们研究西周刑律思想重要的文献来源,其所涉及的敬德慎刑、适度用刑、以德化民等思想更是对后世统治者治国理政产生了深远影响,这些主张即使在今天依然具有现实意义。

4.《洪范》可以观度。 相传大禹治水得《洛书》,衍为"九畴";殷商时,《洛书》传给了箕子;武王克商后,向箕子询问治国方略,箕子便根据《洛书》向其陈述"九畴"大法:"初一曰五行,次二曰敬用五事,次三曰农用八政,次四曰协用五纪,次五曰建用皇极,次六曰乂用三德,次七曰明用稽疑,次八曰念用庶征,次九曰向用五福,威用六极。"西汉刘歆认为这一段文字,就是禹所受《洛书》"九畴"。

《洪范》"九畴"分别从不同的方面概说了九种治国方略,不论是在中国政治史上还是哲学史上,都具有重要的地位。现分述于次。

五行: 乃水、火、木、金、土五种物质。《尚书大传》曰:"水火者,百姓之所饮食也;金木者,百姓之所兴作也;土者,万物之所资生也。是为人用。"《洪范》亦从"润下""炎上""曲直""从革""稼穑"五个角度分别言五行之用,是可知,《洪范》之五行是与人类的生产、生活息息相关的五种物质,为后来"五行生克"说奠定了基础。但《洪范》之所以将"五行"置于九畴第一的位置,显然是基于农耕文明的社会属性,统治者认识到了五行与人类生活休戚相关的关系,进而意识到五行对秩序构建、政治稳定的重要意义,将其认作是治国安邦的基础、社会稳定的核心。

五事: 为貌、言、视、听、思。《洪范》对五事提出了相应的要求以及最终想要达成的效果,即"貌曰恭,言曰从,视曰明,听曰聪,思曰睿",只有符合这些要求才能做到貌恭则肃、言从则乂、视明则哲、听聪则谋、思睿则圣。显然,五事畴是对统治者行为的规范和约束,强调君主应该善于修身,并具体指明了修身的途径及其重要性。

八政: 为食、货、祀、司空、司徒、司寇、宾、师。孔颖达曰:"一曰食,教民使勤农业也;二曰货,教民使求资用也;三曰祀,教民使敬鬼神也;四曰司空之官,主空土以居民也;五曰司徒之官,教众民以礼义也;六曰司寇之官,诘治民之奸盗也;七曰宾,教民以礼待宾客,相往来也;八曰师,立师防寇贼,以安保民也。""八政"之中以农为基础,故曰"农用八政",所描述的实际上是国家的行政框架，分别为农业、财货、祭祀、居民、教育、司法、诸侯朝觐和军事八个方面，八个方面虽各司其职，各有侧重，却又相辅相成，缺一不可，只有八政有机统一，相互配合，国家才能正常运转。

五纪：即岁、月、日、星辰和历数。"五纪"乃是我国古时观象授时的具体表现，戴震根据吴澄《书纂言》之说，认为依据节气来纪岁，依据月象来纪月，依据圭影来纪日，依据二十八宿来纪日月之会，依据五行星的运行数据纪历数，所以合称"五纪"。所以，"协用五纪"所强调的就是统治者敬授民时的重要性。因为我国自古就是农业大国，因此统治者很早就关注到了时节对于农耕生产的重要性，他们制定天文历法，顺应天时节气，指导农业生产，稳定社会秩序，所以《洪范》"五纪"意在强化君主敬授民时以稳定统治的意识。

皇极：与五行、五事、八政、五纪相区别，皇极既规范统治者，又规范民众。作为君主，应做到"无偏无陂，遵王之义；无有作好，遵王之道；无有作恶，遵王之路。无偏无党，王道荡荡；无党无偏，王道平平；无反无侧，王道正直"；作为君主，亦要"无虐茕独而畏高明，人之有能有为，使羞其行"，君主只有正直无偏，任能使贤，仁爱民众，以大中之道正心修身，才能树立起君主的权威，"天子作民父母，以为天下王"，才能达到"会其有极，归其有极"的目的，才能维护国家政治的稳定，"而邦其昌"。作为民众，亦要遵从皇极，要"无有淫朋，人无有比德"，要"有猷有为有守"，要"极之敷言，是训是行，以近天子之光"，臣民要在君主榜样的号召之下，杜绝结党营私，不为非作恶，遵纪守法，维护皇权。天道有常，君民皆应遵守，如此才能维护政治的稳定。

三德：是君主治民的三种策略和方法，一曰正直，二曰刚克，三曰柔克。《洪范》三德的核心在于强调君主治民要因人而异、因地制宜，切不可墨守成规，一成不变。"平康正直，强弗友刚克，燮友柔克"，中正平和之人，可以正直之道治之；过分强硬而不驯服之人，则以严厉刚强之道治之；和顺之人，则以怀柔之术治之。显然，"三德"一畴强调治人方法的灵活性，要做到中庸正直、恩威并施，切不可规行矩步，胶柱鼓瑟。

稽疑：是为君主面临重大决策而疑不能决所提供的参考方法，包括五个方面的因素：君王、卿士、庶人、龟卜及筮占，"汝则从，龟从，筮从，卿士逆，庶民逆，吉"；然"汝则从，龟从，筮逆，卿士逆，庶民逆，作内吉，作外凶"；"龟筮共违于人，用静吉，用作凶"。显然，在五个因素之中，尤以相对客观、神秘的龟卜和筮占最为重要。根据卜筮进行国家大事的决策当然源于殷周时期特殊的意识形态，具有浓厚的"神道设教""神迷文饰"的意味，但其中依然体现出统治者决策过程中对民意的重视，"三人占，则从二人之言"；

"汝则有大疑,谋及乃心,谋及卿士,谋及庶人,谋及卜筮"。强调先人谋,后卜筮;起于主观,定于客观,统治者不可一意孤行,要广纳意见;不可偏听偏信,要重视众人在决策中的作用。

庶征:主要说明天气好坏与政事臧否之间的因果关系,是用自然征兆来验证治政得失,旨在警诫君主用心治理国家。"岁月日时无易,百谷用成,乂用明,俊民用章,家用平康。日月岁时既易,百谷用不成,乂用昏不明,俊民用微,家用不宁"。分别从正反两个方面对君主提出了期许和劝诫。此畴虽然有着"天人感应"思想的折射,但其中所透露出的敬事爱民、举贤任能、注重民生等思想依然有着强烈的现实意义。

五服、六极:此畴之"五服"与"六极"相对而言,"寿"与"疾"相对,"富"与"贫"相对,"康宁"与"忧"相对,"攸好德"与"恶"相对,"考终命"与"凶短折"相对。行王道,则天赐"五福",反其道而行之,则天威"六极"。此畴与"皇极"相似,除了规范统治者之行为,亦对民众有规范和劝诫意义,通过明确善恶之后果,旨在劝人从善,诫人作恶。

《洪范》从多个角度具体、系统地呈现了君主治国之大法,对后世政治、哲学、思想都产生了深远的影响,被历代封建帝王奉为治国之法宝,其中所蕴含的诸如敬授民时、中正爱民、正心修身、赏善罚恶等思想即使在几千年后的今天依然具有重要的参考价值。

5.《禹贡》可以观事。《禹贡》开篇即说:"禹敷土,随山刊木,奠高山大川。"内容主要记载了大禹治水定九州,按照土壤质量及物产规定赋税制度等内容。对此《史记·五帝本纪》言之甚备:"唯禹之功为大,披九山,通九泽,决九河,定九州,各以其职来贡,不失厥宜。"①金景芳亦于其《经学概论》论及《禹贡》所载之事:"禹敷土,自始事以讫成功,较而论之,可分三节。一、乘四载随山刊木。二、决九川,距四海。濬畎浍,距川。三、弼成五服,至于五千。州十有二师。'外薄四海,咸建五长。'"②此即《禹贡》所可观之事。

据《禹贡》之记载,大禹按照山川地理脉势划分天下为九州:冀州、兖州、青州、徐州、扬州、荆州、豫州、梁州、雍州,并于每一州详细记载了山川分布、土壤质量、物产及贡赋等级。以青州为例,"海、岱惟青州","厥土白坟,海滨广斥。厥田惟上下,厥赋中上。厥贡盐絺,海物惟错。岱畎丝、枲、铅、松、怪石"。以渤海和泰山为青州疆界之参考,青州滨海,故其土壤为碱卤地。禹将当时的土壤质量和贡赋等级均划分为上上、上中、上下、中上、中

---

① (汉)司马迁:《史记》,第43页。
② 金景芳著,吕文郁、舒大刚主编,舒星点校:《金景芳全集·经学概论》,第2869页。

中、中下、下上、下中、下下九等,而青州的土壤属第三等,赋税为第四等。青州物产比较丰富,其进贡之物主要有盐、絺及其他海产。

《禹贡》以山川脉势为主体划分全国区域、对当时全国土壤质量进行等级区别,并以土壤质量、地域物产为标准规范贡赋制度的记载,标示着早在两千多年前的先民已经可以运用科学的、实践的态度对土壤性质进行界定,并以此为基础初步奠定国家贡赋制度,极具地理学价值。

此外,"《禹贡》分述九州,于每州之末,详记贡道。于冀州曰'夹右碣石入于河'。于兖州曰'浮于济、漯达于河'。于青州曰'浮于汶,达于济'。于徐州曰'浮于淮、泗,达于河'。于扬州曰'沿于江、海,达于淮、泗'。于荆州曰'浮于江、沱、潜、汉,逾于洛,至于南河'。于豫州曰'浮于洛,达于河'。于梁州曰'浮于潜,逾于沔,入于渭,乱于河'。于雍州曰'浮于积石,至于龙门西河,会于渭汭'。益征当时特重交通焉"。① 这也反映出古代交通的某些情状。

《禹贡》而且提出了"五服说",以周天子所直接统辖区域为核心向外辐射,每五百里为一个服役地带,共分为五个服役地带,"五百里甸服""五百里侯服""五百里绥服""五百里要服""五百里荒服",称之"五服"。

当代学者结合考古学发现进行考证,认为《禹贡》之"五服"并非是古人的凭空构想,它确实曲折地反映了夏代前后中央王朝与周边国家、部落之间的关系,而这种关系又体现在政治、经济、军事等方方面面,因此有学者直接称之为圈层地带结构模式的朦胧设计,极具经济地理学、人文地理学价值。

至于《禹贡》字里行间所体现出来的大禹以脚步丈量九州之精神,则早已融入华夏民族之血液,激励着一代又一代人砥砺奋进。

总之,"《禹贡》是我国最早最有价值的地理学著作,是研究我国上古时期地理环境的主要文献。从《禹贡》对古代地理环境全面、详细的记叙中,可以获得很多有关历史地理方面的信息,对研究古今河湖的变迁、气候的演变、人口的分布、社会发展阶段的划分、经济中心的转移以及整个地理环境的变化等方面,都具有十分重要的意义。"②

6.《皋陶谟》可以观治。"皋陶"又作"咎繇"。孔子所谓"《皋陶谟》可以观治",当包括今传本《皋陶谟》与《益稷》,因为西汉今文《尚书》中《皋陶谟》与《益稷》实为一篇,而今传本《益稷》是梅赜从《皋陶谟》中分而成之。《皋陶谟》记述了禹和皋陶关于政务的讨论,集中体现了皋陶的政治主张;《益稷》则主要记载了舜与禹关于治政之对话。概而言之,所谓"《皋陶谟》

---

① 金景芳著,吕文郁、舒大刚主编,舒星点校:《金景芳全集·经学概论》,第2871页。
② 钱宗武解读:《尚书》,第110页。

可知观治"主要体现于"修身""知人""安民"三端。

修身：《皋陶谟》开篇名义："慎厥身，修思永。"直言君主修身之重要性。至于修身之条目，《皋陶谟》云："无教逸欲，有邦兢兢业业，一日二日万几。"《益稷》云："无若丹朱傲，惟慢游是好，傲虐是作。罔昼夜頟頟，罔水行舟。朋淫于家，用殄厥世。"警诫君主切莫放纵私欲、耽湎享乐、结党营私，要勤勉政事，为生民计。

《皋陶谟》更是提出了"九德"之说："宽而栗，柔而立，愿而恭，乱而敬，扰而毅，直而温，简而廉，刚而塞，强而义。"此"九德"乃对君主德行修养的最高标准。

知人：《皋陶谟》曰"知人则哲，能官人"，强调君主要善于知人，授人以能。《益稷》明言知人善任之因，"臣哉邻哉！邻哉臣哉！""臣作朕股肱耳目"。《皋陶谟》亦云"股肱喜哉！元首起哉！百工熙哉！""元首丛脞哉！股肱惰哉！万事堕哉！"君臣之道虽有别，然国家政事的治理终归离不开臣子的配合，因此《皋陶谟》才强调"在知人"。君主除了要有知人之哲，尚需任人以能，而衡量贤能之标准亦以"九德"为主。是可知，"九德"既是君主修身的标准，亦是官人之标准。

安民：《皋陶谟》开篇即强调安民之重要性："安民则惠，黎民怀之。"关于安民之因，《皋陶谟》曰："天聪明，自我民聪明；天明畏，自我民明威。"显然，皋陶已经意识到天意与民意之间的辩证关系，极大地肯定了民意对于政治稳定的影响，因此才将"安民"作为为政首要之旨归。

至于如何安民，《益稷》篇云："暨稷播，奏庶艰食鲜食，懋迁有无化居，烝民乃粒。"《皋陶谟》曰："天叙有典，敕我五典五惇哉。"安民首重农业，只有积极发展农业，让民众有固定之产业，然后再进行教化，以此让民众身心皆安。此一思想对后世以孟子为代表的"仁政"学说的形成产生了重大的影响，因此有学者认为《皋陶谟》应该经过儒家的整理编辑。

总而言之，《皋陶谟》《益稷》所强调"修身""知人""安民"三端，相辅相成，"修身"乃治道之本，"知人"乃治道之要，"安民"乃治道之归，同条共贯，一以贯之，天下乃安，以其为核心的治政理念确实对后世乃至当代的治国理政都提供了有益启示。

7. **《尧典》可以观美**。孔子所谓"《尧典》可以观美"当包括今传本《舜典》，因为真古文《舜典》乃"逸书"十六篇之一，存于秘府，绝无师说。后东晋梅赜献上《尚书》时，因缺《舜典》一篇，便将《尧典》从"慎徽五典"以下分为《舜典》，故前此《舜典》与《尧典》合一可知。《尧典》《舜典》主要记载了尧舜之美德与美政，是所谓"《尧典》可以观美"也。

尧舜之美德主要体现于其自身之仁德修养，《尧典》总言尧之仁德曰："钦明文思安安，允恭克让，光被四表，格于上下。"又具言其仁德修养之途及其影响："克明峻德，以亲九族。九族既睦，平章百姓。百姓昭明，协和万邦，黎民于变时雍。""克明峻德"即修身，"亲九族"即齐家，"平章百姓"即治国，"协和万邦"即平天下，是尧之仁德直启后世儒家修身、齐家、治国、平天下之内圣外王政治哲学。

舜之仁德最大的体现在于其孝道，《尧典》在四岳推荐虞舜时说："瞽子，父顽，母嚚，象傲，克谐。以孝烝烝，乂不格奸。"是舜以孝和其家，于即位之后以孝治天下，天下大安。

尧舜之美德亦体现于帝位禅让，《尧典》则为我们呈现了这项古老的制度。《孔丛子·论书》：子张问曰："圣人受命，必受诸天。而《书》云'受终于文祖'，何也？"孔子曰："受命于天者，汤、武是也。受命于人者，舜、禹是也。夫不读《诗》《书》《易》《春秋》，则不知圣人之心，又无以别尧舜之禅、汤武之伐也。"①孔子明言尧、舜与汤、武受命之区别，着重赞颂了尧、舜的德化之美及圣人之道，由此将尧舜之王道慎重提出并重点褒奖。

显然，儒家对于"二帝"政权禅让制度是非常肯定和推崇的，毕竟相对于"父死子继、兄终弟及"的世袭制，禅让制更具有民主性，因为继任者需要经过严格的考察，尧即"厘降二女于妫汭"以观其内，又试舜诸难以观其外，然后才"受终于文祖"。

此外，尧舜禅让又体现出非常鲜明的不拘一格擢拔人才的先进性，尧曰："明明扬侧陋。"《孔传》曰："尧知子不肖，有禅位之志，故明举明人在侧陋者，广求贤也。"人才的擢拔要突破血缘、阶级和社会关系，在当时极具进步性，也是尧舜仁德的集中体现。

尧舜之美政于《尧典》《舜典》亦历历可见。首先，"敬授人时"。尧舜之美政首先体现于观象历法，敬授人时。金景芳论云："《尧典》记尧行迹，自让贤外，几乎全是历象之事。参以《论语·泰伯》篇孔子赞尧'巍巍乎，唯天为大，唯尧则之'之言，知此'钦若昊天'，信为放勋为政大务，渊源既早，影响亦巨。"②是金先生亦将观象历法、敬授人时作为尧舜美政之基点、为政之要务。

《尧典》载尧命羲和"历象日月星辰，敬授人时"，这是《尧典》着重突出的尧之功绩，尧命令羲氏与和氏，敬顺遵从天数，推算日月星辰运行的规律，制定历法，按照时节告知民众，用以指导农事生产，如此方能"允厘百工，庶

---

① 傅亚庶：《孔丛子校释》，北京：中华书局，2011年，第17页。
② 金景芳著，吕文郁、舒大刚主编，舒星点校：《金景芳全集·经学概论》，第2857页。

绩咸熙",则定四时、成岁历,敬授民事,方能更好地治理百官,以维护社会的稳定。"盖地上生物,皆恃太阳之光与热,而亭毒长养,苟无太阳,则肃肃至阴,漫漫长夜,一切生物,俱将不能自存。故古人之重视太阳,毋宁视为当然。中土位于温带,因太阳之正射斜射,四时界限,最为分明。果能推步精确,则寒暑节,风雨时。匪特便于种植树艺,与一切制度文为之计画处理,均有莫大之裨益。故古人为治,于此尤兢兢焉。"①

《舜典》亦载"(舜)正月上日,受终于文祖。在璇玑玉衡,以齐七政",即虞舜通过观察璇玑玉衡等天文之器,来齐整祭祀、班瑞、东巡、南巡、西巡、北巡、归格艺祖之政,是舜秉承了帝尧顺天应人之美政,亦以观象制历为治理国家之基础。

其次,"明德慎刑"。尧舜之明德前已言及,此不赘述。尧舜慎刑之美政主要体现于《舜典》篇。《舜典》第一次记载了系列刑罚之名,"象以典刑,流宥五刑,鞭作官刑,扑作教刑,金作赎刑",并进一步提出了相关的法律思想,"眚灾肆赦,怙终贼刑。钦哉,钦哉,惟刑之恤哉!""恤"即"慎",这是我国刑法史上慎罚思想的首次提出,尧舜美政德刑并用,以德为主,以刑为辅。

此后,慎罚思想进一步完善,直至《尚书·周书》之《多方》和《康诰》二篇,"明德慎罚"一词出现,刑罚终是形成了相对完备的政治内涵,并广泛应用于周代的政治生活之中。显然,《舜典》中所记载的刑罚内容及刑法思想对我国上古时期刑法文化的研究具有弥足珍贵的意义和价值。

恰如金先生所言:"《书》二十九篇,篇篇有义,而其要会,则尽七观。《大传》略说:'《尧典》可以观美,《禹贡》可以观事,《咎繇(皋陶)》可以观治,《洪范》可以观度,《六誓》可以观义,《五诰》可以观仁,《甫刑》可以观诚,通斯七观,《书》之大义举矣。'学者宜尽心焉。"②

(二)后出伪书之价值

东晋梅赜所献《尚书》虽系后出伪书,伪书之伪实在于非孔安国所作传之《尚书》,然其内容却并非凭空捏造,实为魏晋之际学者耗时耗力辑佚之大成,因此,我们不能因为其为晚出而否认其对后世的深远影响,不能忽视其学术价值。今就《大禹谟》《说命》二篇,略述一二。

《大禹谟》为后出伪书二十五篇之一,前已论及。《大禹谟》的内容主要可以分为四个部分,分别为舜与禹、益关于政务的讨论;舜与禹、皋陶关

---

① 金景芳著,吕文郁、舒大刚主编,舒星点校:《金景芳全集·经学概论》,第2862页。
② 金景芳著,吕文郁、舒大刚主编,舒星点校:《金景芳全集·经学概论》,第2857页。

于禅位的讨论；舜禅位于禹并对禹的告诫之辞；禹讨伐三苗并以德归化三苗的事迹。

《大禹谟》所记录的君臣议政之言论，充斥着远古明主贤君的政治智慧，亦对后世的政治思想产生了深远的影响。"可爱非君？可畏非民？众非元后，何戴？后非众，罔与守邦？"强调协调君与民之关系，启迪后世关于君民关系之深入思索；"嘉言罔攸伏，野无遗贤，万邦咸宁"，强调统治者要突破阶级局限性积极选拔人才，以维护社会稳定；"任贤勿贰，去邪勿疑"，劝谏统治者要选贤任能，远离奸佞小人；"德惟善政，政在养民"，提倡积极发展农业，厚生立德。诸如此类，皆为自古而今备受推崇的治政理念。

值得一提的是《大禹谟》中所体现出来的刑法思想："罚弗及嗣，赏延于世。宥过无大，刑故无小；罪疑惟轻，功疑惟重；与其杀不辜，宁失不经；好生之德，洽于民心。"总体而言，《大禹谟》提倡慎罚慎刑的刑法思想：刑罚不及子孙、过失犯罪从轻、故意犯罪从重、疑罪从轻等，这些思想无疑对我国现代刑法起到了重要的指导作用，某些思想依然是我国现代法治实践中的重要准则，如《大禹谟》中之"罪疑惟轻"原则于1966年修改的《刑事诉讼法》第162条中确立为"疑罪从无"。

除了治政理念、刑法思想，《大禹谟》于中国思想史最大的价值莫过于"十六字心传"，即舜禅位时对禹的告诫："人心惟危，道心惟微，惟精惟一，允执厥中。"此乃宋明理学立论之基础，由此而发展出宋明理学庞大的理论体系。

程颐认为："人心，人欲；道心，天理。"①程颢亦称："人心惟危，人欲也；道心惟微，天理也。惟精惟一，所以至之；允执厥中，所以行之。"②"人心私欲，故危殆；道心天理，故精微。灭私欲则天理明矣。"③"精之一之，始能允执厥中。中是极致处。"④显然，二程以私欲释人心，以天理释道心，人心危殆，而道心精微，故要灭人欲而顺道心，只有"惟精惟一"，方才能达到"允执厥中"的境界。

二程的这种阐释直接启发了朱子对儒家道统的探索及确立。朱子首次提出"十六字心传"，他说："臣闻之，尧、舜、禹相授也，其言曰：'人心惟危，道心惟微，惟精惟一，允执厥中。'故尧、舜、禹皆大圣人也，生而知之，宜无事于学矣，而犹曰'精'，犹曰'一'，犹曰'执'者，明虽生而知之，亦资学也成之

---

① （宋）程颢、程颐：《二程集》，北京：中华书局，2004年，第364页。
② （宋）程颢、程颐：《二程集》，第126页。
③ （宋）程颢、程颐：《二程集》，第312页。
④ （宋）程颢、程颐：《二程集》，第256页。

也。……自古圣王口授心传而见于行事者,惟此而已。"①于此,朱子提出了三圣相传之道统。

此外,朱子对于人心与道心之界定又区别于二程,他释"人心惟危"曰:"故圣人以为此人心,有知觉有嗜欲,然无所主宰,则流而忘反,不可据以为安,故曰危。"②朱子释"道心"为:"仁之于父子,义之于君臣,礼之于宾主,智之于贤者,圣人之于天道。"③"饥食渴饮,人心也,如是而饮食,如是而不饮食,道心也。"④则朱子不认为人心即人欲,人心无善无不善,即使是圣人亦有人心,只不过一般人因为没有主宰人心之道,故会呈现危殆。而道心乃人心之得其正者、合于理者,道心乃人心之统率,可以防止人心流于危殆。朱子在二程的基础上进一步完善了由"惟精惟一"以达"允执厥中"之境界,他说:"必须精之一之,而后中可执。"⑤

朱子之后,关于"十六字心传"之阐释又屡经嬗变,王阳明因其为三圣相传之心学,故直接将其作为心学之源,他说:"圣人之学,心学也。尧、舜、禹之相授受曰:'人心惟危,道心惟微,惟精惟一,允执厥中。'此心学之源也。"⑥他释人心、道心为相对立的两面:"心,一也,未杂于人谓之道心,杂以人伪谓之人心。"⑦王阳明亦将人心等同于人欲,全面否定人心,肯定道心。释"惟精惟一"云:"惟一者,一于道心也。惟精者,虑道心之不一,而或二之以人心也。"虽然"惟一"与"惟精"各有侧重,然其存道心灭人心之核心确然不破。"道无不中,一于道心而不息,是谓允执厥中矣。"⑧王阳明亦认为只有通过"惟精惟一"之工夫,方能达到"允执厥中"之境界,保持道心不偏不倚。

虽由宋至明到清,诸家关于"十六字心传"之阐释互不相同,各有侧重,但究其根源,实皆源自《大禹谟》之记载,故即使对古文《尚书》有所置疑之朱子亦云"书中可疑诸篇,若一齐不信,恐倒了六经",⑨可知《尚书》辨伪不足以抹煞《大禹谟》对中国思想史之影响。

《说命》三篇亦为后出伪书,其作伪性质自不待言,自清华大学藏战国竹

---

① 《全宋文》卷五四二八《壬午应诏封事》,上海:上海辞书出版社;合肥:安徽教育出版社,第8—9页。
② 朱杰人等编:《朱子全书》,第526页。
③ 朱杰人等编:《朱子全书》,第265页。
④ 朱杰人等编:《朱子全书》,第356页。
⑤ 朱杰人等编:《朱子全书》,第273页。
⑥ (明)王守仁:《王阳明全集》,上海:上海古籍出版社,2014年,第247页。
⑦ (明)王守仁:《王阳明全集》,第8页。
⑧ (明)王守仁:《王阳明全集》,第286页。
⑨ (宋)黎靖德编:《朱子语类》,第2052页。

简面世,更多学者将二者相较研究,为更好地认识后出伪书的性质及价值提供了更多的思索和启迪。《清华大学藏战国竹简(叁)》收录了《傅说之命》:"简长四十五厘米,共有三篇,由同一书手写成。每一篇最后一支简简背都有篇题《傅说之命》,现据内容次第分别为《说命上》《说命中》和《说命下》。《说命上》有简七支,《说命中》也是七支,《说命下》则有十支,但缺失了第一支简,现仅存九支。"①

将简本《傅说之命》与今传本《说命》进行比较发现,从整体结构而言,简本《说命》亦分为上中下三篇,上篇叙述武丁发现傅说的过程,中篇是武丁任命傅说时说的长篇告辞,下篇是一些片段的训话,三部分是一个有机整体。而今传本《说命》虽然同样分为上中下三篇,但三篇之间没有非常严密的逻辑关系,三篇都是完整的君臣之间的对话。就内容而言,简本《说命下》对话着重以王言为主,而今本《说命》对话着重以臣言为主。两本相较,差异甚大,显然属于完全不同的传承体系。再将二本与先秦古籍引及《说命》的文献相较,则清华简《傅说之命》与先秦古籍所引《说命》之文字与内容只是部分对应,而非完全对应,此外,先秦古籍引《说命》之文尚有很多内容不见于简本《傅说之命》。是以,简本《傅说之命》与今传本古文《尚书·说命》并非是同一体系同一版本,应如裘锡圭所言,清华简《书》类文献与儒家《尚书》分属不同传流系统,应作为两个完全不同的个体进行研究。

显然,即使是被认作先秦真古文的今文《尚书》早已不是先秦原貌,它们在传授过程中也经过了后世学者的整理和润色,从这个角度来说,既然经过后人整理的今文篇目可得而存,那么作为魏晋间人辑佚之作的"晚书"二十五篇亦可得而存,它对于我们重新认识古籍在传授过程中的不同传授体系、不同文本样式有着弥足珍贵的意义,如若我们将其客观地视作魏晋之际关于《尚书》材料辑佚的汇编,则其必有特殊的文献价值以资钻研。

三、《书》学要籍

《尚书》作为儒家经典之一,历来受到统治阶层及学人士子的重视,对《尚书》整理、注释、传授的学者也是代不乏人,由古至今,产生了系列丰富的《尚书》学文献,也形成了系统庞大的《尚书》学研究体系,这些成果各有侧重,各具特色,不仅在《尚书》学研究的浩渺星河中熠熠生辉,也是今人精神

---

① 李学勤等:《清华大学藏战国竹简(叁)》,上海:中西书局,2012年,第121页。

涵养的重要源泉。

1. 伏胜《尚书大传》

对《尚书》研习、传授产生最大影响的首当记住的第一人即为伏胜。

伏胜,又作伏生,济南人,今山东邹平人。《史记·儒林列传》载其生平,已见前引。尝为秦朝博士,掌《尚书》经。秦末战乱,伏生壁藏其《书》,乱平寻之,仅得28篇。他将《尚书》残本传授于山东诸儒,先授张生和欧阳生,欧阳生授兒宽,兒宽再传至欧阳高,于汉武帝时立在学官,称为欧阳氏学。张生授夏侯都尉,后传至夏侯胜,于汉宣帝时立在学官,称为大夏侯氏学。夏侯胜传其学于其子夏侯建,夏侯建又受业于欧阳高,亦于汉宣帝时立在学官,称为小夏侯氏学。由是可知,伏生所传《尚书》数传之后成为西汉官学。汉文帝亦遣晁错往济南学习《尚书》于伏生,晁错回朝后,朝廷将其所抄录、学习的《尚书》入藏秘府,后世称之为"中秘本",成为之后校书的重要文献依据。西汉《尚书》经才得以传授,端赖伏生一己之力。伏生及其所传授之《尚书》对后世《尚书》学乃至经学都产生了极其深远的影响,故世称"汉无伏生,则《尚书》不传;传而无伏生,亦不明其义"。

伏生所传二十八篇《尚书》为:《尧典》《皋陶谟》《禹贡》《甘誓》《汤誓》《盘庚》《高宗肜日》《西伯戡黎》《微子》《牧誓》《洪范》《金縢》《大诰》《康诰》《酒诰》《梓材》《召诰》《洛诰》《多士》《无逸》《君奭》《多方》《立政》《顾命》《吕刑》《文侯之命》《费誓》《秦誓》。

虽《尚书大传》旧题为伏生所作,然历代学者多认为其并非伏生所亲撰,盖由其弟子张生、欧阳生等转录师说,拾掇遗文,推衍旁义而成。郑玄《尚书大传序》云:"(《尚书大传》)盖自伏生也。伏生为秦博士,至孝文时年且百岁,张生、欧阳生从其学而受之,音声犹有讹误,先后犹有差舛,重以篆隶之殊,不能无失。生终后,数子各论所闻,以己意弥缝其阙,别作章句。又特撰大义,因经属指,名之曰《传》。刘向校书,得而上之,凡四十一篇。诠次为八十一篇。"《四库全书总目》亦云:"然则此《传》乃张生、欧阳生所述,特源出于胜尔,非胜自撰也。"① 即使《尚书大传》并非伏生所亲撰,然其基本内容及大义盖不出伏生之说,故其仍是伏生《尚书》思想的核心表达。

《尚书大传》的体例特点,学者多认为其不尽比附《书》经,且多援引旁事以证经,近乎《韩诗外传》之类,如清沈彤于其《尚书大传考纂序》中云:"抑《大传》乃条举《尚书》事辞,采他籍为之申证,若《韩诗外传》者流。"② 陈

---

① (清) 永瑢等:《四库全书总目·经部·书类二》,北京:中华书局,1965年,第105页。
② (清) 王昶:《湖海文传》,清道光十七年经训堂刻本。

寿祺亦云:"盖《书传》体近《韩诗外传》,往往旁胪异文,非尽释经。"傅斯年于《尚书大传》体例及释经特点总结最是公允,其云:"伏生说《书》,也不是专训诂,也是借《书》论政,杂以故事,合以阴阳,一如《春秋》及《诗》之齐学……然已可看其杂于五行阴阳之学,纯是汉初年状态。西汉儒者本不以故训为大业(以故训为大业东汉诸通学始然),都是'通经致用'的人们。"①

所谓借《书》论政,如其释《高宗肜日》:"武丁祭成汤,有飞雉升鼎耳而雊。武丁问诸祖己,祖己曰:'雉者,野鸟也,不当升鼎,今升鼎者,欲为用也。远方将有来朝者乎?'故武丁内反诸己,以思先王之道。三年,编发重译来朝者六国。孔子曰:'吾于《高宗肜日》,见德之有报之疾也。'"②按《高宗肜日》本经所载乃因高宗不务修德,故其祭成汤之时,有飞雉停于鼎耳而雊鸣,是以祖己认为此乃高宗失德而天降警示,遂劝王改修德政。然《大传》则旁衍经义,认为有雉登鼎乃远人来朝的征兆,故高宗修德以待,三年果有六国来朝。显然,伏生于此的阐释与经文本质背离,体现出来鲜明的借《书》论政之倾向。

所谓"通经致用",如其关于刑法制度的思索,如《尚书大传·甫刑》:"孔子曰:'古之刑者省之,今之刑者繁之。'其教:古者有礼然后有刑,是以刑省也;今也反是,无礼而齐之以刑,是以繁也。"③如其对于狱讼的考论:"子曰:古之听民者,察贫穷哀孤独矜寡、宥老幼不肖无告,有过必赦。小罪勿增,大罪勿累。老弱不受刑,有过不受罚。……故与其杀不辜,宁失有罪;与其增以有罪,宁失过以有赦。"④"子曰:听讼者,虽得其情,必哀矜之。死者不可复生,断者不可复续也。"⑤显然,伏生《尚书大传》绝大多数论说与经文相游离,然其中所蕴含的很多礼制思想都对后世产生了深远的影响,他提倡刑法制度的前提必然是教之以礼,他主张狱讼在宽,要体察民情,他也强调听讼者要存有哀矜之心,诸如此类,都显示了《尚书大传》释经之经世致用的特点,于西汉初年文化制度的建立和完善确乎具有极其重要的价值。

此外,《尚书大传》旁及诸说,一定程度上尚保留了古说,具有重要的文献价值。如其对于史实的探讨和还原:"周公摄政:一年救乱,二年克殷,三年践奄,四年建侯卫,五年营成周,六年制礼作乐,七年致政成王。"⑥伏生释

---

① 傅斯年:《中国古代文学史讲义》,上海:上海三联书店,2017年,第134—136页。
② (汉)伏胜撰,(汉)郑玄注,(清)陈寿祺辑校:《尚书大传》,四部丛刊影印左海文集本。
③ (汉)伏胜撰,(汉)郑玄注,(清)陈寿祺辑校:《尚书大传》,四部丛刊影印左海文集本。
④ (汉)伏胜撰,(汉)郑玄注,(清)陈寿祺辑校:《尚书大传》,四部丛刊影印左海文集本。
⑤ (汉)伏胜撰,(汉)郑玄注,(清)陈寿祺辑校:《尚书大传》,四部丛刊影印左海文集本。
⑥ (汉)伏胜撰,(汉)郑玄注,(清)陈寿祺辑校:《尚书大传》,四部丛刊影印左海文集本。

"摄政"为摄行政事,辅佐成王,并梳理了周公所行之大事作为辅证。伏生而且可以订正古史,其云:"文王受命:一年断虞芮之质,二年伐于,三年伐密须,四年伐畎夷,五年伐耆,六年伐崇,七年而崩。"程元敏认为:"谓五年伐耆,《韩非子·难二》记文王侵盂(于)、克莒(密须)、举酆(畎夷),谓伐耆在此'三伐'之后,合《大传》,可正《史记·周本纪》四年败耆之误。"①

当然,《大传》亦有贴切训释经文之处,如《尚书大传·洛诰》篇云:"《书》曰'乃汝其悉自学功',悉,尽也;学,效也。"②但这种情况非常罕见。

《尚书大传》作为迄今所见最早解读《尚书》的读本,其价值毋庸置疑,也历来受到学者的重视,早在东汉郑玄即为之作注,隋顾彪为之音释,宋李焘为之解说,清皮锡瑞亦著有《尚书大传疏证》七卷。

作为两汉《尚书》学研究的基石,《尚书大传》中的很多思想都对后世产生了深远的影响,如其中所蕴含的礼法制度,不仅为汉代君主所采纳,也为诸如贾谊、董仲舒、刘向等儒家所接受,于天下初定、文化制度建设尚付阙如的西汉初年更是起到了托古改制的重要作用。伏生在阐释经典时也多喜收辑遗文,所以《尚书大传》中也保存了较多的古注古训,对于《尚书》学乃至经学研究都具有较高的参考价值。然伏生《尚书大传》亦有不尽如人意之处,《四库全书总目》评其曰:"或说《尚书》,或不说《尚书》,大抵如《韩诗外传》《春秋繁露》,与经义在离合之间。"③即点透了以伏生为代表的今文学家说《尚书》多擅长就经文推衍开去,故不少内容与《尚书》经文相互驰骋而不相比附,实开汉代今文经学空疏繁琐解经之先河。

《尚书大传》,《隋书·经籍志》载其为四十一篇,《宋史·艺文志》录作三卷,《直斋书录解题》《四库全书总目》著录为四卷;此外,《四库全书总目》另有补遗一卷。《尚书大传》宋时已无完本,唯《洪范五行传》一篇首尾完整,后世学者多为辑佚,尤其以清代学者最具代表性,有清一代,先后辑佚《尚书大传》的学者有:孙之禄、卢见曾、卢文弨、董丰垣、孔广森、陈寿祺、黄奭、皮锡瑞、王闿运、王仁俊等,都各有辑本。然诸家辑本均不甚完备,相对而言,陈寿祺《尚书大传辑校》和皮锡瑞《尚书大传疏证》的辑本成就较高。

《尚书大传》流传至今仅卷三《洪范五行传》首尾完备,其余各卷均为残本,主要版本有《四库全书》本、《皇清经解续编》本和《丛书集成初编》本。各本之间卷数、所附内容多不一致,然正文内容基本相同,出入较少。较为

---

① 程元敏:《尚书学史》,第461页。
② (汉)伏胜撰,(汉)郑玄注,(清)陈寿祺辑校:《尚书大传》,四部丛刊影印左海文集本。
③ (清)永瑢等:《四库全书总目·经部·书类二》,第105页。

通行的版本为陈寿祺辑校本(影印本收于中华书局《四部丛刊》)。

2. 孔安国《尚书传》

孔安国,生卒年不详,字子国,孔子十一世孙,西汉鲁国(今山东曲阜)人。汉代经学家。安国从申培学《诗》,又精通《尚书》,以治《尚书》为武帝博士,官谏大夫,至临淮太守,早卒。武帝末,鲁恭王刘余拆孔子宅,以广其宫,于壁中得《古文尚书》《礼记》《论语》《孝经》数十篇,孔安国发现孔壁古文《尚书》比今文《尚书》增多16篇。他将古文《尚书》用当时通行的隶书摹写,称之为"隶古定",献之于朝廷,然恰遭巫蛊之事,遂未列于学官,只在民间进行传授。孔安国授都尉朝,都尉朝授胶东庸生,庸生授清河胡常少子,常授虢徐敖,敖授王璜、平陵涂恽子真。子真授河南桑钦君长。①

《后汉书·儒林列传上》载:"鲁人孔安国传《古文尚书》授都尉朝,朝授胶东庸谭,为《尚书》古文学,未得立。"②《隋书·经籍志》亦载:"安国又为五十八篇作《传》,会巫蛊事起,不得奏上,私传其业于都尉朝,朝授胶东庸生,谓之《尚书古文》之学,而未得立。"③据史籍所载,孔安国曾为五十八篇《古文尚书》作《传》,世称《尚书孔传》,简称《孔传》。然该书未见载于《汉书·艺文志》及汉魏时期之典籍。

东晋元帝时,豫章内史梅赜始将其所得《古文尚书孔传》献之于朝廷,并立于学官,《孔传》由是显于学界。梅赜献上《孔传》因缺《舜典》一篇,便将王肃《舜典注》一并献上,后南齐姚方兴声称于民间得《舜典孔传》,将其与其余五十七篇《孔传》合一,行之于朝廷。直到唐修《五经正义》时,于《尚书》即以梅赜所献古文《尚书》为底本,并全部收录《尚书孔传》作为疏证之基础。

孔安国精通《尚书》,是汉代《尚书》学史上非常关键的人物,对汉代及之后的《尚书》学产生了极大的影响。孔安国最初为汉武帝时的今文《尚书》博士,他将今文《尚书》传授于兒宽,进而促成了西汉三家今文《尚书》的形成,恰如程廷祚所言"《儒林传》云欧阳、大小夏侯氏学皆出于兒宽,宽则始事欧阳生而继受业于孔安国者也。是两汉《尚书》之业,安国与伏生共之矣"。④ 之后他整理、研读孔壁所出古文《尚书》,又促成了古文《尚书》学的形成,所以孔安国对汉代今古文《尚书》学的形成和发展都产生了积极的影响,为汉代《尚书》学的发展做出了重要的贡献。

---

① (汉)班固:《汉书·儒林传》,第3607页。
② (南朝宋)范晔:《后汉书·儒林列传》,第2555页。
③ (唐)魏徵:《隋书·经籍志》,第915页。
④ (清)程廷祚:《晚书订疑》,《续修四库全书》第44册,上海:上海古籍出版社,2002年,第5页。

很多学者对于孔安国的学术成就颇有疑义,如顾颉刚先生曾云:"孔安国生时未作一书,而死后乃成一西汉遍注群经之郑玄:刘歆使之录《古文尚书》,何晏使之注《论语》,王肃使之作《古文尚书传》及编次《孔子家语》,遂成一大家,不知其何修而得此也。"①显然,顾颉刚对孔安国所传《古文尚书》之说法是抱有怀疑态度的。围绕孔安国经学的公案繁多,其中以孔安国《尚书传》最具代表性。《孔子家语·后序》最早记载孔安国传《尚书》:"子国乃考论古文字,撰众师之义……作《尚书传》五十八篇。"然不仅早期文献《史记》《汉书》均未提及此事,而且《尚书孔传》最早于东晋方才面世,之前一直未见传本,且《孔子家语》本身的真实性亦难以保证,所以自宋以来,很多学者对此都抱有怀疑态度,朱熹曾云:"尝疑今《孔传》并《序》皆不类西京文字气象,未必真安国所作,只与《孔丛子》同是一手伪书,盖其言多相表里,而训诂亦出《小尔雅》也。"后又经梅鷟、阎若璩、崔述等学者纷纷考证,认其为伪书。在考证其书为伪的基础之上,学者们还致力于作伪者的探讨,如臧琳、戴震、江声、丁晏、皮锡瑞、王先谦等人认为梅赜所献《尚书孔传》的作者为魏王肃,梅鷟、王鸣盛、李巨来则认其为晋皇甫谧之伪作,阎若璩、惠栋、胡适、顾颉刚等认为其应为东晋梅赜所作,陈梦家认为其作者应当为东晋孔安国,等等。

当然,也有很多学者信服其说,如毛奇龄、张岩。当代很多学者对此也颇多探讨,且随着出土文献的丰富以及对20世纪初疑古思潮的反省,学者们能从更客观的角度对《尚书孔传》重新审视和评定,新见迭出,如陈以凤《孔安国学术研究》一书,就通过《尚书孔传》与《史记》的比较研究,认为:"《尚书》诘屈聱牙,号称难读,释读出于孔壁的'科斗文'古字《尚书》更是难上加难,故而司马迁曾向《尚书》学大师孔安国请教,聆听了其对《古文尚书》的训解。后来他作《史记》自然会采用一部分孔安国的'古文说',把《尚书》中古奥晦涩的词句改成当时易懂的通俗语,由此才有《史记》和《孔传》注解相类的内容。这虽然不能证明今本《孔传》由孔安国亲作或者在当时已经成书,但至少证明其中确实含有孔安国的训解,不完全是后人伪造。"②

此外,作者还将《孔传》与《小尔雅》进行了详尽的比对,发现《孔传》与《小尔雅》释词相同者有70多条,其中58条出自今文《尚书》篇目,12条出自古文《尚书》篇目,又《小尔雅》乃西汉孔安国后人孔骥、孔子立父子二人

---

① 顾颉刚:《孔子研究讲义按语》,载《中国典籍与文化论丛》(第七辑),北京:北京大学出版社,2002年,第19页。
② 陈以凤:《孔安国学术研究》,济南:山东人民出版社,2013年,第61页。

所编,则二者注释相同者应为《小尔雅》引用《孔传》之说,基于此,作者进一步强调:"孔安国确曾训解过孔壁《尚书》,今本《孔传》的部分内容出于孔安国之手。"①

最后,作者从"传"字释义、《孔传》与《孔丛子》的关系、孔氏家学传承三个方面进行了分析,进而认为《孔传》并非完全为孔安国所作,其成书与汉代孔氏家学有着密切的关系,应该是"其后裔为彰显家学,汇集几代孔家学者的解经精华而成。因安国首传古文《尚书》,书中也含其遗学,所以此书如同《公羊传》和《伏生传》之命名,被称为《孔安国传》,简称《孔传》。诚如李学勤所言:'古书的形成每每要有很长的过程,除了少数书籍立于学官,或有官本,一般都要经过改动变化。很多书在写定前,还有一段口传的历史,尤其在民间流传的变动尤甚。'《孔传》成书也极可能经历了一个很长的编纂、改动、增补的过程,其中晚出或者中间夹有后起的地名,亦不足为奇了。但证伪派仅仅以《孔传》有孔安国身后的名字论此书非孔安国所作或认定为伪书,是难以成立的。"②

钱宗武《〈孔传〉或成于汉末晋初》一文通过对范围副词"咸""胥"的历时与共时的考辨,发现"'咸''胥'是西汉两个常用的范围副词。《诗经》中作范围副词的'咸''胥',《毛传》未作解释,说明'咸''胥'的词汇意义和语法意义为当时全社会公认。随着时空的变化,到了东汉,'咸''胥'已渐渐失去作为范围副词的语法功能,与之相对应的常用范围副词已为'皆'和'相'。东汉末年的郑玄解《诗经》笺《毛传》,就需要补充《毛传》,因而,《郑笺》需要解释'咸',义多为'皆'的意思,'胥',义多为'相'的意思。《孔传》如果是西汉孔安国所撰,孔安国自然会像毛亨一样,不需要解释西汉常见的范围副词'咸''胥'",③进而推测《孔传》或成于汉末晋初。

崔海鹰认为《孔传》确出自孔安国之手,与古文《尚书》一起流传于孔氏家学内部,在流传过程中孔氏子弟相继润色、修补。④ 杨善群亦持此观点,他借《孔丛子》中"臣世以经学为业,家传相承,作为训诂""侍中安国受诏,缀集古义……臣家业与安国纪纲古训,使垂来嗣"⑤及《孔子家语》《尚书序》之相关记载,认为孔安国为《尚书》作《传》以释义,乃为无可争辩的事实。孔安国之后的孔家弟子,更是不断地对《尚书》和《孔传》进行了整理和

---

① 陈以凤:《孔安国学术研究》,第66页。
② 陈以凤:《孔安国学术研究》,第76页。
③ 钱宗武:《〈孔传〉或成于汉末晋初》,《南京师范大学文学院学报》2011年第1期。
④ 崔海鹰:《孔传〈古文尚书〉渊源与成书问题探论》,曲阜师范大学2014年博士学位论文。
⑤ 傅亚庶:《孔丛子校释》,第447页。

修订,由于孔氏弟子的努力,到东汉后期,五十八篇《孔传》完全形成,并传播流行,经由郑冲传到东晋梅赜,始将其献于朝廷。①

显然,当代围绕着《尚书孔传》研究的成果非常丰富,且颇具有启发性,虽然许多问题暂无定论,但依然不影响对《孔传》价值的评定。作为现存最完整、最早的一部《尚书》注释的完帙,《孔传》依旧有着不可替代的作用。

首先,《孔传》虽不言前人成果,但曾遍观前儒之《书》注,大体兼采前人之说,杂以己意而成。故其说亦多有确论,如《金縢》之"周公居东二年,则罪人斯得",《孔传》释为:"周公既告二公,遂东征之,二年之中,罪人此得。"②而"居东而征伐"之义,郑玄解作:"居东者,出处东国待罪,以须君之察己。"③以为是"周公待罪于东"之义,诸家争执不下。今据清华简本《金縢》作"周公宅东三年,祸人乃斯得"可知,"居东"确为"东征"之义,而非"待罪于东",由此《孔传》为确。此外,清代经学大师焦循在《尚书补疏·叙》中对《孔传》和郑玄《书》注进行比较研究,摘出七条《孔传》优于郑玄《书》注的证据。故焦循认为:"论其(《孔传》)为魏晋间人之传,则未尝不与何晏、杜预、郭璞、范甯等先后同时。晏、预、璞、甯之传注可存而论,则此传亦何不可存而论。"④焦循之说,可为确论矣。

其次,《孔传》独特的解经方式也是其备受尊崇的原因之一。《孔传》区别于两汉时受谶纬渗透的解经空疏之风,亦区别于古文家专于名物训诂的经解繁琐之风,体现出了与众不同的简洁明了的特点。《文心雕龙·论说》篇云:"若夫注释为词,解散论体,杂文虽异,总会是同;若秦延君之注《尧典》,十余万字;朱普之解《尚书》,三十万言;所以通人恶烦,羞学章句。若毛公之训《诗》,安国之传《书》,郑君之释《礼》,王弼之解《易》,要约明畅,可为式矣。"⑤刘勰为南朝人,故其显然受到玄风之影响,以"要约明畅"为旨,在这个基点上,《孔传》明显符合其审美取向,是刘勰赞之"可为式矣"。

此外,《孔传》先释字词,后诠大义的注经方式,让人们一目了然,同样具有重要的意义和成就,更易于被人们所接受和传播。刘起釪《〈尚书〉学源流概要》云:"它(《孔传》)不像西汉今文家使经学神学化后所作的漫无边际的神秘而空疏的杂说,也不像东汉初年古文家如卫宏等人写《训旨》等书故

---

① 杨善群:《孔氏家族对〈尚书〉学的卓越贡献》,《齐鲁学刊》2020年第1期。
② (唐)孔颖达:《尚书正义》,十三经注疏本,第197页。
③ (汉)郑玄注,(宋)王应麟辑,(清)孔广林增订:《尚书郑注》,上海:商务印书馆,1937年,第59页。
④ (清)焦循:《尚书补疏》,《续修四库全书·经部·书类》,上海:上海古籍出版社,2002年,第1页。
⑤ 范文澜:《文心雕龙注》,北京:人民文学出版社,1958年,第328页。

意和今文家立异而造作的《古尚书》说,而是汲取前人成果,加以章栉句比,作到每句都有解释,几乎达到了今译的地步,这在《尚书》学上确实是一很高的成就。因此为人们所接受,被看成是汉代孔安国所传的真古文。"①

3. 孔颖达《尚书正义》

孔颖达生平,新旧《唐书》记载详备:"字仲达,冀州衡水人也。祖硕,后魏南台丞。父安,齐青州法曹参军。颖达八岁就学,日诵千余言。及长,尤明左氏《传》、郑氏《尚书》、王氏《易》、毛《诗》、《礼记》,兼善算历,解属文。同郡刘焯名重海内,颖达造其门,焯初不之礼,颖达请质疑滞,多出其意表,焯改容敬之。颖达固辞归,焯固留,不可,还家,以教授为务。隋大业初,举明经高第,授河内郡博士。时炀帝征诸郡儒官集于东都,令国子秘书学士与之论难,颖达为最。时颖达少年,而先辈宿儒耻为之屈。……补太学助教。属隋乱,避地于武牢。……武德九年,擢授国子博士。贞观初,封曲阜县男,转给事中。……六年,累除国子司业。岁余,迁太子右庶子,仍兼国子司业。与诸儒译历及明堂,皆从颖达之说。又与魏徵撰成《隋史》。……十一年,又与朝贤修定五礼,所有疑滞,咸谘决之。书成,进爵为子。……庶人承乾令撰《孝经义疏》,颖达因文见意,更广规讽之道。……十二年,拜国子祭酒,仍侍讲东宫。十四年,太宗幸国学观释奠,命颖达讲《孝经》,既毕,颖达上《释奠颂》。……先是,与颜师古、司马才章、王恭、王琰受诸儒受诏撰定《五经义训》,凡一百八十卷,名曰《五经正义》。太宗下诏曰:'卿等博综古今,义理该洽,考前儒之异说,符圣人之幽旨,实为不朽。'付国子监施行,赐颖达物三百段。时又有太学博士马嘉运驳颖达所撰《正义》,诏更令详定,功竟未就。十七年,以年老致仕。……二十二年卒。"②

孔颖达为唐初大儒,其著述除了《五经正义》之外,尚有《周易玄谈》六卷(《经义考》著录)、《明堂议》一篇(《经义考》著录)、《孝经义疏》(《经义考》著录)。

《五经正义》之成书概况如下。

《旧唐书·儒学传·序》载:"太宗又以经籍去圣久远,文字多讹谬,诏前中书侍郎颜师古考定五经,颁于天下,命学者习焉。又以儒学多门,章句繁杂,诏国子祭酒孔颖达与诸儒撰定五经义疏,凡一百七十卷,名曰《五经正义》,令天下传习。"③显然,唐太宗因南北朝经学章句繁夥,派别林立,不利

---

① 刘起釪:《〈尚书〉学源流概要》,《辽宁大学学报》1979年第6期,第51页。
② (后晋)刘昫:《旧唐书·孔颖达传》,北京:中华书局,1975年,第2601—2603页。
③ (后晋)刘昫:《旧唐书·儒学传·序》,第4941页。

于经学的传承与研习,故命孔颖达与诸儒撰定《五经正义》,是可知《五经正义》之成书实乃奉敕所撰。如其初撰之年,典籍言之未详。宋孔维等《上校勘正义表》云:"贞观中,国子祭酒孔颖达考前代之文,采众家之善,随经析理,去短从长,用功二十四五年,撰成一百八十卷。"①但云贞观中,而未详何年。程元敏据新旧《唐书》本传考证曰:"夫颖达于贞观十一年封曲阜县开国子,十二年拜国子祭酒,而《正义序》署'国子祭酒上护军曲阜县开国子臣孔颖达奉敕撰定',则始受诏必在十二年之后。而本传于拜祭酒下记十四年,太宗幸国学观释奠,既而又记'先是,颖达与颜师古等受诏撰定《五经义训》',则'先是'必谓十二年之后、十四年二月丁丑之前。然则孔撰《正义》经始于贞观十二年至十四年二月之间也。"②

《五经正义》于贞观十五年初次颁下,《旧唐书·孔颖达传》有载"太宗下诏曰:'卿等博综古今,义理该洽,考前儒之异说,符圣人之幽旨,实为不朽。'付国子监施行,赐颖达物三百段"。《五经正义》颁下时间不长,"大学博士马嘉运每掎摭之,因此相与不平,嘉运屡相讥诋,有诏更令详定,未讫而卒"。③则终孔颖达卒年(贞观二十二年),《五经正义》尚未勘定成功。此乃《五经正义》第一次修订。

《五经正义》第二次修订始于高宗永徽二年三月十四日:"永徽二年,诏中书门下与国子三馆博士、弘文馆学士考正之,于是尚书左仆射于志宁、右仆射张行成、侍中高季辅就加增损,书始布下。"④此次修订历时两年,至永徽四年二月二十四日乃成,八日后的三月初一颁行天下,《旧唐书·高宗本纪》载:"永徽四年三月壬子朔,颁孔颖达《五经正义》于天下,每年明经,令依此考试。"⑤

自孔颖达受诏撰写《五经正义》至高宗永徽四年勘定颁行,前后历时约十五年,终至功成。

据《尚书正义·序》《新唐书·艺文志》、长孙无忌《上五经正义表》等记载,前后参与《尚书正义》修撰、审定者共计二十九人,分别为:孔颖达、王德韶、李子云、朱长才、苏德融、隋德素、王士雄、赵弘智、长孙无忌、李勣、于志宁、张行成、高季辅、褚遂良、柳奭、谷那律、刘伯庄、贾公彦、范义頵、齐威、柳士宣、孔志约、赵君赞、薛伯珍、史士弘、郑祖玄、周玄达、李玄植、王真儒。

---

① (清)陆心源:《皕宋楼藏书志》卷四《经部》,清光绪万卷楼藏本,第33页。
② 程元敏:《尚书学史》,第1341页。
③ (宋)王若钦等:《册府元龟》卷六〇八《雠嫉门》,南京:凤凰出版社,1960年,第7021页。
④ (宋)欧阳修:《新唐书·儒学上·孔颖达传》,北京:中华书局,1975年,第5644页。
⑤ (后晋)刘昫:《旧唐书·高宗本纪》,第71页。

《尚书正义·序》云:"安国注之,寔遭巫蛊,遂寝而不用。历及魏晋,方始稍兴,故马、郑诸儒莫睹其学,所注经传,时或异同。晋世皇甫谧独得其书,载于《帝纪》。其后传授,乃可详焉。但古文经虽然早出,晚始得行,其辞富而备,其义弘而雅,故复而不厌,久而愈亮,江左学者,咸悉祖焉。"①是可知,《尚书正义》以东晋梅赜所献孔传本《古文尚书》为底本,坚持认为《孔传》实乃孔安国所作,其所遵用的东晋梅赜所献上的孔传本古文《尚书》乃真古文。《尚书正义》经文共58篇,其中33篇同伏生本今文《尚书》,另有二十五篇后出古文。

《尚书正义》的注疏内容盖依倚前儒,继承、驳正南北朝诸家义疏而成,《尚书正义·序》言之甚详:"其为《正义》者,蔡大宝、巢猗、费甝、顾彪、刘焯、刘炫等。其诸公旨趣多或因循,怗释注文,义皆浅略,惟刘焯、刘炫,最为详雅。然焯乃织综经文,穿凿孔穴,诡其新见,异彼前儒,非险而更为险,无义而更生义。……炫嫌焯之烦杂,就而删焉。虽复微稍省要,又好改张前义,义更太略,辞又过华……此乃炫之所失,未为得也。今奉明敕,考定是非,谨罄庸愚,竭所闻见,览古人之传记,质近代之异同,存其是而去其非,削其烦而增其简。此亦非敢臆说,必据旧闻。"②是可知,《尚书正义》整合前儒诸说,尤其是南北朝时期的诸多义疏,其中尤为重视刘焯、刘炫之说,故《四库全书总目》称其曰"实因二刘"。除了斟酌南北朝诸家《尚书》义疏之外,《尚书正义》的注疏部分还大量征引了汉魏古注,如贾逵、马融、郑玄、王肃之说,存汉魏古注之旧,是一部集汉魏晋南北朝《尚书》注疏的集大成之作,也是完整保存至今的最早的一部《尚书》义疏之作,其价值和意义自不待言。当然,《尚书正义》亦有不完善之处,历来学者多有评价,晁公武《郡斋读书志》卷一云:"《尚书正义》……虽包贯异家,为详博,然其中不无谬冗焉。"《四库提要》亦云:"孔颖达《尚书正义》虽诠释传文不肯稍立异同,而原原本本,考证粲然,故《朱子语录》亦谓《尚书》名物典制当看疏文。"顾颉刚《读尚书禹贡篇之伪孔传与孔氏正义》更是凝练了孔颖达《禹贡正义》的两个缺点和一处通达之解:"论其缺点,大略有二:其一,明知《传》说之违背事实,而不惜曲为回护,使真理为之掩没。例如兖州'厥篚织文'条,既信郑玄之言,以为'篚之所盛皆供衣服之用,入于女功';而复依违《传》说,谓'贝非服饰所须,盖恐其损缺,故以筐篚盛之。'……其二,喜作拘牵文字之曲解。例如'济、河惟兖州',则兖州之界自济至河可知。《传》云'东南据济、西北距

---

① (唐)孔颖达:《尚书正义·序》,第1—2页。
② (唐)孔颖达:《尚书正义》,第2页。

河',此习于当时骈偶之风,以'据'与'距'为互文耳。而《疏》云'据,谓跨之;距,至也',于是兖州之界不止于济而跨之而南矣。……然亦有持论甚通达者:经叙导九川,其文发端有言'导'者、有言'自'者,郑玄云:'凡言导者,发源于上,未成流;凡言自者,亦发源于上,未成流。'《疏》驳之曰:'必其俱未成流,何须别导于自?河出昆仑,发源甚远,岂至积石犹未成流而云"导河"也?'以此之故,《疏》之释义遂不尽拘牵。……既已广集其异同,而犹肯不强敷以义例,此洵非学究之见解矣。"①顾氏之说,洵为平允。

《尚书正义》唐代写本传抄本均为单行本,后世称为单疏本。北宋初刊《尚书正义》亦为单疏本,经疏别行。合刊经、注、疏始于南宋初年浙东茶盐司,即将《尚书》经文、孔传和孔颖达疏合刊。南宋末年,又析本附于经末的陆德明的《尚书释文》散附于注疏之中。明清两代又将《尚书正义》汇刻于《十三经注疏》中,由此成为最通行的版本,其中尤以1980年中华书局阮元校刻本和李学勤主编、北京大学出版社1999年出版《十三经注疏》整理本最为通行。

4. 苏轼《东坡书传》

苏轼(1037—1101),北宋著名文学家、学者,在经学方面亦有很深的造诣,时称"蜀学"。苏轼曾云:"某凡百如昨,但抚视《易》《书》《论语》三书,即觉此生不虚过。"②可见其于《易传》《书传》《论语说》三书颇为自得,足证其乃苏轼用力甚多、影响较大的三部经学著述。

《书传》之撰述大约始于元丰四年(1081)秋九月谪居黄州期间,此据《与王定国》可知:"某自谪居以来,可了得《易传》九卷、《论语》五卷。今又下手作《书传》。迂拙之学,聊以遣日。"③而《书传》之大略成书则在谪居海南期间。绍圣元年(1094),苏轼因讥谤先朝再贬岭南,四年七月至海南,居海南约三年后,于元符三年六月渡海北返。作于北返时的《与郑靖老(三)》中即云:"《志林》竟未成,但草得《书传》十三卷,甚赖公两借书籍检阅也。"④此外,据苏辙《亡兄子瞻端明墓志铭》:"最后居海南,作《书传》。"⑤则苏轼《书传》之撰述虽然前后跨越十九年之久,然其成书盖主要在苏轼谪居海南期间,且当时苏轼所可借鉴的材料非常有限,故其称"甚赖公两借书籍检阅也",且朱熹亦有"苏氏伤于简"⑥之评价。

---

① 顾颉刚:《读尚书禹贡篇之伪孔传与孔氏正义》,《禹贡(半月刊)》七卷一二三合期。
② (宋)苏轼:《苏轼文集》,北京:中华书局,1986年,第1741页。
③ (宋)苏轼:《苏轼文集》,第1519页。
④ (宋)苏轼:《苏轼文集》,第1675页。
⑤ (宋)苏辙:《苏辙集》,北京:中华书局,1990年,第1127页。
⑥ 朱杰人等编:《朱子全书》,第4717页。

《书传》之成书甚为不易，其流传也是命运多舛。元符三年（1100）七月，苏轼"自海康适合浦，连日大雨，桥梁大坏，水无津涯。自兴廉村净行院下乘小舟至官寨，闻自此西皆涨水，无复桥船，或劝乘蜑并海即白石。是日六月晦，无月，碇宿大海中。……所撰《书》《易》《论语》皆以自随，而世未有别本。抚之而叹曰：'天未欲使从是也，吾辈必济！'已而果然"。① 可知，当时《书传》仅有苏氏草本。次年，苏轼病重常州，托付后事于其生前好友钱济明："某前在海外，了得《易》《书》《论语》三书，今尽以付子，愿勿以示人。三十年后，会有知者。"② 是可知苏轼托付给钱济明的《书传》亦是抄本，直到三十年后，即南宋绍兴年间方有知者，可见其寥落至斯，此盖与其间推尊王安石"新学"不无关系，《容斋续笔》即载："自蔡京擅权，专尚王氏之学，凡苏氏之学，悉以为邪说而禁之。"③

《东坡书传》有十三卷和二十卷两说，晁公武《郡斋读书志》、陈振孙《直斋书录解题》、《宋史·艺文志》皆著录为十三卷，明、清书目作二十卷，且万历《两苏经解》本、明末朱墨套印本及《四库全书》所收皆为二十卷。据苏轼《与郑靖老（三）》："草得《书传》十三卷，甚赖公两借书检阅也。"可知《书传》原书当为十三卷，盖后世因卷帙繁重厘为二十卷，故清代张海鹏称其"书之首尾既全"，"卷帙之分合，于说经要旨无关耳"。④

自唐孔颖达《尚书正义》定于一尊，士人治《书》多株守汉唐旧说，直到庆历、熙宁、元祐年间的学人始倡新说，他们对汉唐旧说多有疑义，如刘敞《尚书小传》、王安石《尚书新义》、苏轼《东坡书传》，王应麟于其《困学纪闻》即说："自汉儒至庆历间，谈经者守故训而不凿，《七经小传》出而稍尚新奇矣。至《三经义》行，视汉儒之学若土梗。"⑤刘敞《尚书小传》、王安石《尚书新义》久佚，唯苏轼《书传》完整流传，故其所体现的疑古、创新的解经风气在经学史上具有重要的价值和意义。苏轼的创新意识与其《书传》的创作动机大有关系。晁公武《郡斋读书志》云："熙宁以后，专用王氏之说，进退多士，此书驳异其说为多。"⑥则苏轼《书传》大概着重针对王安石《尚书新义》而作。王安石为推行新法，组织撰写了《三经新义》，以期将儒家经典作为其新法的理论依据，自其颁于学官，独行于世六十余年，故其间穿凿附会

---

① （宋）苏轼：《东坡志林》，北京：中华书局，1981年，第1页。
② （宋）何薳：《春渚纪闻》，北京：中华书局，1983年，第85页。
③ （宋）洪迈：《容斋续笔》，北京：中华书局，2006年，第401页。
④ （清）张海鹏：《东坡书传·跋》，《学津讨原》本，广陵刻书局影印。
⑤ （宋）王应麟：《困学纪闻》卷八，上海：上海古籍出版社，2008年，第1094页。
⑥ （宋）晁公武：《郡斋读书志》卷一，上海：上海古籍出版社，1990年，第58页。

之说频见,学风日下。然一些正直的学者也一直驳斥王氏"新学",如范纯仁作《尚书解》,"其言皆尧舜禹汤文武之事";①文彦博作《二典义》《尚书解》,刘起釪称其为"其中新义当不多,显然只是为了反王说而作"。②此外,程颐的《书说》《尧典舜典解》亦为针对王氏"新学"有感而发之作,苏轼、苏辙兄弟更是反复致疑"新学"。苏轼《书传》是有宋一代诸多反对"新学"的著述中保存最为完整的一部,其意义可以想见。基于破除"新学"的创作动机,苏轼《书传》中新见迭出。如《书传》释《大诰》之"宁王"为"武王",苏轼云:"当时谓武王为宁王,以见其克殷宁天下也。下文曰'乃宁考',知其为武王。旧说以为文王,非也。"③此乃苏轼词语训诂所出新义。《书传》解《尧典》"放勋"曰:"放,法也,有功而可法。曰放勋,犹孔子曰'巍巍乎其有成功',此论其德之辞也。自孟子、太史公咸以放勋、重华、文命为尧、舜、禹之名。然有不可者,以类求之,则皋陶为名'允迪'乎?"④是其对名物亦多致疑。此外,苏轼尚致疑经文,《书传》中断言《尚书》经文脱简错讹者有五处之多,分别涉及《舜典》《洪范》《康诰》《禹贡》《皋陶谟》诸篇。诸如此类,均体现了苏轼鲜明的疑古精神,《四库全书总目》言其"释《禹贡》三江,定为南江、中江、北江,本诸郑康成,远有端绪……至于以羲和旷职为贰于羿而忠于夏,则林之奇宗之;以《康王之诰》服冕为非礼,引《左传》叔向之言为证,则蔡沈取之;《朱子语录》亦称其解《吕刑》篇,以'王享国百年耄'作一句,'荒度作刑'作一句,甚合于理"。当然,《书传》中也难免有主观臆断、穿凿己意之处,如苏轼解《说命下》,谓悬逋于荒野的为甘盘而非武丁,解《君奭》篇云"召公之意,欲周公告老让权",皆为其例。

  作为宋代《尚书》学的代表著述之一,苏轼《书传》对后世《尚书》学产生了深远的影响。首先,后世学者在其《尚书》学著述中多引及《书传》之说,据学者初步统计,林之奇《尚书全解》引《书传》近二百六十条,夏僎《尚书详解》引及二百三十一条,蔡沈《书集传》引《书传》四十九条。其次,《书传》中的很多观点亦被后世学者所采用。如"《书传·胤征第四》中释'羲和旷职'为羲和'贰于羿、忠于夏',林之奇《尚书全解》、钱时《融堂书解》都从其说。吕祖谦《书说·禹贡图说》'淮泗达河'一条取自苏轼《书传》之说者就有三处。又如《书传·康诰第十一》中说'封康叔之时,决未营洛',杨简《五诰解》

---

① (元)脱脱:《宋史》,北京:中华书局,1985年,第10282页。
② 刘起釪:《尚书学史》,第226页。
③ (宋)苏轼著,舒大刚、李文泽主编:《三苏经解集校·东坡书传第十一》,成都:四川大学出版社,2017年,第304页。
④ (宋)苏轼著,舒大刚、李文泽主编:《三苏经解集校·东坡书传第一》,第185页。

直取其说"。① 最后,《书传》中的一些观点在后世引起了广泛的回响。如其释《禹贡》"三江既入,震泽底定"之"三江"为"三江之入,古今皆不明。予以所见考之,自豫章而下,入于彭蠡,而东至海为南江;自蜀岷山至于九江、彭蠡以入于海为中江;自嶓冢导漾东流为汉,过三澨、大别以入于江,东汇泽为彭蠡,以入于海,为北江"。"盖此三水性不相入,江虽合而水则异,故至于今,而有'三泠'之说。此一说法在后世引发了广泛的讨论,《四库全书总目》即云:"惟未尝详审经文,考核水道,而附益以味别之说,遂以启后人之议。"②驳异者如毛晃《禹贡指南》、程大昌《禹贡论》、傅寅《禹贡说断》、蔡沈《书集传》、王夫之《尚书稗疏》,船山《尚书稗疏》直言:"三江入而震泽定,三江者,震泽之源与支流也。苏子瞻唯不知此,乃欲以味辨之,其亦细矣。"③信奉其说者如林之奇、陈大猷、金履祥、程瑶田、朱鹤龄等,程瑶田《禹贡三江考》一书更是详尽地考辨了汉魏以来诸家异说,认为"苏氏以为三江止一江,其识卓矣"。④

苏氏《书传》虽然难免有主观臆断之处,然其疑古、疑经的解经方法对于当时故步自封的经学研究具有相当重要的启迪意义,故朱熹对苏轼《书传》甚是推崇:"或问:'《书》解谁者最好?莫是东坡《书》为上否?'曰:'然。'又问:'但若失之太简。'曰:'亦只有消如此解者。'""东坡《书》解文义得处较多。""东坡《书》解却好,他看得文势好。"⑤显然,苏轼的解经思想,打破了自《尚书正义》问世以来学人专守注疏、不敢丝毫逾越的沉闷的治《书》风气,为宋代乃至之后的《书》学研究注入了新鲜的血液,对后世经学研究产生了深远的影响。

苏轼《书传》现存版本主要有《两苏经解》本、《四库全书》本及张海鹏《学津讨原》本。其中以《两苏经解》本较早,而以《学津讨原》本最优。今有《三苏经解集校》(舒大刚、李文泽主编,四川大学出版社,2017年)点校本。

5. 林之奇《尚书全解》

林之奇(1112—1176),字少颖,号拙斋,福州侯官(今福建闽侯)人,人称"三山先生",南宋前期较有影响的理学家、文学家。林之奇生于官宦之家,世以儒学闻名,惜林氏少孤,依其舅生活,并与其表兄同读《春秋》《诗》

---

① 郭玉:《苏轼〈书传〉的解经与解经的文学性》,《内蒙古财经大学学报》2014年第1期。
② (清)永瑢等:《四库全书总目》,第90页。
③ (清)王夫之:《尚书稗疏》,长沙:岳麓书社,2011年,第60页。
④ (清)程瑶田:《禹贡三江考·序》,《续修四库全书》第55册,上海:上海古籍出版社,2002年,第161页。
⑤ (宋)黎靖德编:《朱子语类》,第1986页。

《书》等儒家经典，为其之后的经学研究奠定了基础。后求学于吕本中，受理学正传。绍兴二十一年（1151）进士及第，调莆田簿，时年四十。绍兴二十六年（1156），召试馆职，任秘书省正字，再除校书郎。绍兴二十九年（1159）八月，因疾请外放，由宗正丞提举闽舶。绍兴三十二年（1162）林之奇居家，以著述教授为业。淳熙三年（1176）卒，年六十五岁。

林之奇著述颇丰，且以经学最为用力，据《宋史》所载，其经学著述有《尚书全解》《春秋说》《周礼讲义》《孟子讲义》《论语讲义》等，惜今仅残存《尚书全解》一部，别著皆散佚。

《尚书全解》今存四十卷，广采前儒《书》说，又特详加考证，进而折衷是非，故其能明畅大义，条理贯通。其自序该书云："以义为主，无适无莫，平心定气，博采诸儒之说而去取之。苟合于义，虽近世学者之说亦在所取；苟不合于义，虽先儒之说亦所不取。"①林之奇多反对诸儒附会阴阳五行解经之说，如王安石《尚书新义·尧典》解"羲和"云："散义气以为羲，敛仁气以为和。日出之气为羲，羲者，阳也；利物之谓和，和者，阴也。"林之奇驳之曰："羲和即人之名，安有阴阳仁义之说哉！此说不可行也。"②又如，王安石解《尚书·益稷》云："日、月、星、辰、山龙、华虫，凡此德之属夫阳者，故在衣而作绘。宗彝、藻、火、粉米，凡此德之属夫阴者，故絺绣在裳。"林氏驳之曰："介甫尝有韩退之诗曰：'纷纷易尽百年身，举世无人识道真。力去陈言夸末俗，可怜无补费精神。'王氏于经，其凿如此，则其无补费精神，盖又甚于韩退之矣。"③林之奇虽然反对王安石的"新学"，然其对于王安石的《尚书》说却抱有平允的态度，对其解经附会阴阳之说进行批驳，而对于王氏之说优于别家者又大方采信，予以认可。

林之奇新见频出以对《洪范》"九畴"之辨最具代表性。历代学者都对天赐禹《洪范》乃龟背所负之说深信不疑，对此，林氏辨之曰："某窃以为不然，古人之语于其最重者必推于天，典曰天叙，礼曰天秩，命曰天命，诛曰天讨。""若以为有《洛书》之数，如《河图》之文，则今世所传《洛书》五行生成之数，大抵出于附会，不足信也。若以为龟背之所负有五行、五事等字，则其说迂怪矣！某窃谓'天乃锡禹洪范九畴'，犹言'天乃锡王勇智'耳，不必求之太深也。学者诚知《洪范》之书不由数起，而天之锡禹非《洛书》，则九畴之意涣然而明矣。"④林氏此说无异于醍醐灌顶，实具振聋发

---

① （宋）林之奇：《尚书全解》，陈良中点校，北京：人民出版社，2019年，第1页。
② （宋）林之奇：《尚书全解》，第7页。
③ （宋）林之奇：《尚书全解》，第98页。
④ （宋）林之奇：《尚书全解》，第385页。

聩之功效。

　　林之奇亦致疑于经文，如其解《泰誓》云："《书》本百篇，遭秦火不存，至汉稍稍复出，伏生以口传二十八篇，孔壁续出二十五篇。某尝疑此二者必有所增损润色于其间，何以知之？以《孟子》知之。《孟子》之举《康诰》曰：'杀越人于货，憨不畏死，凡民罔不憨。'《孟子》之举《泰誓》曰：'无畏宁尔也，非敌百姓也，若崩厥角稽首。'而今文《泰誓》曰：'罔或无畏，宁执非敌。百姓懔懔若崩厥角。'其字大抵相同，而其文势意旨则大有不同者。《康诰》，伏生所传之书也。《泰誓》，孔壁续出之书也。故某以是二者异同之故而致疑焉。……孟子生于战国之时，去帝王之世犹未远，而六经犹在，尚且以谓'尽信《书》，不如无《书》'，盖苟理之所不安则莫可信也，况又烬于秦火，烂于孔壁，而增损润色于汉儒之手乎？"①在疑古风气的影响下，林之奇亦对今、古文《尚书》经文做了考辨，他对先秦文献所引用的《尚书》材料与当时流传的《尚书》经文进行对比考证，进而认为《尚书》经文当在流传的过程中经过了汉儒的增损润色，并非经文原貌。这种重实证的考辨方法对后世经学研究，尤其是伪古文《尚书》的辨伪产生了深远的影响，清代阎若璩在其《尚书古文疏证》中即重点采用了这一考辨方法。

　　林之奇的《尚书全解》既重视训诂考证，又发挥义理，在宋代《书》学史上体现出了鲜明的承上启下的特色。林之奇对义理的发挥侧重于阐发圣贤典范、尧舜治道，如其解《舜典》"百姓不亲，五品不逊。汝作司徒，敬敷五教，在宽"云："意以为百姓所以不亲于下者，由五品之不顺于上故也，人伦明于上则小民亲于下矣。五品、五典之教皆言人伦也，自其可以为万世常行之法而言之谓之五品，自其设而为教言之则谓之五教，其实一也，但史官异其文耳。《左氏传》与《孟子》论'五典'皆本于《舜典》，而其文不同。《左氏传》云：'舜举八元，使布五教于四方，父义、母慈、兄友、弟恭、子孝。'而《孟子》曰：'使契为司徒，教以人伦，使父子有亲，君臣有义，夫妇有别，长幼有序，朋友有信。'此二说皆本于《舜典》，而其文则大同小异。"②此处，林之奇借由先秦儒家典籍的相关记载，阐发了儒家历来重视的上自尧舜、下到孔孟的人伦道德。当然，林之奇在阐发义理的时候喜欢反复申说，故难免有繁复之失，故朱熹称"林氏伤于繁"。③

　　《尚书全解》不仅是林之奇经学的代表著述，也是两宋《尚书》学史上占

---

① （宋）林之奇：《尚书全解》，第358—359页。
② （宋）林之奇：《尚书全解》，第46页。
③ 朱杰人等编：《朱子全书》，第4717页。

有重要地位的《书》学专著,后世学者对其颇多称扬。朱熹于宋人《尚书》学著述特称王安石《尚书新义》、苏轼《书传》、林之奇《尚书全解》、吕祖谦《书说》四家,《四库全书总目》对此书作了高度的评价:"之奇是书,颇多异说。如以'阳鸟'为地名,'三俊'为常伯、常任、准人,皆未尝依傍前人。至其辨析异同,贯串史事,覃思积悟,实卓然成一家言,虽真赝错杂,不可废也。"①刘起釪《尚书学史》亦对其有所称许:"林之奇此书确是胜义纷纭,在宋学著作中是一佳作。在当时名气大,在现在看来还有不少借鉴之处。"②此外,林之奇于其《尚书全解》中所提出的一些创见多为后世学者承袭,如蔡沈《书集传》多采用林氏之说,再如林氏之说大多被夏僎《尚书详解》所采用,而在蔡沈《书集传》独尊之前,夏僎《尚书详解》作为科举用书流布甚广,亦可见林之奇《书》说之影响。

  林之奇《尚书全解》具体成书于何时,史无明言,大约是其晚年居家讲论、总集而成。今可知其最早的刊本是淳熙三年(1176)至淳熙七年之间所刊刻的,即麻沙本。又据林之奇孙林畊所作序可知,尚有建安书坊余氏刊本,题曰《尚书全解》,时当在淳祐初年。《宋史·艺文志》载林之奇《尚书全解》五十八卷,久佚。之后林畊重编,定为四十卷,此本亦失传。今能见到的最早刻本为《通志堂经解》本,缺第三十四卷《多方》篇,后四库馆臣从《永乐大典》中辑出补全,遂有文渊阁《四库全书》本,四十卷。此外,此书今有陈良中点校本(人民出版社,2019年)。

  关于《尚书全解》《洛诰》篇以下内容是否为林之奇亲著,历来众说纷纭。林畊于《尚书全解序》云:"吾家先拙斋《书解》,今传于世者,自《洛诰》以后皆讹。盖是书初成,门人东莱吕祖谦伯恭取其全本以归,诸生传录,十无二三。书坊急于锓梓,不复参订,讹以传讹,非一日矣。"林畊认为《尚书全解》全部为林之奇所作,当时全本为吕东莱取走,奈何诸生传录未为完全,再加之以书坊着急刊刻,故没有详加审定校正,造成传本诸多讹误。亦有反对此说者,如朱熹即云"但《洛诰》以后,非他所解"。③南宋吴泳云:"林少颖解只到《洛诰》而终,吕伯恭解只自《洛诰》而始,朱文公解只有《虞书》三篇、《周书》三篇。"④《四库全书总目》题要亦云:"毋乃畊又有所增修,托之乃祖欤?"则可见,《洛诰》篇之后的经解文字盖非林之奇所亲撰,实为后人辑纂

---

① (清)永瑢:《四库全书总目》,第90页。
② 刘起釪:《尚书学史》,第231页。
③ 朱杰人等编:《朱子全书》,第2646页。
④ 吴泳:《鹤林集》卷三一《答吴毅夫书》,文渊阁《四库全书》本,上海:上海古籍出版社,1987年,第301页。

林之奇相关经说,将其附诸经文之后而成。

6. 蔡沈《书集传》

蔡沈(1167—1230),一名蔡沉,字仲默,蔡元定之子。蔡元定曾师事朱熹,朱熹扣其学,后大惊焉:"此吾老友也,不当在弟子列。"①遂与元定对榻讲论诸经奥义,深得朱熹赏识,是其精通儒学若此。庆元三年(1197),韩侂胄专权,将以朱熹为代表的理学定为"伪学",并设伪学之禁,讥诋朱熹,蔡元定受株连,远谪道州,蔡沈相从,跋涉数千里,于楚越穷僻处,"父子相对,常以理义自怡悦"。②可见,蔡元定作为博览群籍的高洁之士,其治学精神与处世态度必于耳提面命之际浸染蔡沈。蔡沈年仅三十,即摒去举子业,一以圣贤为师,潜心读书。父殁,护柩徒步而还,之后隐居九峰山,钻研学术,对世俗利禄不屑一顾。除受家学影响之外,蔡沈于南宋高宗绍兴二十九年(1159)往师朱熹,受其经学及理学正传。朱熹晚年欲著《书传》,然未及成,遂托之于蔡沈。蔡沈深得朱熹之学,故朱熹称:"成吾书者沈也。"③之后蔡沈遵从其父及其师嘱托,反复沉潜,十年乃成其书,《书集传·序》云:"庆元己未冬,先生文公令沈作《书集传》。明年,先生殁。又十年,始克成编,总若干万言。"④除《书集传》外,蔡沈尚撰有《洪范皇极内篇》。

《书集传》或称《书经集传》,又称《书经集注》,也称《朱文公订正门人蔡九峰书集传》《尚书集传》、《蔡传》等。蔡沈之子蔡抗《进书集传表》云:"先臣沈《书集传》六卷,《小序》一卷,《朱熹问答》一卷。"⑤是可知,原本《小序》别为一卷,并《朱熹问答》,今皆不传,唯存《书集传》六卷。《郡斋读书志》《宋史·艺文志》所录亦为六卷。

《书集传》的根本旨归虽然在于传授"二帝、三王治天下之大经大法",但蔡沈依然用力于经文训诂,在《尚书》的训诂方面取得了重要的成就。首先,蔡沈博采众说,参考互观,融会贯通,除了多征引郑玄、孔颖达为代表的汉唐诸儒之说外,更多征引苏轼《书传》、林之奇《尚书全解》、吕祖谦《书说》为代表的宋儒之说。其次,蔡沈对前儒《书》说能抱有客观的态度,纠改其弊,即使于其师朱熹之论说亦有补足之功。总体而言,蔡沈撰述《书集传》虽受朱熹亲命,多体现朱熹的《书》学思想,然亦有不同于师说、自有其心得者,故陈栎即论证了蔡沈《书集传》中多例与朱熹不同者,并认其多有窜易之处。

---

① (元)脱脱:《宋史·儒林列传》,第12875页。
② (元)脱脱:《宋史·儒林列传》,第12877页。
③ (元)脱脱:《宋史·儒林列传》,第12876页。
④ (宋)蔡沈:《书集传》,钱宗武、钱忠弼整理,南京:凤凰出版社,2010年,第1页。
⑤ (宋)蔡沈:《书经集传》,文渊阁《四库全书》本,上海:上海古籍出版社,1987年。

此外，朱子解经主张"《尚书》有不必解者，有须着意解者，有略须解者，有不可解者"，①"《尚书》收拾于残阙之余，却必要句句义理相通，必至穿凿。不若且看他分明处，其他难晓者姑阙之可也"，②然蔡沈却于殷《盘》周《诰》句句求解，是与朱熹解经精神略有游离。再如朱熹解《舜典》"正月元日，舜格于文祖"曰："孔氏曰：舜服丧三年毕，将即政，故复至文祖庙告。"③蔡沈《书集传》："月正，正月也。元日，朔月也。汉孔氏曰：'舜服尧丧三年毕，将即政，故复至文祖庙告。'"④蔡沈在"孔氏"前加上"汉"字以区别孔安国和孔颖达，相较于朱熹的注解更加精确。再次，蔡沈面对一些难以解决的问题能够存疑，而不主观臆断。如其解《洛诰》"乃惟孺子，颁朕不暇"为"颁朕不暇，未详"，⑤解《禹贡》"浮于济、漯，达于河"曰："又按《地志》：漯水出东郡东武阳，至千乘入海。程氏以为此乃汉河，与漯殊异，然亦不能明言漯河所在，未详其地也。"⑥最后，文字训诂与义理阐释的有机融合，如蔡沈解《皋陶谟》"天叙有典，敕我五典五惇哉！天秩有礼，自我五礼有庸哉！同寅协恭和衷哉！"曰："叙者，君臣、父子、兄弟、夫妇、朋友之伦叙也。秩者，尊卑、贵贱、等级、隆杀之品秩也。敕，正。惇，厚。庸，常也。有庸，马本作'五庸'。衷，'降衷'之'衷'，即所谓典礼也。典礼虽天所叙秩，然正之使叙伦而益厚，用之使品秩而有常，则在我而已。故君臣当同其寅畏，协其恭敬，诚一无间，融会流通，而民彝物则，各得其正，所谓'和衷'也。"⑦蔡沈在训诂的基础上，强调了早在春秋战国时期即形成的儒家三纲五常思想的核心，并从义理角度指出五典、五礼的现实意义。

除了重在文字训诂和义理阐发之外，蔡沈受其师朱熹的影响，对后出古文抱有疑辨的态度，其称："汉儒以伏生之《书》为今文，而谓安国之《书》为古文。以今考之，则今文多艰涩，而古文反平易。或者以为今文自伏生女子口授晁错时失之，则先秦古书所引之文皆已如此，恐其未必然也。或者以为记录之实语难工而润色之雅词易好，故训、诰、誓、命有难易之不同，此为近之。然伏生倍文暗诵，乃偏得其所难，而安国考定于科斗古书错乱摩

---

① （宋）朱熹：《晦庵集·续集》卷三，文渊阁《四库全书》本，上海：上海古籍出版社，1987年，第474页。
② （宋）黎靖德编：《朱子语类》卷七八，第1982页。
③ （宋）朱熹：《晦庵集》卷六五，文渊阁《四库全书》本，上海：上海古籍出版社，1987年，第259页。
④ （宋）蔡沈：《书集传》，第14页。
⑤ （宋）蔡沈：《书集传》，第188页。
⑥ （宋）蔡沈：《书集传》，第45页。
⑦ （宋）蔡沈：《书集传》，第30页。

灭之余,反专得其所易,则又有不可晓者。至于诸序之文,或颇与经不合,而安国之序,又绝不类西京文字,亦皆可疑。"①因此,将《书序》摘录集中为一篇,将其附于书后并加以辨析,惜其书已佚,但据其称"今定此本壹以诸篇本文为经,而复合序篇于后,使览者得见圣经之旧,而又集传其所可知,姑阙其所不可知者云"。②蔡沈虽然存58篇经文之旧,然其在相应的篇题下面均明确标明"今文古文皆有""今文无而古文有",间接表明其对后出伪书的疑辨态度。

蔡沈《书集传》多参考前儒诸说,又能阐发幽微之旨,多发明先儒之所未及,"阐幽发微,至于如此,真不愧父师之托哉"。③《书集传》既是蔡沈倾尽毕生心血之作,亦是蔡元定、朱熹《尚书》学说的集中体现,是以周学健称:"学举必从朱子始,则学朱子又必从读季通、仲默诸先生之书始。"④蔡沈《书集传》虽在当时未获得独尊的地位,然到元延祐年间,其被立于学官,且为科举考试的定本,故学者纷纷从之。明洪武时,虽增立夏僎《尚书详解》,然人们依然专主《蔡传》,至明永乐时,《蔡传》更是一统《书》学,取得了独尊的地位,其影响波及宋、元、明、清四代,在中国经学史、政治史上都占据着举足轻重的地位。钱基博言其大概:"大抵南宋以前之说《书》者,多守《孔传》,而南宋以后之说《书》者,咸本蔡学。逮于清代,有据《蔡传》以攻《孔传》者,如阎若璩《尚书古文疏证》是也。有据《孔传》以攻《蔡传》者,如萧山毛奇龄西河撰《尚书古文冤词》八卷是也。有据马、郑而攻《孔传》《蔡传》者,如江声《尚书集注音疏》,孙星衍《尚书今古文注疏》、王鸣盛《尚书后案》是也。然则,《尚书》家当以郑注、孔传、蔡传为三大宗矣。"⑤具体而言,《书集传》于后世的影响可分为遵蔡和驳蔡两端。

因《书集传》乃朱熹亲命蔡沈所作,蔡沈又自称"二《典》、《禹谟》,先生盖尝是正",⑥故其面世之后,被人们奉为朱子学派的重要著述之一,深受人们追捧,所以元、明、清时期出现了诸多拥护《蔡传》的著述,如陈栎《尚书集传纂疏》六卷、⑦陈大猷《书传会通》(卷数未详)、陈师凯《书蔡传旁通》六

---

① (宋)蔡沈:《书集传·书序》。
② (宋)蔡沈:《书集传·书序》。
③ (清)周学健:《蔡氏九儒书序》,《四库全书存目丛书·集部》,济南:齐鲁书社,1991年,第346页。
④ (清)周学健:《蔡氏九儒书序》,《四库全书存目丛书·集部》,第371页。
⑤ 钱基博:《古籍举要》,上海:世界书局,1933年,第32页。
⑥ (宋)蔡沈:《书集传·书序》,第1页。
⑦ 陈栎前期著有《书说折衷》,驳正《蔡传》之说,《蔡传》定为功令之书之后,陈栎又废前书而撰《尚书集传纂疏》,违心拥护《蔡传》,《四库全书总目》称其"于《蔡传》有所增补,无所驳正","《纂疏》皆墨守《蔡传》"。

卷、朱祖义《尚书句解》十三卷、邹季友《尚书蔡传音释》六卷、牟应龙《九经音考》(卷数未详)、程龙《书传释疑》(卷数未详)、吕宗杰《书经补遗》五卷、明初朱右《书集传发挥》十卷、胡广《书传大全》十卷、彭勖《书传通释》六卷、张居正《书经直解》八卷、陆键《尚书传翼》十卷、清孙承泽《尚书集解》二十卷、张英《书经衷论》四卷、张沐《书经疏略》六卷、刘怀志《尚书口义》六卷①等。此外，这一时期的学者对《蔡传》非常推崇，评价极高，如黄震《读书日钞》："经解惟《书》最多，至蔡九峰参合诸儒要说，尝经朱文公订正，其释文义既视汉唐为精，其发指趣又视诸家为з，《书经》至是而大明，如揭日月矣。"②《经义考》引何乔新曰："自汉以来，《书传》非一，安国之注，类多穿凿；颖达之疏，惟详制度。朱子所取四家，而王安石伤于凿，吕祖谦伤于巧，苏轼伤于略，林之奇伤于繁。至蔡氏《集传》出，别今古文之有无，辨大序小序之讹舛，而后二帝三王之大经大法粲然于世焉。"③显然，他们将蔡沈《书集传》推尊为代表宋代《书》学最高成就的一部著述。

亦有很多学者攻驳蔡说。《经义考》引赵枢生言："昔人言：'明经者诸儒，害经者亦诸儒。'以今观之，《书蔡氏传》为尤甚。盖《殷盘》《周诰》，诘屈诡晦，已自不可知，况秦火之后，又多断简残篇，脱文讹字。今必欲以常理恒言释之，故多勉强附会。"因此，后世不乏驳蔡、纠蔡之著述，宋末张葆舒有《书蔡传订误》、黄景昌有《尚书蔡氏传正误》、元初程直方有《蔡传辨疑》、余芑舒有《读蔡传疑》、④陈栎有《书传折衷》、王充耘有《读书管见》、明马明衡有《尚书疑义》六卷、袁仁有《尚书砭蔡编》一卷、陈泰交有《尚书注考》一卷等皆为攻驳《蔡传》之作。清代亦有纠《蔡传》之误的著述，如姜兆锡《书经蔡传参议》六卷，《四库全书总目》认为此书因姜兆锡发见《蔡传》多与朱子有异，故作之以辨正，"计经文错互篇简者二条，错分段落者五条，错混句读者二条，错解文义者十二条，定错复错者一条"，显见其为纠正《蔡传》之作。此外，尚有左眉《蔡传正讹》、王夫之《尚书稗疏》等。

今传《书集传》主要有武英殿聚珍本和文渊阁《四库全书》本。因为文渊阁《四库全书》本底本为抄本，故其多有缺笔字、异体字、俗字等不规范的

---

① 《四库全书总目》称刘怀志《尚书口义》："大旨悉遵《蔡传》，而衍之以通俗之文以便童蒙。凡《蔡传》所谓错简者，俱移易经文以从之……所谓衍文者，则径从删薙，可谓信传而不信经矣。"
② (宋)黄震：《黄氏日抄》卷五，文渊阁《四库全书》本，上海：上海古籍出版社，1987年，第64页。
③ (清)朱彝尊：《经义考》卷一八，北京：中华书局，1998年，第456页。
④ 《四库全书总目》之《书传会选》提要云："及元仁宗延祐二年，议复贡举，定《尚书》义用蔡氏，于是葆舒等之书尽佚不传。"

现象,而武英殿聚珍本是刻本,采用活字印刷,所以字迹工整,错误较少,而且有句读,优于文渊阁《四库全书》本。此外,尚有钱宗武、钱忠弼整理本(凤凰出版社,2010年)等。

7. 金履祥《尚书注》《尚书表注》

金履祥(1232—1303),字吉父,号次农,自号桐阳叔子,婺州兰溪人,宋末元初著名的学者。金履祥初师事王柏,后又受学于何基,传朱子之学。宋亡以后,金履祥心灰意冷,隐居金华仁山脚下,潜心著述讲授,四方学子纷至沓来,沾溉良多,故学者尊称其为"仁山先生"。金履祥精通天文、地理、礼乐、兵谋、阴阳、律历之学,以经学和史学成就最为显著,著述有《尚书注》《大学疏义》《论语集注考证》《孟子集注考证》《通鉴前编》等,其中尤以《尚书》学最具成就,清代陆心源称其云:"其学以由博返约为主,不为性理之空谈。经史皆有撰述,《尚书》则用功尤深。"①

金履祥弟子柳贯所作《行状》云金履祥"取《尚书》熟习而详解之,然解至后卷,即觉前义之浅","先生早岁所注《尚书》,章释句解,既成书矣。一日超然自悟,摆脱众说,独抱遗经,复读玩味,则其节目明整,脉络通贯,中间枝叶与夫讹谬,一一易见。因推本父师之意,正句画段,提其章旨与其义理之微,事为之概,考证文字之误,表诸四阑之外,曰《尚书表注》,而自序其述作之意"。②据此可知,金履祥早先即注过《尚书》,并且成书。之后金履祥又对所注《尚书》进行了反复斟酌,最终推本溯源,重新划分句段,整齐其义,并且考订文字谬误,标记于四栏之外,名之曰《尚书表注》。明代徐袍在其《宋仁山金先生年谱》中亦曾说金氏"早岁,尝注《尚书》,章释注解,既成书矣。一日有悟,尽斥诸说,独推本父师之意,一句画段,提其章旨与其义理之微事为之概,考正文字之误,表诸四阑之外,名曰《尚书表注》。二书不知成于何年,无从考据,姑附于此"。③又陆心源《重刊金仁山先生〈尚书注〉序》中又云:"朱子四传弟子,直接紫阳之绪,其学以由博返约为主,不为性理之空谈,经史皆有撰述,《尚书》则用功尤深,《表注》一书为一生精力所萃。是书即《表注》之权舆,训释详明,颇多创解。"④显然,金履祥确著有《尚书注》

---

① (清)陆心源:《重刊金仁山先生尚书注序》,金履祥:《书经注》,《十万卷楼丛书》本,台北:艺文印书馆,1986年,卷首。
② (元)柳贯:《待制集》卷二〇《故宋迪功郎史馆编校仁山先生金公行状》,文渊阁《四库全书》本,上海:上海古籍出版社,1987年。
③ (明)徐袍:《宋仁山金先生年谱》,李文泽校点,《儒藏·史部·儒林年谱》第一一二种,成都:四川大学出版社,2019年。
④ (清)陆心源:《重刊金仁山先生〈尚书注〉序》,金履祥:《书经注》,《十万卷楼丛书》本,卷首。

和《尚书表注》二书,《尚书注》为早年所撰,《尚书表注》为晚年缀其章旨义理而成。

黄宗羲《宋元学案》卷八二有云:"仁山有《论孟考证》,发朱子所未发,多所抵牾。其所以抵牾朱子者,非立异以为高,其明道之心,亦欲如朱子耳。"①于《书》注而言,金氏虽出朱熹之学,然亦在援引前儒众说的基础上,并折衷己意,虽因蔡沈《书集传》之旧,然亦多有创见。如对于《高宗肜日》篇,金履祥提出了完全不同于《书序》的看法,《书序》认为高宗肜祭成汤,祖己作《高宗肜日》训诫国君祖庚,金氏则认为"然则详味其辞,又安知非祖庚之时绎于高宗之庙而有雊雉之异乎?""祖庚之时绎于高宗之庙"而作,此说后来为王国维所证实。

金履祥深受其师王柏、何基的影响,亦上承朱熹,体现出鲜明的疑经思想。金氏首先怀疑《书序》,其于《尚书表注》云:"疑安国之序,盖东汉之人为之。不惟文体可见,而所谓'闻金石丝竹之音',端为后汉人语无疑也。盖后汉之时谶纬盛行,其言孔子旧居事多涉怪,如阙里草自除、张伯藏币之类。如此附会者多有之。则此为东汉传古文者托之,可知也。"②金履祥疑经还体现在对《尚书》经文的删改方面,他在《尚书注》中将《舜典》篇与文义不相关的十二字删去,不为注解,并且上承蔡沈《书集传》之意,将"肆觐东后,协时、月,正日;同律、度、量、衡。修五礼、五玉、三帛、二生、一死,贽。如五器,卒乃复"调整为"肆觐东后,五玉、三帛、二生、一死,贽。协时、月,正日;同律、度、量、衡。修五礼,如五器,卒乃复"。晚年的金履祥亦认识到这一行为不妥帖,故其于晚年所作之《尚书表注》中将相关文字勾画作标记,并没有直接删除移易,可见其治经态度随着年龄和阅历越趋严谨,亦可见其对朱熹重视典籍思想的承袭。此外,金履祥虽疑经,但他观点的得出一般都建立在引经据典、详尽论证的基础之上,给人以严谨笃实之感,少有主观臆断之论,故后世学者对其颇为推崇,四库馆臣即称其为:"柏之学其诋毁圣经,乖放殊甚。履祥则谨严为实,犹有朱子之遗。"③

此外,《尚书表注》将句读段落、文字正误、义理阐释等内容以细字标注于栏框之外的注解方式在历来经学著述中,可谓绝无仅有,独树一帜。

《尚书注》主要有《碧琳琅馆丛书》和《十万卷楼丛书初编》两个版本,然此两本均存在真伪之争,台湾地区学者许育龙、蔡根祥认为《碧琳琅馆丛书》

---

① (清)黄宗羲:《黄宗羲全集·宋元学案》,杭州:浙江古籍出版社,2012年,第227—228页。
② (宋)金履祥:《尚书表注》,文渊阁《四库全书》本,上海:上海古籍出版社,1987年。
③ (清)永瑢等:《四库全书总目·经部·四书类一》。

本《金氏尚书注》乃清人依傍陈师凯《书蔡传旁通》之说而成的伪作。蔡根祥认为《万卷楼》本《书经注》乃后人辑佚《资治通鉴前编》而成的伪作，然王小红认为《万卷楼》本《书经注》当确为金履祥所作。焦丹荷通过详尽的材料梳理，结合前人的研究成果，最终认为《碧琳琅馆丛书》本《金氏尚书注》确系伪作，《万卷楼》本《书经注》当为金履祥早年所撰之书。《尚书表注》主要有《四库全书》本和《丛书集成初编》本。

8. 吴澄《书纂言》

吴澄（1249—1333），字幼清，临川郡崇仁县人。元朝著名的经学家、理学家。吴澄天性聪颖，又勤奋好学。年十岁即诵读朱熹编纂的《大学》《中庸》章句，"吾幼时习诗赋，未尽见朱子之书，益业进士者不知用力于此也。十岁偶于故书中得《大学》《中庸》章句读之，喜甚。自是清晨必诵《大学》二十遍，如是者三年，然后读《中庸》及诸经，则如破竹之势，略无凝滞矣。学者于《大学》得分晓，《中庸》不难读也。"①南宋理宗景定五年（1264），吴澄中乡试。南宋亡后，吴澄隐居乡野，沉潜经典，专心著述，注释《孝经》章句，校订《易》《书》《诗》《春秋》，修正《仪礼》、大小戴《礼记》，为儒家经典的整理和传播做出了积极的贡献。吴澄先后师事程若庸、程绍开，程若庸从学于双峰饶鲁，得朱熹之传，尽心于理学，而程绍开倡导"和会朱陆"，在二先生的启迪之下，吴澄经学形成了折衷朱陆的鲜明特色，成为元代理学朱陆合流的代表人物之一。晚年，吴澄穷究经典，终是撰成《五经纂言》。

吴澄《书纂言》四卷，训解《尚书》专释今文而去古文，上承吴棫、朱熹对古文的质疑。在宋代之前，东晋梅赜所献《孔传》本《古文尚书》被学者尊信不疑，宋代吴棫《书稗传》始疑其为伪，朱熹亦多次质疑《孔传》《大序》、后出《古文》及《书序》。宋末元初，赵孟𫖯撰《书古今文集注》，将今文、古文各自分编，各为之注，其于《序》云："《诗》《书》《礼》《春秋》，由汉以来，诸儒有意复古，殷勤收拾，而作伪者出焉。学者不察，尊伪为真，俾得并行，以售其欺，《书》之古文是已。……余故分今文、古文，而为之集注焉。"惜其书不传。吴澄尊承宋儒对后出古文的质疑，他对梅赜所献古文亦抱有怀疑态度，其云："窃尝读伏氏书，虽难尽通，然辞义古奥，其为上古之书无疑。梅赜所增二十五篇，体制如出一手。采辑补缀，虽无一字无所本，而平缓卑弱，殊不类先汉以前之文。夫千年古书最晚乃出，而字画略无脱误，文势略无龃龉，不亦大可疑乎？……夫以吴氏及朱子所疑者如此，顾澄何敢质斯疑，而断断然不敢信此二十五篇之为古书，则是非之心不可得而昧也。故今以此二十

---

① （明）危素：《临川吴文正公年谱》，清乾隆二十一年刻本。

五篇自为卷帙,以别于伏氏之书,而小序各冠篇首者复合为一,以置其后。孔氏序亦并附焉。而因及其所可疑,非澄之私言也,闻之先儒云尔。"①则吴澄不仅继承了之前学者的观点,认为后出古文为伪书,而且在训解《尚书》时,只注释今文,而不及古文,仅将五十八篇古文目录附录于二十八篇今文目录之后,并于与今文相同的标题下标注"同今文"以示区别。此外,他还遵从今文家的做法,将分置于各篇经文篇首的小序总为一篇,附于文后,而孔安国《大序》亦附于书末。《四库全书总目》于《书纂言》提要云:"考定今古文自陈振孙《尚书说》始,其分编今古文自赵孟頫《书古今文集注》始,其专释今文,则自澄此书始。"吴澄对梅赜所献古文的怀疑态度较之前学者更为彻底,更为坚决。不同于吴棫的疑而未决,亦不同于朱熹虽疑且护,他是非分明的疑辨态度对《尚书》学史的发展产生了深远的影响,之后诸如梅鷟、阎若璩等学者继踵吴学,积极投入对后出古文的辨伪工作。

  吴澄《书纂言》虽专释今文,但能征引前说,故大多合于古义,又能断以己见,时出新意,且多有可取之处。吴澄完美调和了汉唐诸儒训诂与宋儒义理之关系,能结合《尚书》经文从义理方面进行疏解,仅仅围绕朱子思想阐发微言大义,发明张大朱子之说。如其解《尧典》"克明俊德,以亲九族,九族既睦,平章百姓,百姓昭明,协和万邦,黎民于变时雍"为:"明,明之也。俊,大也。圣人气清质美,性之全体无所污坏,故其德之大非常人所及也。以,用也,亲爱之也。九族,高祖至玄孙之亲也。既,尽。睦,和也。平,均齐普遍之意。章,亦明之也。平章,谓均齐普遍无一不明之也。下文'平秩''平在'仿此。百姓,畿内之民;昭明,能明其明德也。协,合也;和,和之使不乖戾也。协和,合诸侯而皆和也。万邦,天下诸侯之国。黎,黑也,谓黑首之民;于,叹辞;变,变化;时,是雍,和也。尧能自明其大德,推以齐家、治国、平天下,而家齐、国治、天下平也。"解《皋陶谟》"允迪厥德,谟明弼谐"一段曰:"迪,犹导也。明,谓明哲之人。弼,犹辅也。谐,犹汝谐之谐,惇厚而笃也。叙,各得其伦理也。庶,众也。励,勉也。翼,犹弼也。言臣之于君,信实开导其德所资之谋谟,必以明者为辅弼而谐和之。所谓'允迪厥德'者,谨其身之所修而思永久,则其德终始如一也。身修则家可齐,故能惇叙九族。所谓谟明弼谐者,庶明之人勉励辅翼则国治也,国治则天下可平,故自一国之迩可推而及于天下之远者。"显然,吴澄摆脱了繁琐的章句训诂、典制考辨,而专注经文中义理的疏解,且完全符合朱熹所宣传的"道统"之说,故于元代经学取得了最为显著的成就。对此,黄宗羲于其《宋元学案·草庐学案》中赞

---

① (元)吴澄:《书纂言》,《通志堂经解》第6册,扬州:广陵书社,2007年。

曰："朱子门人多习成说,深通经术者甚少。草庐《五经纂言》有功经术,接武建阳,非北溪(陈淳)诸人可及也。"①

此外,吴澄《书纂言》多有"疑经改经"之举,如其解《甘誓》"予则孥戮汝"云:"此句与上文辞意不属。或有脱简,或是下篇《汤誓》之文重出在此。"②乃其根据上下文推测此处存在脱简。吴澄更分"正篇外错简""正篇内错简"两类,分而厘正经文错简。如其谓《康诰》篇首四十八字应当移于《梓材》篇首,又将《梓材》篇首以下七十四字移于《康诰》"朕心朕德惟乃知"与"凡民自得罪,寇攘奸宄"之间,如此方能文义通顺。历来学者都对吴澄随意改易经文持不同态度,如《四库全书总目》即评其"澄专释今文尚为有合于古义,非王柏《诗疑》举历代相传之古经肆意刊削者比。惟其颠倒错简皆以意自为,且不明言所以改窜之故,与所作《易纂言》体例迥殊,是则不可以为训。读者取所长而无效所短可矣"。③ 然据学者考证,吴澄"疑经改经"实皆来源有自:"或沿袭宋儒陈说、或据篇旨章意、或据上古地理实情、或据《尚书》体例独抒己见,皆非妄自生疑、随意窜改,而是根据其问题意识有的放矢,试图解决某些难题,有其合理之处,但客观上存在缺乏具体文献证据相印证的缺陷。"④抛去吴澄"疑经改经"缺乏文献佐证的缺陷,其所具备的学术史意义同样不容忽视。

吴澄《书纂言》今有《四库全书》本和《通志堂经解》本传世。

9. 梅鷟《尚书考异》《尚书谱》

梅鷟(约1483—1553),字鸣岐,号致斋,旌德(今安徽)人,正德八年(1513)举人,官南京国子监助教、盐课司提举。生平不详,据《旌德县志》载:"梅鷟,号致斋,与伯兄鸚同学,博闻强识,研析经义,所著有《尚书谱》《尚书集莹》《尚书考异》《春秋指要》《周易集莹》《古易考原》《仪礼逸经》《仪礼翼经》《太玄圜注》《童子问》等书行于世,其旨多本于伯氏云。"⑤可知,梅鷟在深厚家学的熏陶下,经学甚有造诣,著述丰富,惜仅有《尚书考异》《尚书谱》传世,余皆散佚。

在学术史上,第一位怀疑梅赜本《尚书》真伪的乃宋代吴棫,其作"《书稗传》"十三卷。陈氏(陈振孙)曰:太常丞吴棫才老撰。首卷举要,曰总说,曰书序,曰君辩,曰臣辩,曰考异,曰训诂,曰差牙,曰孔传,凡八篇,

---

① (清)黄宗羲纂辑,(清)全祖望补修:《宋元学案》,北京:中华书局,1986年,第3037页。
② (元)吴澄:《书纂言》,《通志堂经解》第6册,第484页。
③ (清)永瑢等:《四库全书总目》卷一二,第96页。
④ 顾海亮:《吴澄〈书纂言〉"疑经改经"考》,《中国经学》第二十八辑,2021年。
⑤ (清)陈炳德:《旌德县志》,故宫珍本丛刊第107册,海口:海南出版社,2001年,第151页。

考据详博"。① 朱子对吴氏该书十分推崇,称"才老于考究上极有功夫",②惜其书早佚,难一睹其全貌。之后朱子、蔡沈、赵孟頫、吴澄等人都有对古文《尚书》辨伪的相关论述,然集中对梅赜本古文《尚书》进行辨伪的专著即为梅鷟的《尚书考异》和《尚书谱》。《尚书考异》和《尚书谱》都是对西汉孔壁古文《尚书》和东晋梅赜所献古文《尚书》的考辨之作,但梅氏二书差异甚大,有时候观点也相互迥异,《尚书考异》考据精审,然《尚书谱》却多主观臆断,阎若璩称其"殊武断",四库馆臣亦谓其"徒以空言诋斥,无所依据","且词气叫嚣,动辄丑詈,亦非著书之体",③故《四库全书》只存其目而不录全文。当代学者重新审视《尚书谱》,发现其学术价值并不亚于《尚书考异》,二书都是研究梅鷟《尚书》学的重要文献材料。

梅鷟的《尚书》辨伪主要集中于以下几个方面。

首先,东晋古文《尚书》之伪及其蹈袭考据。梅鷟认为东晋梅赜所献古文《尚书》均辑佚整理先秦古籍引《书》材料而成,称其为"东晋假孔安国之伪书",其云:"至东晋时,善为模仿窥窃之士,见其以讹见疑于世,遂搜括群书,掇拾嘉言,装缀编排,日锻月炼,会粹成书。必求无一字之不本于古语,无一言之不当于人心,无一篇之不可垂训诫。"④故梅鷟于《尚书考异》中主要致力于考据古文二十五篇经文蹈袭的证据,他在认定梅赜所献古文《尚书》二十五篇内容为伪作的前提下,将其与先秦古籍进行比对,逐字逐句地考证了"晚书"内容的蹈袭痕迹。如其考《大禹谟》"惟德动天,无远弗届。满招损,谦受益,时乃天道"之蹈袭云:"《诗》曰:'致天之届。'《易·谦》之《象传》曰:'天道亏盈而益谦。'下文有地道、人道、鬼神,共四句连类而发,所谓矢口为经,决非因袭之语。今易'盈'为'满'字,易'亏'字为'损'字,所以新其字也。易'亏盈'为'满招损',易'益谦'为'谦受益',所以奇其句也。藏形匿迹如此,然后以'时乃天道'束之于下,与《象传》繁简顺逆迥不同矣。自以为龙蛇虎豹变见出没,人孰得而搏捕之哉? 然总之不离一'天道盈亏而益谦'也。以此欺孩提乳臭者可矣,若以欺明镜止水之贤人君子,乌乎可? 且蹈袭而无当,以上文观之,舜称禹'不自满假''不矜''不伐'矣,禹何弗谦之有? 是于上文无当。以下文观之,即引舜之至德要道所以感通神明者,'谦'又不足以言也。是于下文无当。此之谓百孔千疮耳。"⑤梅鷟根

---

① (元)马端临:《文献通考》,北京:中华书局,1986年,第1534页。
② (宋)黎靖德编:《朱子语类》,第1988页。
③ (清)永瑢等:《四库全书总目提要》,第109页。
④ (明)梅鷟:《尚书考异·自序》,上海:上海古籍出版社,2014年,第79页。
⑤ (明)梅鷟:《尚书考异》,第150页。

据前后文之义作为考据的立足点,认为作伪者在拼凑材料之时,忽视了前后文义的连续性,致使出现了逻辑的漏洞。此外,梅鷟更是着重考据了二十五篇古文经文的材料来源,颇有精微之论,如其辨《五子之歌》"惟彼陶唐,有此冀方。今失厥道,乱其纪纲,乃底灭亡",梅氏先抉发此句蹈袭之迹:"《左传·哀公六年》楚昭王有疾,不祭河。孔子曰:'楚昭王知大道矣,其不失国也宜哉!《夏书》曰:惟彼陶唐,帅彼天常,有此冀方。今失其行,乱其纪纲,乃灭而亡。'此语今以为《五子之歌》第三章,但歌中无'帅彼天常'一句,下亦微异。'其行'《歌》作'厥道';'乃灭而亡'《歌》作'乃底灭亡'。"①梅鷟指出《五子之歌》此句经文实出自《左传·哀公六年》,作者在摘引时略作改变。在此基础上,梅鷟进一步考辨曰:"少'帅彼天常'一句,改'其行'为'厥道'者,则故为缪乱以惑学者;改'乃灭而亡'为'乃底灭亡',则欲迁就其说以当太康之世。然不知此章之体,句句用韵,今'厥道'一句,独不用韵,则其不知而妄改,卒亦莫能掩矣。以为王肃所拟者,甚是。又恐作《古文》者,见王肃之言而附会成书,亦未可知也。"②是梅鷟认同《尚书正义》所云《孔传》颇类王肃之说,然因缺乏实质性证据,故以存疑解之,未为强说。

其次,《尚书》作者考辨。关于"先汉真孔安国之伪书"的作者,梅鷟于《尚书考异》和《尚书谱》中有不同的论述,其于《尚书考异》中认为其为西汉张霸伪造,而于《尚书谱》中又主张为孔安国所伪造,其云:"吾意安国为人,必也机警了悟,便习科斗文字,积累有日,取二十九篇之经既以古文书之,又日夜造作《尚书》十余篇杂之经内,又裂出数篇以为伏生老耄之误合。始出欺人,曰:家有古文《尚书》,吾以今文读之,是始以古文驾今文而取胜,终以今文定古文而征实,其计可谓密矣。"③相较而言,《尚书考异》之说类孔颖达《尚书正义》之说,然《尚书谱》之论则全无根柢,完全出自主观臆断,故《四库全书总目》称其为"徒以空言诋斥,无所依据"。④ 此外,梅鷟在《尚书考异》中根据孔颖达《尚书正义》所引臧荣《晋书·皇甫谧传》认为东晋梅赜所献古文《尚书》乃皇甫谧所伪撰。

第三,《尚书序》辨伪。梅鷟不仅逐一考证了东晋古文《尚书》的文献来源,且对"孔安国《尚书序》"亦进行了辨伪,认为其中论述多有不合理之处,如《序》云"先君孔子……赞《易》道以黜《八索》,述《职方》以除《九丘》。讨论《坟》《典》,断自唐虞以下,讫于周,芟夷烦乱,翦截浮辞,举其宏纲,撮其

---

① (明)梅鷟:《尚书考异》,第167页。
② (明)梅鷟:《尚书考异》,第168页。
③ (明)梅鷟:《尚书谱》,第473—474页。
④ (清)永瑢等:《四库全书总目提要》,第109页。

机要,足以垂世立教",梅鷟辨之曰:"殊不知吾夫子之赞《易》也,虽穆姜之言,亦在所取,况'八卦之说',岂忍尽黜?诵《诗》也,虽鸟兽草木之名,亦贵多识,况'九州之地志',岂忍尽除?"①认为《序》中所言鲁共王坏宅之事乃迂怪之说,不符合孔子"不语怪力乱神"之说,且《序》中所谓孔安国所作之《传》"会国有巫蛊事,经籍道息,用不复以闻"殊无根据,实乃妄言。

此外,梅鷟尚考证了今文二十九篇之构成,梅鷟否定之前孔颖达、蔡沈等人的说法,其于《尚书考异》中最早提出西汉今文《尚书》二十九篇乃二十八篇经文加《序》,而无《泰誓》,其《尚书考异·序》云:"当伏生传经,二十有八篇,序一篇,共二十九篇。"

此前疑辨东晋古文《尚书》之说者,多从文字、语气方面致疑,梅鷟则从文献来源、文义逻辑、伪书作者等方面全方位地进行考辨,且首次将考据方法运用于古文《尚书》辨伪,其间有些例证的论辨具有一定的说服力,虽然也有因主观辨伪而过分解读的成分,但其所提供的考据学的辨伪方法为后来的惠栋、阎若璩等人所继承,并逐渐成熟完善,其于《尚书》学史实具有承前启后之意义。

梅鷟的《尚书》考辨工作亦存在着明显的缺点,他不仅认为梅赜所献古文《尚书》为伪作,亦将西汉孔壁《古文尚书》认作是张霸伪造,称其"多怪异之说,及经书所引,皆不在其内,以故当时老师宿儒尊信正经,不肯置对苟从,据理辨难,不肯奏立学官",并将之称为"先汉真孔安国之伪书"。②是其将古文《尚书》一概视以伪书,失却了辨伪之根柢。梅鷟虽然于考据东晋二十五篇经文用力最勤,然其考据亦难免过分琐碎而失之偏颇,如梅氏考据《大禹谟》"都,帝德广运,乃圣乃神,乃武乃文,皇天眷命,奄有四海,为天下君"曰:"《吕氏春秋》有'乃圣''乃神'之文。'圣''神'二字,又见《孟子》。'文武'二字见《诗》'文武惟后'、'皇天'字、'眷命'字,俱见《周书》。'奄有四海'见《诗》'奄有四方',《伊训》又言:'罔以辟四方,皇天眷佑有商。'"③显见其过分执着于追求字句出处,而缺乏坚实的证据和严密的论述,并不能作为充分的证据。

《尚书考异》《尚书谱》现存版本主要为:《四库全书》本和《平津馆丛书》本。此外还有姜广辉点校本(上海古籍出版社,2014年)。

10. 王夫之《书经稗疏》《尚书引义》

王夫之(1619—1692),字而农,号姜斋,湖南衡阳人,因晚年隐居石船山,

---

① (明)梅鷟:《尚书考异》,第103页。
② (明)梅鷟:《尚书考异·自序》,第79页。
③ (明)梅鷟:《尚书考异》,第126—127页。

故世称船山先生。明末清初思想家、学者、文学家。明崇祯十五年(1642)举人。崇祯十七年,清军攻占北京,王夫之惊闻其变,内心悲痛,投身于轰轰烈烈的"反清复明"的斗争之中,先后奔波于湖南、湖北之间,未果,遂返回衡阳,闭门著述。清康熙十四年(1675),移居石船山。康熙三十一年,王夫之卒于石船山湘西草堂,终年七十四岁。王夫之早年受学于其兄王介之,后又随其父王朝聘学习经义,遍通诸经,著述颇丰,主要有《春秋家说》《老子衍》《周易外传》《尚书引义》《尚书稗疏》《礼记章句》《庄子解》《诗广传》《读四书大全说》等。船山在《读通鉴论·叙论四》篇首说:"治道之极致,上稽《尚书》。"①他认为《尚书》所记载的是圣王德治之极致,故而他非常重视《尚书》,撰有《尚书稗疏》和《尚书引义》两部专书。

《尚书稗疏》四卷,重在名物训诂,疏通经文。王夫之身逢明末清初天崩地裂之际,他内心悲痛,四处奔走,在反清斗争的实践中思考传统文化的走向,他从学术的角度将明亡归因于明末儒学的空疏流弊,所以他扬起了"六经责我开生面"的旗帜,在《尚书稗疏》中特重小学,在训诂名物和疏通经义的过程中体现出了鲜明的实学倾向,他在经和传有冲突的情况之下,坚定地以经为本位,鲜明地提出了"以我测经,不如以经释经"的主张。如《禹贡》"导山"之说历来众说纷纭,马融、王肃主张三条之说,郑玄提倡四列之说,蔡沈《书集传》在抨击郑玄和王肃的基础上,又提出了二条说。对此,船山直言:"盖以我测经,不若以经释经之为当。经云'九川涤源'者,一弱水,二黑水,三河,四漾,五江,六沉,七淮,八渭,九雒也。弱水,黑水,皆雍川也。河亘雍、豫、冀而濒于兖。漾出梁,濒雍而入荆。江出梁,过荆而入扬。淮出豫,过徐而入扬。渭在雍。雒在豫。非九州之各自为川。而青本无川,亦不能张皇小水亦与大川亢衡。《禹贡》所纪治水,因所涤以为川,不似《周礼·职方》因已定之土,各立川浸,强小大而比之同。则'九山刊旅'亦非一州之各有一山,审矣。青、徐、扬、兖,下流平衍之区,一行所谓'四战之国'也,必欲于无山之州,立冈阜之雄者以敌崇高之峤,官天府地者之所不为也。"②船山据《禹贡》原文及地理山川脉势,认为"九山"为:岍、岐、荆三山为渭北之道;壶口、雷首、太岳三山为河东之道;厎柱、析城、王屋、太行四山为河北之道;恒山至于碣石为幽、燕之道;西倾、朱圉、鸟鼠以达太华为关西、渭南之道;熊耳、外方、桐柏、陪尾为雒南楚塞之道;嶓冢至于荆山为汉南、蜀北之道;内方至于大别为汉南、江北之道;岷山之阳,至于衡山为川、湖之道。船山

---

① (清)王夫之:《读通鉴论》,《船山全书》第十册,长沙:岳麓书社,2011年,第1181页。
② (清)王夫之:《尚书稗疏》,《船山全书》第二册,长沙:岳麓书社,2011年,第78—79页。

于"导山"之说,全然以《禹贡》经文为本,再结合地理山川脉势进行论证,是最为平实之论,是以辛树帜称其云:"王夫之氏解'导山'最有识见。"①"《禹贡》'刊木'和'导九山',千古无确论,明末王夫之氏才作出正当解释。"②

此外,《尚书稗疏》"诠释经文,亦多出新意",有些新解极具价值,如其解《武成》"血流漂杵"云:"'漂杵',本或作'卤',楯也。军中无杵臼之用,当以漂楯为正。杵字从午得声,古或与卤通。'漂'者,血溅而漂之,如风吹雨之所漂及。先儒谓'漂浮而动之',说太不经。虽亿万人之血,亦必散洒于亿万人所仆之地,安能成渠而浮物耶!"③"血流漂杵"历来为学者所疑,孟子曾云:"尽信《书》,则不如无《书》。吾于《武成》,取二三策而已矣。仁人无敌于天下,以至仁伐至不仁,而何其血之流杵也?"④故此处,船山训"杵"为楯之义,结合《诗经·郑风·蘀兮》"风其漂女",《释文》"漂,本亦作飘",《韵会》"飘,通作漂",解"漂"为"血溅而漂之"之义,于是经文与事实洽通而不淤塞,一扫千百年来学者之疑惑,实有功于《尚书》研读与传承。当然,《尚书稗疏》亦有不足之处,四库馆臣称其曰"其间有失之太凿者","附会支离,全无文义","终于经文本数相戾",但瑕不掩瑜,"驳苏轼《传》及蔡《传》之失,则大抵词有根据,不同游谈,虽醇疵互见,而可取者较多焉"。⑤

与《尚书稗疏》不同,《尚书引义》专注于义理的阐发,是船山借《尚书》经文阐发其哲学思想的著述,也是一部以史证经的著述,《四库全书总目》谓为"此复推阐其说,多取后世之事,纠以经义","议论驰骋,颇根理要"。⑥ 如其所说,《尚书引义》义理的阐发多关涉两个方面,其一为依托《尚书》经文推阐世事,尤以明事为核心;其二,多批评老、庄、陆、王之学及佛家唯心唯识之论,体现了船山鲜明的唯物主义思想。如其论《舜典》"象以典刑"即体现了船山对肉刑的批判,也体现了其对民生的极大关怀。"五刑之用,性命以残,支体以折,痛楚以剧,而仅为之名曰'象',岂圣人之忍于戕人而徒丑其象哉?"⑦船山认为肉刑乃虞舜之制,是用来警示民众的具象化的刑罚。上古圣王鉴于君子与常人及鸟兽之区别,故而创设"象刑",以区别教化,然名虽异而实相同,"致之君子也者,其名也;残性命,折支体,剧痛楚者,其实也"。⑧

---

① 辛树帜:《禹贡新解》,北京:农业出版社,1964年,第17页。
② 辛树帜:《禹贡新解》,第21页。
③ (清)王夫之:《尚书稗疏》,第128—129页。
④ (宋)朱熹:《四书章句集注》,北京:中华书局,1983年,第364—365页。
⑤ (清)永瑢等:《四库全书总目提要》卷十二。
⑥ (清)永瑢等:《四库全书总目·经部·十四·书类存目》,清乾隆武英殿刻本。
⑦ (清)王夫之:《尚书引义》,《船山全书》第二册,长沙:岳麓书社,2011年,第255页。
⑧ (清)王夫之:《尚书引义》,第256页。

在此基础之上，船山对自古主张恢复肉刑之人提出了强烈的批评，其云："程子云：'有《关雎》《麟趾》之精意，而后《周官》之法度可行。'文具无实，则政教且以滋扰，况无昭明、平章之至化，而遽复象刑之辟？其教也不素，其矜也不诚，徒托于名以戕其实！不仁哉！钟繇、陈群之欲以行于曹魏也！"①船山此处不仅批评曹魏时期主张恢复肉刑之钟繇和陈群，且对后世朱子类似主张亦有批判，下文引朱子之说"徒流之法，不足以止穿窬淫放之奸"，朱子原文后尚有"而其过于重者则又有不当死而死，如强暴脏满之类者，苟采陈群之议，一宫刲之辟当之，则虽残其支体而实全其躯命，且绝其为乱之本，而使后无以肆焉"②之文，是可知，船山对于肉刑是坚决反对的，他强调"择祸莫如轻"。

《尚书引义》借《尚书》经文指摘明事，刘毓崧《跋》言之甚详："如论伊尹弗狎弗顺，而惜韩忠定诎于刘瑾；论高宗丰昵，而责张璁、桂萼赖宠逢君；论平王东迁，而罪光时亨陷君误国：固维世之深心也。"③如《舜典四》即体现出了船山对明代刑罚的思考和批评，其云："笞杖无的决，而滥用讯杖，以杀无辜，墨吏之缘以饰怒而逞威，不可不抑而遏之也。今欲善徙、流、笞、杖之法，莫如申的决之法，而除无名之讯杖，则恶可以惩，而民生不殄矣。"④对此，杨柳岸考证曰："'的决之法'就是许其赎刑，其说可见《明史·刑法一》。船山讨论杖刑还额外提及了'讯杖'，即刑讯逼供，斥之为'非讯而用之以挞，刀锯之外有杀人之具焉'。""对明制多有批评，并无专口为'廷杖'隐晦的必要。如船山说'流宥……不下逮于庶人'也是对《大明律》的批评。明代徙、流都要加杖责，而且流放之处所远至边塞，这是严刑峻法的典型。况且'廷杖'也非明代独有，反倒是'讯杖'在明代因为宦官干预司法，厂卫私设法庭而大量存在，这倒正是可为张先生所说的对宦官之祸的反思作注脚。"⑤《尚书引义》以史证经之特色，可见一斑。至于《尚书引义》中所体现出来的对异端思想的批评，显然与其时代精神密切相关，身处家国破碎、文化陵夷的明清易代之际，船山体现出了鲜明的"夷夏大防"的思想，并且对"异端"之学十分排斥，《四库全书总目》即云："如论《尧典》'钦明'，则以辟王氏'良知'；论《舜典》'玄德'，则以辟老氏'玄旨'""论'人心道心'，证释氏'明心见性'之误。"这一方面是船山"实心实学"治学理念的体现，另一方面也是船山对唯物主义思想的显扬。然《尚书引义》一书或重在义理阐发，

---

① （清）王夫之：《尚书引义》，第256页。
② 朱杰人等编：《朱子全书》，第1629页。
③ 《尚书引义》附录《金陵本刘毓崧跋》，第439页。
④ （清）王夫之：《尚书引义》，第258页。
⑤ 杨柳岸：《王夫之〈尚书引义〉研究》，武汉大学2016年博士学位论文，第105页。

或又关涉世事，故而有时难免完全脱离经文本身，全作主观判断，故有臆测之处，四库馆臣评其为"其论太创""不可训矣"，是亦为平允之论。

《尚书稗疏》《尚书引义》今传主要有《船山遗书》本、《四库全书》本及岳麓书社2011年出版的《船山全书》标点本。

11. 阎若璩《尚书古文疏证》

阎若璩（1636—1704），字百诗，因其始祖于元初迁徙至太原嘉节都西寨村（古名潜丘），故号潜丘。出生于江苏淮安。清初著名经学家，清初考据学最重要的代表人物之一。阎若璩出生在一个书香世家，祖父明万历甲辰进士，父亲以文学闻名。阎若璩从小口吃，读书不能尽明其义，然其勤奋好学，不为外物所影响，专心读书，心无旁骛。年十五，"心忽开朗，如门牖顿开，屏障壁落，一时尽撤，自是颖悟异常，十年列学官为弟子"。[①] 阎若璩仕途多舛，1687年考举人，未中；应博学鸿词，亦未中。后他虽然得到了当时的皇四子、后来的雍正帝的赏识，然时已年迈，身体每况愈下，终于康熙四十三年甲申抱憾而终。著有《尚书古文疏证》八卷、《孟子生卒年月考》一卷、《潜丘札记》六卷、《毛朱诗说》一卷、《四书释地》六卷等。此外还与顾祖禹、胡渭、万斯同等一道助徐乾学修《大清一统志》。

阎若璩作为清初考据学代表人物之一，其学风的养成受诸多因素的影响。首先，阎若璩学风深受顾炎武的影响，江藩《国朝汉学师承记》载："藩闻之顾君千里云'曾见初印亭林所刊《广韵》，前有校刊姓氏，列受业阎若璩名'，则若璩常执贽昆山门下。"[②]虽阎若璩著述中并未明言其师承顾炎武，然1672年时，顾炎武曾于太原请教阎若璩，阎若璩为其勘正《日知录》数条，均为顾炎武虚心接受，则阎氏与顾炎武交游过程中受其学风之影响大概可以想见。阎若璩秉受顾亭林经世致用的实学风气，更注重实据，以考证见长。其次，阎若璩治学态度严谨，"平生长于考证，遇有疑义，反复穷究，必得其解乃已"，[③]故其于当时颇有名气，很多名士都与其相交。阎若璩辗转太原期间多次拜访当时名动天下、精于金石遗文之学的傅山，两人讨论学术，日以夜继。此外，二十九岁时阎若璩随父南下江苏，结识毛奇龄并与之论学，为之后的东晋古文《尚书》真伪公案的辨难奠定了基础。之后在毛奇龄的介绍之下，阎若璩与主攻伪古文《尚书》的姚际恒相识论学，二人一见如故，对阎若璩《尚书古文疏证》的撰写产生了很大的影响。

---

① （清）杭世骏：《道古堂集·阎先生传》，《续修四库全书》本，上海：上海古籍出版社，2002年，第497页。
② （清）江藩：《国朝汉学师承记》，北京：中华书局，1983年，第11页。
③ （清）钱大昕：《潜研堂文集·阎先生若璩传》，南京：江苏古籍出版社，1997年，第642页。

《尚书古文疏证》是阎若璩《尚书》学研究的代表著述,也是清初考据学的重要成果。

阎若璩二十岁始读《尚书》,疑多出来的二十五篇为伪,之后沉潜《尚书》三十余年,广搜博征,精密考证,终于完成了《尚书古文疏证》的撰写。该书主要的目的即是考证东晋梅赜所献《古文尚书孔传》之伪,即如其言:"天下事由根柢而之枝节也易,由枝节而返根柢也难。窃以考据之学亦尔。予之辨伪古文,吃紧在孔壁原有真古文,为《舜典》《汩作》《九共》等二十四篇,非张霸伪撰,孔安国以下、马郑以上,传习尽在于是,《大禹谟》《五子之歌》等二十五篇,则晚出魏晋间假托安国之名者,此根柢也。得此根柢在手,然后以攻二十五篇,其文理之疏脱,依傍之分明,节节皆迎刃而解矣。"①东晋梅赜献上孔传本古文《尚书》之后即被官方认可,广为流传,唐孔颖达修订《尚书正义》亦遵用其本,之后定为《尚书》之尊,学者对其遵信不移。直至南宋吴棫、朱熹始疑其伪,主要从文字、语气等方面提出质疑,之后继其踵而进行辨伪者代不乏人,元有吴澄,明有梅鷟,他们已经尝试将考证的方法运用于《尚书》辨伪,直到清代阎若璩《尚书古文疏证》成书,延续几个世纪的公案终是尘埃落定。阎若璩承袭前辈学者的辨伪成果,再结合自身强大的考据能力,广征博引,对东晋孔传本古文《尚书》进行了系统的辨伪。《尚书古文疏证》最初为四卷,书成之后毛奇龄著《古文尚书冤词》对其进行反驳,阎氏对其进行了修改,扩四卷为八卷。故今存此书共八卷128条,其中缺佚29条,实存99条。缺佚又分为两种情况,一为有条目无内容者:卷二28—30条、卷三33—41条;一为条目内容皆无者:卷三42—48条、卷七102条、108—110条、卷八122—127条。对于有目无条的原因,有些学者主张可能是因为阎若璩看到毛奇龄《古文尚书冤词》之后觉得证据不足而自行删去的。

阎若璩《尚书古文疏证》之内容可据黄宗羲所作《序》大概感知,其云:"淮海阎百诗寄《尚书古文疏证》,方成四卷,属余序之。余读之终卷,见其取材富,折衷当,当两汉时安国之《尚书》,虽不立学官,未尝不私自流通,逮永嘉之乱而亡。梅赜作伪书,冒以安国之名,则是梅赜始伪,顾后人并以疑汉之安国,其可乎?可以解史传连环之结矣。中间辨析三代以上之时日、礼仪、地理、刑法、官制、名讳、祀事、句读、字义,因《尚书》以证他经史者,皆足以祛后儒之蔽,如此方可谓之穷经。"②可知,阎氏从篇数篇名、经文文字、典章制度、天文历法、地理沿革、文体风格等各个方面对东晋孔传本古文《尚

---

① (清)阎若璩:《尚书古文疏证》,上海:上海古籍出版社,1987年,第1118页。
② (清)黄宗羲:《尚书古文疏证·序》,上海:上海古籍出版社,1987年,第3—4页。

书》进行了全方位的辨伪。今略举其学术大概。

阎若璩论及今传古文《尚书》的篇名篇数与史籍文献所载有出入,"二十五篇者,即今世所行之《大禹谟》一,《五子之歌》二,《胤征》三,《仲虺之诰》四,《汤诰》五,《伊训》六,《太甲》三篇九,《咸有一德》十,《说命》三篇十三,《泰誓》三篇十六,《武成》十七,《旅獒》十八,《微子之命》十九,《蔡仲之命》二十,《周官》二十一,《君陈》二十二,《毕命》二十三,《君牙》二十四,《冏命》二十五是也。十六篇者即永嘉时所亡失之《舜典》一,《汩作》二,《九共》九篇三,《大禹谟》四,《益稷》五,《五子之歌》六,《胤征》七,《典宝》八,《汤诰》九,《咸有一德》十,《伊训》十一,《肆命》十二,《原命》十三,《武成》十四,《旅獒》十五,《冏命》十六是也。十六篇亦名二十四篇,盖《九共》乃九篇,析其篇而数之,故曰二十四篇也。郑所注古文篇数上与马融合,又上与贾逵合,又上与刘歆合。歆尝校秘书,得古文十六篇,传闻民间则有安国之再传弟子胶东庸生者,学与此同。逵父徽实为安国之六传弟子。逵受父业,数为帝言《古文尚书》与经传、《尔雅》诂训相应,故古文遂行。此皆载在史册,确然可信者也。"①据此,阎氏认定东晋孔传本古文《尚书》为伪。

阎氏据东晋孔传本古文《尚书》经文文字与今文《尚书》的差异之处以证其伪:"古文传自孔氏,后唯郑康成所注者得其真;今文传自伏生,后唯蔡邕《石经》所勒者得其正。今晚出孔《书》'宅嵎夷',郑曰'宅嵎铁';'昧谷',郑曰'柳谷';'心腹肾肠',郑曰'忧肾阳';'劓刵劅剠',郑曰'膑宫劓割头庶剠'。其与真古文不同有如此者。不同于古文,宜同于今文矣,而《石经》久失传,然残碑遗字犹颇收于宋洪适《隶释》中。《盘庚》百七十二字,《高宗肜日》十五字,《牧誓》二十四字,《洪范》百八字,《多士》四十四字,《无逸》百三字,《君奭》十一字,《多方》五字,《立政》五十六字,《顾命》十七字,合五百四十七字,洪氏以今《孔书》校之,多十字,少二十一字,不同者五十五字,借用者八字,通用者十一字。孔叙三宗,以年多少为先后;碑则以传序为次。碑又云高宗之飨国百年,亦与五十有九年异。其与今文不同又有如此者。余然后知此晚出于魏晋间之《书》,盖不古不今,非伏非孔,而欲别为一家之学者也。"②

地理沿革考辨者如:"因考《汉昭帝纪》始元六年庚子秋,以边塞阔远,置金城郡,《地理志》金城郡班固注并同,不觉讶孔安国为武帝时博士,计其卒当于元鼎末、元封初,方年不满四十,故太史公谓其蚤卒,何前始元庚子三

---

① (清)阎若璩:《尚书古文疏证》,第44—46页。
② (清)阎若璩:《尚书古文疏证》,第194—195页。

十载辄知有金城郡名,传《禹贡》曰'积石山在金城西南'耶？或曰：郡名安知不前有所因,如陈鲁、长沙之类？余曰：此独不然。应劭曰：'初筑城得金,故名金城。'臣瓒曰：'称金取其坚固,故墨子言虽金城汤池一说。'以郡置京师之西故名金城,金,西方之行,则始元庚子以前此地并未有此名矣。而安国《传》有之,固注积石山在西南羌中,《传》亦云在西南,宛出一口,殆安国当魏晋忘却身系武帝时人耳？"①

据文体风格辨伪者如第七十三条："歌诗之见于经者,舜、皋陶赓歌三章以下,《商颂》五篇以上,莫高于夏《五子之歌》。计其诗,或如苏子由所称商人之诗,骏发而严厉,尚庶几焉。乃每取而读,弥觉辞意浅近,音节啴缓,此岂真出浑浑无涯之代,与亲遭丧乱者之手哉？……窃意此伪作者生于魏晋间,才既不逮魏武,自不能如其气韵沈雄;学复不逮韦孟,又不能为其训辞深厚。且除'一人三失,惟彼陶唐,关石和钧'等句之袭《内外传》者,余只谓之枵然无所有而已矣。"②

《尚书古文疏证》面世之后,在学界引起了极大的轰动,人们借由此书认识了考据学的力量,很多学者为其深深折服。四库馆臣称阎若璩"反复厘剔,以袪千古之大疑,考证之学则固未之或先矣"。梁启超称其"不能不认为近三百年学术解放之第一功臣",③钱穆则称"攻古文《尚书》之伪一案……络续有人,然考据精详,后来居上,则必首推潜邱"。④ 容肇祖亦称："阎若璩考证《古文尚书》,旁征曲引,博大精深,远出乎朱熹、梅鷟之上,虽不掩瑕疵,而大体近是。"⑤因为阎若璩严密的考证,传承了一千余年的古文《尚书》的权威受到了极大的冲击,地位岌岌可危。

对此,也有一批学者提出了相反的看法,怪而非之,如庄存与即云："古籍坠湮十之八,颇藉伪书存者十之二,帝胄天孙,不能旁览杂氏,惟赖幼习五经之简,长以通于治天下。昔者《大禹谟》废,'人心道心'之旨、'杀不辜宁失不经'之戒亡矣;《太甲》废,'俭德永图'之训坠矣;《仲虺之诰》废,'谓人莫己若'之诫亡矣;《说命》废,'股肱良臣启沃'之谊丧矣;《旅獒》废,'不宝异物贱用物'之诫亡矣;《冏命》废,'左右前后皆正人'之美失矣。今数言幸而存,皆圣人之真言,言尤疴养关后世,宜贬须臾之道,以授肄业者。"⑥庄氏

---

① （清）阎若璩：《尚书古文疏证》,第 739—740 页。
② （清）阎若璩：《尚书古文疏证》,第 471—472 页。
③ 梁启超：《中国近三百年学术史》,《饮冰室合集》,北京：中华书局,2015 年,第 70 页。
④ 钱穆：《钱宾四全集·中国学术思想史论丛》,台北：联经出版公司,1998 年,第 265 页。
⑤ 容肇祖：《容肇祖集》,济南：齐鲁书社,1989 年,第 616 页。
⑥ （清）龚自珍：《龚自珍全集·资政大夫礼部侍郎武进庄公神道碑铭》,上海：上海人民出版社,1975 年,第 142 页。

尚作《尚书既见》为伪古文《尚书》张目。李塨也认为学者们辨伪《古文尚书》的后果就是"经尽亡"。万斯同声称古文《尚书》"理足词醇",实非后人所能造伪,阎若璩《尚书古文疏证》不过是自矜博学而拾人牙慧而已。对阎若璩《尚书古文疏证》进行系统诘难的当属毛奇龄《古文尚书冤词》,在该书中他着重针对阎氏著述从十个部分力证古文《尚书》之真。

因阎若璩《尚书古文疏证》所引起的孔传本古文《尚书》真伪公案在后世也激起了强烈的回响,近二十年来,多有学者批驳阎氏,辨古文《尚书》之真,张岩《审核〈古文尚书〉案》(中华书局,2006年),利用计算机检索进行字频统计分析,在详尽的数据统计的基础之上,结合文献学、逻辑学、历法学等方法,对阎若璩《尚书古文疏证》的考据工作进行了全面反驳,进而认为古文《尚书》不是伪书。黄怀信著《汉晋孔氏家学与"伪书"公案》(厦门大学出版社,2011年)一书,以汉晋时期的孔氏家学为切入点,对相关"伪书"问题进行了新的反思和辩证,认为伪古文《尚书》不尽为伪,《孔传》确为孔安国所传。近人杨善群著《中国学术史奇观:"伪古文〈尚书〉"真相》(上海人民出版社,2019年)一书,从批驳阎若璩《尚书古文疏证》入手,认为阎若璩的考据方法具有欺骗性,在此基础上,杨善群梳理了大量的历史事实,由此得出了全新的结论,认为古文《尚书》自西汉以来长期在民间流传,至魏晋之际逐渐完备成集,并形成明确的有史可征的传授关系,到东晋初由梅赜上献而公之于众。此外,杨善群还发表与之相关的一系列研究论文,深化对此问题的探讨,如《评阎若璩考据的欺骗性——〈尚书古文疏证〉综合研究》(史林,2016(01))、《"伪古文〈尚书〉"真相序言》(淮阴师范学院学报,2019(02))等。同时,亦有一些学者主张客观对待阎若璩的结论,如丁鼎《"伪〈古文尚书〉案"平议》(古籍整理研究学刊,2010(02))在梳理古文《尚书》辨伪历史的基础之上,强调出土文献,尤其是郭店战国楚简和上海博物馆藏《战国楚竹书》的面世对古文《尚书》辨伪的冲击,最终认为虽然彻底推翻阎若璩的结论为时尚早,但起码说明阎氏的结论远非定论,是可以继续探讨的。

阎若璩《尚书古文疏证》确实存在诸多问题,然将其置于当时特定的社会背景之下进行客观考量,不难发现其价值和意义。阎氏系统的考据学方法为之后的学者提供了范式,惠栋、江声、王鸣盛、段玉裁、孙星衍等多受其影响,坚持以训诂解经、经典考论作为治学门径,乾嘉学术由是兴盛,故江藩于《国朝汉学师承记》将阎若璩列为汉学家之首,其于一代学风之形成、学术之影响可见一斑。刘师培于《清儒得失论》中曾云:"考证之学发原顺治、康熙间,自顾炎武、张尔岐艰贞忧愤,一意孤行,所谓风雨如晦,鸡鸣不已。……与顾、张并世者,有阎若璩、胡渭、毛奇龄。阎辩伪书,胡精水地,毛辟紫阳,虽务求词胜,然咸发前人所未言。"①徐珂《清稗类钞》亦云:"国初,朴学之士始出,顾炎武、阎若璩开风气之先,其后巨儒踵接,元和惠氏、武进庄氏、高邮王氏、嘉定钱氏盛于吴中,婺源江氏、休宁戴氏继起于宣、歙。"②显见阎若璩作为清代考据学先驱之意义。"作为经书辨伪的典范之作,阎氏《疏证》在新的价值观念下梳理排比史料,创造性地突破前人的考辨方法、原则,通过诠释重建了这段历史。应该说,作为宋明义理之学向清代学术转变的重要环节,阎氏《疏证》对清代学术范式的确立实有筚路蓝缕之功。"③则阎若璩促成了考据学压倒理学、汉学取代宋学的学术转向,亦见其于清代学术转变之思想史意义。故"我们在看待《疏证》的时候,要走出真伪对立的二元评价误区。对于《疏证》的评价不能仅着眼于今本《古文尚书》之真伪,从学术史的角度来看待《疏证》,只有如此才能做出相对正确的评价。《疏证》在学术史中的影响,如果今本《古文尚书》为真,因《疏证》而造成前人对《古文尚书》二十五篇研究不足,这是《疏证》的负面影响。但考察《疏证》接受史,特别是对辨伪学史、清代乾嘉考据学、清代中后期的今文经学以及民国的古史辨派的影响还是比较积极的。它的学术史意义不能一笔抹杀。"④

《尚书古文疏证》今传本主要有《皇清经解续编》本、清抄本及黄怀信、吕翊欣校点本(上海古籍出版社,2010年)。

12. 王鸣盛《尚书后案》附《尚书后辨》

王鸣盛(1722—1797),字凤喈,又字礼堂,号西庄,晚年号西沚,嘉定(今属上海)人。王鸣盛自幼聪慧,读书颇丰,十七岁中秀才,乾隆十二年(1747)以五经中乡试,乾隆十九年(1754)中进士,授翰林院编修。乾隆二十三年(1758)擢侍读学士。乾隆二十四年(1759)擢内阁学士,兼礼部侍郎,后迁光禄寺卿。乾隆二十八年(1763)因母丧归乡,遂定居苏州,潜心著述。王鸣盛先后受学于沈德潜和惠栋,《清史稿》载:"幼从长洲沈德潜受诗,后又从惠栋问经义,遂通汉学。""鸣盛性俭素,无声色好玩之娱,晏坐一室,呫唔如寒士,尝言:'汉人说经必守家法,自唐贞观撰诸经义疏而家法亡,宋元丰以新经学取士而汉学殆绝,今好古之儒皆知宗注疏矣,然注疏惟《诗》、三《礼》及《公羊传》犹是汉人家法,他经注则出魏、晋人,未为醇备。'"⑤可

---

① 刘师培:《清儒得失论》,北京:中国人民大学出版社,2004年,第263页。
② (清)徐珂:《清稗类钞》,北京:中华书局,1984年,第3801页。
③ 李燕:《阎若璩与清代学术范式的确立——以〈尚书古文疏证〉为中心的考察》,《学术界》2013年第9期。
④ 杨青华:《论阎若璩〈尚书古文疏证〉的学术史影响及意义——从清华简〈尚书〉类文献谈起》,《汉籍与汉学》2018年第1期。
⑤ (清)赵尔巽等:《清史稿》,北京:中华书局,1977年,第13196页。

知,王鸣盛治经以汉学为尊,推崇马融、郑玄之学,是乾嘉学派"吴派"的代表人物。王鸣盛42岁退隐苏州,76岁去世,三十余年间笔耕不辍,孜孜不倦,涉猎广博,留下了丰富的著述,史部专书《十七史商榷》,经部著述《尚书后案》,子部有《蛾术编》,另有《西沚居士集》《西庄始存稿》《耕养斋诗文集》。

王鸣盛曾自述其《尚书后案》"草创于乙丑,予甫二十有四;成于己亥,五十有八矣,寝食此中将三纪矣",可知该书草创于乾隆十年(1745),始成于乾隆四十四年(1779),历时三十四年,实为王鸣盛呕心沥血之经学代表著述。《尚书后案》说解今文《尚书》二十八篇及《书序》《泰誓》,其致力于辑录、阐发郑玄《书》学,郑注有残缺者,以马融、王肃、《孔传》、孔颖达疏补全,最后再加以著者自己的案语,因此从某种意义上此书可以视作汉魏旧注的辑佚之作。陶澎曾云:"大抵先生之学,经义主郑康成,文字许叔重,宗商既正,遂雄视一切,凡汗漫绝无依据之谈,攻瑕倾坚,不遗余力。"①可知经义重郑玄、训诂重《说文》乃此书两大鲜明的特色。

其一,以汉学为尊,尤以郑玄为尊。王鸣盛曾明言《尚书后案》撰述之缘起:"《尚书后案》何为作也?所以发挥郑氏康成一家之学也。""予遍观群书,收罗郑注,惜已残缺,聊取马、王、《传》、《疏》益之,又作'案'以释郑义。马、王、《传》、《疏》与郑异者,条析其非,折中于郑氏。名曰《后案》者,言最后所存之案也。"②《清史稿》亦言王鸣盛:"著《尚书后案》三十卷,专述郑康成之学,若郑注亡逸,采马、王注补之。孔传虽出东晋,其训诂犹有传授,间一取焉。又谓东晋所献之《太誓》伪,而唐人所斥之《太誓》非伪,故附书今文《太誓》一篇,存古之功,自谓不减惠氏《周易述》也。"③是其非常看重汉人家法,对郑玄之说毫不逾越。王鸣盛重汉学与当时独特的学术背景密切相关,梁启超将他的《尚书后案》与江声《尚书集注音疏》、孙星衍《尚书今古文注疏》相较而言:"他们三位是各不相谋的同时分途去著自己的书,他们所用的方法也大致相同,都是拿《史记》《尚书大传》当底本,再把唐以前各种子书及笺注类的书,以至《太平御览》以前之各种类书,凡有征引汉儒解释《尚书》之文慢慢搜集起来,分缀每篇每句之下,成为一部汉儒的新注。"④显然,这一时期的今文学家专注于恢复汉学传统,虽然难免有门户之偏,但他们对于汉魏《书》学旧注的辑佚和保存用功实深,成就实大,确实有筚路蓝缕之功。此外,王鸣盛在案语中大量地考证了见之于史书记载的古史材料,将

---

① (清)王鸣盛:《蛾术编》,顾美华标校,上海:上海书店出版社,2012年,第3页。
② (清)王鸣盛:《尚书后案》,顾宝田、刘连朋校点,北京:北京大学出版社,2012年,第1页。
③ (清)赵尔巽等:《清史稿》,第13197页。
④ 梁启超:《中国近三百年学术史》,第187页。

野史笔记和正史材料参考互观,此外还利用金石资料以考证史实,跳脱于训诂之外,对与《尚书》相关的体例、典制、义理等内容进行深入辨析,具有重要的学术价值。

其二,专注正音训诂和疏通经义。王鸣盛一反宋明之儒治经专注义理阐发之风气,自称治经当以正文字、明训诂为先,"经以明道,而求道者不必空执义理以求之也。但当正文字、辨音读、释训诂、通传注,则义理自见,而道在其中矣"。① 文从字顺,义理乃明。王氏正音训字一以《说文》为准,其云:"文字宜依《说文》,传注必宗郑氏,此说经科律,所宜遵守也。"②基于此,王鸣盛在《尚书后案》一书中对《尚书》文字、音读、训诂都详加分析,体现出了扎实的治经风气。在训诂内容方面,王鸣盛详尽地辨别了古今字、异体字、通假字,对《尚书》传抄过程中出现的错谬之处进行了校勘;注重注音释词,疏通文句,还对典章制度和名物地理进行了详尽的考辨。在训诂过程中,王鸣盛运用了多种训诂方法,有些极具启发性和开创性,其运用方言来训释词义,如训《牧誓》"夫子勖哉":"【传曰】夫子谓将士,勉励之。【案曰】传以勖训勉,《释诂》文。《说文》卷十三下力部同,且引此经以证。从力冒声,许玉切。扬雄《方言》卷一云:'钊、薄,勉也。秦晋曰钊,或曰薄。自关而东,周郑之间曰勔。钊,齐鲁曰勖。'兹是也。"③王氏还利用金石材料考订文字,如其解《高宗肜日》"王司敬民"曰:"《史记》作'王嗣敬民'。考《晋姜鼎》云:'晋姜曰:余惟司朕先姑君晋邦。'《宣和博古图》、吕大临《考古图》、薛尚功《钟鼎款识》、王俅《啸堂集古绿》,皆载此鼎铭,皆释司为嗣。是古文嗣字省作司,此经司字即《史记》嗣字。"④总体而言,王鸣盛《尚书后案》训诂价值颇高,作为乾嘉学派的代表学者之一,他大量征引各种材料,广征博引,且考据详实,无征不信,重视小学工夫,视其为治学之根柢。以经为本,兼重古注,述而不作,王鸣盛强调"岂特不敢驳经而已,经文艰奥难通,若于古传注凭己意择取融贯,尤未免于僭越。但当墨守汉人家法,定从一师,而不敢他徙"。⑤ 则其治学之严谨,可见一斑。

另外,《尚书后案》附《尚书后辨》,不分卷,主要辨析东晋古文《尚书》二十五篇,乃在阎若璩、惠栋等人辨伪的基础之上,进一部对梅赜所献古文《尚书》从语言文辞、文字训诂、史实、地理、典制等方面进行了辨伪工作,故其称

---

① (清)王鸣盛:《十七史商榷》,黄曙辉点校,上海:上海古籍出版社,2016年,第1页。
② (清)王鸣盛:《尚书后案》,第538页。
③ (清)王鸣盛:《尚书后案》,第300页。
④ (清)王鸣盛:《尚书后案》,第266页。
⑤ (清)王鸣盛:《十七史商榷》,第2页。

曰"辨"。关于《尚书后辨》的主要内容,施建雄有所概括:"对晚出《尚书》及伪孔安国《传》记载的世次、史事、制度、义理等方面所存在的问题进行梳理;并从体例上对晚出《尚书》在卷数、篇目与文献记载上的差异给予辨析,尤其侧重对十六篇逸《书》加以考察,就此提出的一些重要认识,诸如'《汤誓》不止一篇''汉初已有《太誓》篇'等,在学术界中产生一定的影响。"①

王鸣盛虽然以马融、王肃、汉孔《传》、唐孔《疏》等内容补足郑玄之说,然因其独尊郑学,故不免颛于门户之见,对郑玄之外的别家诸说批评太盛,如其斥马融、王肃"与郑异,谬不待言""尤为诬妄";批孔《传》"传之乱谬如此";批孔《疏》"疏力护伪传,又误会郑意而强驳之,大谬";批裴骃和王应麟:"司马迁传孔安国学,所载必古读。王应麟不识古,反以'是'为传习之差,其陋固不足辨。裴骃亦无识,于此节采伪孔传,不采郑注,致《史记》诸本互异,皆俗儒所乱也。"②此其所弊也。

《尚书后案》主要有《皇清经解》本和《续修四库全书》本。此外,还有顾宝田、刘连朋校点本(北京大学出版社,2012 年)。

13. 段玉裁《古文尚书撰异》

段玉裁(1735—1815),字若膺,号茂堂,晚年又号砚北居士、长塘湖居士、侨吴老人,江苏金坛(今江苏省常州市金坛区)人。六岁即从其祖父读《论语》,后又随其父读书,天资聪慧。乾隆二十五年(1760)举人,之后屡试春官不第。乾隆三十四年,段玉裁师事戴震,这对其之后的学术研究产生了深远的影响。乾隆三十五年,段玉裁入仕,先后任贵州玉屏,四川富顺、南溪、巫山等地知县。乾隆四十六年,段玉裁离任巫山知县,引疾归。次年四月,于南京钟山书院拜谒钱大昕。乾隆五十七年,段玉裁举家避居苏州,闭门读书,与顾广圻、王鸣盛等人结交。也是这一时期,段玉裁"对古代文献语言的认识趋于成熟,故进入著作的高峰期,《周礼汉读考》《仪礼汉读考》《释拜》《汲古阁说文订》以及许多有价值的论文接踵问世"。③ 嘉庆二十年(1815),段玉裁卒于苏州,年八十一。

段玉裁早年受顾炎武影响,对音韵之学颇有兴趣,之后又师事戴震,钻研经学,此外又长于文字、训诂之学,江藩称其"讲求古义,深于小学,著书满家",④其著述大概有《毛诗故训传定本小笺》三十卷、《诗经小学》三十卷、《诗绎》不分卷、《古文尚书撰异》三十二卷、《周礼汉读考》六卷、《仪礼汉读

---

① 施建雄:《王鸣盛学术研究》,北京:中国社会科学出版社,2009 年,第 48 页。
② (清)王鸣盛:《尚书后案》,第 346 页。
③ 简硕:《段玉裁传略》,《辞书研究》1985 年第 5 期。
④ (清)江藩著,钟哲整理:《国朝汉学师承记》,第 90 页。

考》一卷、《春秋左氏古经》十二卷、《说文解字注》三十卷、《说文解字读》五百四十卷、《汲古阁说文订》一卷、《说文转注释例》、《经典释文校勘记》、《戴东原年谱》一卷、《汉书地理志音释》以及文集《经韵楼集》十二卷。此外，段玉裁精于校勘，他校勘过的典籍也非常丰富，诸如《荀子》《国语》《列女传》《方言》《集韵》等。可见，段玉裁确实是知识广博、学问精深的朴学大师。

据段玉裁《古文尚书撰异序》："乾隆四十七年，玉裁自巫山引疾归，养亲课子之暇，为《说文解字读》五百四十卷，又为《古文尚书撰异》三十二卷。始箸雕涒滩，迄重光大渊献皋月乃成。"据此，很多学者认为该书草创于乾隆五十三年（1788），成于乾隆五十六年（1791）。此外，他在序中对其撰述之缘由交代亦甚为明晰："经惟《尚书》最尊，《尚书》之离厄最甚。秦之火，一也；汉博士之抑古文，二也；马、郑不注古文逸篇，三也；魏晋之有伪古文，四也；唐《正义》不用马、郑用伪孔，五也；天宝之改字，六也；宋开宝之改《释文》，七也。""今广搜补阙，因篇为卷。略于义说，文字是详。正晋唐之妄改，存周汉之驳文。"①显然，段玉裁认为《尚书》在传承过程中出现的诸多问题：历经秦火的浩劫、两汉今古文之争、东晋古文《尚书》的出现、孔颖达《尚书正义》用孔安国《传》而违弃汉魏旧注、唐天宝改古文为今字、宋开宝改《释文》，如此种种致使《尚书》原貌难睹，研读困难，故段玉裁撰著此书，重在梳理今古文字异同，正晋唐之妄改，复周汉《尚书》之旧。此乃段氏著述之目的，亦是其最用力之处。段氏于此书对由今文《尚书》二十八篇析成的古文三十一篇及《书序》进行了详尽的分析考辨，逐句搜集异文，再辨析今古文字异同，创获颇多，深得当时及后世学者认可。时人王念孙曾云："（段玉裁）所著《古文尚书撰异》，王青浦携来京邸，其中精确者至多，惜今世无赏识者。曲高和寡，自古叹之矣！"②王国维也在其《〈周书·顾命〉后考》中云："段氏玉裁《古文尚书撰异》，其书最为深博。"③显见其成就之大，影响之深远。

《古文尚书撰异》核心内容为校勘。阮元于《汉读考周礼六卷序》中云："先生于语言文字剖析如是，则于经传之大义，必能互勘而得其不易之理可知。"④此语虽为阮元对段氏《周礼汉读考》的评价，然亦概括出了段氏其他经学著述的特点，即立足于文字考校，进而疏通经传大义，《古文尚书撰异》

---

① （清）段玉裁：《古文尚书撰异》，《续修四库全书》第 46 册，上海：上海古籍出版社，2002 年，第 1 页。
② （清）王念孙等撰，罗振玉辑印：《王石臞文集补编》，《高邮王氏遗书》，南京：江苏古籍出版社，2000 年，第 11 页。
③ 王国维：《观堂集林》，北京：中华书局，1959 年，第 64 页。
④ （清）阮元：《揅经室集》，邓经元点校，北京：中华书局，1993 年，第 241—242 页。

即如是。段氏虽未明言是书所用《尚书》底本,然通盘梳理其内容,依然可见其校勘所用版本,大略有汉石经、正始石经、开成石经、明万历年间北监刻本和明末毛晋汲古阁刻本《尚书注疏》等。段玉裁采用了丰富的方法校勘《尚书》经文,如其多据《尚书》注疏校勘《尚书》经文、据陆德明《尚书音义》校《尚书》经文、借由诸家著书所引《尚书》内容校经文、用推理校勘经文等,在校勘过程中显示出了段氏精深的小学工夫,创获颇多,一还《尚书》之旧。如其校订《尧典》"汝羲暨和,期三百有六旬有六日,以闰月定四时成岁"曰:"女者,对己之詈,假借之字,本如字读,后人分别,读同汝水,非也。因改为'汝'字,则更非也。'女''乃''尔'双声,'尔'古音近'祢'。今俗用'你'字,见《玉篇》,即古之'尔'字也。……经籍中绝不用'汝'字,自天宝、开宝两朝荒陋,《尚书》全用'汝'字,与群经乖异。今正之,一还其旧。"①内野本、《书古文训》此处亦作"女",敦煌写本《尚书音义》亦作"女",可见《古文尚书》原本皆作"女","汝"乃后世卫包所改。除了校勘《尚书》经文,段氏尚且校勘《尚书》注、疏及《尚书音义》,甚至还校勘别的典籍,如王符《潜夫论》、范晔《后汉书》、裴骃《史记集解》、《尔雅》等。如"《释文》:'熙,许其反。兴也。'玉裁按:'兴也'之上有脱文,当是开宝中误删之。陆氏音义之例,举马、郑之异孔者附之音后。孔训'广','兴'非孔义,当有'马云''郑云'字。"②较之唐写本《尚书释文》"㷗,古文'熙'字,许其反,广也。马云:'兴也。'"显见段氏所言甚是,虽其当时无文献可征,然据理以论,考据精核。

总体而言,段玉裁《古文尚书撰异》考据精深,阮元称其"深识大源,不为臆必之言,行将尽以饷学者云"。③ 段氏此书亦有失,钱大昕言其:"承示考订《尚书》,于古文、今文同异之处,博学而明辨之,可谓闻所未闻矣。唯谓《史》《汉》所引《尚书》皆系《今文》,必非《古文》,则蒙犹有未谕。"④皮锡瑞亦言其"于今古文分别具晰,惟多说文字,趁解经义。且意在袒古文,而不信伏生之今文,亦未尽善"。⑤ 然段玉裁《古文尚书撰异》中的文字考辨成果确实成就非凡,尤其是随着唐写本古文《尚书》的面世,段氏此书的成就更是为学界所认可,对此刘起釪于其《尚书学史》评价道:"由于他(段玉裁)根据文字学原理及汉、魏的文字资料,断定今本《尚书》经唐代卫包改

---

① (清)段玉裁:《古文尚书撰异》,第20页。
② (清)段玉裁:《古文尚书撰异》,第21页。
③ (清)阮元:《揅经室集》,第242页。
④ (清)钱大昕:《潜研堂集》,上海:上海古籍出版社,1989年,第599页。
⑤ (清)皮锡瑞:《经学通论》,北京:中华书局,1954年,第103页。

错的一些字及宋代陈鄂对《释文》解错的一些字，到现代发现了敦煌唐写本《尚书》及《释文》后，才看到了卫包未改字前的真隶古定本，而证实了段所断定的一些字完全正确，才知道段氏这种真正科学性的校勘工作的价值，真是无比精确。"①

该书现存版本主要有：《皇清经解》本和《续修四库全书》本。此外还有2015年江苏人民出版社影印出版的《段玉裁全书》本等。

14. 孙星衍撰《尚书今古文注疏》

孙星衍（1753—1818），字渊如，号伯渊，阳湖（今江苏武进）人，清代著名经学家、目录学家。孙星衍年少聪慧，过目不忘。年十七，其父赴句容任教，孙星衍随父研读《十三经注疏》及诸史，于是遍通经史。孙星衍年少富有诗名，受袁枚赞赏，然其不以诗名为重，专心遍究经史、文字、音训及诸子百家。乾隆五十二年（1787），进士及第，授翰林院编修，后升刑部郎中，历任山东兖沂曹济道、山东督粮道、山东布政使等职。仕宦期间，清廉有政声，且著述不辍。嘉庆十六年（1811）因病返乡，自此不复仕宦，专心讲学，先后主讲南京钟山书院、泰州安定书院、绍兴书院、杭州诂经精舍。嘉庆二十三年（1818）卒于江宁，年六十六。孙星衍学问渊博，著述颇丰，据《清史稿》所载，有《古文尚书马郑注》十卷、《尚书今古文注疏》三十九卷、《周易集解》十卷、《夏小正传校正》三卷、《明堂考》三卷、《考注春秋别典》十五卷、《尔雅广雅诂训韵编》五卷、《魏三体石经残字考》一卷、《孔子集语》十七卷、《晏子春秋音义》二卷、《史记天官书考证》十卷、《建立伏博士始末》二卷、《寰宇访碑录》十二卷、《金石萃编》二十卷、《续古文苑》二十卷、《诗文集》二十五卷。

孙星衍作为乾嘉时期著名的考据学者，其学风的养成深受当时学者的影响，考之孙星衍交游，乾隆三十九年（1774）孙星衍年二十二，他在钟山书院受学于卢文弨，与钱大昕讨论经书、小学等相关问题，乾隆四十五年（1780）又与江声、王鸣盛讨论《尚书》，还于毕沅幕府参与修撰和刊刻《长安志》《山海经》《金石萃编》等著述的工作，接受了系统的金石学、地理学等方面知识的训练，这些都为其成长为坚定的考据学者奠定了坚实的基础。

《尚书今古文注疏》草创于乾隆五十九年（1794），成书于嘉庆二十年（1815），是孙星衍历时二十余年竭心尽力编纂完成的一部《尚书》诠释资料汇编，也是孙星衍《尚书》学研究的代表性著述。该书在孙氏早期撰述的《古文尚书马郑注》的基础之上，进一步吸收了《史记》《尚书大传》及孙氏同时代学者的研究成果，做了集大成性质的辑佚和考辨工作。

---

① 刘起釪：《尚书学史》，第373页。

该书以孔颖达《尚书正义》为底本，参用唐"开成石经"本，且注明今、古文文字同异。该书名曰"注疏"，则其体例于经文之后，先列《尚书大传》《史记》、马融、郑玄等诸家旧注，然后再下以疏。也有疏前无旧注，孙氏直接在经文下进行解释的情况。孙星衍深受乾嘉考据学的影响，非常重视文字、音韵、训诂之学，他指出训诂为通经之根本，"人材出于经术，通经由于训诂"，①因此他在《尚书今古文注疏》中大量采用训诂方法，逐字逐句训解《尚书》经文，在训诂的基础之上再疏通经义。

孙氏在《尚书今古文注疏》中体现出了鲜明的经世致用的诠释特色，江庆柏、李军于《孙星衍评传》中曾明确指出："细细体味孙星衍的文章，我们可以清楚地发现其最大特点便是将治学与政治实践紧密的结合在一起。在他的文集中，有关人才、漕运、吏治、法律、粮政、地理等问题的考证、论述比比皆是。换句话来说，就是他对典章制度的考察往往与对现实的关系、对政治的思考联系在一起。"②孙星衍治学经世致用之特色不仅仅见之于其文集中，在对《尚书》的诠释中亦比比皆是，如其解《吕刑》"五刑之属三千"云："罪之条目必有定数者，恐后世妄加之。故律所无，辄比附以定罪，今例犹云比照某律也。律则古今不易，例则繁辄删除之，今令甲犹然。"③孙氏认为虽然律法自古而今的发展必然存在连续和传承，但时移世易，罪刑之条目必然会依据不同时期的不同情况作不同的调整，因此罪刑有定数实乃妄言。又如其解《康诰》"要囚，服念五六日，至于旬时，丕蔽要囚"云："言断狱者据囚要辞以论罪，恐不详慎而误入人于刑，当伏而思念五六日，或十日至三月，乃大断之，为求其生可以出之，且恐囚虚承其罪，容其自反覆也。死者不可复生、断者不可复续，三木之下，何求不得，故君子尽心焉。"④孙星衍此处的解读在疏通文意的基础上，做了更深层次的、更具有广泛意义的阐释，他从更加宏阔的角度对治理狱讼之人提出了要求，因死者不可生，断者不可复，故用刑需谨慎。显然，孙星衍基于自身狱讼治理的经验，进一步阐发了《尚书》中所蕴含的刑法思想，对当时、对后世都具有重要的启示意义，适足以阐释"《甫刑》可以观诫"。可见孙星衍《尚书今古文注疏》对刑狱之事的解读颇具独到之处。孙星衍于乾隆五十四年（1789）任刑部直隶司主事，任职期间的经验使得其对刑狱案件的处理形成了更加深刻且成熟的理解，也与孙星衍对于世道人心、家国民生的关注密切相关，故而才在对《尚书》的解读中体

---

① （清）孙星衍：《孙渊如先生全集·平津馆文稿》，上海：商务印书馆，1935年，第329页。
② 江庆柏、李军等：《孙星衍评传》，南京：江苏人民出版社，2010年，第201页。
③ （清）孙星衍：《尚书今古文注疏》，陈抗、盛冬铃点校，北京：中华书局，1986年，第536页。
④ （清）孙星衍：《尚书今古文注疏》，第366页。

现出了深沉的思考，也使得孙氏在《尚书》诠释方面取得了重大成就。基于此，后世学者对其非常推崇，如杨筠如《尚书覈诂》、于省吾《双剑誃尚书新证》、曾运乾《尚书正读》、周秉钧《尚书易解》、顾颉刚与刘起釪《尚书校释译论》等著述都广泛征引了孙氏《尚书今古文注疏》中的观点。

该书除了在《尚书》诠释方面取得了重大的成就之外，在对《尚书》的校勘和辑佚方面亦做出了一定的贡献。如孙氏认定《顾命》与《康王之诰》应合为一篇，乃合今文二十九篇之数。他亦主张《书序》当合为一篇，《伪孔传》将其分离散入各篇之前的做法不合古，所以孙氏将《书序》编为一卷，且将其所辑佚到的《尚书》佚文附于各篇目之下。孙氏还大量地参用《熹平石经》《三体石经》《开成石经》校勘《尚书》文字，取得了一定的成就。此外，孙氏于《尚书今古文注疏》中还对《尚书》经文和注释进行了辑佚工作，其云："有篇名可考者，各附《书序》，并存原注。其仅称'书曰''书云'者，或不必尽是《尚书》，或是《逸周书》及《周书六弢》，不便采入。惟《孟子》所引，似是《舜典》，赵注不为注明，亦不敢据增。"①孙氏对《尚书》注释的辑佚主要集中于对马融、郑玄《书》注的收集和整理，是其在前人辑佚和研究的基础之上的进一步完善之作，也是孙氏《尚书》诠释的基础，具有重要的文献存古价值和学术史意义。

此外，孙星衍《尚书今古文注疏》引书亦颇具特色，孙氏遍采《尚书大传》《史记》等涉《尚书》义者，引及汉魏迄于隋唐之《尚书》古注，独不取宋至清前诸家之注。②且多采当时《书》说，尤以王鸣盛《尚书后案》、江声《尚书集注音疏》、段玉裁《古文尚书撰异》及王念孙、王引之父子《书》说为主，征引多达两百条，且经常以三家《书》说折衷古注。孙星衍不仅多征引三家《书》说，且对于他们论说中存在的问题也进行了纠正，孙氏云："又采近代王光禄鸣盛、江征君声、段大令玉裁诸君《书》说，皆有古书证据，而王氏念孙父子尤精训诂。但王光禄用郑注，兼存《伪传》，不载《史记》《大传》异说。江氏篆写经文，又依《说文》改字，所注《禹贡》，仅有古地名，不便学者循诵。段氏《撰异》一书，亦仅分别今古文字。"③故孙氏对王鸣盛兼存的《伪传》持批判态度，亦一改江声改字之举，一以孔颖达《尚书正义》经文为正，对改字甚为谨慎。由此可见，孙星衍《尚书今古文注疏》对清代《尚书》学诸家之说进行了深入的研究和分析，从某种意义上可谓清代《尚书》学研究的集大成

---

① （清）孙星衍：《尚书今古文注疏·凡例》，第1—2页。
② 周中孚《郑堂读书记》解释孙氏此举云："不取宋以来诸人之注者，以其时文籍散亡，较今代无异闻，又无师传，恐滋异说也。"
③ （清）孙星衍：《尚书今古文注疏·序》，第2页。

之作。周中孚于《郑堂读书记》称其："实取三家之书而折其衷,定著此书,真能集《尚书》之大成。虽上之朝廷颁之学官可也。"①然孙氏限于今古文之是非,仅取汉儒、清儒之说,其他诸说一概并弃,是亦其失也,恰如梁启超所言："江、孙、王三家都是绝对的墨守汉学,非汉儒之说一字不录。他们著书的义例如此,本也甚好,但汉儒所说一定就对吗?……宋儒经说,独到之处甚多,时亦可以补汉人之阙失。乾嘉间学者对他们一概排斥,也未免堕门户之见。"②

此外,孙星衍尚撰有《古文尚书马郑注》十卷,阮元曾述及其撰述缘起及主要内容:"君尝病《古文尚书》为东晋梅赜所乱,官刑曹时,即撰集《古文尚书》马、郑、王注十卷及逸文三篇。"③然该书仅辑成马融、郑玄两家《书》注,共计十卷,书后附有《尚书逸文》两卷。该书不仅是孙星衍《尚书今古文注疏》撰述的基础,而且该书《书序》中体现了孙氏对东晋古文《尚书》的质疑,是难能可贵的孙氏辨伪材料,因此,该书也具有重要的学术价值。

《尚书今古文注疏》现存版本主要有:《平津馆丛书》本、《皇清经解》本等,此外尚有陈抗、盛冬铃点校本(中华书局,1986年)。

15. 毛奇龄《古文尚书冤词》

毛奇龄(1623—1716),又名毛甡,字大可,又字齐于,号河右,又号西河,又号僧弥、僧开、初晴、秋晴、晚晴、春庄、春迟,等。浙江萧山(今属杭州市)人。清初著名学者、诗人。奇龄幼年早慧,七岁即受《尚书》,初晓今古文之别。家贫,常借书于祁氏。记忆超群,读经史诸书,过目不忘。年少以诗成名。崇祯十七年,明朝覆亡,奇龄于城南山中避乱读书。康熙十八年(1679),举博学鸿词,授翰林院检讨,参与《明史》修撰。康熙二十四年,因兄亡乞假归,又因身体有疾,遂不复出,专心经学研究,其云:"自六十归田后,悔经学未擩,杜门阐《书》《易》《论语》《大学》及《三礼》《春秋》。曰晚矣! 惟惧不卒业,日暮途远,却笔札酬酢,客有以诗文造请者,直再拜谢不敏。"毛奇龄著述非常丰富,著有《毛诗续传》《诗札》《古文尚书冤词》《尚书广听录》《仲氏易》《河图洛书原舛编》《春秋毛氏传》《四书索解》《四书改错》《古今通韵》《西河诗话》《西河词话》《太极图说遗议》等数十种,诗赋杂著二百三十余卷,后学编为《西河合集》,共四百余卷。毛奇龄最自得的乃其经学,然而他的经学成就却又参差不齐,非常推崇毛氏学术的李慈铭曾经评

---

① (清)周中孚:《郑堂读书记》,黄曙辉、印晓峰标校,上海:上海书店出版社,2009年。
② 梁启超:《中国近三百年学术史》,第182页。
③ (清)阮元:《揅经室集》第二集第三卷,第438页。

价道："萧山之学，经为第一，经则《诗》第一，《四书》次之，《礼》次之，《春秋》又次之，皆杰然可传者也。《易》又在《春秋》之次，然亦确有所见。最下者其《古文尚书冤词》乎！"①

《古文尚书冤词》为毛奇龄《尚书》学研究的代表性著述，其主要目的是针对阎若璩《尚书古文疏证》为东晋孔传本古文《尚书》辨真，故其内容和观点与阎氏可谓是针锋相对。

康熙三十四年(1695)三月，毛奇龄受李塨与钱煌所作的古文《尚书》真伪之辨的影响，作《古文尚书定论》四卷，当时已对阎若璩辨伪的相关内容有所质难和辨正，之后更《定论》为《冤词》，增四卷为八卷，并且对内容进行了进一步的考订。康熙三十八年夏，李塨在北返途经淮安的途中，将毛氏《古文尚书冤词》出示阎若璩。阎若璩大惊，并借此进一步完善了他《尚书古文疏证》的某些论说。之后，阎若璩远赴朱彝尊处，检得焦竑《废古文策》，想借此以驳倒毛奇龄。时毛氏亦闻讯赶至朱处，最终阎若璩舌战告败，次年病故，阎毛之争由是落下帷幕。

《古文尚书冤词》的大体内容共十条：一《总论》，二《今文尚书》，三《古文尚书》，四《古文之冤始于朱氏》，五《古文之冤成于吴氏》，六《书篇题之冤》，七《书序之冤》，八《书小序之冤》，九《书词之冤》，十《书字之冤》；此外尚有《序》一篇及《舜典补亡》一篇。毛奇龄与阎若璩论证方法非常详尽，毛奇龄同样也从篇数、授受源流、文字、地理沿革、典章制度等方面证东晋古文《尚书》之真。但二者论证的基点却完全相悖，阎若璩据马融和郑玄《尚书注》关于"逸十六篇"的记载，认为其与今传古文增多二十五篇篇题卷数均不相合，作为辨伪的依据，而毛奇龄则反其道而行之，四库馆臣称："奇龄不以今本不合马郑为伪作古文之征，反以马郑不合今本为未见古文之征，亦颇巧于颠倒。"关于梅赜献《书》与先秦典籍引《书》关系的问题，阎若璩认为梅赜所献《尚书》经文均为采辑补缀先秦典籍引《书》内容而成，而毛氏认为是《左传》《论语》《孟子》等先秦典籍引用了《尚书》经文，进而为《古文尚书》证真。

总体而言，毛氏《古文尚书冤词》理论依据有极大偏差，不可遽信。《隋书·经籍志》载："秘府所存，有《古文尚书》经文，今无有传者。及永嘉之乱，欧阳、大、小夏侯《尚书》并亡。济南伏生之传，唯刘向父子所著《五行传》是其本法，而又多乖戾。至东晋，豫章内史梅赜，始得安国之传，奏之，时又阙《舜典》一篇。齐建武中，吴姚方兴于大桁市得其书，奏上，比马、郑所注

---

① （清）李慈铭著，王利器纂辑：《越缦堂读书简端记》，天津：天津人民出版社，1980年，第388页。

多二十八字,于是始列国学。"对于《隋志》关于古文《尚书》的明确的记载,毛奇龄出于证真的目的做了私意的揣摩:"古文藏内府","永嘉乱后,其书并存而特以无传","梅赜乃上孔氏传以补《尚书》诸传之阙。是梅氏所上者安国之《传》,非古文之经也。安国之《传》,东晋始行。古文之经非东晋始出也。故唐宗《晋书》不载梅赜上书事,以为不关本经,不足轻重。而旧《晋史》及《隋经籍志》则各为载入。然犹恐误认《孔传》为古文,乃先曰'晋世秘府所存有古文经文',然后曰'至东晋豫章内史梅赜,始得安国之《传》奏之'。此其明白为何如者。乃不学之徒妄云梅赜上古文,以致一讹再讹,顿成千载不白之冤狱"。① 显然,毛氏《古文尚书冤词》证真的核心逻辑是:孔壁古文即孔安国所献真古文《尚书》,于永嘉之乱后依旧传世。东晋梅赜所献并非古文《尚书》经文,而是托名孔安国的古文《尚书传》,即所谓的《孔安国传》。简言之,《古文尚书》并非伪书,实乃传世的孔安国所献古文,《孔安国传》乃后人托名所撰的伪书。毛奇龄此处忽略了传乃依经而成,传为经之附庸,传必随经而传,无经则传就无所附属了,是故学者疑梅赜所献孔传本古文《尚书》,既疑增多二十五篇经文,又疑孔安国传。故而毛奇龄这种辨难显然有望文生义、主观引导之嫌,对此四库馆臣评价曰:"然《隋志》作于《尚书正义》之后,其时古文方盛行,而云无有传者,知东晋古文非指今本。且先云古文不传,而后云始得安国之传。知今本古文与安国传俱出,非即东晋之古文。奇龄安得离析其文,以就己说乎?"至于毛氏之所以支离其文以就己说之原因,《提要》亦有提及:"考《隋书·经籍志》云:'晋世秘府存有《古文尚书》经文,今无有传者。及永嘉之乱,欧阳、大小夏侯《尚书》并亡,至东晋豫章内史梅赜始得安国之传奏之。'其叙述偶未分明,故为奇龄所假借。"

但同时,毛氏此书中许多驳难也确实直中阎若璩《尚书古文疏证》的软肋,新见频出,足资借鉴,阎若璩就曾借鉴毛氏之说,进一步完善其《尚书古文疏证》当中的论说。如,关于《武成》篇的论辩。阎若璩据《孟子·尽心下》"尽信《书》则不如无《书》。吾于《武成》取二三策而已。仁人无敌于天下,以至仁伐不仁,而何其血之流杵也?"以证今本《武成》乃伪书。对此,毛奇龄驳之曰:"《国策》武安君与韩魏战于伊阙,有'流血漂卤'语。此本《武成》'血流漂杵'语而习用之。古有不引经而习用其语者,此类是也。若《孟子》'何其血之流杵也',则引经而反不用其语。此又一例。……旧注《孟子》杵或作卤,盾也。与《国策》语同。据此则益信《国策》用《书》词耳。"②

---

① (清)毛奇龄:《古文尚书冤词》卷三,《四库全书》本,上海:上海古籍出版社,1989年。
② (清)毛奇龄:《古文尚书冤词》卷六,《四库全书》本。

此处毛氏之论更有理据。又如阎氏因"封微子于宋,当名《宋公之命》"以证《微子之命》为伪,毛氏驳之曰:"又杜撰矣。凡封有新旧,既有旧封,则虽当新封而亦称旧号。箕子只称箕,周公只称周,是也。不读《康诰》乎？康叔初封康,与微子初封微同。乃康叔封卫不称《卫诰》,而谓微子当称宋,吾不解也。岂《康诰》伪书耶？"①毛氏据今古文皆有之《康诰》称"康"而不称"卫",以证不能据封号称名臆断经文之真伪,毛氏这里的论证以经论经,有理有据,确实较阎若璩的主观推断更为审慎。此外,四库馆臣亦总结出一些毛氏此书的精确之处:"明陈第《尚书疏衍》论《舜典》'五瑞''五玉''五器',谓不得以《周礼》释《虞书》,斥注疏家牵合之非,其理确不可移。论《武成》无错简、《洪范》非龟文,亦足破诸儒穿凿附会之说。"

基于毛奇龄《古文尚书冤词》所体现出来的一些极端的思想,当时及后世对他的评价也褒贬不一,有极其推崇毛氏学术的,如王孝咏《后海书堂杂录》中有《毛西河未可轻议》一条,极力称许毛氏,概括了毛氏解经的特点,称其"说经勿杜撰、勿武断","确凿不刊","以经证经则字无剩蕴语无虚说,切实而详明矣;以经解经则头头是道滴滴归源,曲畅而旁通矣",甚至更是极大地拔高了毛氏的成就与地位,认为毛氏无所不能,无一不美,"西河有功于经不小,先圣先贤亦默鉴之。异日庙庭从祀于两庑位置一席,无可疑者"。②全祖望批评毛氏云:"虽然,西河之才,要非流辈所易几,使其平心易气以立言,其足以附翼儒苑无疑也。乃以狡狯行其暴横,虽未尝无发明可采者,而败阙繁多,得罪圣教,惜夫!"③俞正燮于其《书古文尚书冤词后》引邹平成瓘云:"阎百诗审视《正义》,而发千余年之覆。毛西河独目迷心躁,广学邓思贤之言语,不济也。"④又云:"奇龄徒以明人应试妄攻古文,吴澄、归有光伪造《尚书》二十九篇古经十六卷之文,遍检《汉志》无之,又阴妒阎氏若璩《疏证》之作,闻桐乡钱甲、漳浦蔡甲谩语,激而右枚,反以郑之四十六卷当枚书一卷,则为枚学者终不识数……毛于此学而不思,书词书字,适以发枚覆,所引篇目,远背于古。"⑤

虽然毛奇龄《古文尚书冤词》颇为时人及后人诟病,但其所体现出来的勇于求真,"虽千万人吾往矣"的思想却也具有重要的意义。

————————

① (清)毛奇龄:《古文尚书冤词》卷六,《四库全书》本。
② (清)王孝咏:《后海书堂杂录》,《四库全书存目丛书》本。
③ (清)全祖望著,黄云眉选注:《鲒埼亭文集选注·萧山毛检讨别传》,北京:商务印书馆,2018年,第286页。
④ (清)俞正燮:《俞正燮全集》第二册,合肥:黄山书社,2005年,第588页。
⑤ (清)俞正燮:《俞正燮全集》第二册,第591页。

首先,解经方法的时代意义。毛奇龄提倡以经解经的治经方法:"向予解经,并不敢于经文妄议一字,虽屡有论辨,辨传非辨经也;即或于经文有所同异,亦必以经正经,同者经,即异者亦经也。今乃以《孔传》而妄认古经,以《孔传》之不伪而妄认古经之伪,千秋冤帀几不能解。夫儒者释经,原欲卫经,今乃以误释之故,将并古经而废之,所谓卫经者安在?"①毛宗远对其父毛奇龄"以经解经"的思想也有阐释:"先生说经,大抵以本经文为主,不杂儒说。其本经文有未明者,则援及他经。或以彼经证此经,或以十经证一经。凡一切儒说,皆置勿问。至于经证未备,则必于本经文前后审剂挈量,通论其大意,使两下券契,不失毫忝,然后划然而出之。即在汉晋唐儒一哄聚讼者,犹且涣若冰解,何况宋明?"②毛奇龄置一切注疏于不顾,专注于以经解经,显然是有为而发,他旨在纠正宋明理学空疏学风,以避免六经注我之弊端。在宋儒疑经改经及明代专尊《蔡传》,信传废经的基础之上,清初的毛奇龄坚决提倡以经为尊、群经互证的治经方法显然具有进步的意义,所以很多学者都将其与清初朴学相联系,进而论述其意义,阮元《毛西河检讨全集后序》即云:"有明三百年以时文相尚,其弊庸陋谫僿,至有不能举经史名目者。国朝经学盛兴,检讨首出于东林(顾宪成)、蕺山(刘宗周)空文讲学之余,以经学自任,大声疾呼,而一时之实学顿起。当是时,充宗(万斯大)起于浙东,朏明(胡渭)起于浙西,宁人(顾炎武)、百诗(阎若璩)起于江淮之间,检讨(毛奇龄)以博辨之才,睥睨一切,论不相下而道实相成。迄今学者日益昌明,大江南北著书授徒之家数十,视检讨而精核者固多,谓非检讨开始之功则不可。"③

其次,提倡经不可废。抛开学术界议论许久的人格问题,毛奇龄于《古文尚书冤词》中为古文《尚书》辨真也是因为他担心伪书公案不明,可能会导致经书为朝廷所废,他说:"吾惧《大学》之错,《国风》之淫,《古文尚书》之伪,后人必有借帝王之势而毁其书者。故吾讼古文之冤而并及之。"④四库馆臣亦于《古文尚书冤词》一书提要中云:"梅赜之书行世已久,其文本采缀佚经,排比连贯,故其旨不悖圣人,断无可废之理。"《尚书》作为中国最早的历史文献记载,它所具备的历史意义和文化意义自不待言,不管它是否为西汉孔安国所献,抑或是东晋学者辑佚而成,就内容而言,实并无真伪之说,它依然是我们研究上古三代文化极其重要的材料凭借,从这个层面上讲,毛奇

---

① (清)毛奇龄:《古文尚书冤词》卷一,《四库全书》本。
② (清)毛奇龄:《西河合集·述始篇》。
③ (清)阮元:《揅经室集·二集》卷七,第543页。
④ (清)毛奇龄:《古文尚书冤词》卷一,《四库全书》本。

龄提倡经不可废,实具有非常重要的历史意义。

因此,很多学者也对毛奇龄及其《古文尚书冤词》做出了较为公允的评价。《清史列传》云毛奇龄虽然"奄贯群书,诗文皆推倒一世,而自负者在经学。然好为驳辩,他人所已言者,必力反其词",然"自后儒者多研究汉学,不敢以空言说经,实自奇龄始。而辨正图书,排击异学,尤有功于经义"。① 焦循亦云:"毛奇龄好为侮谩之词,全椒山恶之,并诋毁其经学。窃谓学不可诬,疵不必讳,述其学兼著其疵可也,不当因其疵而遂没其学也。"②陈延杰《经学概论》亦云:"人多是阎而非毛,特不知阎据《蔡传》,是误之大者;毛不信宋儒臆造事实而一从《孔传》,亦未可厚非也。"③阮元更是认为后人对毛奇龄过于苛责:"余谓善论人者,略其短而著其功,表其长而正其误。若苛论之,虽孟、荀无完书矣。"④

阎毛之争于当时及稍后都产生了深远的影响,有支持阎若璩、继续辨伪之说者,经过惠栋、王鸣盛、戴震、孙星衍等一大批学者的努力,使东晋孔传本古文《尚书》为伪终成定论。有反驳毛氏之说者,如程廷祚《古文尚书冤冤词》《晚书订疑》、段玉裁《古文尚书撰异》、崔述《古文尚书辨伪》、丁晏《尚书余论》等。亦有支持毛奇龄观点的学者,如方苞《读古文尚书》、赵翼《陔余丛考》、郝懿行《尚书通论》、陈逢衡《逸周书补注》、洪良品《古文尚书辨惑》《续古文尚书冤词》。拥护毛说最具代表性的学者为洪良品,他撰有多部著述为《古文尚书》辨真,有《释难》《析疑》《商是》《古文尚书辨惑》《续古文尚书冤词》《古文尚书剩言》等,不但反对怀疑晚出《古文尚书》,还与当时今文学派彻底否定古文之说相抗衡。

该书今传版本主要有《西河合集》本、《四库全书》本。此外,黄怀信、吕翊欣校点本《尚书古文疏证》后亦附有《古文尚书冤词》,可备参检。

16. 皮锡瑞《今文尚书考证》《尚书大传疏证》《古文尚书冤词平议》《尚书古文疏证辨正》

皮锡瑞(1850—1908);字鹿门,一字麓云,善化(今湖南长沙)人,因敬仰西汉经师伏生,将所居命名为"师伏堂",故人称"师伏先生"。晚清著名经学家。皮锡瑞幼年受学于其父,勤思好学,同治三年(1873)举人,后多次应礼部试皆未中,遂潜心讲学著述。先后主讲于湖南桂阳州龙潭书院、江西南昌经训书院,影响一代学风。维新运动兴起后,应熊希龄等人邀请,皮氏

---

① 王锺翰:《清史列传·儒林列传·毛奇龄》,北京:中华书局,1987年,第5456页。
② (清)焦循:《雕菰集》卷十二,《续修四库全书》本,上海:上海古籍出版社,2002年。
③ 陈延杰:《经学概论》,上海:商务印书馆,1930年,第140页。
④ (清)阮元:《揅经室集》(七),上海:商务印书馆,1939年,第501页。

留在湖南赞助新政。光绪二十三年(1898),戊戌变法失败,皮锡瑞被革除科名,交地方严加管束,皮氏遂闭门著述。皮锡瑞博通群经,兼贯诸史,今文经学颇具造诣,著述丰富,其中以《尚书》学著述最多:《尚书大传疏证》《今文尚书考证》《古文尚书冤词平议》《尚书古文疏证辨正》《古文尚书考实》《尚书中候疏证》《史记引尚书考》等,除此之外,皮氏尚著有《春秋讲义》《郑志疏证》《师伏堂丛书》《师伏堂笔记》《师伏堂日记》《经学历史》《经学通论》等。

皮氏治经特重家法,他说:"说经宜先知汉今古文家法。"①"今之治经者,欲求简易,惟有人治一经,经主一家;其余各家,皆可姑置;其他各经,更可从缓。……此古之治经者所以重家法而贵颛门也。"②就《尚书》而言,皮锡瑞专尊伏生。清代《尚书》学有"宗郑"到"师伏"的明显转变,在这一转变的过程中,皮锡瑞具有重要的意义。经过清代前中期一系列古文经学家不懈的努力,郑玄《尚书》学的地位终于重新确立,但同时随着今文经学的发展,也出现了一些对郑玄《尚书》学颇有微词的学者,如刘逢禄曾言:"郑氏于三《礼》而外,于《易》《诗》非专门。其《尚书》注已亡,或掇拾残阙,欲申墨守,或旁搜众说,支离杂博,皆浅涉藩篱,未足窥先王之渊奥。"③是已经对郑玄《尚书》学的地位提出了质疑。之后更多学者扬起了"师伏"的旗帜,魏源《书古微》、邹汉勋《读书偶识》、王闿运《尚书今古文注》等都积极提倡以伏生《尚书大传》为代表的今文经学。陈寿祺、陈乔枞更是直接进行今文《尚书》学材料的辑佚和整理工作,陈寿祺辑校的《尚书大传》是皮锡瑞之前的最好辑佚本,陈乔枞的《今文尚书说经考》所辑考的今文《尚书》文献最为详备,这两部书都为皮书的出现奠定了坚实的基础。皮锡瑞对郑玄《书》说颇有微词,他说:"郑注《大传》,多所发明,而以古文易《大传》之文,全失伏生之意。锡瑞作《疏证》,每辨郑之失以申伏。"④他在《尚书大传疏证自序》中指郑注之失:"金丝既振,乃有壁书;门户斯歧,多逞胸臆。郑君既注是书,自宜恪遵勿失,乃诋欧阳为蔽冒,信卫、贾为雅材。间下己意,比于笺《毛》,或易本文,同夫注《礼》。易'曰容'为'曰睿',变'大交'为'南交'。《甘誓》六卿,解以周制,《尧典》八伯,义非虞官。帝者之服五章,天子之城九里,皆由泥古,不免献疑。"⑤所以,皮氏综合之前学者围绕今文《尚

---

① (清)皮锡瑞著,潘斌选编:《皮锡瑞儒学论集》,成都:四川大学出版社,2009年,第302页。
② (清)皮锡瑞著,潘斌选编:《皮锡瑞儒学论集》,第39页。
③ (清)刘逢禄:《刘礼部集》卷一一附录,《续修四库全书》本,上海:上海古籍出版社,2002年,第211页。
④ (清)皮锡瑞著,潘斌选编:《皮锡瑞儒学论集》,第300页。
⑤ (清)皮锡瑞:《皮锡瑞集·尚书大传疏证自序》,长沙:岳麓书社,2012年,第779页。

书》所作的工作,进一步辑佚、疏解、考证,以《尚书大传》为核心,全方位呈现了西汉今文《尚书》学的面貌,清代今文《尚书》学的体系由此建立。

"不为北海之佞臣,宁作济南之肖子"是皮锡瑞《尚书》学的纲领,皮氏之所以如此推重今文《尚书》,首先因为相对于古文《尚书》经文的真伪难辨,今文《尚书》二十九篇皆为完帙,史籍明言,历历可辨,非常可靠。其次,古文《尚书》学本无师承,异说缤纷,没有根据,而今文《尚书》学师承明晰,均源自汉初伏生,且伏生解经"不尽释经,而释经者,确乎可据"。① 最后,古今《尚书》学经常以后出《周官》解说上古三代制度,具有明显的以今解古之嫌,变乱唐虞三代之制度,而且好引古史杂说以解《尚书》,是又变乱唐虞三代之史实,则"不仅唐虞三代之制度乱,并唐虞三代之事实亦乱",②而今文《尚书》学则以唐虞之制解唐虞之书,故而论解更精洽。

皮锡瑞着力于构建完整的今文《尚书》体系,所以他首先尽心竭力,重新辑佚了《尚书大传》及其他今文《尚书》说,因此《尚书大传疏证》和《今文尚书考证》文献完备,考证精确,实为清代今文《尚书》文献辑佚的首屈一指之作。同时,皮氏还广泛地借用各种材料扩充今文《尚书》学的内涵,使得其今文《尚书》学研究更具纵深化和系统化。

《今文尚书考证》当属皮锡瑞《尚书》学研究著述中最具价值的代表作,也是清代今文《尚书》学研究的代表性著述,其"集清人《尚书》今文学之大成,虽是今文学派一家之说,但总的看来,取材丰富,考订严谨,能够做到言必有据,不作武断臆说,在清人疏证《尚书》的众多著作中,书最后出,而持论比较平允"。③ 皮锡瑞于其《今文尚书考证》一书中取梅赜本古文《尚书》中与今文《尚书》相同的二十九篇,于经文下明确标注两汉今文《尚书》的异文,辨析今古文本的差异。在解说经文的时候,皮锡瑞以伏生《尚书大传》为中心,再辅之以两汉《尚书》今古文之说,并征引了非常丰富的材料:《尚书大传》《白虎通义》《史记》《汉书》《后汉书》及先秦诸子,通过材料的详尽考证,皮氏将司马迁《史记》所引《尚书》认作伏生今文《尚书》的一部分,且留意今文三家间的歧异,对伏生《尚书》说与今文三家说的相悖之处进行了严密的辨析,以伏生《大传》折衷诸说。此外,皮氏还考证了汉魏古文《尚书》说与伏生《书》说之间的关系,认为郑玄、王肃《书》说在很多方面受伏生的影响,二者在注解《尚书》时往往吸收、融合伏生《书》说,皮

---

① (清)皮锡瑞:《经学通论》,吴仰湘点校,北京:中华书局,2018年,第202页。
② (清)皮锡瑞:《经学通论》,第218页。
③ (清)皮锡瑞:《今文尚书考证》,盛冬铃、陈抗点校,北京:中华书局,1989年,第3页。

氏称"康成博通,多参异义;子雍伪谬,间袭今文","可以搴芳草于萧稂,掇明珠于沙砾"。① 正是基于此,皮氏才论定二者虽然是古文学家,然其《书》说亦有可取之处,"择其善者,以今文为折衷,合于今文者录之,不合于今文者去之"。② 通过诸种努力,皮氏建立了伏生及其今文《尚书》学的地位。该书尽可能地恢复了西汉今文《尚书》学的原貌,文献详实,"对经典义理罕加诠释,但是经文与古代礼制关涉殊密处每有深论",③对今文《尚书》学研究做出了重要贡献。

"皮锡瑞建构了系统而严密的《尚书》伏氏经说体系,推出了《尚书大传疏证》《今文尚书考证》等重要的《尚书》今文经学名著。从而在晚清今文经学兴起过程中居功甚伟,取得了超越前人的实质性成就。"④所以,皮氏的今文经学研究获得了当时学者的普遍认同,梁启超称皮氏"疏释专采西汉今文经说,家法谨严",⑤蒙文通亦云:"能远绍二陈,近取廖师以治今文者,近世经师惟皮鹿门一人而已。"⑥即使偏主古文说、曾作《驳皮锡瑞三书》批评皮氏学说的章太炎,也于《说林下》称皮氏"守一家之学,为之疏通证明,文句隐没,钩深而致之显,上比伯渊,下规凤喈",⑦将皮锡瑞比之于孙星衍和王鸣盛,颇见推许。王先谦虽不赞同皮锡瑞一概贬低古文《书》说,但于皮氏对今文《尚书》学的重新构建亦非常认同,称许其"条理今文,详密精审,兼诸大儒之长而去其弊,后之治今文者,得是编为前导,可不迷于所往"。⑧

除了关注今文《书》学之外,皮锡瑞尚关注古文《尚书》,做到了融会贯通,构建出他独特的《书》学研究路径,皮氏强调"学宜通达,不宜狭隘","无论何项学术,皆当自求心得,不当是己非人。意有不同,不妨周咨博访,互相印证,以折衷于一是。即学派宗旨不可强合,尽可各尊所闻,各行所知,不妨有异同,不必争门户",⑨所以他也著有古文《尚书》学研究的著述《尚书古文疏证辨正》《古文尚书冤词平议》《古文尚书考实》等。皮锡瑞对于自宋至清学者的辨伪进行了较为深入的思考,也提出了自己的一些看法,如其在《古文尚书冤词平议》中认为阎若璩对东晋古文《尚书》及孔安国《传》的批判亦

---

① (清)皮锡瑞:《今文尚书考证》,第14—15页。
② (清)皮锡瑞:《皮锡瑞集》,第1330页。
③ 田汉云:《中国近代经学史》,西安:三秦出版社,1996年,第351页。
④ 侯金满:《清代〈尚书〉学"伏郑之争"考察》,《北京社会科学》2021年11期。
⑤ 梁启超:《中国近三百年学术史》,第238页。
⑥ 蒙文通:《井研廖季平师与近代今文学》,《经学抉原》,上海:上海人民出版社,2006年,第95页。
⑦ 章太炎、刘师培等:《中国近三百年学术史论》,上海:上海古籍出版社,2006年,第24页。
⑧ (清)皮锡瑞:《今文尚书考证》,第11页。
⑨ (清)皮锡瑞:《皮鹿门学长南学会第二次讲义》,《湘报》1898年第6号。

有不当之处,而毛奇龄专信东晋孔安国《传》,对伏生《尚书大传》及《史记》却多有訾议,此"乃据一家之言,偏断两造之狱,岂能反南山不移之案,以鸣千载不白之冤乎?"所以,阎若璩《尚书古文疏证》与毛奇龄《古文尚书冤词》互有得失。此外,皮氏针对刘逢禄、龚自珍等学者认为孔壁、中秘《书》为伪的观点,批驳道:"近有专治今文攻《古文尚书》之伪者,力辨孔壁古文、中秘古文之非,世多骇为创论。……予谓中古文即不伪,而自刘向校书之后不复见。孔氏所献壁中真本疑已为赤眉之乱所毁,都尉朝传至桑钦者,乃孔氏家之副本也。'中外相应'语出刘歆,不足据。"①显然,皮氏不认为孔壁本和中秘本《尚书》为伪,他强调孔壁本《尚书》乃真古文,献之朝廷,存于秘府,之后遭赤眉之乱毁坏,此外,孔氏尚有副本,后经都尉朝传至桑钦,而中秘本在刘向校书之后不复见于世。这些观点较当时一味否定二本者,确实较为公允。

皮锡瑞《尚书》学研究虽然重点在汉学,然其对于经典中所蕴含的义理也非常重视,他的《尚书》研究既有精审的辑佚和考辨,也重在凸显经典的微言大义,他认为今文《尚书》二十九篇"篇篇有义":"《尧典》见为君之义,君之义莫大于求贤审官";"《盘庚》见国迁询万民,命众正法度之义,观此知拓拔宏之谲众胁迁者非矣";"《费誓》见诸侯专征,严明纪律之义,观此知用兵不可扰民矣";"《秦誓》见穆公悔过,卒伯西戎之义,观此知人君不可饰非,当改变以救败矣",②当然这显然也是对《尚书大传》"七观"说的继承和延续。

皮锡瑞《尚书》学著述版本较多,主要有:清光绪年间刻本和《续修四库全书》本等,此外亦有点校本:《尚书大传疏证》(吴仰湘点校,中华书局,2022年)、《今文尚书考证》(盛冬铃、陈抗点校,中华书局,1989年)。

20世纪以来,随着文献学、考古学的长足进步,对《尚书》的研究,也胜义迭出,名作涌现。有概论性的,有学术史性的;有全经通解的,也有单篇研究的。读者各随所近而取读之可矣!若有需要者可参读《儒学文献通论》之尚书卷,兹不具论。

---

① (清)皮锡瑞:《古文尚书冤词平议》,清光绪二十二年思贤书局刻本。
② (清)皮锡瑞著,潘斌选编:《皮锡瑞儒学论集》,第93—94页。

《尚书》集注

卷 一

虞 书

尧 典 第 一

昔在帝尧,聪明文思,

苏传:聪者无所不闻,明者无所不见。文者,其法度也;思者,其智①虑也。

光宅天下。

孔传:言圣德之远著。

苏传:圣人之德如日月之光,贞一而无所不及也。

将逊于位,

苏传:逊,遁也。

让于虞舜,

孔传:逊,遁也。老,使摄,遂禅之。

作《尧典》。

苏传:言常道也。

尧典。

孔传:言尧可为百代常行之道。

曰若稽古帝尧,

孔传:若,顺。稽,考也。能顺考古道而行之者,帝尧。

曰放勋,钦明文思安安,

孔传:勋,功。钦,敬也。言尧放上世之功,化而以敬明文思之四德,安

---

① 智:清顺治乙未傅山手写本校云"一作志"。

天下之当安者。

苏传：若，顺也。稽，考也。放，法也，有功而可法曰放勋。犹孔子曰："巍巍乎，其有成功。"此论其德之辞也。自孟子、太史公，咸以"放勋""重华""文命"为尧、舜、禹之名。然有不可者，以类求之，则皋陶为名"允迪"乎？钦，敬也。或言其聪，或言其敬，初无异义。而学者因是以为说，则不胜异说矣。凡若此者，皆不取。"钦明文思"，才之绝人者也。以绝人之才而安于无事，此德之盛也。夫惟天下之至仁，为能安其安。

允恭克让；光被四表，格于上下；

孔传：允，信。克，能。光，充。格，至也。既有四德，又信恭能让，故其名闻充溢四外，至于天地。

苏传：允，信也。克，能也。表，外也。格，至也。上下，天地也。恭有伪，让有不克，故以允克为贤。

克明俊德，以亲九族；

孔传：能明俊德之士，任用之，以睦高祖玄孙之亲。

苏传：明，扬也。俊，杰也。尧之政以举贤为首，亲亲为次。九族，高祖、玄①孙之族也。

九族既睦，平章百姓；

孔传：既，已也。百姓，百官。言化九族而平和章明。

苏传：平，和也。章，显用其贤者也。百姓，凡国之大族，民之望也。大族予之，民莫不予也。方是时，上世帝皇之子孙，其得姓者盖百余族而已，故曰百姓。

百姓昭明，协和万邦；黎民于变时雍。

孔传：昭，亦明也。协，合；黎，众。时，是；雍，和也。言天下众民皆变化从上，是以风俗大和。

苏传：协，合也。黎，众也。变，化也。雍，和也。

乃命羲和，钦若昊天，历象日月星辰，敬授人时。

孔传：重黎之后羲氏、和氏。世掌天地四时之官，故尧命之，使敬顺昊天。昊天，言元气广大。星，四方中星。辰，日月所会。历象其分节。敬记天时，以授人也。此举其目，下别序之。

苏传：昊，广大也。历者，其书也。象者，其器也。璇玑、玉衡之类是也。星，四方中星也。辰，日月所会也。或曰：星，五星；辰，三辰，心、伐、北辰

---

① 玄：原本、文渊阁《四库全书》本（下称《四库》本）作"元"，盖避清康熙玄烨讳。今径回改。下同，不再一一出校。

也。重黎之后,羲氏、和氏世掌天地四时之官,故尧以是命之。

分命羲仲,宅嵎夷,曰旸谷。

孔传:宅,居也。东表之地称嵎夷。旸,明也。日出于谷而天下明,故称旸谷。旸谷、嵎夷,一也。羲仲,居治东方之官。

苏传:《禹贡》:嵎夷在青州。又曰旸谷,则其地近日而先明,当在东方海上。以此推之,则昧谷当在西极,朔方、幽都当在幽州,而南交为交趾,明矣。春曰宅①嵎夷,夏曰宅南交,冬曰宅朔方,而秋独曰宅西。徐广曰:"西,今天水之西县也。"羲、和之任亦重矣。尧都于冀州,而其所重任之臣乃在四极万里之外,理或不然。当是致日景以定分、至,然后历可起也。故使往验于四极,非常宅也。

寅宾出日,平秩东作。

孔传:寅,敬。宾,导。秩,序也。岁起于东而始就耕,谓之东作。东方之官,敬导出日,平均次序东作之事,以务农也。

苏传:寅,敬也。宾,导也。秩,次序也。东作,春作也。西成,秋成也。春夏欲民早起,故先日出而作,是谓"寅宾出日"。秋冬寒,不能早起,故令民候日入而息,是谓"寅饯纳日"。二叔不言饯者,因仲之辞。

日中星鸟,以殷仲春。

孔传:日中,谓春分之日。鸟,南方朱鸟七宿。殷,正也。春分之昏,鸟星毕见,以正仲春之气节,转以推季孟则可知。

苏传:日中者,昼夜平也。二分皆昼夜平,而春言日中,秋言宵中者,互相备也。春分,朱鸟七宿,昏见于南方。夏至则青龙,秋分则玄武,冬至则白虎。而夏、秋、冬,独举一宿者,举其中也。殷,当也,《书》曰:"九江孔殷。"

厥民析,

苏传:冬寒无事,民入室处。春事既起,丁壮就田,其民老壮分析。(见《汉志》)

鸟兽孳尾。

孔传:冬寒无事,并入室处。春事既起,丁壮就功。厥,其也。言其民老壮分析。乳化曰孳,交接曰尾。

苏传:乳化曰孳,交接曰尾。

申命羲叔,

苏传:申,重也。

宅南交。

---

① 宅:《经解》本无"宅"字,依例当有。

孔传：申，重也。南交，言夏与春交。举一隅以见之。此居治南方之官。

平秩南讹，敬致。

孔传：讹，化也。掌夏之官，平叙南方化育之事，敬行其教，以致其功。四时同之，亦举一隅。

苏传：讹，化也。叙南方化育之事，以敬致其功。

日永星火，以正仲夏。

孔传：永，长也，谓夏至之日。火，苍龙之中星，举中则七星见可知。以正仲夏之气节，季孟亦可知。

苏传：永，长也。火，心也。

厥民因，

苏传：老弱毕作，因就在田之丁壮也。

鸟兽希革。

孔传：因，谓老弱因就在田之丁壮，以助农也。夏时鸟兽，毛羽希少改易。革，改也。

苏传：其羽毛希少而革易也。

分命和仲，宅西，曰昧谷。

孔传：昧，冥也。日入于谷而天下冥，故曰昧谷。昧谷曰西，则嵎夷东可知。此居治西方之官，掌秋天之政也。

寅饯纳日，

苏传：饯，送也。

平秩西成。

孔传：饯，送也。日出言导，日入言送，因事之宜。秋，西方，万物成。平序其政，助成物。

宵中星虚，以殷仲秋。

孔传：宵，夜也。春言日，秋言夜，互相备。虚，玄武之中星，亦言七星皆以秋分日见，以正三秋。

厥民夷，

苏传：夷，平也。农事至秋稍缓，可以渐休，故曰夷。

鸟兽毛毨。

孔传：夷，平也，老壮在田，与夏平也。毨，理也，毛更生整理。

苏传：毨，理也，毛更生整理。

申命和叔，宅朔方，曰幽都。平在朔易，

孔传：北称朔，亦称方，言一方则三方见矣。北称幽，则南称明，从可知也。都谓所聚也。易谓岁改易于北方。平，均。在，察其政以顺天常。上总言羲和敬顺昊天,此分别仲叔各有所掌。

苏传:在,察也。朔易,岁于此改易也。礼,十二月,天子与公卿大夫共饬国典。论时令,以待来岁之宜。

日短星昴,以正仲冬。

孔传:日短,冬至之日。昴,白虎之中星,亦以七星并见,以正冬之三节。

厥民隩,

苏传:隩,室也,民老幼皆入室。

鸟兽氄①毛。

孔传:隩,室也。民改岁入此室处,以辟风寒。鸟兽皆生耎氄细毛以自温焉。

苏传:氄,软厚也。

帝曰:咨汝羲暨和,期三百有六旬有六日,以闰月定四时成岁。

孔传:咨,嗟。暨,与也。匝四时曰期。一岁,十二月。月,三十日,正三百六十日。除小月六为六日,是为一岁有余十二日。未盈三岁,是得一月,则置闰焉,以定四时之气节,成一岁之历象。

苏传:暨,与也。周四时曰期,期当三百六十五日四分日之一,而云六日,举其全也。岁止得三百五十四日,故以闰月定而正之。有,读为又,古有、又通。

允厘百工,庶绩咸熙。

孔传:允,信。厘,治。工,官。绩,功。咸,皆。熙,广也。言定四时成岁历,以告时授事,则能信治百官,众功皆广,叹其善。

苏传:厘,理。工,官也。绩,功也。熙,光明也。

帝曰:畴咨!若时登庸。

孔传:畴,谁。庸,用也。谁能咸熙庶绩,顺是事者将登用之。

苏传:畴,谁也。咨,嗟也。时,是也。犹曰:时乎嗟哉,能顺是者,我登进而用之。

放齐曰:胤②子朱启明。帝曰:吁,嚚讼,可乎?

孔传:放齐,臣名。胤,国。子,爵。朱,名。启,开也。吁,疑怪之辞。言不忠信为嚚,又好争讼,可乎。言不可。

苏传:放齐,臣名。胤,国。子,爵。朱,名。《书》有胤侯。吁,疑怪之辞也。口不道忠信之言为嚚。或曰:太史公曰:"嗣子丹朱开明。"

---

① 氄:《经解》本此处与下面传文均作"鹴",据传文释义,当作"氄"。
② 胤:原本、《四库》本缺笔,盖避清雍正胤祯讳,今径回改。下同,不再一一出校。

帝曰：畴咨！若予采。

孔传：采，事也。复求谁能顺我事者。

苏传：采，事也。

驩兜曰：都！共工方鸠僝功。

孔传：驩兜，臣名。都，於，叹美之辞。共工，官称。鸠，聚。僝，见也。叹共工能方方聚见其功。

苏传：驩兜，臣名。都、於，叹美之辞也。共工，其先为是官者，因以氏也。方，类也；鸠，聚也；僝，布也。言共工能类聚而布其功也。

帝曰：吁！静言庸违，象恭滔天。

孔传：静，谋。滔，漫也。言共工自为谋言，起用行事而违背之。貌象恭敬，而心傲很，若漫天，言不可用。

苏传：静则能言，用则违之。貌象恭敬，而实灭其天理。滔，灭也。

帝曰：咨，四岳。

孔传：四岳，即上羲和之四子，分掌四岳之诸侯，故称焉。

苏传：孔安国以四岳为羲和四子，而太史公以羲和为司马之先，以四岳为齐太公之祖，则四岳非羲和也。当以史为正。

汤汤洪水方割，

孔传：汤汤，流貌。洪，大。割，害也。言大水方方为害。

荡荡怀山襄陵，浩浩滔天。

孔传：荡荡，言水奔突，有所涤除。怀，包。襄，上也。包山上陵，浩浩盛大若漫天。

苏传：汤汤、荡荡、浩浩，皆水之状也。割，害也。怀，包也。襄，上也，水逆流曰襄。

下①民其咨，有能俾乂。

孔传：俾，使。乂，治也。言民咨嗟忧愁，病水困苦，故问四岳，有能治者将使之。

苏传：俾，使也。乂，治也。

佥曰：於，鲧哉！

孔传：佥，皆也。鲧，崇伯之名。朝臣举之。

苏传：佥，皆也。鲧，崇伯之名。

帝曰：吁，咈哉！方命圮族。

―――――――――

① 下：原本作"卜"，盖"下"字之脱坏，据凌蒙初刻朱墨套印本《东坡书传》(下称"凌本")改正。

孔传：凡言吁者，皆非帝意。咈，戾。圮，毁。族，类也。言鲧性狠戾，好比方名，命而行事，辄毁败善类。

苏传：咈，戾也。方命，负命也。族，类也，圮族，败类也。

岳曰：异哉，试可乃已。

孔传：异，已也，退也。言余人尽已，唯鲧可试，无成乃退。

苏传：异，举也。时未有贤于鲧者，故岳曰举而试之，可以治水则已，无求其他。

帝曰：往，钦哉。

孔传：敕鲧往治水，命使敬其事。尧知其性狠戾圮族，未明其所能，而据众言可试，故遂用之。

九载，绩用弗成。

孔传：载，年也。三考九年，功用不成，则放退之。

苏传：载，年也。九年三考，而功不成。

帝曰：咨，四岳。朕在位七十载。

孔传：尧年十六，以唐侯升为天子，在位七十年，则时年八十六，老将求代。

苏传：尧年十六，以唐侯为天子，在位七十年，时年八十六。

汝能庸命，巽朕位。

孔传：巽，顺也。言四岳能用帝命，故欲使顺行帝位之事。

岳①曰：否，德忝帝位。

孔传：否，不。忝，辱也。辞不堪。

苏传：巽，受也。否，不也。忝，辱也。

曰：明明扬侧陋。

孔传：尧知子不肖，有禅位之志，故明举明人在侧陋者。广求贤也。

苏传：明其高明者，扬其侧陋者，言不择贵贱也。

师锡帝曰：有鳏在下，曰虞舜。

孔传：师，众。锡，与也。无妻曰鳏。虞，氏。舜，名。在下民之中。众臣知舜圣贤，耻已不若，故不举。乃不获已而言之。

苏传：师，众也。锡，予也。无妻曰鳏。举舜而言其鳏者，欲帝妻之也。帝知岳不足禅而禅之，岳知舜可禅而不举，何也？以天下予庶人，古无是道也，故必先自岳始。岳必不敢当也，岳不敢当而后及其余，曰吾不择贵贱也。而众乃敢举舜，理势然也。尧之知舜至矣，而天下不足以尽知之，故将授之

---

① 岳：《经解》本无此字。

天下,使其事发于众,不发于尧,故舜受之也安。

帝曰:俞,予闻,如何?

孔传:俞,然也。然其所举,言我亦闻之,其德行如何?

苏传:俞,然也。曰:然,予亦闻之,其德果何如哉?

岳曰:瞽子,父顽,母嚚,象傲。

孔传:无目曰瞽。舜父有目,不能分别好恶,故时人谓之瞽,配字曰瞍。瞍,无目之称。心不则德义之经为顽。象,舜弟之字,傲慢不友。言并恶。

克谐以孝,烝烝乂,不格奸。

孔传:谐,和。烝,进也。言能以至孝和谐顽嚚昏傲,使进进以善自治,不至于奸恶。

苏传:瞽,舜父名也,其字瞍。心不则德义之经为顽。象,舜弟也。谐,和也。烝,进也。奸,乱也。舜能以孝和谐父母、昆弟,使进于德,不及于乱。而孟子、太史公皆言象日以杀舜为事,涂廪、浚井,仅脱于死。至欲室其二嫂,其为格奸也甚矣!故凡言舜之事,不告而娶,避尧之子于南河之南,举皆齐东野人之语,而二子不察也。

帝曰:我其试哉!

孔传:言欲试舜,观其行迹。

女于时,观厥刑于二女。

孔传:女,妻。刑,法也。尧于是以二女妻舜,观其法度接二女,以治家观治国。

厘降二女于妫汭,嫔于虞。

孔传:降,下。嫔,妇也。舜为匹夫,能以义理下帝女之心,于所居妫水之汭,使行妇道于虞氏。

帝曰:钦哉。

孔传:叹舜能修己行敬以安人,则其所能者大矣。

苏传:刑,法也。厘,理也。妫,水名也。妇敬曰嫔。虞,其族也。舜能以理下二女于妫水之阳,耕稼陶渔之地,使二女不独敬其亲,而通敬其族。舜之所谓诸难,无难于此者也,虽付之天下可也。尧以是信之矣,而人未足以信之矣。① 更②试之以五典、百揆、四门、大麓之事。

---

① 矣:《经解》本、《四库》本作"故",则当与下句连读。
② 更:《经解》本、《四库》本作"复"字。

卷 二

虞 书

舜典第二

虞舜侧微,

孔传:为庶人,故微贱。

尧闻之聪明,将使嗣位,历试诸难,

孔传:嗣,继也。试以治民之难事。

作《舜典》。

舜典。

孔传:典之义与《尧》同。

曰若稽古帝舜,

孔传:亦言其顺考古道而行之。

曰重华,协于帝。

孔传:华,谓文德,言其光文重合于尧,俱圣明。

苏传:重,袭也;华,文也,袭尧之文也。

濬哲文明,温恭允塞,

孔传:濬,深。哲,智也。舜有深智文明温恭之德,信允塞上下。

苏传:濬,深也。哲,智也。塞,实也。《书》曰"刚而塞",《诗》曰"秉心塞渊"。

玄德升闻。

苏传:玄,幽也。

乃命以位。

孔传：玄，谓幽潜。潜行道德，升闻天朝，遂见征用。

慎徽五典，五典克从；

孔传：徽，美也。五典，五常之教，父义、母慈、兄友、弟恭、子孝。舜慎美笃行斯道，举八元使布之于四方，五教能从，无违命。

纳于百揆，百揆时叙；

孔传：揆，度也。度百事总百官，纳舜于此官。舜举八凯使揆度百事，百事时叙，无废事业。

宾于四门，四门穆穆；

孔传：穆穆，美也。四门，四方之门。舜流四凶族，四方诸侯来朝者，舜宾迎之，皆有美德，无凶人。

苏传：徽，和也。五典，五教也，司徒之事也。揆，度也。《书》曰："有能奋庸，熙帝之载，使宅百揆，亮采惠畴，佥曰：伯禹作司空。"而《左氏传》亦云："使主后土，以揆百事。"则百揆，司空之事也。四门，四大①之门也。穆穆，美也。诸侯之来朝者，舜宾迎之，宗伯之事也。

纳于大麓，烈风雷雨弗迷。

孔传：麓，录也。纳舜使大录万机之政，阴阳和，风雨时，各以其节，不有迷错愆伏。明舜之德合于天。

苏传：旧说：麓，录也。舜大录万机之政，阴阳和，风雨时。自汉以来有是说，故章帝始置太傅录尚书事；而晋以后，强臣将篡者为之，其源出于此。考其所由，盖古文"麓"作"箓"，故学者误以为"录"耳。或曰：大麓，太山麓也。古者易姓告代，必因泰山，除地为墠，以告天地，故谓之禅。其礼既不经见，而考《书》之文，则尧见舜为政三年，而五典从、百揆叙、四门穆、风雨不迷，而后告舜以禅位。而舜犹让不敢当也，而尧乃于未告舜禅之前，先往太山以易姓告代。岂事之实也哉？《书》云："烈风雷雨弗迷。"是天有烈风雷雨，而舜弗迷也。今乃以为阴阳和、风雨时，逆其文矣。太史公曰："尧使舜入山林川泽，暴风雷雨，舜行不迷。"此其实也。尧之所以试舜者，亦多方矣。洪水为患，使舜入山林，相视原隰，雷雨大至，众惧失常，而舜不迷，其度量有绝人者，而天地鬼神，亦或有以相之欤？且帝王之兴，其受命之祥，卓然见于《书》《诗》者多矣。《河图》《洛书》《玄鸟》《生民》之诗，岂可谓诬也哉！恨学者推之，太详谶纬，而后之君子亦矫枉过正，举从而废之。以为王莽、公孙述之流沿此作乱，使汉不失德，莽、述何自而起？而归罪三代受命之符，亦过

---

① 四大：凌本、《经解》本、《四库》本作"四方"。

矣。故夫君子之论,取其实而已矣。

帝曰:格,汝舜。询事考言,乃言厎①可绩。三载,汝陟帝位。

孔传:格,来。询,谋。乃,汝。厎,致。陟,升也。尧呼舜曰:来,汝所谋事,我考汝言。汝言致可以立功三年矣。三载考绩,故命使升帝位。将禅之。

苏传:格,来也。询,谋也。厎,致也。犹受命而往,返而致命也。陟,升也。舜之始见尧也,必有以论天下之事,其措置当尔,其成当如何,考三年而其言验,乃致其功。

舜让于德,弗嗣。

孔传:辞让于德不堪,不能嗣成帝位。

苏传:以德不能继为让。

正月上日,受终于文祖。

孔传:上日,朔日也。终,谓尧终帝位之事。文祖者,尧文德之祖庙。

苏传:上日,上旬日也。太史公曰,文祖,尧之太祖也。不于其所祖,受尧之终,必于尧之祖庙。有事于祖庙,则余庙可知。

在璿玑玉衡,以齐七政。

孔传:在,察也。璿,美玉。玑衡,王者正天文之器可运转者。七政,日月五星各异政。舜察天文,齐七政,以审己当天心与否。

苏传:在,察也。璿,美玉也。玑、衡,王者正天文之器,可运转者。七政,日月、五星也。

肆类于上帝,

孔传:尧不听舜让,使之摄位。舜察天文,考齐七政而当天心,故行其事。肆,遂也。类,谓摄位事类。遂以摄告天及五帝。

苏传:肆,遂也。类,事类也,以事告,非常祀也。凡祀上帝,必及地祇。何以知其然也?以郊之有望知之。《春秋》书"不郊,犹三望",《传》曰:"望,郊之细也。"《书》曰:"庚戌,柴望,大告武成。"柴,祀天也。望,祀山川也。而礼成于一日,祀山川而不及地,此理之必不然者也。是以知祀天必及地也。《诗》曰:"昊天有成命。"郊祀天地也。汉以来学者考之不详,而世主或出其私意,五畤祭帝,汾阴祀后土,而王莽始合祭天地。世祖以来,或合或否,而唐明皇始下诏合祀。至于今者疑焉,以谓莽与明皇始变礼,而不知祀天之必及地,盖自舜以来见于经矣。②

---

① 厎:原本作"底",阮刻《十三经注疏》本《尚书》经文作"厎",是也。今据改。
② "凡祀上"至"于经矣",陈大猷《或问》全文引录,略有删节,"至于今者"下有"学者"二字,"盖自舜"句作"盖舜以来即然矣"。

禋于六宗，

孔传：精意以享谓之禋。宗，尊也。所尊祭者，其祀有六，谓四时也、寒暑也、日也、月也、星也、水旱也。祭亦以摄告。

望于山川，遍于群神。

孔传：九州名山大川五岳四渎之属，皆一时望祭之。群神谓丘陵坟衍，古之圣贤，皆祭之。

苏传：精意以享曰禋。宗，尊也。六宗，尊神也。所祭不经见，诸儒各以意度之，皆可疑。惟晋张髦以为三昭三穆，学者多从其说。然以《书》考之，受终之初，既有事于文祖，其势必及余庙。岂有独祭文祖于齐七政之前，而别祭余庙于类上帝之后者乎？以此推之，则齐七政之后，所祭皆天神，非人鬼矣。孔安国：六宗，四时也，寒暑也，日也，月也，星也，水旱也。其说自西汉有之，意其必有所传受，非臆度者。其神名坛位，皆不可以礼推，犹秦八神、汉太乙之类，岂区区曲学所能以私意损益者哉！《春秋》"不郊，犹三望"，三望分野之星与国中山川，乃知古者郊祭天地，必及于天地之间所谓尊神者。鲁，诸侯也，故三望而已。则此禋于六宗、望于山川、遍于群神，盖与类上帝为一礼耳。又以《祭法》考之，其曰燔柴于泰坛，祭天也；瘗埋于泰坼，祭地也。则此所谓"类于上帝"者也。埋少牢于泰昭，祭时也；相近于坎坛，祭寒暑也。王宫，祭日也；夜明，祭月也；幽宗，祭星也；雩宗，祭水旱也。则此所谓"禋于六宗"也。四坎坛，祭四方也。山林、川谷、丘①陵，能出云为风雨，见怪物，皆曰神。有天下者祭百神，则此所谓"望于山川、遍于群神"也。《祭法》所叙，盖郊祀天地，从祀诸神之坛位，而《舜典》之章句义疏也。故星为幽宗，水旱为雩宗，合于所谓六宗者。但郑玄曲为异说，而改"宗"为"禜"，不可信也。

辑五瑞，既月，乃日觐四岳群牧，班瑞于群后。

孔传：辑，敛。既，尽。觐，见。班，还。后，君也。舜敛公侯伯子男之瑞圭璧，尽以正月中，乃日日见四岳及九州牧监，还五瑞于诸侯，与之正始。

苏传：辑，敛也。班，还也。五瑞，五玉也。公执桓圭，侯执信圭，伯执躬圭，子执谷璧，男执蒲璧。既，尽也，正月之末②尽也。盖齐七政、类上帝，无暇日见诸侯，既月无事，则四岳群牧可以日觐矣。古者朝觐贽玉，已事则还之，故始辑而终班。

岁二月，东巡狩，至于岱宗，柴。

---

① 丘：原本作"邱"，盖避孔子讳。今径回改。下同，不再一一出校。
② 末：原本作"未"。《经解》本、《四库》本作"末"。详其文意当作"末"。

孔传：诸侯为天子守土，故称守，巡行之。既班瑞之明月，乃顺春东巡。岱宗，泰山，为四岳所宗。燔柴祭天告至。

苏传：巡狩者，巡行诸侯之所守也。岱宗，泰山也。柴，燔柴祭天，告至也。

望秩于山川，

孔传：东岳诸侯境内名山大川，如其秩次望祭之。谓五岳牲礼视三公，四渎视诸侯，其余视伯子男。

苏传：东岳，诸侯境内名山大川，如其秩次望祭之。五岳，牲祀视三公，四渎视诸侯，其余视伯、子、男。

肆觐东后。

孔传：遂见东方之国君。

苏传：东方诸侯也。

协时月正日，同律度量衡。

孔传：合四时之气节，月之大小，日之甲乙，使齐一也。律，法制。及尺、丈、斛、斗、斤、两皆均同。

苏传：合四时之气节、月之大小、日之甲乙，使齐一也。律，十二律也。

修五礼，五玉、

孔传：修吉凶宾军嘉之礼。五等诸侯执其玉。

三帛、二生、一死，贽。

孔传：三帛，诸侯世子执纁，公之孤执玄，附庸之君执黄。二生，卿执羔，大夫执雁。一死，士执雉。玉帛生死，所以为贽以见之。

苏传：五礼，吉、凶、军、宾、嘉也。五玉，五瑞也。三帛，孔安国曰："诸侯世子执纁，公之孤执玄，附庸之君执黄。"二生，"卿执羔，大夫执雁"。一死，"士执雉"。执以见曰贽。

如五器，卒乃复。

孔传：卒，终。复，还也。器，谓圭璧。如五器，礼终则还之。三帛生死则否。

苏传：五器，五玉也。帛，生，死则否。

五月，南巡守，至于南岳，如岱礼。

孔传：南岳，衡山。自东岳南巡，五月至。

八月，西巡守，至于西岳，如初。

孔传：西岳，华山。初，谓岱宗。

十有一月朔，巡守，至于北岳，如西礼。

孔传：北岳，恒山。

苏传：南岳，衡山；西岳，华山；①北岳，恒山。

归格于艺祖，用特。

孔传：巡守四岳，然后归，告至文祖之庙。艺，文也。言祖则考著。特，一牛。

苏传：艺祖，文祖也。特，一牛也。

五载一巡守，群后四朝。

孔传：各会朝于方岳之下，凡四处，故曰四朝。将说敷奏之事，故申言之。尧舜同道，舜摄则然，尧又可知。

敷奏以言，明试以功，车服以庸。

孔传：敷，陈。奏，进也。诸侯四朝，各使陈进治理之言。明试其言以要其功。功成，则赐车服以表显其能用。

苏传：敷，陈也。奏，进也。庸，用也。诸侯四朝，各使陈其言，而试其功，则赐以车服而用之。

肇十有二州，

孔传：肇，始也。禹治水之后，舜分冀州为幽州、并州，分青州为营州，始置十二州。

苏传：肇，始也。禹治水之后，舜分冀州为幽州、并州，分青州为营州。

封十有二山，

苏传：封，封殖也。十二州之名山，皆禁采伐也。

濬川，

孔传：封，大也。每州之名山殊大者，以为其州之镇。有流川，则深之使通利。

象以典刑，

孔传：象，法也。法用常刑，用不越法。

苏传：典刑，常刑也。杀人者死，伤人者刑，象其所犯。

流宥五刑，

孔传：宥，宽也。以流放之法宽五刑。

苏传：五刑，墨、劓、剕、宫、辟也。作五流之法，以宥五刑之轻者。墨，薄刑也，其宥乃至于流乎？曰刑者终身不可复，而流者有时而释，不贤于刑之乎？

鞭作官刑，

孔传：以鞭为治官事之刑。

---

① "八月"至"华山"，《经解》本于"五月"条出"西岳华山"四字，文不对题。"西岳华山"乃伪孔释经文"至于西岳"之传文。

苏传：官刑，以治庶人在官慢于事，而未入于刑者。

扑①作教刑，

孔传：扑，榎楚也。不勤道业则挞之。

苏传：扑，榎楚也，教学者所用也。

金作赎刑，

孔传：金，黄金。误而入刑，出金以赎罪。

苏传：过误而入于刑与罪疑者，皆入金以赎。

眚灾肆赦，怙终贼刑。

孔传：眚，过。灾，害。肆，缓。贼，杀也。过而有害，当缓赦之。怙奸自终，当刑杀之。

苏传：《易》曰："无妄，行有眚。"眚亦灾也。眚灾者，犹曰不幸，非其罪也。肆，纵也。《春秋》"肆大眚"是也。怙，恃也。终，不改也。贼，害也。不幸而有罪，则纵舍之；恃恶不悛以害人，则刑之。

钦哉，钦哉，惟刑之恤哉。

孔传：舜陈典刑之义，敕天下使敬之，忧欲得中。

苏传：恤，忧也。

流共工于幽洲，

孔传：象恭滔天，足以惑世，故流放之。幽洲，北裔。水中可居者曰洲。

苏传：幽洲，北裔。洲，水中可居者。

放驩兜于崇山，

孔传：党于共工，罪恶同。崇山，南裔。

苏传：崇山，南裔。

窜三苗于三危，

孔传：三苗，国名。缙云氏之后为诸侯，号饕餮。三危，西裔。

苏传：三苗，缙②云氏之后，为诸侯。三危，西裔。

殛鲧于羽山，

孔传：方命圮族，绩用不成，殛窜放流，皆诛也。异其文，述作之体。羽山，东裔，在海中。

苏传：羽山，东裔，在海中。殛，诛死也。流、放、窜，皆迁也。

四罪而天下咸服。

孔传：皆服舜用刑当其罪，故作者先叙典刑，而连引四罪，明皆征用所

---

① 扑：《经解》本、《四库》本、凌本作"朴"。下同。
② 缙：《经解》本作"晋"。

行,于此总见之。

苏传:此四凶族也,其罪则莫得详矣。至于流且死,则非小罪矣。然尧不诛而待舜,古今以为疑,此皆世家巨室,其执政用事也久矣,非尧始举而用之,苟无大故,虽知其恶,势不可去。至舜为政,而四人者不利,乃始为恶于舜之世,如管、蔡之于周公也欤!

二十有八载,帝乃殂落,

孔传:殂落,死也。尧年十六即位,七十载求禅,试舜三载,自正月上日至崩二十八载,尧凡寿一百一十七岁。

百姓如丧考妣。

孔传:考妣,父母。言百官感德思慕。

三载,四海遏密八音。

孔传:遏,绝。密,静也。八音,金、石、丝、竹、匏、土、革、木。四夷绝音三年,则华夏可知。言盛德恩化,所及者远。

苏传:殂落,死也。考妣,父母也。遏,绝也。密,静也。尧年十六即位,七十载求禅,试三载,自正月上日至崩二十八载,凡寿一百一十七岁。

月正元日,舜格于文祖。

孔传:月正,正月。元日,上日也。舜服尧丧三年毕,将即政,故复至文祖庙告。

苏传:月正,正月也。元日,朔日也。向告摄,今告即位。

询于四岳。辟四门,

孔传:询,谋也。谋政治于四岳,开辟四方之门未开者,广致众贤。

明四目,达四聪。

孔传:广视听于四方,使天下无壅塞。

苏传:广视听于四方。

咨十有二牧,曰:食哉惟时。

孔传:咨,亦谋也。所重在于民食,惟当敬授民时。

苏传:十二州之牧,所重民食,惟是而已。

柔远能迩,惇德允元,

孔传:柔,安。迩,近。敦,厚也。元,善之长。言当安远,乃能安近。厚行德信,使足长善。

而难任人,蛮夷率服。

孔传:任,佞。难,拒也。佞人斥远之,则忠信昭于四夷,皆相率而来服。

苏传:能,读如"不相能"之"能"。柔怀远者,使与近者相能。惇,厚也。元,善也。难,拒也。任人,佞人也。惇厚其德,信用善人,而拒佞人,则蛮夷服。盖佞人必好功名，不务德而勤远略也。

舜曰：咨，四岳。有能奋庸，熙帝之载，

孔传：奋，起。庸，功。载，事也。访群臣有能起发其功，广尧之事者。言舜曰，以别尧。

使宅百揆，亮采惠畴。

孔传：亮，信。惠，顺也。求其人使居百揆之官，信立其功，顺其事者，谁乎？

苏传：奋，立也。庸，功也。熙，光也。载，事也。有能立功，光尧之事者，当使宅百揆。其能信事而顺者，谁乎？

佥曰：伯禹作司空。

孔传：四岳同辞而对，禹代鲧为崇伯，入为天子司空。治洪水有成功，言可用之。

帝曰：俞，咨禹，汝平水土，惟时。懋哉！

孔传：然其所举，称禹前功以命之。懋，勉也。惟居是百揆勉行之。

苏传：懋，勉也。

禹拜稽首，让于稷、契暨皋陶。

孔传：居稷官者，弃也。契、皋陶，二臣名。稽首，首至地。

苏传：居稷官者，弃也。契、皋陶，二臣名。

帝曰：俞，汝往哉！

孔传：然其所推之贤，不许其让，敕使往宅百揆。

苏传：然其所推之贤，不许其让也。

帝曰：弃，黎民阻饥。

苏传：阻，险难也。

汝后稷，播时百谷。

孔传：阻，难。播，布也。众人之难在于饥，汝后稷布种是百谷以济之。美其前功以勉之。

帝曰：契，百姓不亲，五品不逊。

孔传：五品，谓五常。逊，顺也。

汝作司徒，敬敷五教，在宽。

孔传：布五常之教，务在宽。所以得人心，亦美其前功。

苏传：五教，父义、母慈、兄友、弟恭、子孝。以此教民，必宽而后可，亟则以德为怨，否则相率为伪。

帝曰：皋陶，蛮夷猾夏，寇贼奸宄。

孔传：猾，乱也。夏，华夏。群行攻劫曰寇，杀人曰贼。在外曰奸，在内曰宄。言无教所致。

　　苏传：猾，乱也。夏，华夏也。乱在外曰奸，在内曰宄。

汝作士，五刑有服，

　　孔传：士，理官也。五刑，墨、劓、剕、宫、大辟。服，从也。言得轻重之中正。

五服三就；

　　孔传：既从五刑，谓服罪也。行刑当就三处，大罪于原野，大夫于朝，士于市。

　　苏传：士，理官也。服，从也。三就，《国语》所谓三次也。大者陈之原野，小者致之市朝。

五流有宅，五宅三居，

　　孔传：谓不忍加刑，则流放之若四凶者。五刑之流，各有所居。五居之差，有三等之居，大罪四裔，次九州之外，次千里之外。

惟明克允。

　　孔传：言皋陶能明信五刑，施之远近，蛮夷猾夏，使咸信服无敢犯者。因禹让三臣，故历述之。

　　苏传：三居，如今律五流，其详不可知矣。尧舜以德礼治天下，虽有蛮夷寇贼，时犯其法，然未尝命将出师。时使皋陶作士，以五刑三就、五流三居之法治之足矣。兵既不用，度其军政必寓于农民。当时训农治民之官，如十二牧、司徒、司空之流，当兼领其事，是以不复立司马也。而或者因谓尧时士与司马为一官，误矣。夫以将帅之任而兼之于理官，无时而可也。尧独安能行之？

帝曰：畴若予工？佥曰：垂哉！

　　孔传：问谁能顺我百工事者。朝臣举垂。垂，臣名。

帝曰：俞，咨，垂，汝共工。

　　孔传：共，谓供其职事。

　　苏传：垂，臣名。

垂拜稽首，让于殳斨暨伯与。

　　孔传：殳斨、伯与，二臣名。

　　苏传：二臣名。

帝曰：俞，往哉，汝谐。

　　孔传：汝能谐和此官。

　　苏传：谐，宜也。

帝曰：畴若予上下草木鸟兽？

　　苏传：上，山也。下，泽也。

佥曰：益哉！

孔传：上，谓山。下，谓泽。顺，谓施其政教，取之有时，用之有节。言伯益能之。

苏传：伯益也。

帝曰：俞，咨，益，汝作朕虞。

孔传：虞，掌山泽之官。

苏传：虞，掌山泽之官。

益拜稽首，让于朱虎、熊罴。

苏传：二臣名。

帝曰：俞，往哉，汝谐。

孔传：朱虎、熊罴，二臣名。垂益所让四人，皆在元凯之中。

帝曰：咨，四岳，有能典朕三礼？佥曰：伯夷。

孔传：三礼，天、地、人之礼。伯夷，臣名，姜姓。

苏传：三礼，天、地、人礼。伯夷，臣名，姜姓。

帝曰：俞，咨，伯，汝作秩宗。

孔传：秩，序。宗，尊也，主郊庙之官。

苏传：秩序宗庙之官。

夙夜惟寅，直哉惟清。

孔传：夙，早也。言早夜敬思其职，典礼施政教，使正直而清明。

苏传：《书》曰："伯夷降典，折民惟刑。"礼之所去，刑之所取，故古者礼官兼折刑。"夙夜惟寅"者，为礼也。"直哉惟清"者，为刑也，惟直则刑清。

伯拜稽首，让于夔、龙。

孔传：夔、龙，二臣名。

苏传：二臣名。

帝曰：俞，往钦哉！

孔传：然其贤，不许让。

帝曰：夔，命汝典乐，教胄子。

孔传：胄，长也，谓元子以下至卿大夫子弟。以歌诗蹈之舞之，教长国子中和祗庸孝友。

直而温，宽而栗，

孔传：教之正直而温和，宽弘而能庄栗。

刚而无虐，简而无傲。

孔传：刚失入虐，简失入傲，教之以防其失。

苏传：栗，庄栗也。教者必因其所长，而辅其所不足。直者患不温，宽者患不栗,刚者患虐,简者患傲。

诗言志,歌永言,

孔传:谓诗言志以导之,歌咏其义以长其言。

声依永,律和声。

孔传:声谓五声,宫商角徵羽。律谓六律六吕,十二月之音气。言当依声,律以和乐。

苏传:言之不足,故长言之,吟咏其言而乐生焉,是谓"歌永言"。声者,乐声也;永者,人声也。乐声升降之节,视人声之所能,至则为中声,是谓"声依永"。永则无节,无节则不中律,故以律为之节,是谓"律和声"。孔子论玉之德曰:"叩之,其①声清越以长,其终诎然,乐也。"夫清越以长者,永也;其终诎然者,律也。夫乐固成于此二者欤!

八音克谐,无相夺伦,神人以和。

孔传:伦,理也。八音能谐,理不错夺,则神人咸和。命夔使勉之。

夔曰:于,予击石拊石,百兽率舞。

孔传:石,磬也。磬,音之清者。拊,亦击也。举清者和,则其余皆从矣。乐感百兽,使相率而舞,则神人和可知。

苏传:此舜命九官之际也,无缘夔于此独称其功。此《益稷》之文也,简编脱误,复见于此。②

帝曰:龙,朕塈谗说殄行,震惊朕师。

孔传:塈,疾。殄,绝。震,动也。言我疾谗说绝君子之行,而动惊我众,欲遏绝之。

命汝作纳言,夙夜出纳朕命,惟允。

孔传:纳言,喉舌之官。听下言纳于上,受上言宣于下,必以信。

苏传:塈,疾也。殄,绝也。绝行,犹独行,行之不可继者也。惟谗说独行为能动众。纳言之官,听下言纳于上,受上言宣于下,枢机之官,故能为天下言行之帅。舜有不问而命,臣有不让而受者,皆随其实也。

帝曰:咨,汝二十有二人,

孔传:禹、垂、益、伯夷、夔、龙,六人新命有职。四岳、十二牧,凡二十二人,特敕命之。

苏传:《书》曰"内有百揆、四岳",尧欲使巽朕位,则非四人明矣。二十

---

① 其:《四库》本作"有",误。各本及《礼记·聘礼》皆作"其"。
② "此舜命"至"见于此",《朱熹集》卷六五《杂著·尚书》引苏氏作"舜方命九官,济济相让,无缘夔于此独言其功。此《益稷》之文也,简编脱误,复见于此"。蔡沈《书集传》所引同《朱熹集》。

二人者,盖十二牧、四岳、九官也。而旧说以为四人,盖每访四岳,必"佥曰"以答之。访者一而答者众,不害四岳之为一人也。

钦哉!惟时亮天功。

孔传:各敬其职,惟是乃能信立天下之功。

苏传:亮,弼也。

三载考绩,三考黜陟幽明,

孔传:三年有成,故以考功。九岁则能否幽明有别。黜退其幽者,升进其明者。

庶绩咸熙。分北三苗。

孔传:考绩法明,众功皆广。三苗幽暗,君臣善否,分北流之,不令相从。善恶明。

苏传:苗之国,左洞庭,右彭蠡,南方之国也。而窜之西裔,必窜其君耳,其民未也。至此治功大成,而苗民犹不服,故分北之。

舜生三十,

苏传:为民者三十载。

征庸

孔传:言其始见试用。

三十,

苏传:历试三载,摄位二十八载,通为三十。

在位

孔传:历试二年,摄位二十八年。

五十载,陟方乃死。

孔传:方,道也。舜即位五十年,升道南方巡守,死于苍梧之野而葬焉。三十征庸,三十在位,服丧三年。其一在三十之数,为天子五十年,凡寿百一十二岁。

苏传:尧崩,舜服丧三年,然后即位。盖年六十二矣。在位五十载而崩,寿百有一十二。说者以为舜巡守南方,死于苍梧之野。韩愈以为非,其说曰:"地倾东南,巡非陟也。'陟方'者,犹曰'升遐'尔,《书》曰'惟新陟王'是也。传《书》者以'乃死'为'陟方'之训,盖其章句。而后之学者误以为经文。"此说为得之。

帝厘下土方,设①居方,

孔传:言舜理四方诸侯,各设其官,居其方。

---

① 设:各本及诸家《尚书》皆作"设"。《四库》本作"说",误。

别生分类,

孔传:生,姓也。别其姓族,分其类,使相从。

作《汩作》、

孔传:汩,治。作,兴也。言其治民之功兴,故为《汩作》之篇,亡。

《九共》九篇、《稾饫》。

孔传:稾,劳。饫,赐也。凡十一篇,皆亡。

苏传:凡《逸书》,不可强通其训。或曰:《九共》,《九丘》也,古文"丘""共"相近也。其曰述《职方》以除《九丘》,非也。《九丘》逸矣,理或然欤?

卷　三

虞　书①

大禹谟第三

皋陶矢厥谟，

孔传：矢，陈也。

禹成厥功，

孔传：陈其成功。

帝舜申之，

孔传：申，重也，重美二子之言。

作《大禹谟》《皋陶谟》

孔传：大禹谋九功，皋陶谋九德。

《益稷》。

孔传：凡三篇。

苏传：矢，陈也。申，推明之也。

大禹谟。

孔传：禹称大，大其功。谟，谋也。

曰若稽古大禹，

孔传：顺考古道而言之。

曰文命敷于四海，祗承于帝。

---

① 虞书：原本无，依例当有，据《四库》本补。

孔传：言其外布文德教命，内则敬承尧舜。

苏传：命，教也。以文教布于四海，而继尧、舜。以"文命"为禹名，则布于四海者，为何事耶？

曰：后克艰厥后，臣克艰厥臣，政乃乂，黎民敏德。

孔传：敏，疾也。能知为君难，为臣不易，则其政治，而众民皆疾修德。

苏传：此禹之言也。君臣各艰畏，则非辟无自入。民利在为善而已，故敏于德。

帝曰：俞，允若兹嘉言，罔攸伏，野无遗贤，万邦咸宁。

孔传：攸，所也。善言无所伏，言必用。如此，则贤才在位，天下安宁。

苏传：君臣无所艰畏，则易事而简贤，贤者遁去，而善言不敢出矣。

稽于众，舍己从人，不虐无告，不废困穷，惟帝时克。

孔传：帝，谓尧也。舜因嘉言无所伏，遂称尧德以成其义。考众从人，矜孤愍穷，凡人所轻，圣人所重。

苏传：无告，天民之穷者也；困穷，士之不遇者也。帝，尧也。

益曰：都，帝德广运，乃圣乃神，乃武乃文。

孔传：益因舜言，又美尧也。广，谓所覆者大。运，谓所及者远。圣无所不通，神妙无方，文经天地，武定祸乱。

皇天眷命，奄有四海，为天下君。

孔传：眷，视。奄，同也。言尧有此德，故为天所命，所以勉舜也。

苏传：都，美也。至道必简，至言必近。君臣相与艰畏，舍己而用众，礼鳏寡，达穷士，其为德若卑约。然此夸者之所小，而世俗之所谓无所至也。故舜特申之曰：是德也，惟尧能之，他人不能也。益又从而赞之曰：是德也，推而广之，则乃所以为圣神文武。而天之所以命尧为天子者，特以是耳。

禹曰：惠迪吉，从逆凶，惟影响。

孔传：迪，道也。顺道吉，从逆凶。吉凶之报，若影之随形，响之应声。言不虚。

苏传：惠，顺也。迪，道也。言吉凶之出于善恶，犹影响之生于形声。

益曰：吁，戒哉！儆戒无虞。

苏传：虞，忧也。自其未有忧而戒之矣。

罔失法度，

孔传：先吁后戒，欲使听者精其言。虞，度也。无亿度，谓无形。戒于无形，备慎深。秉法守度，言有恒。

罔游于逸，罔淫于乐。

孔传：淫，过也。游逸过乐，败德之原。富贵所忽，故特以为戒。

任贤勿贰,去邪勿疑。

苏传:贰,不专任也。

疑谋勿成,百志惟熙。

孔传:一意任贤,果于去邪,疑则勿行,道义所存于心,日以广矣。

苏传:人之为不善,虽小人不能无疑。凡疑则已,则天下无小人矣。人之所以不能大相过者,皆好行其所疑也。疑谋勿成,则凡所志皆卓然光明,无可愧者。

罔违道以干百姓之誉,

孔传:干,求也。失道求名,古人贱之。

罔咈百姓以从己之欲。

孔传:咈,戾也。专欲难成,犯众兴祸,故戒之。

苏传:民至愚而不可欺,凡其所毁誉,天且以是为聪明,而况人君乎。违道足以致民毁而已,安能求誉哉?以是知尧、舜之间,所谓百姓者,皆谓世家大族也。好行小慧,以求誉于此,固不足恤;以为不足恤,而纵欲以戾之,亦殆矣。咈,戾也。

无怠无荒,四夷来王。

孔传:言天子常戒慎,无怠惰荒废,则四夷归往之。

苏传:九州之外,世一见曰王。《国语》:日祭、月祀、时享、岁贡、终王。

禹曰:於,帝念哉!德惟善政,政在养民。

孔传:叹而言念,重其言。为政以德,则民怀之。

水、火、金、木、土、谷惟修。

孔传:言养民之本,在先修六府。

苏传:所谓六府。

正德、利用、厚生,惟和。

孔传:正德以率下,利用以阜财,厚生以养民,三者和,所谓善政。

苏传:所谓三事也。《春秋传》曰:"民生厚而德正,用利而事节。""正德"者,《管子》所谓"仓廪实而知礼节,衣食足而知荣辱"也。利用,利器用也。厚生,时使薄敛也,使民之赖其生也者厚也。民薄其生,则不难犯上矣。利用厚生,而后民德正。先言正德者,德不正,虽有粟,吾得而食诸?

九功惟叙,九叙惟歌。

孔传:言六府三事之功有次叙,皆可歌乐,乃德政之致。

戒之用休,董之用威,劝之以九歌,俾勿坏。

孔传:休,美。董,督也。言善政之道,美以戒之,威以督之,歌以劝之。使政勿坏,在此三者而已。

苏传：先事而语曰戒。休，恩也。董，督也。太史公曰：沐浴膏泽，而歌咏勤苦，古之治民者，于其勤苦之事则歌之，使忘其劳。九功之歌，意其若《豳诗》也欤？

帝曰：俞，地平天成，六府三事，允治，万世永赖，时乃功。

孔传：水土治曰平，五行叙曰成。因禹陈九功而叹美之，言是汝之功，明众臣不及。

苏传：水土治曰平，五行叙曰成。赖，利也。乃，汝也。

帝曰：格，汝禹，朕宅帝位三十有三载，耄期，倦于勤。

苏传：八十、九十曰耄，百年曰期颐。

汝惟不怠，总朕师。

孔传：八十、九十曰耄，百年曰期颐。言己年老，厌倦万机，汝不懈怠于位，称总我众，欲使摄。

禹曰：朕德罔克，民不依。皋陶迈种德，德乃降，黎民怀之。

孔传：迈，行。种，布。降，下。怀，归也。言己无德，民所不能依。皋陶布行其德，下治于民，民归服之。

帝念哉。念兹在兹，释兹在兹，

孔传：兹，此。释，废也。念此人，在此功。废此人，在此罪。言不可诬。

名言兹在兹，允出兹在兹，惟帝念功。

孔传：名言此事，必在此义。信出此心，亦在此义。言皋陶之德以义为主，所宜念之。

苏传：迈，远也。降，下也。种德者，如农夫之种殖也，众人之种其德也近，朝种而莫获，则其报亦狭矣。皋陶之种其德也远，造次颠沛，未尝不在于德，而不求其报也。及其充溢而不已，则沛然下及于民，而民怀之。圣人之德必始于念，故曰"帝念哉"。念兹者固在兹矣，及其念之至也，则虽释而不念，亦未尝不在兹也。其始也念仁而仁，念义而义；及其至也，不念而自仁、义也。是谓"念兹在兹，释兹在兹"。"名言"者，其辞命也。"允出"者，其情实也。孔子曰："名之必可言，言之必可行。"是之谓名言。名之以仁固仁矣，名之以义固义矣，是谓"名言兹在兹"。及其念之至也，不待名言而情实皆仁义也，是谓"允出兹在兹"。此帝念念不忘之功也，故曰"惟帝念功"。禹既以是推皋陶之德，因以是教帝也。曰"迈种德"者，其德不可以一二数也。念之而已，念之至者，念与不念，未尝不在德也。其外之辞命，其中之情实，皆德也，而德不可胜用矣。孔子曰："非礼勿视，非礼勿听，非礼勿言，非礼勿动。"一出于礼，而仁不可胜用矣。舜、禹、皋陶之微言，其传于孔子者盖如此。

帝曰：皋陶，惟兹臣庶，罔或干予正。

孔传：或，有也。无有干我正。言顺命。

苏传：干，犯也。

汝作士，明于五刑，以弼五教，期于予治。

孔传：弼，辅。期，当也。叹其能以刑辅教，当于治体。

刑期于无刑，民协于中，时乃功。懋哉！

孔传：虽或行刑，以杀止杀，终无犯者。刑期于无所刑，民皆合于大中之道，是汝之功，勉之。

苏传：期，至也。

皋陶曰：帝德罔愆，临下以简，御众以宽，

孔传：愆，过也。善则归君，人臣之义。

罚弗及嗣，赏延于世。

孔传：嗣，亦世，俱谓子。延，及也。父子罪不相及，而及其赏，道德之政。

宥过无大，刑故无小；

孔传：过误所犯，虽大必宥。不忌故犯，虽小必刑。

罪疑惟轻，功疑惟重。

孔传：刑疑附轻，赏疑从重，忠厚之至。

与其杀不辜，宁失不经。好生之德，洽于民心。兹用不犯于有司。

孔传：辜，罪。经，常。司，主也。皋陶因帝勉己，遂称帝之德，所以明民不犯上也。宁失不常之罪，不枉不辜之善，仁爱之道。

苏传：帝因禹之议皋陶，①故推其功而勉之。皋陶忧天下后世以刑为足以治也，故推明其所自，以为非帝之至德不能至也。

帝曰：俾予从欲以治，四方风动，惟乃之休。

孔传：使我从心所欲而政以治，民动顺上命，若草应风，是汝能明刑之美。

苏传：帝之所欲，欲民仁而寿且富也。"风动"者，如风动物而物不病也。

帝曰：来，禹，降水儆予，成允成功，惟汝贤。

孔传：水性流下，故曰下水。儆，戒也。能成声教之信，成治水之功，言禹最贤，重美之。

苏传："降"当作"洚"，孟子曰："洚水者，洪水也。"天以洪水儆予，而禹平之，使声教信于四海。

克勤于邦，克俭于家，不自满假，惟汝贤。

---

① 议：《四库》本作"让"，于义为长。

孔传：满，谓盈实。假，大也。言禹恶衣薄食，卑其宫室，而尽力为民，执心谦冲，不自盈大。

苏传：假，大也。

汝惟不矜，天下莫与汝争能；汝惟不伐，天下莫与汝争功。

孔传：自贤曰矜，自功曰伐。言禹推善让人而不失其能，不有其劳而不失其功，所以能绝众人。

予懋乃德嘉，乃丕绩，天之历数在尔躬，汝终陟元后。

孔传：丕，大也。历数，谓天道。元，大也。大君，天子。舜善禹有治水之大功，言天道在汝身，汝终当升为天子。

人心惟危，道心惟微，惟精惟一，允执厥中。

孔传：危则难安，微则难明，故戒以精一，信执其中。

苏传：人心，众人之心也，喜怒哀乐之类是也。道心，本心也，能生喜怒哀乐者也。安危生于喜怒，治乱寄于哀乐，是心之发，有动天地、伤阴阳之和者，亦可谓危矣。至于本心，果安在哉！为有耶？为无耶？有则生喜怒哀乐者，非本心矣；无则孰生喜怒哀乐者？故夫本心，学者不可以力求而达者，可以自得也，可不谓微乎？舜戒禹曰：吾将使汝从人心乎，则人心危而不可据；使汝从道心乎，则道心微而不可见。夫心岂有二哉？不精故也，精则一矣。子思子曰："喜怒哀乐之未发谓之中，发而皆中节谓之和。中也者，天下之大本也；和也者，天下之达道也。致中和，天地位焉，万物育焉。"夫喜怒哀乐之未发，是莫可名言者，子思名之曰"中"，以为本心之表著。古之为道者，必识此心，养之有道，则卓然可见于至微之中矣。夫苟见此心，则喜怒哀乐无非道者，是之谓"和"。喜则为仁，怒则为义，哀则为礼，乐则为乐，无所往而不为盛德之事。其位天地、育万物，岂足怪哉！若夫道心隐微，而人心为主，喜怒哀乐，各随其欲，其祸可胜言哉！道心即人心也，人心即道心也。放之则二，精之则一，桀、纣非无道心也，放之而已。尧舜非无人心也，精之而已。舜之所谓"道心"者，子思之所谓"中"也；舜之所谓"人心"者，子思之所谓"和"也。

无稽之言勿听，弗询之谋勿庸。

孔传：无考，无信验。不询，专独。终必无成，故戒勿听用。

可爱非君，可畏非民。众非元后何戴？后非众罔与守邦，

孔传：民以君为命，故可爱。君失道，民叛之，故可畏。言众戴君以自存，君恃众以守国，相须而立。

钦哉！慎乃有位，敬修其可愿。

苏传：人之所愿，与圣人同，而不修其可以得所愿者，孟子所谓"恶湿而

居下,恶醉而强酒"也。

四海困穷,天禄永终。

孔传:有位,天子位。可愿,谓道德之美。困穷,谓天民之无告者。言为天子勤此三者,则天之禄籍,长终汝身。

苏传:舜之授禹也,天下可谓治矣,而曰四海困穷者,托于不能,以让禹也。

惟口出好兴戎。朕言不再。

孔传:好,谓赏善。戎,谓伐恶。言口荣辱之主,虑而宣之,成于一也。

苏传:好,爵禄也。戎,兵刑也。吾言非苟而已,喜则为爵禄,怒则为兵刑。其为授禹也决矣。

禹曰:枚卜功臣,

苏传:枚,历也。

惟吉之从。

孔传:枚,谓历卜之而从其吉。此禹让之志。

帝曰:禹,官占,惟先蔽志,昆命于元龟。

孔传:帝王立卜占之官,故曰官占。蔽,断。昆,后也。官占之法,先断人志,后命于元龟,言志定然后卜。

苏传:蔽,断也。昆,后也。使卜筮之官占是事,必先断志而后令龟。

朕志先定,询谋佥同,鬼神其依,龟筮协从。

苏传:其者,意之之词也,以"龟筮①协从"知之。

卜不习吉。

孔传:习,因也。言已谋之于心,谋及卜筮,四者合从,卜不因吉,无所枚卜。

苏传:习,因也。卜已吉而更卜,为习吉。

禹拜稽首,固辞。

孔传:再辞曰固。

帝曰:毋惟汝谐。

孔传:言毋,所以禁其辞。禹有大功德,故能谐和元后之任。

正月朔旦,受命于神宗。

孔传:受舜终事之命。神宗,文祖之宗庙,言神尊之。

苏传:尧之所从受天下者曰文祖,舜之所从受天下者曰神宗。受天下于人,必告于其人之所从受者。《礼》曰:"有虞氏禘黄帝而郊喾,祖颛顼而

---

① 筮:原本无,据经文当有"筮"字。

宗尧。"则神宗为尧明矣。舜、禹之受天下于尧、舜也,及尧、舜之存,而受命于其祖宗矣。舜受命二十八年而尧崩,禹受命十七年而舜崩。既崩三年,然后退而避其子,是犹足信乎!

率百官,若帝之初。

孔传:顺舜初摄帝位故事奉行之。

帝曰:咨,禹,惟时有苗弗率,汝徂征。

孔传:三苗之民,数干王诛。率,循。徂,往也。不循帝道,言乱逆。命禹讨之。

苏传:率,循也。徂,往也。

禹乃会群后,誓于师曰:济济有众,咸听朕命。

孔传:会诸侯共伐有苗。军旅曰誓。济济,众盛之貌。

蠢兹有苗,

苏传:蠢,动也。

昏迷不恭,

孔传:蠢,动。昏,闇也。言其所以宜讨之。

侮慢自贤,反道败德,

孔传:狎侮先王,轻慢典教,反正道,败德义。

君子在野,小人在位,

孔传:废仁贤,任奸佞。

民弃不保。天降之咎,

孔传:言民叛,天灾之。

肆予以尔众士,奉辞伐①罪。

孔传:肆,故也。辞,谓不恭。罪,谓"侮慢"以下事。

尔尚一乃心力,

苏传:尚,庶几也。

其克有勋。

孔传:尚,庶几。一汝心力,以从我命。

三旬,苗民逆命。

孔传:旬,十日也。以师临之,一月不服,责舜不先有文诰之命,威让之辞,而便惮之以威,胁之以兵,所以生辞。

益赞于禹曰:惟德动天,无远弗届。

孔传:赞,佐。届,至也。益以此义佐禹,欲其修德致远。

———————

① 伐:《经解》本作"罚"。

苏传：届，至也。

满招损，谦受益，时乃天道。

孔传：自满者人损之，自谦者人益之，是天之常道。

帝初于历山，往于田，日号泣于旻天、于父母，

孔传：仁覆愍下，谓之旻天。言舜初耕于历山之时，为父母所疾，日号泣于旻天及父母，克己自责，不责于人。

负罪引慝，祗①载见瞽瞍，夔夔齐栗，瞽亦允若。

孔传：慝，恶。载，事也。夔夔，悚惧之貌。言舜负罪引恶，敬以事见于父，悚惧斋庄，父亦信顺之。言能以至诚感顽父。

苏传：夔夔，敬惧貌也。

至諴感神，

苏传：以诚感物曰諴。

矧兹有苗。

孔传：諴，和。矧，况也。至和感神，况有苗乎。言易感。

禹拜昌言，曰：俞。

苏传：昌言，盛德之言也。

班师振旅，

孔传：昌，当也。以益言为当，故拜受而然之，遂还师。兵入曰振旅。言整众。

苏传：班，还也。入曰振旅。

帝乃诞敷文德，

孔传：远人不服，大布文德以来之。

苏传：诞，大也。

舞干羽于两阶。

孔传：干，楯。羽，翳也。皆舞者所执。修阐文教，舞文舞于宾主阶间，抑武事。

苏传：干，楯也。羽，翳也。两阶，宾主之阶也。

七旬，有苗格。

孔传：讨而不服，不讨自来，明御之者必有道。三苗之国，左洞庭，右彭蠡，在荒服之例，去京师二千五百里。

苏传：世传《汲冢书》以尧、舜为幽囚野死，而伊尹为太甲所杀，或以为信然；学者虽非之，而心疑其说。考之于《书》，禹既受命于神宗，出征三苗而

---

① 祗：《经解》本作"祇"。

反,帝犹在位,修文德,舞干羽,以来有苗。此岂逼禅也哉!

皋陶谟第四①

皋陶谟

孔传:谟,谋也。皋陶为帝舜谋。

曰若稽古皋陶,

孔传:亦顺考古道以言之。夫典、谟,圣帝所以立治之本,皆师法古道以成不易之则。

曰:允迪厥德,谟明弼谐。

孔传:迪,蹈。厥,其也。其,古人也。言人君当信蹈行古人之德,谋广聪明以辅谐其政。

苏传:迪,蹈也。谟,谋也。弼,正也。谐,和也。言世所称皋陶之德,皋陶信蹈而行之,非虚名也。其为人谋也明,其正人之失也和,皆皋陶之德也。《书》言"若稽古"者四,盖史之为此书也,曰"吾顺考古昔,而得其为人之大凡如此"。在尧曰"放勋钦明,文思安安,允恭克让,光被四表,格于上下";在舜曰"重华协于帝,濬哲文明,温恭允塞";在禹曰"文命敷于四海,祗承于帝";在皋陶曰"允迪厥德,谟明弼谐",皆有虞氏之世史官记其所闻之辞也。有虞氏之世,而谓舜、皋陶为古可乎?曰:自今已上皆古也,何必异代?《春秋传》凡《虞书》皆曰《夏书》,则此书作于夏氏之世,亦不可知也。

禹曰:俞,如何?

孔传:然其言,问所以行。

苏传:"允迪厥德,谟明弼谐"者,史之所述,非皋陶之言也。而禹曰"俞",所然者谁乎?此其间必有阙文者矣。皋陶有言,而禹然之,且问之,简编脱坏而失之耳。

皋陶曰:都,慎厥身,修思永。

孔传:叹美之重也。慎修其身,思为长久之道。

苏传:慎其身之所修者,思其久远之至者。《礼》曰:"君子过言则民作辞,过动则民作则。"故言必虑其所终,行必稽其所敝。

惇叙九族,庶明励翼,迩可远在兹。

孔传:言慎修其身,厚次叙九族,则众庶皆明其教,而自勉励翼戴上命,近可推而远者,在此道。

苏传:惇,厚也。叙,次也。庶明,众显者,谓近臣也。励,勉也。翼,辅

---

① 《经解》本"皋陶谟第四"下有"虞书"二字,因本卷首已有,故删去。自此以后仿此。

也。自修身以及九族、近臣，此迩可远之道也。

禹拜昌言，曰：俞。

孔传：以皋陶言为当，故拜受而然之。

苏传：盛德之言，故拜。

皋陶曰：都，在知人，在安民。

孔传：叹修身亲亲之道在知人所信任，在能安民。

禹曰：吁，咸若时，惟帝其难之。

孔传：言帝尧亦以知人安民为难，故曰："吁！"

知人则哲，能官人；安民则惠，黎民怀之。

孔传：哲，智也。无所不知，故能官人。惠，爱也。爱则民归之。

能哲而惠，何忧乎驩兜？

孔传：佞人乱德，尧忧其败政，故流放之。

何迁乎有苗？何畏乎巧言令色孔壬？

孔传：孔，甚也。巧言，静言庸违。令色，象恭滔天。禹言有苗、驩兜之徒甚佞如此，尧畏其乱政，故迁放之。

苏传：孔，甚也。壬，佞也。

皋陶曰：都，亦行有九德，

孔传：言人性行有九德，以考察真伪则可知。

亦言其人有德，乃言曰，载采采。

孔传：载，行。采，事也。称其人有德，必言其所行某事某事以为验。

苏传：人有可知之道，而无可知之法，如萧何之识韩信，此岂有法可学哉！故圣人不敢言知人。轻用人而不疑，与疑人而不用，皆足以败国而亡家，然卒无知人之法。以诸葛亮之贤，而短于知人，况其下者乎？人主欲常有为，则事繁而民乱；欲常无为，则政荒而国削。自古及今，兵强国治而民安者无有也。人之难安如此，此禹之所畏，尧、舜之所病也。皋陶曰：然岂可以畏其难，而不求其术乎？盖亦尝试以九德求之。亦行有九德者，以此自修也；亦言其人有德者，以此求人也。论其人，则曰斯人也有某德；言其德，则曰是德也有某事某事。采者，事也。"载采采"者，历言之也。

禹曰：何？

孔传：问九德品例。

皋陶曰：宽而栗，

孔传：性宽弘而能庄栗。

苏传：栗，惧也。宽者患不戒惧。

柔而立，

孔传：和柔而能立事。

愿而恭，

孔传：悫愿而恭恪。

苏传：愿，悫也。悫者或不恭。

乱而敬，

孔传：乱，治也。有治而能谨敬。

苏传：横流而济曰乱，故才过人可以济大难者曰乱，"乱臣十人"是也。才过人者，患在于夸傲。

扰而毅，

孔传：扰，顺也。致果为毅。

苏传：扰，驯也。

直而温，

孔传：行正直而气温和。

简而廉，

孔传：性简大而有廉隅。

苏传：简易者，或无廉隅。

刚而塞，

孔传：刚断而实塞。

苏传：塞，实也。刚者或色厉而内荏，故以实为贵。《易》曰"刚健、笃实、辉光，①日新其德"。

彊而义。

孔传：无所屈挠，动必合义。

彰厥有常，吉哉！

孔传：彰，明。吉，善也。明九德之常，以择人而官之，则政之善。

苏传：德惟一，动罔不吉，故常于是德，然后为吉也。

日宣三德，夙夜浚明，有家。

孔传：三德，九德之中有其三。宣，布。夙，早。浚，须也。卿大夫称家。言能日日布行三德，早夜思之，须明行之，可以为卿大夫。

苏传：宣，达也。浚，尽其才也。明，察其心也。言九德之中，得三人而宣达之，尽其才而察其心，则卿大夫之家可得而治也。

日严祗敬六德，亮采有邦。

孔传：有国，诸侯。日日严敬其身，敬行六德，以信治政事，则可以为诸侯。

---

① 辉光：《经解》本、凌本作"光辉"，误倒。

苏传：得六人而严惮敬用之，信任以事，则诸侯之国可得而治也。

翕受敷施，九德咸事，俊乂在官，

孔传：翕，合也。能合受三六之德而用之，以布施政教，使九德之人皆用事。谓天子如此，则俊德治能之士并在官。

百僚师师，百工惟时。

孔传：僚、工皆官也。师师，相师法。百官皆是，言政无非。

抚于五辰，庶绩其凝。

孔传：凝，成也。言百官皆抚顺五行之时，众功皆成。

苏传：翕，合也。有治才曰乂。抚，循也。五辰，四时也。凝，成也。九德并至，文武更进，刚柔杂用，则以能合而受之为难；能合而受之矣，则以能行其言为难，故曰"翕受敷施，九德咸事"，此天子之事也。古之知言者，忘言而取意，故言无不通；后之学士胶于言，而责其必然，故多碍，多碍故多说。天子用九德，诸侯用六，大夫用三，言不得不尔，而其实未必然也。孔子曰："天子有争臣七人，诸侯五人，大夫三人。"使诸侯而有争臣七人，可得谓之僭天子乎？故观《书》者，取其意而已。或曰：皋陶之九德，区区刚柔之迹耳，何足以与知人之哲乎？然则皋陶何为立此言也？曰：何独皋陶，舜命夔曰："直而温，宽而栗，刚而无虐，简而无傲。"箕子教武王"正直""刚克""柔克"，"沉潜刚克，高明柔克"。虽三圣之所陈详略不同，然皆以长短相辅，刚柔相济，为不知人者立寡过之法也。其意曰：不知人者，以此观人，参其短长、刚柔而用之，可以无大失矣。譬如药之有方，聚众毒而治一病。君臣相使，畏恶相制，幸则愈疾，不幸亦不至杀人者。此岂为秦越人、华佗①设乎？

无教逸欲有邦，兢兢业业，一日二日万几。

孔传：兢兢，戒慎。业业，危惧。几，微也。言当戒惧万事之微。

苏传：事无不待教而成，惟国君之逸欲，莫有以教之者而自能也。位不期骄，禄不期侈，故一日二日之间，而可致危亡者至于无数。几，危也。

无旷庶官，天工人其代之。

孔传：旷，空也。位非其人为空官。言人代天理官，不可以天官私非其才。

苏传：天有是事，则人有此官，官非其人，与无官同。是废天事也，而可乎？

天叙有典，敕我五典五惇哉！

孔传：天次叙人之常性，各有分义，当敕正我五常之教，使合于五厚，厚天下。

---

① 华佗：《经解》本、《四库》本原本作"华陀"，据《三国志》《后汉书》改。

苏传：敕，正也。

天秩有礼，自我五礼五庸哉！

孔传：庸，常。自，用也。天次秩有礼，当用我公、侯、伯、子、男五等之礼以接之，使有常。

苏传：秩，亦叙也。庸，常也。

同寅协恭，和衷哉！

孔传：衷，善也。以五礼正诸侯，使同敬合恭而和善。

苏传：寅，敬也。衷，诚也。

天命有德，五服五章哉！

孔传：五服，天子、诸侯、卿、大夫、士之服也。尊卑彩章各异，所以命有德。

天讨有罪，五刑五用哉！

孔传：言天以五刑讨五罪，用五刑宜必当。

政事懋哉！懋哉！

孔传：言叙典秩礼，命德讨罪无非天意者，故人君居天官，听政治事，不可以不自勉。

苏传：懋，勉也。父义、母慈、兄友、弟恭、子孝，皆出于民性之自然，孰为此叙者，非天乎？我特从而正之，使益厚耳。豺獭之敬，啁啾之悲，交际之欢，攘夺之怒，牝牡之好，此五礼之所从出也。孰为此秩者，非天乎？我特从而修之，使有常耳。此二者，道德之事，非君臣同其诚敬，莫能致也。五等车服，天所以命有德，而我章之；刑罚，天所以讨有罪，而我用之。此二者，政事也，勉之而已。①

天聪明自我民聪明，

孔传：言天因民而降之福，民所归者天命之。天视听人君之行，用民为聪明。

天明畏②自我民明威。

孔传：天明可畏，亦用民成其威。民所叛者天讨之，是天明可畏之效。

达于上下，敬哉有土。

孔传：言天所赏罚，惟善恶所在，不避贵贱。有土之君，不可不敬惧。

苏传：上帝付耳目于民者，以其众而无私也。民所喜怒，威福行焉。自

---

① "此二者"至"勉之而已"，林之奇《全解》引此段，作"此二者，道德事，非君臣同其诚敬，莫能致之。若天命有德讨有罪，则政事也，勉之而已。天命有德，凡有德则顺乎天道，顺乎天道，天之所命也。人君于是制为五服以章之"。

② 畏：《经解》本作"长"，误。

天子达,不避贵贱,有土者可不敬哉!

皋陶曰:朕言惠,

苏传:惠,顺也。

可底行。

孔传:其所陈"九德"以下之言,顺于古道,可致行。

禹曰:俞。乃言底可绩。

孔传:然其所陈,从而美之曰:"用汝言,致可以立功。"

皋陶曰:予未有知,思曰赞赞襄哉!

孔传:言我未有所知,未能思致于善,徒亦赞奏上古行事而言之。因禹美之,承以谦辞,言之序。

苏传:曰,当作日。

卷　四

虞　书

益　稷　第　五

益稷

孔传：禹称其人，因以名篇。

帝曰：来，禹，汝亦昌言。

孔传：因皋陶谋九德，故呼禹，使亦陈当言。

禹拜曰：都，帝，予何言？予思日孜孜。

孔传：拜而叹，辞不言，欲使帝重皋陶所陈。言已思日孜孜不怠，奉承臣功而已。

苏传："汝亦昌言"者，因皋陶之言以访禹也。皋陶曰"予未有知"者，犹曰吾不知其他也，思日夜赞襄而已。赞，进也。襄，上也，读如"怀山襄陵"之"襄"。皋陶之意曰：吾不知其他也，思日夜进益①而已。知进而不知退，知上而不知下也。《易》曰："天行健，君子以自强不息。"行健者，如登高，进而不知止，虽超太山可也。禹亦因皋陶之言而进之，曰："予何言？"何言者，亦犹皋陶之"未有知"也。又曰："予思日孜孜。""思日孜孜"者，亦犹皋陶之"思日赞赞襄哉"也，其言皆相因之辞。予是以知"曰"之当为"日"也。伏生以《益稷》合于《皋陶谟》，有以也夫。

皋陶曰：吁，如何？

---

① 益：《经解》本作"逸"。

孔传：问所以孜孜之事。

禹曰：洪水滔天，浩浩怀山襄陵，下民昏垫。

孔传：言天下民昏瞀垫溺，皆困水灾。

苏传：昏，瞀也。垫，陷也。

予乘四载，随山刊木，

孔传：所载者四，谓水乘舟、陆乘车、泥乘輴、山乘樏。随行九州之山林，刊槎其木，开通道路以治水也。

暨益奏庶鲜食。

孔传：奏，谓进于民。鸟兽新杀曰鲜。与益槎木，获鸟兽，民以进食。

苏传：水行乘舟，陆行乘车，泥行乘輴，山行乘樏，秦、汉以来师传如此。且孔氏之旧也，故安国知之，非诸儒之臆说也。"四载"之解，杂出于《尸子》《慎子》，而最可信者太史公也。亦如六宗之说，自秦、汉以来尚矣，岂可以私意曲学镌凿附会为之哉！而或者以为鲧治水九载，兖州作"十有三载乃同"，禹之代鲧，盖四载而成功也。世或喜其说，然详味本文"予乘四载，随山刊本①"，则是驾此四物，以行于山林川泽之间，非以四因九，通为十三载之辞也。按《书》之文，鲧九载绩用弗成，在尧未得舜之前，而殛鲧在舜登庸历试之后，鲧殛而后禹兴。则禹治水之年，不得与鲧之九载相接；兖州之功，安得通四与九为十三乎？禹之言曰："娶于涂山，辛壬癸甲。"是娶在治水之中。又曰："启呱呱而泣，予弗子，惟荒度土功。"是启生在水患未平之前也。禹服鲧三年之丧，自免丧而至于娶，而至于子，自有子至于止禹而泣，亦久矣，安得在四载之中乎？反覆考之，皆与《书》文乖异。《书》所云"作十有三载乃同"者，指兖州之事，非谓天下共作十三载也。近世学者，喜异而巧于凿。故详辩之，以解世之惑。②

予决九川，③距四海，

苏传：九州之名川也。

濬畎浍距川。

孔传：距，至也。决九州名川，通之至海。一亩之间广尺深尺曰畎，方百里之间广二寻深二仞曰浍。浍畎深之至川，亦入海。

苏传：畎、遂、沟、洫、浍，皆通水之道，达于川者也。

暨稷播，奏庶艰食鲜食，

---

① 本：《经解》本作"禾"。
② 惑：《经解》本作"感"。
③ 九川：《经解》本、凌本、《四库》本俱作"九州"，涉传文误。阮刻《十三经注疏》本经文正作"九川"。

孔传：艰，难也。众难得食处，则与稷教民播种之，决川有鱼鳖，使民鲜食之。

懋迁有无化居。

孔传：化，易也。居，谓所宜居积者。勉劝天下徙有之无，鱼盐徙山，林木徙川泽，交易其所居积。

烝民乃粒，万邦作乂。

孔传：米食曰粒。言天下由此为治本。

苏传：播，种也。奏，进也。鲜食，肉食也。禹之在山林也，与益同之。益，朕虞也，其鲜食，鸟兽也。其在川泽也，与弃同之。弃，后稷也，其鲜食，鱼鳖也。艰食者，草木根实之类，凡施力艰难而得者也。艰食鲜食，民粗无饥矣，乃勉之。迁易其有无，以变化其所居积，而农事作矣。

皋陶曰：俞，师汝昌言。

孔传：言禹功甚当，可师法。

苏传：禹所谓孜孜者，其言至约而近也。故皋陶吁而问之，禹乃极言孜孜之功效。其所建立成就，巍巍如此，故皋陶曰："俞，师汝昌言。"夫以一言而济天下、利万世，可不师乎！

禹曰：都，帝慎乃在位。帝曰：俞。

孔传：然禹言，受其戒。

禹曰：安汝止，惟几惟康，其弼直，

孔传：言慎在位，当先安好恶所止，念虑几微，以保其安，其辅臣必用直人。

惟动丕应徯志。

孔传：徯，待也。帝先安所止，动则天下大应之，顺命以待帝志。

以昭受上帝，天其申命用休。

孔传：昭，明也。非但人应之，又乃明受天之报施，天又重命用美。

帝曰：吁，臣哉邻哉！邻哉臣哉！禹曰：俞。

孔传：邻，近也。言君臣道近，相须而成。

苏传：止，居也。安汝居者，自处于至静也。防患于微曰几，几则思虑周；无心于物曰康，康则视听审。思虑周而视听审，则辅汝者莫不尽其直也。反而求之，无意于防患，则思虑浅；有心于求物，则视听乱。思虑浅而视听乱，则辅汝者皆谄而已。士之志于用者众矣，待汝而作，故曰徯志。汝既能安居几康，而观利害之实，是惟无动，动则凡徯志者皆应矣。夫岂独人应之，天必与之。邻，近臣也。帝以其言切而道大，故叹曰我独成此，非臣谁与共之？助我者四邻之臣，而助四邻者凡在朝之臣也。故曰"臣哉邻哉，邻哉臣哉"。

帝曰：臣作朕股肱耳目，

孔传：言大体若身。

予欲左右有民，汝翼。

孔传：左右，助也。助我所有之民富而教之，汝翼成我。

苏传：左右，助也。助我所有之民也，辅翼之也。

予欲宣力四方，汝为。

孔传：布力立治之功，汝群臣当为之。

苏传：朝诸侯，服四夷，凡富国强兵之事也。

予欲观古人之象，

孔传：欲观示法象之服制。

日、月、星、辰、山、龙、华虫，

孔传：日、月、星，为三辰。华，象草华。虫，雉也。画三辰、山、龙、华、虫于衣服、旌旗。

作会宗彝；

孔传：会五采也。以五采成此画焉。宗庙彝樽，亦以山、龙、华、虫为饰。

藻、火、粉、米、黼、黻，絺绣，

孔传：藻，水草有文者。火为火字，粉若粟冰，米若聚米，黼若斧形，黻为两己相背。葛之精者曰絺。五色备曰绣。

以五采彰，施于五色作服，汝明。

孔传：天子服日月而下，诸侯自龙衮而下至黼黻，士服藻火，大夫加粉米。上得兼下，下不得僭上。以五采明施于五色，作尊卑之服，汝明制之。

苏传：日，日也。月，月也。星，五纬之星也。辰，心、伐、北辰，三辰也。山，山也。龙，龙也。华虫，雉也。日也，月也，星辰也，山也，龙也，华虫也，此六章者，画之于宗庙之彝樽，故曰"作会宗彝"也。藻，水草也。火，火也。粉，粉也。米，米也。黼，斧也。黻，两己①也。藻也，火也，粉也，米也，黼也，黻也，此六章者，绣之于絺，以为裳。絺，葛之精者也，故曰"絺绣以五采彰，施于五色作服"者，通言十二章。上六章绘而为衣，下六章绣而为裳，故曰"作服"也。自孔安国、郑玄、王肃之流，各传十二章纷然不齐，予独为此解与诸儒异者，以《虞书》之文为正也。

予欲闻六律、五声、八音，在治忽，以出纳五言，汝听。

---

① 两己：各本同。中华书局影印阮元校刊本《尚书正义》孔传作"黻为尔己相背"。盖谓黻衣之画，作你我相背之形。他本作"两己"，意谓其画为两"己"字相背。孙诒让《周礼正义·考工记·画绘》引阮元说又作"两弓相背之形"。盖黻衣之纹本"亞"字形，正为两弓相背，是为得之。

孔传：言欲以六律和声音，在察天下治理及忽怠者，又以出纳仁、义、礼、智、信五德之言，施于民以成化，汝当听审之。

苏传：在，察也。忽，不治也。声音与政通，故可以察治否也。五言者，诗也，以讽咏之言寄之于五声，盖以声言也，故谓之五言。

予违，汝弼，汝无面从，退有后言，

孔传：我违道，汝当以义辅正我，无得面从我违，而退后有言我不可弼。

钦四邻。

苏传：帝感禹言，有臣邻之叹，故条四事以责其臣，而又戒之曰"钦四邻"。

庶顽谗说，若不在时，

孔传：四近，前、后、左、右之臣。敕使敬其职。众顽愚谗说之人，若所行不在于是而为非者，当察之。

侯以明之，挞以记之，

孔传：当行射侯之礼，以明善恶之教，笞挞不是者，使记识其过。

书用识哉！欲并生哉！

孔传：书识其非，欲使改悔，与其并生。

工以纳言，时而飏之，

孔传：工，乐官，掌诵诗以纳谏，当是正其义而飏道之。

格则承之庸之，否则威之。

孔传：天下人能至于道，则承用之，任以官；不从教，则以刑威之。

苏传：《论语》曰："有耻且格。"格，改过也。《春秋传》曰："奉承齐牺。"古者，谓奉牲币而荐之曰承。承，荐也。众顽谗说之人，不率是教者，舜皆有以待之。夫化恶莫若进善，故择其可进者，以射侯之礼举之。其不率教之甚者则挞之，其小者则书其罪以记之。欲其并居而知耻也。此士之有罪而未可终弃者，故使乐工，采其讴谣讽谏之言而飏之，以观其心。其改过者则荐之且用之，其不悛者则威之，夏楚①之、寄之之类是也。

禹曰：俞哉。

苏传：《春秋传》：太子欲杀浑良夫，公曰"诺哉诺哉"云者，口诺而心不然也。禹之所以然者，曰"俞"而已。"俞哉"云者，亦有味其言矣。舜举四事以责其臣，立射侯、书挞等法以待庶顽，皆治理也。而禹独有味于斯言也者，盖其心有所不可于此，以为身修而天下自服也。

---

① 夏楚：《经解》本作"屏梜"。按，夏楚，即榎楚，荆棘类刑具。《礼记·学记》："夏楚二物，收其威也。"郑玄："夏，槄也；楚，荆也。二者所以扑挞犯礼者。"即《舜典》"扑作教刑"之"扑"。"屏梜"无义，不可从。

帝,光天之下,至于海隅苍生,

孔传:光天之下至于海隅,苍苍然生草木,言所及广远。

万邦黎献,

苏传:众贤也。

共惟帝臣。惟帝时举,敷纳以言,明试以功,车服以庸。

孔传:献,贤也。万国众贤,共为帝臣,帝举是而用之,使陈布其言,明之皆以功大小为差,以车服旌其能用之。

谁敢不让,敢不敬应?

孔传:上惟贤是用,则下皆敬应上命而让善。

帝不时,敷同日奏罔功。

孔传:帝用臣不是,则远近布同而日进于无功,以贤、愚并位,优、劣共流故。

无若丹朱傲,惟慢游是好。

孔传:丹朱,尧子。举以戒之。

傲虐是作,罔昼夜頟頟。

孔传:傲戏而为虐,无昼夜常頟頟肆恶无休息。

苏传:顽狠之状。

罔水行舟,朋淫于家,用殄厥世。

孔传:朋,群也。丹朱习于无水陆地行舟,言无度。群淫于家,妻妾乱用,是绝其世,不得嗣。

予创若时,娶于涂山,辛、壬、癸、甲,

孔传:创,惩也。涂山,国名。惩丹朱之恶,辛日娶妻,至于甲日复往治水,不以私害公。

苏传:创,惩也,惩丹朱之恶。辛日娶于涂山,甲日复往治水。

启呱呱而泣,予弗子,惟荒度土功。

孔传:启,禹子也。禹治水,过门不入,闻启泣声,不暇子名之,以大治度水土之功故。

苏传:启,禹子也。禹治水,过门不入,闻启泣而不暇子也,惟大度土工①而已。

弼成五服,至于五千,

苏传:五服,侯、甸、绥、要、荒也。服五百里,四方相距为方五千里。

州十有二师。

---

① 工:《经解》本作"功"。

孔传：五服，侯、甸、绥、要、荒服也。服五百里，四方相距，为方五千里，治洪水辅成之。一州用三万人功，九州二十七万庸。

苏传：凡①二千五百人。一州用三万人，九州二十七万人。

外薄四海，咸建五长，

孔传：薄，迫也。言至海诸侯，五国立贤者一人为方伯，谓之五长。以相统治，以奖帝室。

苏传：五国立贤者一人为方伯，谓之五长。

各迪有功。苗顽弗即工，帝其念哉！

孔传：九州五长各蹈为有功，唯三苗顽凶，不得就官。善恶分别。

苏传：禹见帝忧谗邪之甚，故推广其意曰：帝之德光被天下，至于海滨草木，而况此众贤乎。考其言，明其功，谁敢不从？帝不能如是布宣其德，以同天下，使苗民逆命，日进而终无功者，岂其修己有未至也哉！故戒之曰："无若丹朱傲。"而历数其恶曰：我惟以丹朱为戒，故能平治水土，弥成五服。今天下定矣，而苗犹不即工者，帝不可以不求诸己也。故曰"帝其念哉"。此禹得之于益，班师而归谏舜之词也。而说者乃谓禹劝舜当念三苗之罪而诛之，夫所谓"念哉"者，岂诛有罪之言乎？

帝曰：迪朕德，时乃功惟叙。

孔传：言天下蹈行我德，是汝治水之功有次序，敢不念乎？

皋陶方祗厥叙，方施象刑惟明。

孔传：方，四方。禹五服既成，故皋陶敬行其九德考绩之次序于四方，又施其法刑，皆明白。史因禹功重美之。

夔曰：戛击鸣球，搏②拊琴瑟以咏。祖考来格。

孔传：戛击，柷敔，所以作止乐。搏拊，以韦为之，实之以糠，所以节乐。球，玉磬。此舜庙堂之乐，民悦其化，神歆其祀，礼备乐和，故以祖考来至明之。

虞宾在位，群后德让。

孔传：丹朱为王者后，故称宾。言与诸侯助祭，班爵同，推先有德。

苏传：此堂上乐也。戛击，柷敔也。鸣球，玉磬也。搏拊，以韦为之，实之以糠，所以节乐。虞宾，丹朱也，二王后，故称"宾"。

下管鼗鼓，合止柷敔，

―――――――
① 凡：《经解》本作"师"，于义为长。
② 搏：《经解》本、凌本作"抟"，误。《十三经注疏》本经文作"搏"，陆德明《释文》："搏，音博。"可见此字作"搏"无疑。

孔传：堂下乐也。上下合止乐，各有柷、敔。明球、弦、钟、籥，各自互见。

笙镛以间。鸟兽跄跄,

孔传：镛，大钟。间，迭也。吹笙击钟，鸟兽化德，相率而舞跄跄然。

箫韶九成，凤凰来仪。

孔传：《韶》，舜乐名。言箫，见细器之备。雄曰凤，雌曰凰，灵鸟也。仪，有容仪。备乐九奏，而致凤凰，则余鸟兽不待九而率舞。

苏传：此堂下乐也。镛，大钟①也。夔作乐，而鸟兽舞，凤凰仪，信乎？曰：何独夔也？乐工②所以不能致气召物如古者，以不得中声故尔。乐不得中声者，器不当律也。器不当律，则与擿埴③鼓盆无异，何名为乐乎？使器能当律，致气召物，虽常人能之。盖见于古今之传多矣，而况于夔乎。夫能当一律，则众律皆得；众律皆得，则乐之变动犹鬼神也。是以降天神，格人鬼，来鸟兽，皆无足疑者。不如此，何以使孔子忘味三月乎？丹朱之恶，几于桀、纣，"罔水行舟，朋淫于家"，非纣而何？今乃与群后济济相让，此其难化，盖甚于鸟兽也。

夔曰：於，予击石拊石，百兽率舞，庶尹允谐。

孔传：尹，正也。众正官之长信皆和谐。言神人洽，始于任贤。立政以礼，治成以乐，所以太平。

苏传：舜闻禹谏，则曰"道我德者，皆汝功也"。今苗民逆命，皋陶方祗厥叙而行法焉，故夔又进而谏曰：鬼神犹可以乐格，鸟兽犹可以乐致也，而况于人乎？此所谓"工执艺事以谏"者也。

帝庸作歌曰：敕天之命，惟时惟几。

孔传：用"庶尹允谐"之政，故作歌以戒安不忘危。敕，正也。奉正天命以临民，惟在顺时，惟在慎微。

乃歌曰：股肱喜哉，元首起哉，百工熙哉！

孔传：元首，君也。股肱之臣喜乐尽忠。君之治功乃起，百官之业乃广。

皋陶拜手稽首，飏言曰：念哉，

孔传：大言而疾曰飏。承歌以戒帝。

率作兴事，慎乃宪，钦哉！

孔传：宪，法也。天子率臣下为起治之事，当慎汝法度，敬其职。

屡省乃成，钦哉！

---

① 钟：《经解》本、《四库》本作"锺"，误。
② 乐工：陈大猷《或问》卷上引作"乐之"。
③ 埴：《经解》本、《四库》本作"植"。

孔传：屡，数也。当数顾省汝成功，敬终以善，无懈怠。

乃赓载歌曰：元首明哉，股肱良哉，庶事康哉！

孔传：赓，续；载，成也。帝歌归美股肱，义未足，故续歌，先君后臣，众事乃安，以成其义。

又歌曰：元首丛脞哉，

苏传：丛脞，细碎也。

股肱惰哉，万事堕哉！

孔传：丛脞，细碎无大略。君如此，则臣懈惰，万事堕废，其功不成，歌以申戒。

帝拜曰：俞，往钦哉！

孔传：拜受其歌，戒群臣自今以往，敬其职事哉。

苏传：帝至此，纳禹之谏，乃作歌曰：天命不可常也，待祸福之至而虑之，则晚矣，当以时虑其微者。盖始从禹之谏而取益之言，有畏满思谦之意也。皋陶飏言曰念哉，申禹之谏也。曰凡所兴作，慎用刑，广禹之意也。虽成功，犹内自省，终益之戒也。帝之歌曰：股肱喜，则元首起而百工熙。皋陶反之曰：良康惰坏，皆元首之致也。呜呼，唐虞之际，于斯为盛。而学者不论，惜哉！

卷 五

夏 书

禹 贡 第 一

禹别九州,

孔传:分其圻界。

随山濬川,

孔传:刊其木,深其流。

任土作贡。

孔传:任其土地所有,定其贡赋之差。此尧时事,而在《夏书》之首,禹之王以是功。

苏传:不贡所无及所难得。

禹贡。

孔传:禹制九州贡法。

禹敷土,

苏传:敷、道、修、载、叙、乂,皆治也。

随山刊木,

孔传:洪水泛溢,禹分布治九州之土。随行山林,斩木通道。

苏传:山行多迷,刊木以表之,且以通道。《史记》云"山行表木"。

奠高山大川。

孔传:奠,定也。高山,五岳。大川,四渎。定其差秩,祀礼所视。

苏传:奠,定也。高山,五岳。大川,四渎。定其名秩,祀礼所视。

冀州。

苏传：尧时，①河水为患最甚，江次之，淮次之。河行冀、兖为多，而青、徐其下流，被害亦甚。尧都于冀，故禹行自冀始。次于兖，次于青，次于徐。四州治而河患衰矣。雍、豫虽近河，以下流既治，可以少缓也。故次乎扬，②次乎荆。以治江淮，江淮治而水患平。次于豫，次于梁，次于雍。以治江河上流之余患，而雍最高，故终焉。③八州皆言自某及某为某州，而冀独否，盖以余州所至而知之。先赋后田，不言贡篚，皆与余州异。

既载

孔传：尧所都也。先施贡赋役载于书。

壶口，治梁及岐。

孔传：壶口在冀州，梁、岐在雍州，从东循山治水而西。

苏传：壶口在河东屈县东南，梁山在左冯翊夏阳县西北，④岐山在扶风美阳县西北，梁、岐二山在雍州，今于冀州言之者，岂当时河患上及梁、岐乎？禹通砥柱则壶口平，而梁、岐自治，因河而言，非以二山为冀州之地也。

既修太原，至于岳阳。

孔传：高平曰太原，今以郡名。岳，太岳，在太原西南。山南曰阳。

苏传：太原，晋阳也。岳，太岳也，亦号霍太山，在彘县⑤东。

覃怀厎绩，至于衡、漳。

孔传：覃怀，近河地名。漳水横流入河，从覃怀致功至横漳。

苏传：覃怀，河内怀县。漳水横流入河。衡，横也。浊漳水出长子县，东至邺入清漳。清漳水出上党沾县大黾谷，东北至渤海阜城县入河。

厥土惟白壤，

孔传：无块曰壤。水去，土复其性，色白而壤。

苏传：无块曰壤。

厥赋惟上上错，

孔传：赋，谓土地所生，以供天子。上上，第一。错，杂，杂出第二之赋。

厥田惟中中。

---

① 时：《经解》本、《四库》本无。
② 扬：《经解》本，凌本作"杨"，误。
③ "尧时"至"终焉"，胡渭《禹贡锥指》引，惟首句作"尧水河为患最甚"，"被害亦甚"作"尤甚"，且无诸"于"字、"乎"字。
④ 西北：凌本无"北"字。
⑤ 彘县：原本、《经解》本均作"蠡县"，据《四库》本改。按，蠡县在今河北，远离霍太山。彘县，汉置，在今山西霍县东北，宋属河东路晋州霍邑县。孔颖达《尚书正义》："《地理志》河东彘县东有霍太山。此彘县，周厉王所奔，顺帝改为永安县。"盖为苏氏所本。

孔传：田之高下肥瘠，九州之中为第五。

苏传：赋，田所出谷米、兵车之类。《禹贡》田赋皆九等，此为第一，杂出第二之赋。冀州，畿内也，田中中而赋上上，理不应尔。必当时事有相补除者，岂以不贡而多赋耶？然不可以臆说也。

恒、卫既从，大陆既作。

孔传：二水已治，从其故道，大陆之地，已可耕作。

苏传：恒水出常山上曲阳县，东入滱水。卫水出常山灵寿县，东北入滹沱。大陆在巨鹿县北，水已复故道，则大陆之地可耕作。

岛夷皮服。

孔传：海曲谓之岛。居岛之夷，还服其皮，明水害除。

苏传：东北海夷也。水患除，故服皮服。

夹右碣石，入于河。

孔传：碣石，海畔山。禹夹行此山之右，而入河逆上。此州帝都，不说境界，以余州所至则可知。先赋后田，亦殊于余州。不言贡篚，亦差于余州。

苏传：碣石，海畔山，在北平骊城县西南。河自碣石山南、渤海之北入海。夹，挟也，自海入河，逆流而西，右顾碣石，如在挟掖也。①

济河惟兖州。

孔传：东南据济，西北距河。

苏传：河、济之间相去不远，兖州之境，北距河，东南跨济，非止于济也。

九河既道，

孔传：河水分为九道，在此州界，平原以北是。

苏传：河水自平原以北分为九道，其名据《尔雅》则徒骇也，太史也，马颊也，覆釜也，胡苏也，简也，洁也，钩盘②也，鬲津也。汉成帝时，河隄都尉许商上书曰："古记九河之名，有徒骇、胡苏、鬲津，今见在成平东光鬲县。自鬲津以北，至徒骇，其间相去二百余里。"以许商之言考之，徒骇最北，鬲津最南，盖徒骇是河之本道，东出分为八枝，徒骇在成平，胡苏在东光，鬲津在鬲县，其余不可复知也。然《尔雅》九河之次，自北而南，既知三河之处，则其余六者，太史、马颊、覆釜，当在东光之北、成平之南。简、洁、钩盘，当在东光之南、鬲县之北也。其河堙塞，时有故道。《春秋纬·宝乾图》云："移河为界，在齐吕，填阏八荒以自广。"故郑玄云齐威公塞之。同为一河，今河间弓高以东至平原、鬲津，往往有其遗处，盖塞其八枝，并使归于徒骇也。

---

① "河自"至"掖也"，《禹贡锥指》全文引录。
② 钩盘：《经解》本、《四库》本作"钩槃"。下同。

雷夏既泽,灉沮会同。

孔传:雷夏,泽名。灉沮,二水,会同此泽。

苏传:灉、沮二水,雷泽在济阴成阳县①西北。《尔雅》曰:"水自河出为灉。"灉水东出于泗,则淮、泗可以达河者,以河灉之至于泗也。②

桑土既蚕,是降丘宅土。

孔传:地高曰丘。大水去,民下丘居平土,就桑蚕。

厥土黑坟,

孔传:色黑而坟起。

苏传:黑而坟起。

厥草惟繇,厥木惟条。

孔传:繇,茂。条,长也。

苏传:繇,茂也。条,长也。

厥田惟中下,

孔传:田第六。

厥赋贞。

孔传:贞,正也。州第九,赋正与九相当。

苏传:贞,正也。赋当随田高下,此其正也。其不相当者,盖必有故。如向所云相补除者,非其正也。此州田中下,赋亦中下,皆第六。③

---

① 成阳县:《经解》本、原本作"成县",《四库》本作"城阳县"。按,成本古国,字又作郕。尧葬于此。周封成国,其后迁于成之阳,故城曰成阳。字又作"城阳",战国有城阳君,降秦,秦置城阳县。汉置成阳县,隋改置雷泽县,宋因之。在今山东鄄城东南。孔颖达《尚书正义》:"《地理志》:雷泽在济阴城阳县西北。"盖为东坡所本。东汉又有成县,在今山东宁阳县北境,但与雷泽相距甚远,并非一地。
② "尔雅"至"泗也",今传《东坡书传》于灉无释,而夏僎《详解》于"浮于淮泗达于河"下曰"苏氏引《说文》曰:'水自河出为灉。'灉水东出于泗,则淮、泗可以达河者,以河灉之至于泗也"云云,而彼处东坡亦无此语,盖因彼处无"灉"字,东坡固不必释之。颇疑东坡当于此处释灉水,固据补于此。又据《说文解字·水部》释"灉"实作:"河灉,水,在宋。从水雝声。"东坡所引非《说文》,而是《尔释·释水》文,郭璞注正引《尚书》"灉沮会同"释之。今据改。
③ 按,傅寅《禹贡说断》引录"贞正也"至"皆第六"。后复有:"故曰贞。此二者不同,当从先儒之说。九州之赋,相较而为上下之等,雍之赋出第六,而兖州之赋不应又出于第六也。先儒所以谓州第九,赋正与九相当者,盖参考九州,独无下下之赋,故此州治水最在后毕,州为第九成功,其赋亦为第九。此其说。是盖洪水之害河为最甚,而兖州又河之下流,其被垫溺之患比于余州最为惨酷。故虽能获播种之功,而土旷人希,又卑湿沮洳之患未尽去,是以树艺之利,尚非所宜。虽田在第六,而其赋比于九州为最少也。"亦作为《东坡书传》内容,与上节一并列入"苏氏曰"之下。不确。此节乃林之奇《全解》内容,林氏在引录东坡"贞正也"至"皆第六"文字后,既而又有一段议论,即这段文字。傅氏并未读东坡书,而根据林氏书转引,故有此误。又清人胡渭《禹贡锥指》引东坡语,在"皆第六"末,复有"故曰贞"三字,亦是林氏《全解》文字。是皆据林氏书转引而误增。

作十有三载,乃同。

孔传:治水十三年,乃有赋法,与他州同。

苏传:兖州河患最甚,故功后成,至于作十有三载。

厥贡漆、丝,厥篚织文。

孔传:地宜漆林,又宜桑蚕。织文,锦绮之属。盛之筐篚而贡焉。

苏传:币帛盛于篚,《书》曰"篚厥玄黄"。

浮于济漯,达于河。

孔传:顺流曰浮。济、漯,两水名。因水入水曰达。

苏传:顺流曰浮,因水入水曰达。漯水出东郡东武阳县,至乐安千乘县入海。济水具下文。自漯入济,自济入河。

海岱惟青州。

孔传:东北据海,西南距岱。

苏传:西南至岱宗,东北跨海,至辽东。舜十二州,分青为营,营州即辽东也。汉末,公孙度据辽东,自号青州刺史。

嵎夷既略,潍、淄其道。

孔传:嵎夷,地名。用功少曰略。潍淄二水复其故道。

苏传:嵎夷,即《尧典》嵎夷也。略,用功少也。潍水出琅邪箕屋山,北至都昌县入海。淄水出太山莱芜县原山,东北至千乘博昌县入海。

厥土白坟,海滨广斥。

孔传:滨,涯也。言复其斥卤。

苏传:《说文》云:"东方谓之斥,西方谓之卤。"卤,咸地也。

厥田惟上下,厥赋中上。

孔传:田第三,赋第四。

苏传:田第三,赋第四。

厥贡盐、絺,

苏传:絺,细葛也。

海物惟错,

孔传:絺,细葛。错,杂,非一种。

苏传:错,杂也,鱼虾之类。

岱畎、丝、枲、铅、松、怪石。

孔传:畎,谷也。怪,异。好石似玉者。岱山之谷,出此五物,皆贡之。

苏传:畎,谷也。枲,麻也。铅,锡也。怪石,石似玉者。贡此八物。

莱夷作牧,

孔传:莱夷,地名。可以放牧。

苏传:《春秋》夹谷之会,莱人以兵劫鲁侯,孔子曰:"两君合好,而裔夷之俘以兵乱之?"以是知古者东莱之有夷也。牧,为牧也。《传》曰:牧隰皋井衍沃,盖海水患除,始为牧也。

厥篚檿丝,

孔传:檿桑蚕丝,中琴瑟弦。

苏传:《尔雅》:檿桑,山桑,惟东莱出此丝,以织缯,坚韧异常,莱人谓之山蠒。莱夷作牧,而后有此,故书篚在作牧之后。

浮于汶,达于济。

苏传:汶水出太山莱芜县,西南入济。诸州之末,皆记入河水道,以尧都在冀,而河行于冀也。虽不言河,济固达河也。

海岱及淮惟徐州。

孔传:东至海,北至岱,南及淮。

苏传:东至海,北至岱,南及淮。

淮、沂其乂,蒙、羽其艺。

孔传:二水已治,二山已可种艺。

苏传:淮水出桐柏山,其原远矣。于此言之者,淮水至此而大,为害尤甚。喜其治,故于此记之。沂水出太山盖县临乐子山,南至下邳入泗。蒙山在太山蒙阴县西南,羽山在东海祝其县南。二水既治,则二山可种。

大野既豬,东原厎平。

孔传:大野,泽名。水所停曰豬。东原致功而平,言可耕。

苏传:大野,泽,在山阳巨野县北。东原,今东平郡也。水之停曰豬。

厥土赤埴坟,

苏传:土黏曰埴。

草木渐包。

孔传:土黏曰埴。渐,进长。包,丛生。

苏传:进长曰渐,丛生曰包。

厥田惟上中,厥赋中中。

孔传:田第二,赋第五。

苏传:田第二,赋第五。

厥贡惟土五色,

孔传:王者封五色土为社,建诸侯。则各割其方色土与之,使立社。燾以黄土,苴以白茅,茅取其洁,黄取王者覆四方。

苏传:王者封五色土为社,建诸侯,则以其方色土赐之。燾以黄土,苴以白茅,使归其国立社。

羽畎夏翟，

苏传：夏翟，雉也，羽中旌旄。羽山之谷有之。

峄阳孤桐，

孔传：夏翟，翟，雉名。羽中旌旄，羽山之谷有之。孤，特也。峄山之阳特生桐，中琴瑟。

苏传：东海下邳县西有葛峄山，即此山也。其特生之桐，中琴瑟。

泗滨浮磬，

苏传：泗水依山，水中见石，若浮于水上，此石可为磬。

淮夷蠙珠暨鱼。

孔传：泗，水涯。水中见石，可以为磬。蠙珠，珠名。淮夷二水，出蠙珠及美鱼。

苏传：《诗》有淮夷，知古者淮有夷也。蠙，蚌属，出珠。惟淮夷有珠暨鱼，如莱夷之有檿丝也。贡此六物。

厥篚玄纤缟。

孔传：玄，黑缯。缟，白缯。纤，细也。纤在中，明二物皆当细。

苏传：玄，黑缯。缟，白缯。纤，细也。

浮于淮、泗，达于河。

苏传：自淮、泗入河，必道①于汴。世谓隋炀帝始通汴入泗，禹时无此水道，以疑《禹贡》之言，此特学者考之不详而已。谨按《前汉书》：项羽与汉约中分天下，割鸿沟以西为汉，以东为楚。文颖注云："于荥阳下引河东南，为鸿沟，以通宋、郑、陈、蔡、曹、卫，与济、②汝、淮、泗会于楚，即今官渡是也。③"魏武与袁绍相持于官渡，乃楚、汉分裂之处。盖自秦、汉以来有之，安知非禹迹耶？《禹贡》九州之末，皆记入河水道，而淮、泗独不能入河，帝都所在，理不应尔。意其必开此道以通之。其后或为鸿沟，或为官渡，或为汴。上下百余里间，不可必知，④然皆引河水而注之淮、泗也。故王濬伐吴，杜预与之书曰："足下既摧其西藩，当径取秣陵，讨累世之逋寇，释吴人于涂炭。自江入淮，逾于泗、汴，泝河而上，振旅还都，亦旷世一事也。"王濬舟师之盛，古今绝伦，而自泗、汴泝河，可以班师，则汴水之大小，当不减于今。又足以见秦、汉、魏、晋皆有此水道，非炀帝创开也。自唐以前，汴、泗会于彭城之东北，然后东南入淮；近岁汴水直达于淮，不复入泗矣。吴王

---

① 道：原本作"通"，据《经解》本、《四库》本改。

② 济：林之奇《全解》引作"洛"，误。

③ "官渡"下，林之奇《全解》所引有"水"字。

④ 知：原本无，据林之奇《全解》所引补。

夫差"辟沟通水",与晋会于黄池,而江始有入淮之道,禹时则无之。故《禹贡》曰:"沿于江海,达于淮、泗。"明非自海入淮,则江无通淮之道,今之末直云"浮于淮、泗,达于河",不言自海,则鸿沟、官渡、汴水之类,自禹以来有之明矣。

淮海惟扬州。

孔传:北据淮,南距海。

苏传:北跨淮,南跨海。

彭蠡既豬,阳鸟攸居。

孔传:彭蠡,泽名。随阳之鸟,鸿雁之属,冬月所居,于此泽。

苏传:阳鸟,鸿雁之属也,去①寒就煖,九月而南,正月而北。彭蠡,在彭泽西北,北方之南,南方之北也。故阳鸟多留于此。

三江既入,震泽底定。

孔传:震泽,吴南大湖名。言三江已入,致定为震泽。

苏传:三江之入,古今皆不明。予以所见考之,自豫章而下入于彭蠡,而东至海,为南江;自蜀岷山,至于九江彭蠡,以入于海,为中江;自嶓冢导漾,东流为汉,过三澨、大别,以入于江,东汇泽为彭蠡,以入于海,为北江。此三江,自彭蠡以上为二,自夏口以上为三。江、汉合于夏口,而与豫章之江皆汇于彭蠡,则三江为一。过秣陵、京口,以入于海,不复三矣。然《禹贡》犹有三江之名,曰北、曰中者,以味别也。盖此三水,性不相入,江虽合而水则异,故至于今而有三泠之说。古今称唐陆羽知水味,三泠相杂而不能欺,不可诬也。予又以《禹贡》之言考之,若合符节。禹之叙汉水也,曰"嶓冢导漾,东流为汉;又东为沧浪之水,过三澨,至于大别,南入于江",至于"东汇泽为彭蠡,东为北江,入于海"。夫汉既已入江,且汇为彭蠡矣,安能复出为北江,以入于海乎?知其以味别也。禹之叙江水也,曰:"岷山导江,东别为沱。又东至于澧,过九江,至于东陵东,迤北会于汇,东为中江,入于海。"夫江既已与汉合,且汇为彭蠡矣,安能自别为中江,以入于海乎?知其以味别也。汉为北江,岷山之江为中江,则豫章之江为南江,不言而可知矣。禹以味别信乎?曰:济水既入于河,而溢为荥,禹不以味别,则安知荥之为济也?尧水之未治也,东南皆海,岂复有吴越哉?及彭蠡既豬,三江入海,则吴越始有可宅之土。水之所钟,独震泽而已,故曰"三江既入,震泽底定"。孔安国以为自彭蠡江分为三,入震泽,为北入于海,疏矣!盖安国未尝南游,按经文以意度之,不知三江距震泽远甚,决无入理。而震泽之大小,决不足以受三江

---

① 去:《经解》本、《四库》本作"避"。

也。班固曰：南江从会稽阳羡东入海，北江从会稽毗陵县北东入海。会稽并阳羡，①有此三江。然皆是东南枝流小水，自相派别而入海者，非《禹贡》所谓中江、北江自彭蠡出者也。徒见《禹贡》有南、北、中三江之名，而不悟一江三泠，合流而异味也，故杂取枝流小水，以应三江之数。如使此三者为三江，则是与今京口入海之江为四矣。京口之江，视此三者犹畎浍，禹独遗大而数小，何耶？

篠、簜既敷，

孔传：篠，竹箭。簜，大竹。水去已布生。

苏传：篠，竹箭也。簜，大竹阔节曰簜。

厥草惟夭，厥木惟乔。

孔传：少长曰夭。乔，高也。

苏传：少长曰夭。乔，高也。

厥土惟涂泥，

孔传：地泉湿。

厥田惟下下，厥赋下上上错。

孔传：田第九，赋第七，杂出第六。

苏传：田第九，赋第七，杂出第六。

厥贡惟金三品，

孔传：金、银、铜也。

苏传：金、银、铜。

瑶、琨、篠、簜，

孔传：瑶、琨皆美玉。

苏传：瑶、琨，石似玉者。

齿、革、羽、毛，惟木。

孔传：齿，象牙。革，犀皮。羽，鸟羽。毛，旄牛尾。木，楩梓豫章。

苏传：齿，象齿。革，犀革之类。毛，旄牛尾之类。木，楩楠、豫章之类。贡此数物。

岛夷卉服，

孔传：南海岛夷，草服葛越。

厥篚织贝。

孔传：织，细纻。贝，水物。

苏传：南海岛夷，绩草木为服，如今吉贝、木绵之类。其纹斓斑如贝，故

---

① 并、羡：《经解》本作"升""容"。

曰织贝。《诗》曰:"萋兮斐兮,成是贝锦。"

厥包橘柚,锡贡。

孔传:小曰橘,大曰柚。其所包裹而致者,锡命乃贡。言不常。

苏传:小曰橘,大曰柚。包裹而致也。《禹贡》言锡者三,大龟不可常得,磬错不常用,而橘柚常贡,则劳民害物,如汉永平、唐天宝荔枝之害矣,故皆锡命乃贡。

沿于江海,达于淮、泗。

孔传:顺流而下曰沿。沿江入海,自海入淮,自淮入泗。

苏传:达泗,则达河矣。

荆及衡阳惟荆州。

孔传:北据荆山,南及衡山之阳。

苏传:旧有三条之说,北条荆山,在冯翊怀德县南;南条荆山,在南郡临沮县东北。自南条荆山至衡山之阳为荆州,自北条荆山至于河为豫州。

江、汉朝宗于海。

孔传:二水经此州而入海,有似于朝,百川以海为宗。宗,尊也。

苏传:二水经此州入海,百川以海为宗。宗,尊也。

九江孔殷,

孔传:江于此州界,分为九道,甚得地势之中。

苏传:九江,在今庐江浔阳县南。《浔阳记》有九江名,一曰乌白江,二曰蚌江,三曰乌江,四曰嘉靡江,五曰畎江,六曰源江,七曰廪江,八曰提江,九曰箘江。殷,当也,得水所当行也。

沱、潜既道,

孔传:沱,江别名。潜,水名。皆复其故道。

苏传:《尔雅》:水自江出为沱,自汉出为潜。南郡枝江县有沱水,尾入江。华容县有夏水,首出江,尾入沔。此荆州之沱、潜也。蜀郡郫县有沱江,及汉中安阳皆有沱水、潜水,尾入江、汉,此梁州之沱、潜也。孔安国云:"沱、潜发源梁州,入荆州。"孔颖达云:"虽于梁州合流,还于荆州分出,犹如济水入河,还从河出也。"以安国、颖达之言考之,则味别之说,古人盖知之久矣。梁州、荆州相去数千里,非以味别,①安知其合而复出耶?

云土梦作乂。

孔传:云梦之泽在江南,其中有平土丘,水去可为耕作畎亩之治。

苏传:《春秋传》曰:"楚子与郑伯田于江南之梦。"又曰:"王寝于云中。"

---

① 味别:《四库》本作"昧则",则"则"字当属下读。

则云与梦,二土名也。而云"云土梦"者,古语如此,犹曰"玄纤缟"云尔。

厥土惟涂泥,厥田惟下中,厥赋上下。

孔传:田第八,赋第三,人功修。

苏传:田第八,赋第三。

厥贡羽毛齿革,惟金三品,

孔传:土所出与扬州同。

杶榦栝柏。

孔传:榦,柘也。柏叶松身曰栝。

苏传:杶,柘也,以为弓榦。柏叶松身曰栝。

砺砥砮丹,

孔传:砥细于砺,皆磨石也。砮,石,中矢镞。丹,朱类。

惟箘簵楛。

苏传:箘簵,美竹。楛,中矢干。贡此十物。

三邦厎贡厥名。

孔传:箘、簵,美竹。楛,中矢干。三物皆出云梦之泽,近泽三国,常致贡之,其名天下称善。

苏传:三邦,大国、次国、小国也。杶干栝柏,砺砥砮丹,与箘簵楛,皆物之重者。荆州去冀最远,而江无达河之道,难以必致重物,故使此州之国,不以大小,但致贡其名数,而准其物易以轻资,致之京师。重劳人也。

包

孔传:橘柚。

匦菁茅。

孔传:匦,匣也。菁以为菹,茅以缩酒。

苏传:匦匣菁茅,以供祭缩酒者。

厥篚玄纁、玑、组。

孔传:此州染玄纁色善,故贡之。玑,珠类,生于水。组,绶类。

苏传:纁,绛也。三入为纁。玑,珠类。组,绶类。

九江纳锡大龟。

孔传:尺二寸曰大龟,出于九江水中。龟不常用,锡命而纳之。

苏传:尺二寸曰大龟,宝龟也。不可常得,故锡命乃纳之。

浮于江、沱、潜、汉,逾于洛,至于南河。

孔传:逾,越也。河在冀州南,东流,故越洛而至南河。

苏传:江无达河之道,舍身陆行,以达于河,故逾于洛,自洛则达河矣。河行冀州之南,故曰南河。

荆河惟豫州。

孔传：西南至荆山，北距河水。

苏传：自北条荆山至河甚近，当是跨荆而南，犹"济河惟兖州"也。

伊、洛、瀍、涧，既入于河。

孔传：伊出陆浑山，洛出上洛山，涧出渑池山，瀍出河南北山，四水合流而入河。

苏传：伊水出弘农①卢氏县东熊耳山，东北入洛。洛水出弘农上洛县冢领山，东北至巩县入河。瀍水出河南谷城县潜亭北，东南入洛。涧水入②弘农新安县，东南入洛。三水入洛，洛入河。

荥波既豬，

孔传：荥泽，波水已成遏豬。

苏传：沇水入河，溢为荥泽。尧时荥泽常波，而今始豬也。今荥阳在河南，《春秋》卫、狄战于荥泽，当在河北。孔颖达谓此泽跨河而南北也。

导菏泽，被孟豬。

孔传：菏泽，在胡陵。孟豬，泽名，在菏东北，水流溢覆被之。

苏传：沇水东出于陶丘北，又东为菏泽，在济阴定陶县东。孟豬在梁国睢阳县东北，水流溢，覆被之。

厥土惟壤，下土坟垆。

孔传：高者壤，下者垆。垆，疏。

苏传：垆，疏也，或曰黑也。

厥田惟中上，厥赋错上中。

孔传：田第四，赋第二，又杂出第一。

苏传：田第四，赋第二，杂出第一。

厥贡漆、枲、絺、纻，

苏传：贡此四物。

厥篚纤纩，

孔传：纩，细绵。

苏传：细绵也。

锡贡磬错。

孔传：治玉石曰错。治磬错。

---

① 弘农：原本作"宏农"，《四库》本作"弘农"，盖避清乾隆皇帝弘历讳，今径回改。下同，不再——出校
② 入：《经解》本作"出"。

苏传：治磬错也，以玉为磬，故以此石治之。
浮于洛，达于河。
华阳黑水惟梁州。
孔传：东据华山之南，西距黑水。
苏传：自华山之南，至黑水，皆梁州。
岷、嶓既艺，沱、潜既道。
孔传：岷山、嶓冢，皆山名。水去已可种艺。沱潜发源此州，入荆州。
苏传：岷山、嶓冢，皆山名也。沱水出于江，潜水出于汉，二水发源此州，而复出于荆州，故于荆州亦云。
蔡、蒙旅平，
苏传：蔡、蒙，二山。蒙山在蜀郡青衣县，今曰蒙顶。祭山曰旅，水患平始祭也。
和夷厎绩。
孔传：蔡，蒙二山名。祭山曰旅。平，言治功毕。和夷之地，致功可艺。
苏传：和夷，西南夷名。
厥土青黎，
孔传：色青黑而沃壤。
苏传：黎，黑也。
厥田惟下上，厥赋下中三错。
孔传：田第七，赋第八，杂出第七、第九三等。
苏传：田第七，赋第八，杂出第七、第九。
厥贡璆、铁、银、镂、砮、磬，
孔传：璆，玉名。镂，刚铁。
苏传：璆，美玉也。镂，刚铁也，可以镂者。
熊、罴、狐、狸织皮。
孔传：贡四兽之皮，织金罽。
苏传：以罽者曰织，以裘者曰皮。
西倾因桓是来，浮于潜，逾于沔。
孔传：西倾，山名。桓水自西倾山南行，因桓水是来，浮于潜。汉上曰沔。
苏传：西倾，山名，在陇西临洮县西南，桓水出焉。桓入潜，潜入河。汉始出为漾，东南流为沔，至汉中东行为汉。①

————————
① 汉：蔡沈《书集传》引作"汉沔"。

入于渭,乱于河。

孔传:越沰而北入渭,浮东渡河而还帝都白所治,正绝流曰乱。

苏传:沰在梁州,山南;而渭在雍州,山北。沰无入渭之道,然按《前汉书》,武帝时人有上书欲通褒斜道及漕事,下张汤问之,云:"褒水通沰,斜水通渭,皆可以漕。从南阳下沰入褒,褒绝水至斜间百余里,以车转从斜下渭。如此,汉中谷可致。"此则自沰入渭之道也。然褒斜之间绝水百余里,故曰"逾于沰"。盖禹时通谓褒为沰也。

黑水西河惟雍州。

孔传:西距黑水,东据河。龙门之河,在冀州西。

苏传:西跨黑水,东至河,河在冀州西。

弱水既西,

孔传:导之西流,至于合黎。

苏传:众水皆东,此水独西。

泾属渭汭,

孔传:属,逮也。水北曰汭。言治泾水入于渭。

苏传:泾水入渭。属,连也。汭,水涯也。

漆、沮既从,

苏传:从,如少之从长。渭大而漆、沮小,故言从。

沣水攸同。

孔传:漆沮之水,已从入渭。沣水所同,同之于渭。

苏传:沣、渭相若,故言同。

荆、岐既旅,

孔传:已旅祭,言治功毕。此荆在岐东,非荆州之荆。

苏传:荆,北条荆山也。

终南、惇物,至于鸟鼠。

孔传:三山名,言相望。

苏传:三山名。武功县东有太一山,即终南山。有垂山,即惇物。

原隰厎绩,至于豬野。

孔传:下湿曰隰。豬野,地名,言皆致功。

苏传:《诗》云"度其隰原",即此原隰也。豳地武威县东有休屠泽,即豬野。

三危既宅,三苗丕叙。

孔传:西裔之山已可居,三苗之族,大有次叙。美禹之功。

苏传:《春秋传》曰:"先王居檮杌于四裔。允姓之奸居于瓜州。"杜预云:"允姓之祖,与三苗俱放于三危。瓜州,今敦煌也。"

厥土惟黄壤,厥田惟上上,厥赋中下。

孔传:田第一,赋第六,人功少。

苏传:田第一,赋第六。

厥贡惟球琳、琅玕。

孔传:球琳,皆玉名。琅玕,石而似玉。

苏传:球琳,玉。琅玕,石而似球。① 贡此二物。

浮于积石,至于龙门西河,

孔传:积石山,在金城西南,河所经也。沿河顺流而北,千里而东,千里而南。龙门山,在河东之西界。

会于渭汭。

孔传:逆流曰会,自渭北涯逆水西上。

苏传:积石山,在金城河关县西南,河所经也。龙门山,在冯翊夏阳县北,禹凿以通河也。渭水至长安东北入河,河始大。自渭汭而下,巨舟重载,皆可以达冀州矣。

织皮昆仑、析支、②渠搜,西戎即叙。

孔传:织皮,毛布。有此四国,在荒服之外。流沙之内,羌髳之属,皆就次叙。美禹之功及戎狄也。

苏传:《禹贡》之所篚,皆在贡后立文。而青、徐、扬③三州皆莱夷、淮夷、岛夷所篚。此云"织皮、昆仑、析支、渠搜,西戎即叙",大意与上三州无异。盖言因西戎即叙,而后昆仑、析支、渠搜三国皆篚织皮,但古语有颠倒详略尔。其文当在"厥贡惟球琳琅玕"之下。其"浮于积石,至于龙门西河,会于渭汭"三句,当在"西戎即叙"之下,以记入河水道,结雍州之末。简编脱误,不可不正也。

导岍及岐,至于荆山。

孔传:更理说所治山川首尾所在,治山通水,故以山名之。三山皆在雍州。

苏传:岍山,在扶风,即吴岳④也。荆山,北条荆山也。孔子叙《禹贡》

---

① 球:《经解》本、《四库》本、凌本作"珠",于义为长。
② 析支:《经解》本、《四库》本、凌本作"析枝"。下同。
③ 扬:《经解》本作"杨"。
④ 吴岳:原本作"南岳",《经解》本、《四库》本作"吴岳"。按《后汉书·郡国志》载右扶风境内有吴岳山,"本名汧",即为此山,而"南岳"为衡山,在今湖南境内,与之不符,故据《经解》本、《四库》本改作"吴岳"。

曰"禹别九州,随山濬川",盖言此书,一篇而三致意也。既毕九州之事矣,则所谓"随山"与"濬川"者,复申言之。"随山"者,随其地脉而究其终始也。何谓地脉? 曰:地之有山,犹人之有脉也。有近而不相连者,有远而相属者,虽江河不能绝也。自秦蒙恬始言地脉,而班固、马融、王肃治《尚书》,皆有三条之说。郑玄则以为四列,古之达者已知此矣。北条山,道起岍岐,而逾于河,以至太岳,东尽碣石以入于海。是河不能绝也。南条之山,自嶓冢、岷山,至于衡山,过九江,至于敷浅原。是江不能绝也。皆禹之言,卓然见于经者,非地脉而何? 自此以下,至敷浅原,皆随山之事也。

逾于河,

孔传:此谓梁山龙门西河。

壶口、雷首,至于太岳。

孔传:二山在冀州,太岳,上党西。

苏传:三山之名也。雷首,在河东蒲坂南;太岳者,霍太山也。

底柱、析城,至于王屋。

孔传:此三山,在冀州南河之北,东行。

苏传:底柱,在陕东北。析城,在河东濩泽西南。王屋,在河东垣县东北。

太行、恒山,至于碣石,入于海。

孔传:此二山,连延东北。接碣石而入沧海,百川经此众山,禹皆治之。不可胜名故以山言之。

苏传:太行山,在河内山阳县西北。恒山,在上曲阳县西北。

西倾、朱圉、鸟鼠,

孔传:西倾朱圉,在积石以东。鸟鼠,渭水所出,在陇西之西。三者雍州之南山。

苏传:西倾山,在陇西临洮县西南。朱圉山,在天水冀县南。鸟鼠同穴山,在陇西首阳县西南。

至于太华。

孔传:相首尾而东。

苏传:太华,在京兆华阴南。

熊耳、外方、桐柏,至于陪尾。

孔传:四山相连,东南在豫州界,洛经熊耳。伊经外方,淮出桐柏,经陪尾,凡此皆先举所施功之山于上,而后条列所治水于下,互相备。

苏传:熊耳山,在弘农卢氏县东。外方,嵩高山也,在颍川。桐柏,在南阳平氏县东南。陪尾山,在江夏安陆县东北。

导嶓冢,至于荆山。

孔传：漾水出嶓冢，在梁州。经荆山，荆山在荆州。

苏传：东条荆山。

内方，至于大别。

孔传：内方，大别，二山名。在荆州，汉所经。

苏传：内方山，在江夏竟陵县东北。《春秋传》曰"吴、楚夹汉而陈，自小别至于大别"，二别山皆在汉上。

岷山之阳，至于衡山。

孔传：岷山，江所出，在梁州。衡山，江所经，在荆州。

苏传：岷山，在蜀郡湔氐西。衡山，在长沙湘南县东南。

过九江，至于敷浅原。

孔传：言衡山连延过九江，接敷浅原。言导从首起，言阳从南。敷浅原，一名博阳山。在扬州豫章界。

苏传：豫章历陵县南有博阳山，即敷浅原。

导弱水，至于合黎，

孔传：合黎，水名，在流沙东。

余波入于流沙。

孔传：弱水余波西溢入流沙。

苏传：合黎山，在张掖郡删丹县。弱水自此，西至酒泉合黎。张掖郡有居延泽，在县东，即流沙也。自此以下，皆濬川之事也，所导者九。弱水，不能载物，入居延泽中不复见，此水之绝异者也。黑水、汉水与四渎，皆特入海，渭、洛皆入河，达冀之道，故特记此九者，余不录也。

导黑水，至于三危，入于南海。

孔传：黑水自北而南，经三危，过梁州，入南海。

苏传：黑水得越河入南海者。河自积石以西皆多伏流，故黑水得越而南也。

导河积石，至于龙门。

孔传：施功发于积石，至于龙门。或凿山，或穿地，以通流。

苏传：施功发于积石。

南至于华阴，

孔传：河自龙门南流，至华山北而东行。

东至于底柱，

孔传：底柱，山名。河水分流，包山而过。山见水中若柱然，在西虢之界。

又东至于孟津。

孔传：孟津，地名。在洛北，都道所凑。古今以为津。

苏传：孟津，在河内河阳县南，都道所凑，古今以为津。

东过洛汭，至于大伾。

孔传：洛汭，洛入河处，山再成曰伾。至于大伾而北行。

苏传：洛汭，洛入河处，在河南巩县东。大伾山，在黎阳，或曰成皋。

北过降水，至于大陆。

孔传：降水，水名，入河。大陆，泽名。

苏传：河至大伾而北。降水在信都。

又北播为九河，

孔传：北分为九河以杀其溢，在兖州界。

同为逆河，入于海。

孔传：同合为一大河，名逆河，而入于渤海，皆禹所加功，故叙之。

苏传：播，分也。逆，迎也。既分为九，又合为一，以一迎八，而入于海，即渤海也。

嶓冢导漾，东流为汉。

孔传：泉始出山为漾水，东南流为沔水，至汉中东流为汉水。

苏传：嶓冢山，在梁州南。

又东为沧浪之水，

孔传：别流在荆州。

苏传：出荆州东南，流为沧浪之水，即渔父所歌者也。

过三澨，至于大别。

孔传：三澨，水名，入汉。大别，山名。

苏传：三澨水，在江夏竟陵。

南入于江，

孔传：触山回南入江。

苏传：触大别山而南。

东汇泽为彭蠡。

孔传：汇，回也。水东回为彭蠡大泽。

苏传：汇，回也。①

东为北江，入于海。

孔传：自彭蠡江分为三，入震泽，遂为北江而入海。

岷山导江，东别为沱，

---

① 也：《经解》本无。

孔传：江东南流，沱东行。

苏传：江东南流，沱东行。

又东至于澧，

孔传：澧，水名。

苏传：澧水，在荆州。《楚词》云："遗予佩兮澧浦。"

过九江，至于东陵，

孔传：江分为九道，在荆州。东陵，地名。

东迤北会于汇，

孔传：迤，溢也。东溢分流，都共北会为彭蠡。

苏传：迤，迤逦也。汇，彭蠡也。

东为中江，入于海。

孔传：有北，有中，南可知。

苏传：今金山以北，取中泠水，味既殊绝，称之轻重亦异，盖蜀江所为也。

导沇水，东流为济，

孔传：泉源为沇，流去为济。在温西北平地。

入于河，溢为荥。

孔传：济水入河，并流十数里。而南截河，又并流数里。溢为荥泽，在敖仓东南。

苏传：济水，出河东垣县王屋山，东南至河内武德县入河。并流而南，截河，又并流，溢出乃为荥泽也。

东出于陶丘北，

孔传：陶丘，丘再成。

苏传：陶丘，在济阴定陶西南。

又东至于菏，

孔传：菏泽之水。

又东北会于汶。

孔传：济与汶合。

苏传：汶入济也。

又北东入于海。

孔传：北折而东。

导淮自桐柏，

孔传：桐柏山，在南阳之东。

苏传：淮水，出胎簪山，东北过桐柏。胎簪盖桐柏之傍小山也。

东会于泗、沂，东入于海。

孔传：与泗、沂二水合入海。

苏传：泗水，出济阴乘氏县，至临淮睢陵县入淮。沂水，先入泗，泗入淮也。

导渭自鸟鼠同穴，

孔传：鸟鼠共为雄雌，同穴处此山，遂名山曰鸟鼠。渭水出焉。

东会于沣，

苏传：沣入渭也。沣水，出扶风鄠县东南，北过上林苑入渭。

又东会于泾，

孔传：沣水自南，泾水自北而合。

苏传：泾入渭也。泾水，出安定泾阳县西，东南至冯翊阳陵县入渭。

又东过漆沮，入于河。

孔传：漆沮，二水名，亦曰洛水。出冯翊北。

苏传：沮水，出北地直路县，东入洛。郑渠，在太上皇陵东南，濯水入焉，俗谓之漆水，又谓之漆沮。其水东入洛。此言东会于沣，又东会于泾，又东过漆沮者，渭水自西而东之次也。雍州所云"泾属渭汭，漆、沮既从，沣水攸同"者，散言境内诸水，非西东之次也。《诗》云"自土沮、漆"，乃豳地，非此漆沮。

导洛自熊耳，

孔传：在宜阳之西。

东北会于涧瀍，

孔传：会于河南城南。

又东会于伊，

孔传：合于洛阳之南。

又东北入于河。

孔传：合于巩之东。

九州攸同，

孔传：所同事在下。

苏传：书同文，车同轨。

四隩既宅。

孔传：四方之宅已可居。

苏传：隩，深也。四方深远者，皆可居。

九山刊旅，九川涤源，九泽既陂，

孔传：九州名山，已槎木通道而旅祭矣。九州之川，已涤除泉源无壅塞矣。九州之泽，已陂障无决溢矣。

四海会同，六府孔修。

孔传：四海之内，会同京师。九州同风，万国共贯，水、火、金、木、土、谷甚修治，言政化和。

苏传：水、火、金、木、土、谷。

庶土交正，厎慎财赋，

孔传：交，俱也。众土俱得其正，谓壤、坟、垆。致所慎者，财货贡赋，言取之有节，不过度。

咸则三壤，成赋中邦。

孔传：皆法壤田上中下大较三品，成九州之赋，明水害除。

苏传：交，通也。正，平准也。庶土不通有无，则轻重偏矣，故交通而平准之。九州各则壤之高下，以制国用，为赋入之多少。中邦，诸夏也。贡篚有及于四夷者，而赋止于诸夏也。

锡土姓，

苏传：《春秋传》曰："天子建国，①因生以赐姓，胙之土而命之氏。"

祗台德先，不距朕行。

孔传：台，我也。天子建德，因生以赐姓。谓有德之人生此地，以此地名赐之姓以显之。王者常自以敬我德为先，则天下无距违我行者。

苏传：台，我也。我以德先之，则民敬而不违矣。

五百里甸服，

孔传：规方千里之内，谓之甸服。为天子服治田，去王城面五百里。

苏传：王畿千里，面五百里也。甸，田也，为天子治田。

百里赋纳总。

孔传：甸服内之百里近王城者，禾稾曰总，入之供饲国马。

苏传：总，稾、穟并也。最近，故纳总。

二百里纳铚，

孔传：铚、刈，谓禾穗。

苏传：铚，刈也。刈其穟，不纳稾。

三百里纳秸服，

孔传：秸，稾也。服稾役。

苏传：秸，稾也。以稾为藉荐之类，可服用者。

四百里粟，五百里米。

孔传：所纳精者少，粗者多。

---

① 天子建国：《左传》隐公八年作"天子建德"，杜预《集解》："立有德以为诸侯。"则"建德"即建国。东坡于此盖取其意。

苏传：稍远，故所纳者愈轻。

五百里侯服。

孔传：甸服外之五百里。侯，候也。斥候而服事。

苏传：此五百里始有诸侯，故曰侯服。

百里采，

孔传：侯服内之百里，供王事而已。不主一。

苏传：卿大夫之采也。①

二百里男邦，

孔传：男，任也。任王者事。

苏传：与百里采通为二百里也。男邦，小国也。

三百里诸侯，

孔传：三百里同为王者斥候，故合三为一名。

苏传：自三百里以往，皆诸侯也。诸侯，大国、次国也，小国在内，依天子而国；大国在外，以御侮也。

五百里绥服。

孔传：绥，安也。侯服外之五百里，安服王者之政教。

苏传：绥，安也。

三百里揆文教，

孔传：揆，度也。度王者文教而行之，三百里皆同。

二百里奋武卫，

孔传：文教外之二百里，奋武卫，天子所以安。

五百里要服。

孔传：绥服外之五百里，要束以文教。

苏传：总其大要，法不详也。

三百里夷，

孔传：守平常之教，事王者而已。

苏传：杂夷俗也。

二百里蔡。

孔传：蔡，法也。法三百里而差简。

苏传：放有罪曰蔡。《春秋传》曰："杀管叔而蔡蔡叔。"

五百里荒服。

孔传：要服外之五百里。言荒又简略。

---

① 采也：《经解》本作"采地"。

苏传：其法荒略。

三百里蛮，

孔传：以文德蛮来之，不制以法。

二百里流。

孔传：流，移也。言政教随其俗，凡五服相距，为方五千里。

苏传：罪大者流于此。

东渐于海，西被于流沙，朔南暨，声教

孔传：渐，入也，被，及也，此言五服之外。皆与王者声教而朝见。

讫于四海。禹锡玄圭，告厥成功。

孔传：玄，天色。禹功尽加于四海，故尧赐玄圭以彰显之，言天功成。

苏传：以五德王天下，所从来尚矣。黄帝以土，故曰黄；炎帝以火，故曰炎；禹以治水得天下，故从水而尚黑；殷人始以兵王，故从金而尚白；周人有流火之祥，故从火而尚赤。汤用玄牡，盖初克夏，因其旧也。《诗》云："有客有客，亦白其马。"是殷尚白也。帝锡禹以玄圭，为水德之瑞，是夏尚黑也。此五德所尚之色见于经者也。

卷　六

夏　书

甘誓第二

启与有扈战于甘之野,作《甘誓》。

孔传:夏启嗣禹位,伐有扈之罪。启,禹子,嗣禹为天子也。

苏传:《史记》:有扈,禹之后。其国扶风鄠①县是也。《国语》曰:"夏有观、扈,周有管、蔡。"以比管、蔡,兄弟之国也。甘,扈之南郊也。

甘誓。

孔传:甘,有扈郊地名。将战先誓。

大战于甘,乃召六卿。

孔传:天子六军,其将皆命卿。

苏传:天子六师,其将皆命卿。

王曰:嗟!六事之人。

孔传:各有军事,故曰六事。

予誓告汝:有扈氏威侮五行,怠弃三正,

孔传:五行之德,王者相承所取法。有扈与夏同姓,恃亲而不恭,是则威虐侮慢五行,怠惰弃废天地人之正道。言乱常。

苏传:王者各以五行之德王、易服色及正朔。孔子曰:"行夏之时。"自舜以前,必有以建子、建丑为正者,有扈氏不用夏之服色、正朔,是叛也,故曰

---

① 鄠:《经解》本、《四库》本作"雩"。

"威侮五行，怠弃三正"。

天用剿绝其命，

孔传：用其失道，故剿截也。截绝，谓灭之。

今予惟恭行天之罚。

孔传：恭，奉也，言欲截绝之。

左不攻于左，汝不恭命；

孔传：左，车左，左方主射。攻，治也，治其职。

右不攻于右，汝不恭命；

孔传：右，车右，勇力之士，执戈矛以退敌。

苏传：左，车左也，主射。右，车右，执戈矛。攻，治也。

御非其马之正，汝不恭命。

孔传：御以正马为政。三者有失，皆不奉我命。

苏传：《春秋传》曰："楚许伯御乐伯，摄叔为右，以致晋师。乐伯曰：'吾闻致师者，左射以菆。'摄叔曰：'吾闻致师者，右入垒，折馘，执俘而还。'"是古者，三人同一车，而御在中也。车六马，两服、两骖、两騑，各任其事，御之正也。王良曰："吾为之范，我驰驱终日，而不获一，为之诡遇，一朝而获十。"此所谓"御非其马之正"也。

用命赏于祖，

孔传：天子亲征，必载迁庙之祖主行，有功则赏祖主前，示不专。

不用命戮于社。

孔传：天子亲征，又载社主，谓之社事，不用命奔北者，则戮之于社主前。社主阴，阴主杀，亲祖严社之义。

苏传：孔子曰："当七庙五庙无虚主。"师行，载迁之主以行，无迁庙，则以币曰主命，故师行有祖庙也。武王伐纣，师渡①孟津，有宗庙，有将舟。将舟，社主在焉，故师行有社也。戮人必于社，故哀公问社，宰我对以战栗。

予则孥戮汝。

孔传：孥，子也。非但止汝身，辱及汝子。言耻累也。

苏传：戮及其子曰孥。尧舜之世，罚弗及嗣；武王数纣之罪曰"罪人以族"，孥戮非圣人之事也。言孥戮者，惟启与汤，知德衰矣。然亦言之而已，未闻真孥戮人也。

---

① 渡：《经解》本、《四库》本作"度"。

五子之歌第三

太康失邦，

孔传：启子也。盘于游田，不恤民事，为羿所逐，不得反国。

苏传：太康，启子也。

昆弟五人，

苏传：皆启子。

须于洛汭，作《五子之歌》。

孔传：太康五弟，与其母，待太康于洛水之北。怨其不反，故作歌。

苏传：须，待也。

太康尸位，

苏传：尸，主也。

以逸豫

孔传：尸，主也。主以尊位为逸豫不勤。

灭厥德，黎民咸贰。

孔传：君丧其德，则众民皆贰心矣。

苏传：贰，携贰也。

乃盘游无度。

孔传：盘乐游逸无法度。

苏传：盘，乐也。

畋于有洛之表，

苏传：洛表，水南也。夏都河北，而畋于洛南，言其去国之远也。

十旬弗反。

孔传：洛水之表，水之南。十日曰旬。田猎过百日不还。

有穷后羿，因民弗忍，距于河。

孔传：有穷，国名。羿，诸侯名。距太康于河，不得入国，遂废之。

苏传：有穷，国名。羿，其君也。《春秋传》曰："后羿自鉏迁于穷石。"忍，堪也。

厥弟五人，御其母以从，

孔传：御，侍也，言从畋。

徯于洛之汭。

苏传：母徯焉而不归，以著太康之不孝也。

五子咸怨，

孔传：待太康，怨其久畋失国。

述大禹之戒，以作歌。

孔传：述，循也。歌以叙怨。

其一曰：皇祖有训，民可近不可下。

孔传：皇，君也。君祖禹有训戒。近谓亲之。下谓失分。

民惟邦本，本固邦宁。

孔传：言人君当固民以安国。

予视天下，愚夫愚妇，一能胜予，

孔传：言能畏敬小民，所以得众心。

一人三失。

苏传：皇祖，禹也。"民可近"者，言民可亲近而不可疏也。"不可下"者，言民可敬而不可贱。若自贤而愚人，以愚视天下，则一夫可以胜我矣。"一人三失"者，失民则失天，失天则失国也。

怨岂在明，不见是图。

孔传：三失，过非一也。不见是谋，备其微。

苏传：怨不在大，当及其未明而图之。

予临兆民，

苏传：十万曰亿，十亿曰兆。

懔①乎，若朽索之驭六马，

孔传：十万曰亿，十亿曰兆，言多。懔，危貌。朽，腐也。腐索驭六马，言危惧甚。

为人上者，奈何不敬？

孔传：能敬则不骄，在上不骄，则高而不危。

苏传：驭民若朽索之驭马，不已过乎？曰：天下皆有所恃，民恃有司以安其身，有司恃天子之法以安其位。惟天子无所恃，恃民心而已。民心携，则天子为独夫，谓之朽索，不亦宜乎！

其二曰：训有之，内作色荒，外作禽荒，

孔传：作，为也。迷乱曰荒。色，女色。禽，鸟兽。

甘酒嗜音，峻宇雕墙。

孔传：甘嗜无厌足。峻，高大。雕，饰画。

有一于此，未或不亡。

孔传：此六者，弃德之君必有其一。有一必亡，况兼有乎！

其三曰：惟彼陶唐，有此冀方。

---

① 懔：原本作"凛"，据《经解》本及《十三经注疏》本经文改。

孔传：陶唐，帝尧氏，都冀州，统天下四方。

苏传：陶唐，尧也。尧都平阳，舜都蒲坂，禹都安邑，皆在冀州。

今失厥道，乱其纪纲，乃厎灭亡。

孔传：言失尧之道，乱其法制，自致灭亡。

苏传：大曰纲，小曰纪，舜、禹皆守尧之纲纪。

其四曰：明明我祖，万邦之君。有典有则，贻厥子孙。

孔传：君万国为天子。典，谓经籍。则，法。贻，遗也。言仁及后世。

关石和钧，王府则有。荒坠厥绪，覆宗绝祀。

孔传：金铁曰石，供民器用，通之使和平，则官民足。言古制存，而太康失其业，以取亡。

苏传：关，通也。和，平也。绪，余也。古者有五权，百二十斤曰石，三十斤曰钧，举其二则余可知矣。太史公曰："禹以声为律，以身为度。左准绳，右规矩。"知度量权衡凡法度之器，至禹明具。故曰我祖有典法以遗子孙，凡法度之器具在王府，而吾不能守，以亡也。

其五曰：呜呼，曷归？予怀之悲。

孔传：曷，何也。言思而悲。

万姓仇予，予将畴依？

孔传：仇，怨也。言当依谁以复国乎？

郁陶乎予心，颜厚有忸怩。

孔传：郁陶，言哀思也。颜厚，色愧。忸怩，心惭，惭愧于仁人贤士。

弗慎厥德，虽悔可追。

孔传：言人君行己，不慎其德，以速灭败，虽欲改悔，其可追及乎？言无益。

苏传：郁陶，愤懑也。颜厚，色愧也。有，读曰又。忸怩，心惭也。

胤 征 第 四

羲和湎淫，废时乱日，

孔传：羲氏、和氏，世掌天地四时之官，自唐虞至三代，世职不绝。承太康之后，沉湎于酒，过差非度，废天时，乱甲乙。

胤往征之，作《胤征》。

孔传：胤国之君受王命往征之。

苏传：羲和掌天地、四时之官，尧时为四人，今此有国邑，而以沉湎得罪，则一人而已，不知其何自为一也？按《史记》及《春秋传》：晋魏绛、吴伍员言帝太康、帝仲康、帝相、帝少康四世事甚详。盖羿既逐太康，太康崩，其弟仲康立，而羿为政；仲康崩，其子相立，相为羿所逐，羿为家众所杀，寒浞代之。浞因羿室,生浇及豷,使浇伐灭二斟,且杀相。相之后曰缗,方娠,而逃于有仍,以生少康。少康复逃于有虞,虞思邑之于纶。少康布德,以收夏众。夏之遗臣靡收二斟之余民,以灭浞,而立少康。少康灭浇与豷,然后祀夏配天,不失旧物。以此考之,则太康失国之后,至少康祀夏之前,皆羿、浞专政僭位之年。如曹操之于汉、司马仲达之于魏也。胤征之事,盖出于羿,非仲康之所能专,明矣。羲和,洒淫之臣也,而贰于羿,盖忠于夏也。如王凌、诸葛诞之叛晋,尉迟迥之叛隋。故羿假仲康之命,以命胤侯而往征之。何以知其然也？曰:胤侯数羲和之罪,至于杀无赦,然其实状止于酗酒、不知日食而已。此一法吏所办耳,何至以六师取之乎？夫酒荒废职之人,岂复有渠魁胁从之事？是强国得众者也。孔子叙《书》,其篇曰"羲和洒淫废时乱日"者,言其罪止于此也。曰"胤往征之"者,见征伐号令之出于胤,非仲康之命也。此《春秋》之法。曰:然则孔子何取于此篇而不删去乎？曰:《书》固有非圣人之所取而犹存者也。孟子曰:"尽信《书》,不如无《书》,吾于《武成》取二三策而已。纣之众既已倒戈,然犹纵兵以杀,至于血流漂杵。圣人何取焉？"予于《书》,见圣人所不取而犹存者二:《胤征》之挟天子令诸侯,与《康王之诰》释斩衰而服衮冕也。《春秋》晋侯召王,而谓之"巡狩",孔子书之于策曰:"天王狩于河阳。"若无简牍之记,则后世以天王为真狩也。《胤征》之事,孔氏必有师传之说也,久远而亡之耳。

胤征。

孔传：奉辞伐罪曰征。

惟仲康肇位四海,

孔传：羿废太康,而立其弟仲康为天子。

胤侯命掌六师。

孔传：仲康命胤侯,掌王六师为大司马。

苏传：胤,国名。

羲和废厥职,酒荒于厥邑。

孔传：舍其职官,还其私邑,以酒迷乱,不修其业。

胤后承王命徂征,

孔传：徂,往也,就其私邑往讨之。

告于众曰：嗟,予有众。

孔传：誓敕之。

圣有谟训,明征定保。

孔传：征,证。保,安也。圣人所谋之教训,为世明证,所以定国安家。

先王克谨天戒,臣人克有常宪,

孔传：言君能慎戒,臣能奉有常法。

百官修辅,厥后惟明明。

孔传:修职辅君,君臣俱明。

苏传:征,犹《书》所谓"庶征"也。保,犹《诗》所谓"天保"也。羲和之罪,止于日食不知,故首引天事以誓之。

每岁孟春,遒人以木铎徇于路。

孔传:遒人,宣令之官。木铎,金铃木舌,所以振文教。

苏传:孟春观治象之法,徇以木铎,此《周礼》小宰之事,而在夏则遒人之职也。遒之言聚也。木铎,金口木舌也。昔者,有文事则徇以木铎,有武事则徇以金铎。

官师相规,工执艺事以谏。

孔传:官师,众官。更相规阙,百工各执其所治技艺以谏,谏失常。

苏传:工各执其事谏,如《虞人之箴》也。

其或不恭,邦有常刑。

孔传:言百官废职,服大刑。

惟时羲和,颠覆厥德,

孔传:颠覆,言反倒。将陈羲和所犯,故先举孟春之令,犯令之诛。

沉乱于酒,畔官离次,

孔传:沈,谓醉冥。失次位也。

苏传:官局所在曰次。

俶扰天纪,

苏传:俶,始也。扰,乱也。

遐弃厥司。

孔传:俶,始。扰,乱。遐,远也。纪谓时日。司,所主也。

乃季秋月朔,辰弗集于房。

孔传:辰,日月所会。房,所舍之次。集,合也。不合即日食可知。

瞽奏鼓,啬夫驰,庶人走。

孔传:凡日食,天子伐鼓于社,责上公。瞽,乐官,乐官进鼓则伐之。啬夫,主币之官,驰取币礼天神。众人走,供救日食之百役也。

苏传:日月合朔于十二辰,今季秋之朔,而不合于房,日食也。古有伐鼓用币救日之事,《春秋传》曰"惟正阳之月则然,余否"。今季秋而行此礼,盖夏礼与周异。汉有上林啬夫,啬夫,小臣。庶人,庶人之在官者。

羲和①尸厥官,罔闻知,

---

① 羲和:原本作"义和",误。据《经解》本、《四库》本与《十三经注疏》本经文改。

孔传：主其官而无闻知于日食之变异，所以罪重。

昏迷于天象，以干先王之诛。

孔传：暗错天象，言昏乱之甚。干，犯也。

政典曰：先时者杀无赦，

孔传：政典，夏后为政之典籍。若《周官》六卿之治典。先时，谓历象之法、四时节气、弦望晦朔先天时，则罪死无赦。

不及时者杀无赦。

孔传：不及谓历象后天时。虽治其官，苟有先后之差，则无赦，况废官乎！

苏传：先、后时，罪之薄者，必杀无赦，非虐政①乎？惟军中法则或用之，穰苴斩庄贾是也。《传》曰"国容不入军，军容不入国"。此"政典"，夏之《司马法》，止用于军中。今无以加羲和之罪，乃取军法一切之政，而为有司沉湎失职之罚，盖文致其罪，非实事也。

今予以尔有众，奉将天罚。

孔传：将，行也。奉王命，行王诛，谓杀湎淫之身，立其贤子弟。

尔众士同力王室，尚弼予钦承天子威命。

孔传：以天子威命，督其士众使用命。

苏传：曹操、司马仲达、杨坚之流讨贰己者，未尝不以王室为辞也。

火炎昆冈，玉石俱焚。

孔传：山脊曰冈。昆山出玉，言火逸而害玉。

天吏逸德，烈于猛火。

孔传：逸，过也。天王之吏为过恶之德，其伤害天下，甚于火之害玉。猛火烈矣，又烈于火。

歼厥渠魁，胁从罔治。

孔传：歼，灭。渠，大。魁，帅也。指谓羲和罪人之身，其胁从距王师者皆无治。

旧染污俗，咸与维新。

孔传：言其余人久染污俗，本无恶心，皆与更新，一无所问。

苏传：玉石俱焚，言不择善恶也。天吏之势，猛于火，故胁从染污，皆非其罪。言此者，以坏其党与也。

呜呼！威克厥爱，允济；

孔传：叹能以威胜所爱，则必有成功。

爱克厥威，允罔功。

---

① 虐政：原本作"虚政"，据《四库》本改。

孔传：以爱胜威，无以济众，信无功。

其尔众士，懋戒哉！

孔传：言当勉以用命，戒以辟戮。

苏传：先王①之用威爱，称事当理而已。不惟不使威胜爱，若曰"与其杀不辜，宁失不经"，又曰"不幸而过，宁僭无滥"，是尧舜已来，常务使爱胜威也。今乃谓威胜爱则事济，爱胜威则无功，是为尧、舜不如申、商也，而可乎？此胤侯②之党，临敌誓师一切之言，当与申、商之言同弃不齿。而近世儒者欲行猛政，辄以此藉口，予不可以不辨。

自契至于成汤八迁，

孔传：十四世，凡八徙国都。

汤始居亳，从先王居。

孔传：契父帝喾，都亳，汤自商丘迁焉，故曰"从先王居"。

作《帝告》《厘沃》。

孔传：告来居，治沃土，二篇皆亡。

苏传：自契至汤十四世，凡八徙都。契之世父帝喾都亳，汤自商丘迁焉，故曰从先王居。五篇皆《商书》也，经亡而序存，文无所托，故附《夏书》之末。

汤征诸侯，

孔传：为夏方伯，得专征伐。

葛伯不祀，汤始征之，

孔传：葛，国。伯，爵也。废其土地山川，及宗庙神祇，皆不祀，汤始伐之。伐始于葛。

作《汤征》。

孔传：述始征之义也。亡。

苏传：葛，梁国宁陵葛乡也。征葛事，见《孟子》。

伊尹去亳适夏，

孔传：伊尹，字氏。汤进于桀。

既丑有夏，复归于亳，

孔传：丑恶其政。不能用贤，故退还。

苏传：古称伊尹五就汤，五就桀。夫汤与桀，敌国也，伊尹往来其间，皆闻其政，而两国不疑，③则伊尹圣人也，其道大矣，其信于天下深矣。是以废

---

① 王：《经解》本作"生"。
② 胤侯：《经解》本、《四库》本作"后羿"，凌本作"后胤"。据文意，当以"后羿"为得。
③ 不疑：原本作"六疑"，据《经解》本、《四库》本改。

太甲，复立之，而太甲安焉。非圣人而何？

　　入自北门，乃遇汝鸠、汝方，

　　孔传：鸠方二人，汤之贤臣。不期而会曰遇。

　　作《汝鸠》《汝方》。

　　孔传：言所以丑夏而还之意，二篇皆亡。

　　苏传：二臣名。

卷　七

商　书

汤誓第一

伊尹相汤，伐桀，

苏传：古之君臣，有如二君而不相疑者，汤之于伊尹、刘玄德之于诸葛孔明是也。汤言"聿求元圣，与之戮力"，而伊尹曰"惟尹躬暨汤，咸有一德"。其君臣相期如此，故孔子曰："伊尹相汤，伐桀。"太甲不明而废之，思庸而复之，君臣相安，此圣人之事也。玄德、孔明，虽非圣人，然其君臣相友之契，亦庶几于此矣。玄德之将死也，嘱孔明曰："禅可辅，辅之，不可，君自取之。"非伊尹之流而可以属此乎？孔明专蜀，事二君，雍容进退，初不自疑，人亦莫之疑者，使常人处之，不为窦武、何进，则为曹操、司马仲达矣。世多疑伊尹之事，至谓太甲为杀伊尹者，皆以常情度圣贤也。

升自陑，

孔传：桀都安邑，汤升道从陑，出其不意。陑在河曲之南。

遂与桀战于鸣条之野，

孔传：地在安邑之西，桀逆拒汤。

作《汤誓》。

苏传：孔安国以谓：桀都安邑，陑在河曲之南、安邑之西，汤自亳往，当由东行，故以升自陑为出不意。又言武王观兵孟津，以卜诸侯之心，而退以示弱。其言汤、武，皆陋甚。古今地名、道路，有改易不可知者，安知陑、鸣条之必在安邑西耶？升陑以战，记事之实，犹《泰誓》"师渡孟津"而已。或曰：

升高而战,非地利,以人和而已。夫恃人和而行师于不利之地,亦非人情,故皆不取。

汤誓。

孔传:戒誓汤士众。

王曰:格尔众庶,悉听朕言。

孔传:契始封商,汤遂以为天下号。汤称王,则比桀于一夫。

非台小子敢行称乱,有夏多罪,天命殛之。

孔传:称,举也。举乱,以诸侯伐天子。非我小子敢行此事,桀有昏德,天命诛之,今顺天。

今尔有众,汝曰:"我后不恤我众,舍我穑事,而割正夏。"

孔传:汝,汝有众。我后,桀也。正,政也。言夺民农功,而为割剥之政。

予惟闻汝众言。

孔传:不忧我众之言。

夏氏有罪,予畏上帝,不敢不正。

孔传:不敢不正桀罪诛之。

今汝其曰:"夏罪其如台?"

孔传:今汝其复言桀恶,其亦如我所闻之言。

夏王率遏众力,率割夏邑,

孔传:言桀君臣相率为劳役之事,以绝众力,谓废农功。相率剥割夏之邑居,谓征赋重。

有众率怠弗协,曰:"时日曷丧?予及汝皆亡。"

孔传:众下相率为怠惰,不与上和合。比桀于日,曰:是日何时丧?我与汝俱亡。欲杀身以丧桀。

夏德若兹,今朕必往。

孔传:凶德如此,我必往诛之。

苏传:桀之恶,不能及商民,商民安于无事,而畏伐桀之劳,故曰:"我后不恤我众,舍我穑事,而割正夏。"夏氏之罪,其能若我何?故汤告之曰:夏王遏绝众力,以割夏邑,其民皆曰"何时何日当丧,吾欲与之皆亡",其亟若此,不可以不救。

尔尚辅予一人,致天之罚,予其大赉汝。

孔传:赉,与也。汝庶几辅成我,我大与汝爵赏。

尔无不信,朕不食言。

孔传:食尽其言,伪不实。

尔不从誓言,

孔传：不用命。

予则孥戮汝，罔有攸赦！

孔传：古之用刑，父子兄弟，罪不相及，今云孥戮汝，无有所赦，权以胁之，使勿犯。

汤既胜夏，欲迁其社，不可，

孔传：汤承尧舜禅代之后，顺天应人，逆取顺守而有惭德，故革命创制，改正易服，变置社稷，而后世无及句龙者，故不可而止。

作《夏社》《疑至》《臣扈》。

孔传：言夏社不可迁之义，疑至及臣扈，三篇皆亡。

苏传：《春秋传》曰：共工氏有子曰句龙，为后土，后土为社。烈山氏之子曰柱，为稷，自夏以上祀之。周弃亦为稷，自商以来祀之。是汤以弃易柱，而无以易句龙者，故曰"欲迁其社，不可"。

夏师败绩，汤遂从之，

孔传：大崩曰败绩。从，谓遂讨之。

遂伐三朡。俘厥宝玉，

孔传：三朡，国名，桀走保之，今定陶也。桀自安邑东入山，出太行，东南涉河。汤缓追之不迫，遂奔南巢。俘，取也。玉以礼神，使无水旱之灾，故取而宝之。

谊伯、仲伯作《典宝》。

孔传：二臣作《典宝》一篇，言国之常宝也，亡。

苏传：三朡，今定陶。四篇亡。

仲虺之诰第二

汤归自夏，至于①大坰，

孔传：自三朡而还。大坰，地名。

苏传：大坰，地名，《史记》作"泰卷陶"。

仲虺作《诰》。

孔传：为汤左相，奚仲之后。

苏传：《春秋传》曰：薛之皇祖奚仲居薛，以为夏车正。仲虺居薛，以为汤左相。

仲虺②之诰。

---

① 于：原本无，据《经解》本、《四库》本补。
② 仲虺：《史记·殷本纪》作"中㐻"；《荀子·尧问》作"中蘬"；《大戴礼记·虞戴德》作"仲傀"。

孔传：仲虺，臣名，以诸侯相天子。会同曰诰。

成汤放桀于南巢，

苏传：庐江六县东，有居巢城，《书》有"巢伯来朝"。《春秋》："楚人围巢。"桀奔于此，汤不杀也。

惟有惭德，

孔传：汤伐桀，武功成，故以为号。南巢，地名。有惭德，惭德不及古。

曰：予恐来世以台为口实。

孔传：恐来世论道我放天子，常不去口。

苏传：后世放杀其君者，必以汤、武藉口，其为病也大矣。

仲虺乃作《诰》

孔传：陈义诰汤可无惭。

曰：呜呼！惟天生民有欲，无主乃乱。

孔传：民无君主，则恣情欲，必致祸乱。

惟天生聪明时乂。

孔传：言天生聪明，是治民乱。

有夏昏德，民坠涂炭。

孔传：夏桀昏乱，不恤下民，民之危险，若陷泥坠火，无救之者。

天乃锡王勇智，

苏传：凡圣人之德，仁、义、孝、弟、忠、信、礼、乐之类，皆可以学至。惟勇也、智也，必天予而后能，非天予而欲以学求之，则智勇皆凶德也。汉高祖识三杰于众人之中，知周勃、陈平于一世之后，此天所予智也。光武平生畏怯，见大敌勇，此天所与勇[1]也。岂可学哉！若汉武帝、唐德宗之流，则古之学勇、智者也，足以敝其国、残其民而已矣。故天不与[2]是德，则君子不敢言智、勇，短于智、勇而厚于仁，不害其为令德之主也。周公亦曰"今天其命哲、命吉凶、命历年"，哲者，知人之谓也，知人与不知人，乃与吉凶、历年同出于天命，盖教成王不强其所无也。

表正万邦，缵禹旧服。

孔传：言天与王勇智，应为民主，仪表天下，法正万国，继禹之功，统其故服。

兹率厥典，奉若天命。

孔传：天意如此，但当循其典法，奉顺天命而已，无所惭。

---

[1] 与勇：《经解》本、《四库》本作"予勇"。
[2] 与：《经解》本、《四库》本作"予"。

苏传：缵,继也。服,五服也。

夏王有罪,矫诬上天,以布命于下。

孔传：言托天以行虐于民,乃桀之大罪。

帝用不臧,式商受命,用爽厥师,

孔传：天用桀无道,故不善之。式,用。爽,明也。用商受王命,用明其众,言为主也。

简贤附势,实繁有徒。

孔传：简,略也。贤而无势则略之,不贤有势则附之。若是者,繁多有徒众,无道之世所常。

肇我邦于有夏,若苗之有莠,若粟之有秕。

孔传：始我商家,国于夏世,欲见翦除,若莠生苗,若秕在粟,恐被锄治簸飏。

小大战战,罔不惧于非辜。矧予之德,言足听闻。

孔传：言商家小大忧危,恐其非罪见灭。矧,况也。况我之道德善言足听闻乎。无道之恶有道,自然理。

苏传：矫,诈也。臧,善也。式,用也。爽,明。肇,启也。简,慢也。帝既不善桀,故用汤为受命之君,彰明其众于天下。而桀之党恶之流,欲并我以启其国,若欲去莠秕然。故小大战战,无罪而惧,况我以德见忌乎。盖言我不放桀,则桀必灭我也。

惟王不迩声色,不殖货利,

孔传：迩,近也。不近声乐,言清简。不近女色,言贞固。殖,生也。不生资货财利,言不贪也。既有圣德,兼有此行。

德懋懋官,功懋懋赏,用人惟己。

苏传：如自己出。

改过不吝,

孔传：勉于德者,则勉之以官。勉于功者,则勉之以赏。用人之言,若自己出,有过则改,无所吝惜,所以能成王业。

克宽克仁,彰信兆民。

孔传：言汤宽仁之德,明信于天下。

乃葛伯仇饷,初征自葛。东征西夷怨,南征北狄怨,

孔传：葛伯游行,见农民之饷于田者,杀其人,夺其饷,故谓之仇饷。仇,怨也。汤为是以不祀之罪伐之,从此后遂征无道。西夷北狄,举远以言,则近者著矣。

曰:"奚独后予？"

孔传：怨者辞也。
攸徂之民，室家相庆，曰："徯予后，后来其苏。"
孔传：汤所往之民皆喜曰："待我君来，其可苏息。"
民之戴商，厥惟旧哉！
孔传：旧，谓初征自葛时。
苏传：用兵如施针石，则病者惟恐其来之后也。
佑贤辅德，显忠遂良，
孔传：贤则助之，德则辅之，忠则显之，良则进之。明王之道。
兼弱攻昧，取乱侮亡。
孔传：弱则兼之，暗则攻之，乱则取之，有亡形则侮之。言正义。
推亡固存，邦乃其昌。
孔传：有亡道，则推而亡之；有存道，则辅而固之。王者如此，国乃昌盛。
苏传：善者自遂，恶者自亡。汤岂有心哉？应物而已。
德日新，万邦惟怀；志自满，九族乃离。
孔传：日新，不懈怠。自满，志盈溢。
王懋昭大德，建中于民，以义制事，以礼制心，
苏传：未尝作事也，事以义起；未尝有心也，心以礼作。
垂裕后昆。
孔传：欲王自勉明大德，立大中之道于民，率义奉礼，垂优足之道示后世。
苏传：裕，余也。
予闻曰：能自得师者王，
孔传：求贤圣而事之。
谓人莫己若者亡。
孔传：自多足，人莫之益，亡之道。
好问则裕，
苏传：裕，广也。
自用则小。
孔传：问则有得，所以足，不问专固，所以小。
呜呼！慎厥终，惟其始。
孔传：靡不有初，鲜克有终，故戒慎终如其始。
殖有礼，覆昏暴。
孔传：有礼者封殖之，昏暴者覆亡之。
钦崇天道，永保天命。
孔传：王者如此上事，则敬天安命之道。

苏传：汤之惭德，仁人君子莫大之病也。仲虺恐其忧愧不已，以害维新之政，故思有以广其意者。首言桀得罪于天，天命不可辞。次言桀之必害己，终言汤之勋德足以受天下者。乃因极陈为君艰难、安危、祸福可畏之道，以明今者受夏非以利己，乃为无穷之恤，以慰汤而解其惭。仲虺之忠爱，可谓至矣！然而汤之所惭来世口实之病，仲虺终不敢谓无也。夫君臣之分，放弑之名，虽其臣子有不能文，况万世之后乎！

汤诰第三

汤既黜夏命，

孔传：黜，退也，退其王命。

复归于亳，作《汤诰》。

苏传：亳，在梁国谷熟县。

汤诰。

孔传：以伐桀大义告天下。

王归自克夏，至于亳，诞告万方。

孔传：诞，大也。以天命大义告万方之众人。

苏传：诞，大也。

王曰：嗟！尔万方有众，明听予一人诰。

孔传：天子自称曰予一人，古今同义。

惟皇上帝，降衷于下民，

孔传：皇，大。上帝，天也。衷，善也。

若有恒性，克绥厥猷惟后。

孔传：顺人有常之性，能安立其道教，则惟为君之道。

苏传：衷，诚也。若，顺也。仁义之性，人所咸有，故曰"天降"也。顺其有常之性，其无常者，喜怒哀乐之变，非性也。能安此道，乃君也。

夏王灭德作威，以敷虐于尔万方百姓。

孔传：夏桀灭道德，作威刑，以布行虐政于天下百官。言残酷。

尔万方百姓，罹其凶害，弗忍荼毒，

孔传：罹，被。荼毒，苦也。不能堪忍，虐之甚。

并告无辜于上下神祇。

孔传：言百姓兆民并告无罪，称冤诉天地。

天道福善祸淫，降灾于夏，以彰厥罪。

孔传：政善，天福之；淫过，天祸之；故下灾异以明桀罪恶，谴寤之而桀不改。

肆台小子,将天命明威,不敢赦。

孔传：行天威,谓诛之。

敢用玄牡,敢昭告于上天神后,请罪有夏。

孔传：明告天,问桀百姓有何罪而加虐乎？

聿求元圣,与之戮力,以与尔有众请命。

孔传：聿,遂也。大圣陈力,谓伊尹。放桀除民之秽,是请命。

苏传：请罪者,为桀谢罪；请命者,为民祈福。

上天孚佑下民,罪人黜伏,

孔传：孚,信也。天信佑助下民,桀知其罪,退伏远屏。

天命弗僭。贲若草木,兆民允殖。

孔传：僭,差。贲,饰也。言福善祸淫之道不差,天下恶除,焕然咸饰,若草木同华,民信乐生。

苏传：僭,不信也。言天命有信,视民所与则殖之,所不与则蹶之。若草木然,民所殖则生,不殖则死。贲,饰也。其理明甚,炳然如丹青也。

俾予一人,辑宁尔邦家。

孔传：言天使我辑安汝国家。国,诸侯。家,卿大夫。

兹朕未知,获戾于上下,

孔传：此伐桀未知得罪于天地。谦以求众心。

栗栗危惧,若将陨于深渊。

孔传：栗栗,危心,若坠深渊,危惧之甚。

苏传：此亦惭德之言也。

凡我造邦,无从匪彝,无即慆淫。

孔传：戒诸侯与之更始。彝,常。慆,慢也。无从非常,无就慢过,禁之。

苏传：彝,常也。慆,慢也。戒诸侯之言。

各守尔典,以承天休。

孔传：守其常法,承天美道。

尔有善,朕弗敢蔽；罪当朕躬,弗敢自赦,惟简在上帝之心。

孔传：所以不蔽善人,不赦己罪,以其简在天心故也。

苏传：言上帝当简察其善恶。

其尔万方有罪,在予一人,

孔传：自责化不至。

予一人有罪,无以尔万方。

孔传：无用尔万方,言非所及。

呜呼！尚克时忱,乃亦有终。

孔传：忱，诚也。庶几能是诚道，乃亦有终世之美。

苏传：庶几能信此也。

咎单作《明居》。

孔传：咎单，臣名，主土地之官，作明居民法一篇，亡。

苏传：一篇，亡。

伊训 第四

成汤既没。太甲元年，

孔传：太甲，太丁子，汤孙也。太丁未立而卒，及汤没而太甲立，称元年。

伊尹作《伊训》《肆命》《徂后》。

孔传：凡三篇，其二亡。

苏传：《史记》：汤之子太丁，未立而卒。汤崩，太丁之弟外丙立，二年崩。外丙之弟仲壬立，四年崩。伊尹乃立太丁之子太甲。太史公按《世本》，汤之后，二帝七年，而后至太甲，其迹明甚，不可不信。而孔安国独据经臆度，以为成汤没而太甲立，且以①是岁改元。学者因谓太史公为妄，初无二帝，而太史公妄增之。岂有此理哉！经云"汤既没。太甲元年"者，非谓汤之崩在太甲元年也。伊尹称汤以训，故孔子叙《书》，亦以汤为首。殷道亲亲，兄死弟及，若汤崩，舍外丙而立太丁之子，则殷道非亲亲矣，而可乎？以此知《史记》之不妄也。安国谓汤崩之岁，而太甲改元，不待明年者，亦因经文以臆也。经云"惟元祀十有二月，伊尹祠于先王，奉嗣王，祗见厥祖"者，盖太甲立之明年正月也。正月而谓之十二月，何也？殷之正月则夏之十二月也。殷虽以建丑为正，犹以夏正数月，亦犹周公作《豳诗》于成王之世，而云"七月流火，九月授衣"，皆夏正也。《史记》：秦始皇三十一年十二月，更名腊曰嘉平。夫腊必建丑之月也，秦以十月为正，则腊当在三月，而云十二月，以是知古者虽改正朔，然犹以夏正数月也。崩年改元，乱世之事，不容伊尹在而有之，不可以不辨。②

伊训。

孔传：作训以教道太甲。

惟元祀十有二月乙丑，伊尹祠于先王，

孔传：此汤崩逾月，太甲即位，奠殡而告。

奉嗣王祗见厥祖。

---

① 以：《四库》本作"于"。

② "崩年"至"不辨"，蔡沈《书集传》引录，"乱世之事"作"乱世事也"，"在"字在"伊尹"前。

孔传：居位主丧。
侯甸群后咸在，
孔传：在位次。
百官总己以听冢宰。
孔传：伊尹制百官，以三公摄冢宰。
苏传：汤崩虽久矣，而仲壬之服未除，故冢宰为政也。
伊尹乃明言烈祖之成德，以训于王，
孔传：汤有功烈之祖，故称焉。
曰：呜呼！古有夏先后，方懋厥德，罔有天灾。
孔传：先君，谓禹以下、少康以上贤王。言能以德禳灾。
山川鬼神，亦莫不宁，
孔传：莫，无也。言皆安之。
暨鸟兽鱼鳖咸若。
孔传：虽微物皆顺之，明其余无不顺。
于其子孙弗率，皇天降灾，假手于我有命。
孔传：言桀不循其祖道，故天下祸灾，借手于我，有命商王诛讨之。
苏传：我有天命之君，汤也。
造攻自鸣条，朕哉自亳。
孔传：造、哉，皆始也。始攻桀伐无道，由我始修德于亳。
苏传：造、哉，皆始也。始攻自鸣条，始建号自亳。
惟我商王，布昭圣武，代虐以宽，兆民允怀。
孔传：言汤布明武德，以宽政代桀虐政，兆民以此皆信怀我商王之德。
今王嗣厥德，罔不在初。
孔传：言善恶之由，无不在初，欲其慎始。
立爱惟亲，立敬惟长。始于家邦，终于四海。
孔传：言立爱敬之道，始于亲长，则家国并化，终洽四海。
呜呼！先王肇修人纪，
苏传：戒其恃天命不修人事。
从谏弗咈。先民时若，
孔传：言汤始修为人纲纪，有过则改，从谏如流，必先民之言是顺。
居上克明，
孔传：言理恕。
为下克忠。
孔传：事上竭诚。

苏传：言君明则①臣忠也。

与人不求备，检身若不及，

孔传：使人必器之。常如不及，恐有过。

以至于有万邦，兹惟艰哉！

孔传：言汤操心常危惧，动而无过，以至为天子，此自立之难。

敷求哲人，俾辅于尔后嗣。

孔传：布求贤智，使师辅于尔嗣王。言仁及后世。

制官刑，儆于有位，

孔传：言汤制治官刑法，以儆戒百官。

曰：敢有恒舞于宫，酣歌于室，时谓巫风。

孔传：常舞则荒淫。乐酒曰酣，酣歌则废德。事鬼神曰巫。言无政。

苏传：《诗》云："无冬无夏，值其鹭羽。"此巫风也。

敢有殉于货色，恒于游畋，

苏传：从流上而忘反，谓之游。

时谓淫风。

孔传：殉，求也。昧求财货美色，常游戏畋猎，是淫过之风俗。

敢有侮圣言，逆忠直，远耆德，比顽童，时谓乱风。

孔传：狎侮圣人之言而不行，拒逆忠直之规而不纳，耆年有德疏远之，童稚顽嚚亲比之，是荒乱之风俗。

惟兹三风十愆，卿士有一于身，家必丧。

孔传：有一过则德义废，失位亡家之道。

邦君②有一于身，国必亡。

孔传：诸侯犯此，国亡之道。

臣下不匡，其刑墨。

苏传：匡，正也，谓谏也。

具训于蒙士。

孔传：邦君卿士，则以争臣自匡正。臣不正君，服墨刑，凿其额，涅以墨。蒙士，例谓下士，士以争友仆隶自匡正。

苏传：蒙，童也。士自童幼，即以此训之也。

呜呼！嗣王祗厥身，念哉！

孔传：言当敬身，念祖德。

---

① 则：《四库》本无，据经文文意，当有。

② "邦君"下，凌本有"若"字。

圣谟洋洋，嘉言孔彰，

孔传：洋洋，美善言。甚明可法。

惟上帝不常。作善，降之百祥；作不善，降之百殃。

孔传：祥，善也。天之祸福，惟善恶所在，不常在一家。

尔惟德罔小，万邦惟庆；

孔传：修德无小，则天下赉庆。

尔惟不德罔大，坠厥宗。

孔传：苟为不德无大，言恶有类，以类相致，必坠失宗庙。此伊尹至忠之训。

苏传：尔若作德，虽小善，足以庆万邦；若其不德，不待大恶而亡。

《肆命》

孔传：陈天命以戒太甲，亡。

《徂后》。

孔传：陈往古明君以戒，亡。

苏传：二篇，亡。

太甲上第五

太甲既立，不明，

孔传：不用伊尹之训，不明居丧之礼。

伊尹放诸桐。

孔传：汤葬地也。不知朝政，故曰放。

三年，复归于亳，思庸

孔传：念常道。

伊尹，作《太甲》三篇。

苏传：思用伊尹之言也。汤放桀，伊尹放太甲，古未有是，皆圣人不得已之变也。故汤以惭德，为法受恶，曰此我之所以甚病也。乱臣贼子，庶乎其少衰矣。汤不放桀，伊尹不放太甲，不独病一时而已，将使后世无道之君谓天下无奈我何，此其病与口实之惭均耳。圣人以为宁惭己以救天下后世，故不得已而为之。以为不得已之变，则可以为道；固当尔，则不可。使太甲不思庸，伊尹卒放之而更立主，则其惭有大于汤者矣。

太甲。

孔传：戒太甲，故以名篇。

惟嗣王不惠于阿衡，

孔传：阿，倚。衡，平。言不顺伊尹之训。

苏传：惠，顺也。阿，倚也。衡，平也。言天下之所倚平也。阿衡，伊尹之号,犹曰"师尚父"云尔:师,其官也;尚父,其号也。

伊尹作书,曰:先王顾諟天之明命,

苏传:顾,眷也。以言许人曰諟。言汤为天命之眷许也。

以承上下神祇。

孔传:顾,谓常目在之。諟,是也。言敬奉天命以承顺天地。

社稷宗庙,罔不祇肃。

孔传:肃,严也。言能严敬鬼神而远之。

天监厥德,用集大①命,抚绥万方,

孔传:监,视也。天视汤德,集王命于其身,抚安天下。

惟尹②躬,克左右厥辟,宅师。

孔传:伊尹言能助其君,居业天下之众。

苏传:伊尹助其君居集天下之众也。

肆嗣王丕承基绪,

孔传:肆,故也。言先祖勤德,致有天下,故子孙得大承基业,宜念祖修德。

惟尹躬先见于西邑夏。

苏传:丕,大也。夏都在亳西。

自周有终,

苏传:自,由也。忠信为周,由忠信之道则有终也。

相亦惟终。

孔传:周,忠信也。言身先见夏君臣,用忠信有终。夏都在亳西。

其后嗣王,罔克有终,相亦罔终。

孔传:言桀君臣,灭先人之道德,不能终其业以取亡。

苏传:言君臣一体,祸福同也。

嗣王戒哉,祇尔厥辟。

苏传:辟,君也。敬其为君之道。

辟不辟,忝厥祖。

孔传:以不终为戒,慎之至,敬其君道,则能终。忝,辱也。为君不君,则辱其祖。

王惟庸,罔念闻。

孔传:言太甲守常不改,无念闻伊尹之戒。

---

① 大:《经解》本作"太"。
② 尹:凌本作"君",误。各本及《十三经注疏》本经文皆作"尹"。

苏传：忝,辱也。以不善为常,闻伊尹之训,若不闻然。
伊尹乃言曰：先王昧爽丕显,坐以待旦。
孔传：爽、显,皆明也。言先王昧明思大明其德,坐以待旦而行之。
苏传：方天昧明之间,先王已大明其心,思道以待旦。
旁求俊彦,启迪后人。
孔传：旁非一方。美士曰彦。开道后人。言训戒。
苏传：彦,美士也。以贤者遗子孙开道之。
无越厥命以自覆。
孔传：越,坠失也。无失亡祖命,而不勤德,以自颠覆。
苏传：越,坠失也。
慎乃俭德,惟怀永图。
孔传：言当以俭为德,思长世之谋。
苏传：以约失之者鲜矣,未有泰侈而能久者也。
若虞机张,往省括于度,则释。
孔传：机,弩牙也。虞,度也。度机,机有度。以准望言修德,夙夜思之,明旦行之,如射先省矢,括于度,释则中。
苏传：虞,虞人也。机张,所以射鸟兽者。省,察也。括,隐括也,度机之准望也。释,舍也。《诗》曰"舍矢如破",准望有毫厘之差,则所中有寻丈之失矣。言人君所为,得失微而祸福大,亦如此也。
钦厥止,
苏传：止,居也。孔子曰："居敬而行简。"
率乃祖攸行,
孔传：止,谓行所安止,君止于仁,子止于孝。
惟朕以怿,万世有辞。
孔传：言能循汝祖所行,则我喜悦,王亦见叹美无穷。
苏传：辞,所以名言于天下后世者也。
王未克变。
孔传：未能变,不用训。太甲性轻脱,伊尹至忠,所以不已。
伊尹曰：兹乃不义,习与性成。
孔传：言习行不义,将成其性。
苏传：性无不善者,今王习为不义,则性沦于习中,皆成于恶也。
予弗狎于弗顺,营于桐宫,密迩先王其训,无俾世迷。
孔传：狎,近也。经营桐墓立宫,令太甲居之。近先王,则训于义,无成其过,不使世人迷惑怪之。

苏传：狎，近也。王之不义，以近群小故也。故独使居于桐宫，密迩先王之陵墓，以思哀而生善心，此先王之训也。迷，读如"怀宝迷邦"之迷。我不训正太甲，则是怀道以迷天下也。

王徂桐宫，居忧，

孔传：往入桐宫，居忧位。

克终允德。

孔传：言能思念其祖，终其信德。

太甲中第六

惟三祀十有二月朔，

孔传：汤以元年十一月崩，至此二十六月，三年服阕。

苏传：此亦三年①正月也。

伊尹以冕服奉嗣王，归于亳。

孔传：冕，冠也。踰月即吉服。

苏传：始吉服也。

作《书》曰：民非后，罔克胥匡以生；

孔传：无能相匡，故须君以生。

苏传：胥匡，相正也。

后非民，罔以辟四方。

孔传：须民以君四方。

苏传：言民去之，则吾无与为君者。

皇天眷佑有商，俾嗣王克终厥德，实万世无疆之休。

孔传：言王能终其德，乃天之顾佑商家，是商家万世无穷之美。

王拜手稽首，曰：予小子不明于德，自厎不类。②

孔传：君而稽首于臣，谢前过。类，善也。闇于德，故自致不善。

苏传：不类，犹失常也。

欲败度，纵败礼，以速戾于厥躬。

孔传：速，召也。言己放纵情欲，毁败礼仪法度，以召罪于其身。

天作孽，犹可违，自作孽，不可逭。

孔传：孽，灾。逭，逃也。言天灾可避，自作灾，不可逃。

苏传：孽，妖也。违、逭，皆避也。妖祥之来，有可以避者，此天作也。

---

① 三年：原本与《经解》本作"二年"，据《四库》本改。

② "于德"至"不类"，《经解》本脱。

若妖由人兴,则无可避之理。

既往背师保之训,弗克于厥初,尚赖匡救之德,图惟厥终。

孔传:言已已往之前,不能修德于其初,今庶几赖教训之德,谋终于善。悔过之辞。

伊尹拜手稽首,

孔传:拜手,首至手。

曰:修厥身,允德协于下,惟明后。

孔传:言修其身,使信德合于群下,惟乃明君。

苏传:允德,信有德也。下之协从,从其非伪者,盖欲天下中心悦而诚服。苟非其德出于其固有之诚心,未有能至者。

先王子惠困穷,民服厥命,罔有不悦。

孔传:言汤子爱困穷之人,使皆得其所,故民心服其教令,无有不忻喜。

并其有邦厥邻,乃曰:徯我后,后来无罚。

孔传:汤俱与邻并有国,邻国人乃曰"待我君来",言忻戴。"君来无罚",言仁惠。

苏传:上失其道,民散久矣。凡丽于罚,皆君使之,汤来则我自无罪矣。

王懋乃德,视乃厥祖,①无时豫怠。

孔传:言当勉修其德,法视其祖而行之,无为是逸豫怠惰。

奉先思孝,接下思恭。

孔传:以念祖德为孝,以不骄慢为恭。

视远惟明,听德惟聪。

孔传:言当以明视远,以聪听德。

苏传:视不及远非明,听不择善非聪。

朕承王之休,无斁。

孔传:王所行如此,则我承王之美无厌。

苏传:斁,厌也。

太甲下第七

伊尹申诰于王,

---

① 厥祖:原本、《经解》本作"烈祖",《四库》本作"厥祖",据改。阮元《十三经校勘记》:"《石经考文提要》:坊本作'烈祖'。亦沿蔡沈《集传》。案,孔安国《传》'视其祖而行之'。'其'训'厥'也。"又:"按《纂传》已从《蔡传》作'烈'矣。"伪孔《古文尚书》作"厥祖",蔡沈《书集传》乃改作"烈祖"。蔡氏在苏轼后,苏轼《书传》当从《孔传》作"厥祖"。原本作"烈祖"者,盖刻者从蔡氏《传》改,非原貌。《四库》尚存其旧,故据改。

苏传：申，重也。

曰：呜呼！惟天无亲，克敬惟亲。

孔传：言天于人无有亲疏，惟亲能敬身者。

民罔常怀，怀于有仁。

孔传：民所归无常，以仁政为常。

鬼神无常享，享于克诚。

孔传：言鬼神不系一人，能诚信者，则享其祀。

天位艰哉，

孔传：言居天子之位难，以此三者。

德惟治，否德乱。

孔传：为政以德则治，不以德则乱。

与治同道，罔不兴；与乱同事，罔不亡。

孔传：言安危在所任，治乱在所法。

苏传：尧、舜让而帝，子哙①让而绝；汤、武行仁义而王，宋襄公行仁义②而亡。与治同道，罔不兴；与乱同事，罔不亡也。③ 必同道而后兴，道同者事未必同也。周厉王弭谤，秦始皇禁偶语；周景王铸大钱，王莽作泉货；纣积巨桥之粟，隋炀帝洛口诸仓。其事同，其道无不同者，故与乱同事则亡矣。

终始慎厥与，惟明明后。

孔传：明慎其所与治乱之机，则为明王明君。

苏传：慎所与之人也。君子难合而易离，能与君子固难矣，能终始之尤难。

先王惟时，懋敬厥德，克配上帝。

孔传：言汤惟是终始所与之难，勉修其德，能配天而行之。

苏传：汤惟能如是，勉敬厥德，故能配天。天无言无作，而四时行，百物生，王亦如是。老子曰："王乃天，天乃道。"

今王嗣有令绪，尚监兹哉。

孔传：令，善也。继祖善业，当夙夜庶几视祖此配天之德而法之。

若升高必自下，若陟遐必自迩。

孔传：言善政有渐，如登高升远，必用下近为始，然后终致高远。

苏传：迩者远之始，下者高之本。升高而不自下，陟遐而不自迩，慕道而求速达，皆自欺而已。

---

① 子哙：《经解》本、凌本、《四库》本作"之哙"，即子之、燕王哙。
② 仁义：《经解》本、凌本、《四库》本无"义"字。宋襄公有仁而无义，故亡，此文当无"义"字。
③ "与治"至"亡也"，林之奇《全解》引作"与治同事未必兴也"。

无轻民事，惟难；

孔传：无轻为力役之事，必重难之乃可。

无安厥位，惟危。

孔传：言当常自危惧，以保其位。

苏传：轻之则难，安之则危。

慎终于始，

孔传：于始虑终，于终思始。

苏传：虑终必自其始慎之。

有言逆于汝心，必求诸道；

孔传：人以言咈违汝心，必以道义求其意，勿拒逆之。

有言逊于汝志，必求诸非道。

孔传：逊，顺也。言顺汝心，必以非道察之，勿以自臧。

呜呼！弗虑胡获？弗为胡成？一人元良，万邦以贞。

孔传：胡，何。贞，正也。言常念虑道德，则得道德；念为善政，则成善政。一人，天子。天子有大善，则天下得其正。

苏传：伊尹忧太甲之深，故所戒者非一。有言合于道则逆汝心，合于非道则顺汝志，如此，则是患不可胜虑、事不可胜为矣。故叹曰：呜呼，弗虑胡获？弗为胡成？亦治其元良而已。此所谓要道也。元，始也。良，其良心也。人君能治其始，有之良心，则万邦不令而自正。前言皆蓬蔘①矣。

君罔以辩言乱旧政，

孔传：利口覆国家，故特慎焉。

臣罔以宠利居成功，

孔传：成功不退，其志无限，故为之极以安之。

邦其永孚于休。

孔传：言君臣各以其道，则国长信保于美。

苏传：天下之乱，必始于君臣携离。君以辩言乱旧政，则大臣惧；臣以宠利居成功，则人主疑，乱之始也。

咸有一德第八

伊尹作《咸有一德》。

孔传：言君臣皆有纯一之德，以戒太甲。

咸有一德。

---

① 蓬蔘：《四库》本作"篷篠"。二词通用。

孔传：即政之后，恐其不一，故以戒之。
伊尹既复政厥辟，
孔传：还政太甲。
将告归，乃陈戒于德。
孔传：告老归邑，陈德以戒。
曰：呜呼！天难谌，
苏传：谌，信也。
命靡常。
孔传：以其无常，故难信。
常厥德，保厥位。厥德靡常，九有以亡。
孔传：人能常其德，则安其位。九有诸侯，桀不能常其德，汤伐而兼之。
苏传：九有，九州也。
夏王弗克庸德，慢神虐民，
孔传：言桀不能常其德，不敬神明，不恤下民。
皇天弗保，监于万方。启迪有命，
孔传：言天不安桀所为，广视万方，有天命者开道之。
眷求一德，俾作神主。
孔传：天求一德，使伐桀为天地神祇之主。
惟尹躬暨汤，咸有一德，克享天心，受天明命，
孔传：享，当也。所征无敌，谓之受天命。
以有九有之师，爰革夏正。
孔传：爰，于也。于得九有之众，遂伐夏胜之，改其正。
非天私我有商，惟天佑于一德；
孔传：非天私商而王之，佑助一德所以王。
非商求于下民，惟民归于一德。
孔传：非商以力求民，民自归于一德。
德惟一，动罔不吉；德二三，动罔不凶。
孔传：二三，言不一。
惟吉凶不僭，在人。惟天降灾祥，在德。
孔传：行善则吉，行恶则凶，是不差。德一，天降之善；不一，天降之灾；是在德。
今嗣王新服厥命，惟新厥德。
孔传：其命，王命。新其德，戒勿怠。
终始惟一，时乃日新。

孔传：言德行终始不衰杀，是乃日新之义。

苏传：一者，不变也。如其善而一也，不亦善乎；如其不善而一也，不几桀乎。曰：非此之谓也。中有主之谓一，中有主则物至而应，物至而应则日新矣。中无主则物为宰，凡喜怒哀乐皆物也，而谁使新之？故伊尹曰"终始惟一，时乃日新"。予尝有言，圣人如天，时杀时生；君子如水，因物赋形。天不违仁，水不失平，惟一故新，惟新故一。一故不流，新故无戁。此伏羲以来所传要道也。伊尹耻其君不如尧、舜，故以是训之。如众人之言，新则不能一，而一非新也。伊尹曰一所以新也，是谓万物并育而不相害，道并行而不相悖。

任官惟贤才，左右惟其人。

孔传：官贤材而任之，非贤材不可任。选左右，必忠良。不忠良，非其人。

臣为上为德，为下为民。

孔传：言臣奉上布德，顺下训民，不可官所私，任非其人。

苏传：士之所求者爵禄，而爵禄我有也，挟是心以轻士，此最人主之大患，故告之曰：臣之所以为民上者，非为爵禄也，为德也。德非位不行，其所以为我下者，非为爵禄也，为民屈也。知此，则知敬其臣；知敬其臣，而后天位安。

其难其慎，惟和惟一。

孔传：其难无以为易，其慎无以轻之，群臣当和一心以事君，政乃善。

苏传：和，如晏平仲之所谓和也。

德无常师，主善为师；

孔传：德非一方，以善为主，乃可师。

善无常主，协于克一。

孔传：言以合于能一为常德。

苏传：中无主者，虽为善皆伪也。

俾万姓咸曰：大哉王言！

孔传：一德之言，故曰大。

苏传：名之必可言，言之必可行，是谓大。

又曰：一哉王心！

孔传：能一德，则一心。

苏传：如天地之有信，可恃以安也。

克绥先王之禄，永底烝民之生。

孔传：言为王而令万姓如此，则能保安先王之宠禄，长致众民所以自生之道，是明王之事。

呜呼,七世之庙,可以观德;

孔传:天子立七庙,有德之王,则为祖宗,其庙不毁,故可观德。

万夫之长,可以观政。

孔传:能整齐万夫,其政可知。

苏传:非德无以遗后,非政无以齐众。

后非民罔使,民非后罔事。

孔传:君以使民自尊,民以事君自生。

无自广以狭人,匹夫匹妇,不获自尽,民主罔与成厥功。

孔传:上有狭人之心,则下无所自尽矣。言先尽其心,然后乃能尽其力,人君所以成功。

沃丁既葬伊尹于亳,

孔传:沃丁,太甲子。伊尹既致仕老终,以三公礼葬。

咎单遂训伊尹事,

孔传:训畅其所行功德之事。

作《沃丁》。

孔传:咎单,忠臣名。作此篇以戒也,亡。

苏传:咎单训伊尹事,犹曹参述行萧何之政也。咎单作明居,司空之职也;舜宅百揆,亦司空之事也;禹作司空,以此考之,自尧、舜至商,盖尝以司空为政也欤?沃丁,太甲子。自克夏至沃丁,五十有三年,①伊尹亦上寿矣。

伊陟相太戊,

孔传:伊陟,伊尹子。太戊,沃丁弟之子。

苏传:伊陟,伊尹子。太②戊,帝太庚之子。

亳有祥,桑穀共生于朝,

孔传:祥,妖怪。二木合生,七日大拱,不恭之罚。

苏传:桑穀合生于朝,七日而拱,妖也。

伊陟赞于巫咸,作《咸乂》四篇。

孔传:赞,告也。巫咸,臣名。皆亡。

苏传:《书》曰:在太戊时,巫咸乂王家。

---

① 五十有三年:《四库》本作"五十有二年",误。按《史记·殷本纪》,自汤至沃丁凡五王。汤崩,外丙立,"即位三年崩";中壬立,"即位四年崩";太甲立,"称太宗";"太宗崩,子沃丁立"。据《集解》引皇甫谧:"(汤)为天子十三年,年百岁而崩。"苏辙《古史·殷本纪》又称"太甲在位三十三年而崩"。自汤之十三年,加外丙三年、中壬四年、太甲三十三年,共为五十三年。

② 太:《经解》本作"大"。

太戊赞于伊陟，

孔传：告以改过自新。

作《伊陟》《原命》。

孔传：原，臣名。《原命》《伊陟》二篇皆亡。

仲丁迁于嚣，

孔传：太戊子。去亳。嚣，地名。

作《仲丁》。

孔传：陈迁都之义，亡。

苏传：仲丁，太戊子，自亳迁嚣。嚣，在陈留浚仪县，或曰今河南敖仓。

河亶甲居相，

孔传：仲丁弟。相，地名，在河北。

作《河亶甲》。

孔传：亡。

苏传：河亶甲，仲丁弟。相，在河北。

祖乙圮于耿，

孔传：亶甲子。圮于相，迁于耿。河水所毁曰圮。

作《祖乙》。

孔传：亡。

苏传：祖乙，河亶甲子。耿，在河东皮氏县耿乡。圮，毁也，都邑为水所毁。凡十篇，亡。

卷　　八

商　　书

盘庚上第九

盘庚五迁,将治亳,殷
孔传:自汤至盘庚,凡五迁都,盘庚治亳殷。
民咨胥怨,
孔传:胥,相也。民不欲徙,乃咨嗟忧愁,相与怨上。
作《盘庚》三篇。
苏传:咨,嗟也。盘庚,阳甲弟。汤迁于亳,仲丁迁于嚣,河亶甲居相,祖乙圮于耿,而盘庚迁于殷。
盘庚。
孔传:盘庚,殷王名。殷质,以名篇。
盘庚迁于殷,
孔传:亳之别名。
民不适有居,
孔传:适,之也,不欲之殷有邑居。
苏传:祖乙圮于耿,盘庚不得不迁,而小人怀土,故不肯适新居。
率吁众慼,出矢言。
孔传:吁,和也。率和众忧之人,出正直之言。
苏传:吁,呼也。矢,誓也。盘庚知民怨,故呼众忧之人,而告誓之。
曰:我王来,既爰宅于兹。

孔传：我王祖乙居耿。爰，于也。言祖乙已居于此。

重我民，无尽刘。

孔传：刘，杀也。所以迁此，重我民，无欲尽杀故。

不能胥匡以生，卜稽曰：其如台。

孔传：言民不能相匡以生，则当卜考于龟以徙，曰其如我所行。

先王有服，恪谨天命，兹犹不常宁，

孔传：先王有所服行，敬谨天命，如此尚不常安，有可迁辄迁。

不常厥邑，于今五邦。

孔传：汤迁亳，仲丁迁嚣，河亶甲居相，祖乙居耿，我往居亳，凡五徙国都。

今不承于古，罔知天之断命，

孔传：今不承古而徙，是无知天将断绝汝命。

矧曰其克从先王之烈？

孔传：天将绝命，尚无知之，况能从先王之业乎。

苏传：爰，于也。刘，杀也。匡，救也。我先王祖乙，既宅于耿，耿圮，欲迁而不忍，曰：民劳矣，无尽致之死。然民终不能相救以生。乃稽之卜，曰："是圮者无若我何。我先王自汤以来，奄有五服，以谨天命之故，犹不敢宁居，迁者五邦矣。今若不承古而迁，则天其断弃我命，况能从先王之烈乎！"

若颠木之有由蘖，①

孔传：言今往迁都，更求昌盛，如颠仆之木，有用生蘖哉。

天其永我命于兹新邑，

孔传：言天其长我命于此新邑，不可不徙。

绍复先王之大业，厎绥四方。

孔传：言我徙欲如此。

苏传：木之蠹病者，虽勤于封殖，不能使复遂茂。颠，仆也。既仆而蘖生之，然后有复盛之道，不颠则无所从蘖也。言天之欲复兴殷，必在新邑矣。

盘庚敩于民，由乃在位，以常旧服，正法度。

孔传：敩，教也。教人使用汝在位之命，用常故事，正其法度。

曰：无或敢伏小人之攸箴。

孔传：言无有敢伏绝小人之所欲箴规上者。戒朝臣。

苏传：敩，教也。"由乃在位"者，教自有位而下也。箴，规也。服，事也。矇诵、工谏、士传言、庶人谤于市，此先王之旧服②正法也。今民敢相聚

---

① 蘖：《经解》本作"蘗"，误。下同。
② 旧服：林之奇《全解》引用"旧典"。

怨诽,疑当立新法,行权政,以一切之威治之。盘庚仁人也,其下教①于民者,乃以常旧事而已,言不造新令也;以正法度而已,言不立权政也。曰"无或敢伏小人之攸箴"者,忧百官有司逆探其意而禁民言也。盘庚迁而殷复兴,用此道欤!

王命众,悉至于庭。

孔传:众,群臣以下。

王若曰:

苏传:《书》凡言"若曰"者,非尽当时之言,大意若此而已。

格,汝众!予告汝训,

孔传:告汝以法教。

汝猷黜乃心,无傲从康。

孔传:谋退汝违上之心,无傲慢从心所安。

苏传:谋自抑黜其心。无傲,无怀安也。

古我先王,亦惟图任旧人共政。

孔传:先王谋任久老成人共治其政。

苏传:此篇数言用耆旧,又戒其侮老成。以此推之,凡不欲迁者,皆众稺且狂也。盘庚言:"非独我用旧,先王亦用旧耳。岂可违哉?"

王播告之修,不匿厥指,

孔传:王布告人以所修之政,不匿其指。

王用丕钦,罔有逸言,民用丕变。

孔传:王用大敬其政教,无有逸豫之言,民用大变从化。

苏传:不仁者,鄙慢其民,曰:民可与乐成,难与虑始。故为一切之政,若雷霆鬼神。然使民不知其所从出,其肯敷心腹肾肠,以与民谋哉!今吾布告民,以所修之政,无所隐匿,是大敬民也。言之必可行,无过也,是以信而变从我也。逸,过也。

今汝聒聒,起信险肤,予弗知乃所讼。

孔传:聒聒,无知之貌。起信险伪肤受之言,我不知汝所讼言何谓。

苏传:险者,利口相倾覆也。孔子曰:"浸润之谮,肤受之愬,不行焉,可谓明也已矣。"巧言之入人,如水之渐渍,如病之自肌理入也,是之谓肤。今汝聒聒以险肤之言起信于人,将谁讼乎?

非予自荒兹德,惟汝含德,不惕予一人,予若观火,

孔传:我之欲徙,非废此德。汝不从我命,所含恶德,但不畏惧我耳,我

---

① 教:林之奇《全解》引作"敩"。

视汝情如视火。

予亦拙谋,作乃逸。

孔传:逸,过也。我不威胁汝徙,是我拙谋成汝过。

苏传:荒,广也,犹《诗》曰"遂荒大东",《书》曰"予荒度土功"也。含,容也。逸,过也。言汝妄造怨诽,若非我自广此德,以遂其事,但汝容,使汝不惕畏我,则我亦不仁矣。如观火作而不救,能终不救乎?终必扑灭之。容尔而不问,能终不问乎?终必诛绝之。不忍于小,而忍于大,则是我拙谋,成汝过也。作,成也。

若网在纲,有条而不紊。若农服田,力穑乃亦有秋。

孔传:紊,乱也。穑,耕稼也。下之顺上,当如网在纲,各有条理而不乱也。农勤穑则有秋,下承上则有福。

苏传:网无纲,纵之乱也。农不力穑,安于逸也。

汝克黜乃心,施实德于民,至于婚友。丕乃敢大言,汝有积德,

孔传:汝群臣能退汝违上之心,施实德于民。至于婚姻僚友,则我大乃敢言汝有积德之臣。

乃不畏戎毒于远迩。

苏传:戎,大也。毒,害也。商之世家大族,造言以害迁者,欲以苟悦小民为德也。故告之曰:是何德之有?汝曷不施实德于汝民与汝婚友乎?① 劳而有功,此实德也。汝能劳而有功,则汝乃敢大言曰:"我有积德。"如此,则汝自得众而多助,岂复畏从我远迁之大害乎!

惰农自安,不昏作劳,不服田亩,越其罔有黍稷。

孔传:戎,大。昏,强。越,于也。言不欲徙,则是不畏大毒于远近。如怠惰之农,苟自安逸,不强作劳于田亩,则黍稷无所有。

苏传:昏,强也。

汝不和吉,言于百姓,惟汝自生毒。

孔传:责公卿不能和喻百官,是自生毒害。

乃败祸奸宄,以自灾于厥身。

孔传:言汝不相率共徙,是为败祸奸宄,以自灾之道。

乃既先恶于民,乃奉其恫,汝悔身何及!

孔传:群臣不欲徙,是先恶于民。恫,痛也。不徙,则祸毒在汝身,徒奉持所痛而悔之,则于身无所及。

苏传:吉,善也。奉,承也。恫,痛也。汝今所施,乃恶也,非德也,当自

---

① "汝曷"句,蔡沈《书集传》所引,于"施"上有"去汝私心"四字,于"婚"下有"姻僚"二字。

承其疾痛。

相时憸民,犹胥顾于箴言。其发有逸口,矧予制乃短长之命!

孔传:言憸利小民,尚相顾于箴诲,恐其发动有过口之患,况我制汝死生之命,而汝不相教从我,是不若小民。

苏传:憸民,小人也。小人尚顾箴规之言,小人违箴言,其祸败之发,有过于口舌之相倾覆。矧予制汝死生之命,而敢违之乎!

汝曷弗告朕,而胥动以浮言,恐沈于众?

孔传:曷,何也。责其不以情告上,而相恐动以浮言。不徙,恐汝沉溺于众,有祸害。

苏传:恐、动、沈,溺于众人也。①

若火之燎于原,不可向迩,其犹可扑灭。

孔传:火炎不可向近,尚可扑灭。浮言不可信用,尚可刑戮绝之。

则惟汝②众自作弗靖,非予有咎。

孔传:我刑戮汝,非我咎也。靖,谋也。是汝自为非谋所致。

迟任有言曰:"人惟求旧,器非求旧,惟新。"

孔传:迟任,古贤。言人贵旧,器贵新,汝不徙,是不贵旧。

苏传:迟任,古贤人。言人旧则习,器旧则敝,当常使旧人、用新器。我今所以从老成之言,而迁新邑也。

古我先王,暨乃祖乃父,胥及逸勤,予敢动用非罚?

孔传:言古之君臣,相与同劳逸,子孙所宜法之,我岂敢动用非常之罚胁汝乎。

苏传:我先王与汝祖父,同其劳逸,我其敢动用非法之罚于其子孙乎?

世选尔劳,予不掩尔善。

孔传:选,数也。言我世世数汝功勤,不掩蔽汝善,是我忠于汝。

兹予大享于先王,尔祖其从与享之。

孔传:古者天子录功臣配食于庙。大享,烝尝也。所以不掩汝善。

作福作灾,予亦不敢动用非德。

孔传:善自作福,恶自作灾,我不敢动用非罚加汝,非德赏汝乎。从汝善恶而报之。

苏传:古者功臣配食于大烝。王言吾固欲选用功臣之子孙也,然尔祖与先王同享于庙,能作福作灾者,吾亦不敢动用非德之赏于其子孙也。

---

① 也:《四库》本无。
② 汝:原本、《四库》本作"尔",《经解》本、《十三经注疏》本经文作"汝",据改。

予告汝于难,若射之有志。

孔传:告汝行事之难,当如射之有所准志,必中所志乃善。

苏传:志,所射表的也。射而无志,则孰为中?孰为否?王事艰难,当各分守,无为浮言。当若射之有志,后有以考其功罪也。

汝无侮老成人,无弱孤有幼。

孔传:不用老成人之言,是侮老之。不徙,则孤幼受害,是弱易之。

苏传:"有""又"通,犹言孤与幼也。

各长于厥居,勉出乃力,听予一人之作猷,

孔传:盘庚敕臣下各思长于其居,勉尽心出力,听从迁徙之谋。

无有远迩。

苏传:汝无侮老弱幼,各为久居之计,无有远迩,惟予所谋是从。

用罪伐厥死,用德彰厥善。

孔传:言远近待之如一,罪以惩之使勿犯,伐去其死道。德以明之,使劝慕竞为善。

苏传:有罪不伐,则人将长恶不悛,必死而后已。故我薄刑小罪者,以伐其当死者也。

邦之臧,惟汝众;

孔传:有善则众臣之功。

邦之不臧,惟予一人有佚罚。

孔传:佚,失也。是己失政之罚。罪己之义。

凡尔众,其惟致告。

孔传:致我诚,告汝众。

苏传:国有不善,则我有余罪矣,尔众当尽以告我。佚,余也。致,尽也。

自今至于后日,各恭尔事,齐乃位,度乃口。

孔传:奉其职事,正齐其位,以法度居汝口,勿浮言。

苏传:度,法也。

罚及尔身,弗可悔。

孔传:不从我谋,罚及汝身,虽悔可及乎。

盘庚中第十

盘庚作,惟涉河,

苏传:作,起也。

以民迁,

孔传:为此南渡河之法用民徙。

乃话民之弗率。

苏传：民之弗率，不以政令齐之，而以话言晓之，此①盘庚之仁也。

诞告用亶其有众，

孔传：话，善言。民不循教，发善言大告，用诚于众。

咸造勿亵在王庭。

孔传：造，至也。众皆至王庭，无亵慢。

苏传：亵，慢也。

盘庚乃登进厥民，

孔传：升进命使前。

曰：明听朕言，无荒失朕命。

孔传：荒，废。

呜呼！古我前后，罔不惟民之承，

孔传：言我先世贤君，无不承安民而恤之。

保后胥慼，鲜以不浮于天时。

孔传：民亦安君之政，相与忧行君令。浮，行也。少以不行于天时者，言皆行天时。

苏传：承，敬也。古者谓过曰浮，浮之言胜也。以敬民，②故民保卫其后，相与忧其忧，虽有天时之灾，鲜不以人力胜之也。

殷降大虐，先王不怀，

孔传：我殷家于天降大灾，则先王不思故居而行徙。

厥攸作视，民利用迁。

孔传：其所为，视民有利，则用徙。

苏传：先王以天降灾虐，不敢怀安，其所作而迁者，视民利而已。

汝曷弗③念我古后之闻，

孔传：古后先王之闻，谓迁事。

承汝俾汝，惟喜康共，非汝有咎，比于罚。

孔传：今我法先王惟民之承，故承汝使汝徙，惟与汝共喜安，非谓汝有恶徙汝，令比近于殃罚。

苏传：我古后所以敬汝使汝者，喜与汝同安耳，非为有咎之日，使汝同受其罚也。

---

① 此：蔡沈《书集传》所引无。
② 以敬民：蔡沈《书集传》引此句作"后既无不惟民之敬"。又引上句无"者"字，引下句作"故民亦保后"，与此互有详略。
③ 弗：原本《经解》本作"不"，《四库》本作"弗"，《十三经注疏》经文亦作"弗"，今据改。

予若吁怀兹新邑,亦惟汝故,以丕从厥志。

孔传:言我顺和怀此新邑,欲利汝众,故大从其志而徙之。

苏传:予所以召呼怀来新邑之人者,亦惟以汝故也。将使汝久居而安,以大从我志。

今予将试以汝迁,安定厥邦。

孔传:试,用。

汝不忧朕心之攸困,

孔传:所困,不顺上命。

乃咸大不宣乃心,钦念以忱,动予一人。

孔传:汝皆大不布腹心,敬念以诚感动我,是汝不尽忠。

尔惟自鞠自苦,

孔传:鞠,穷也。言汝为臣不忠,自取穷苦。

若乘舟,汝弗济,臭厥载。

孔传:言不徙之害,如身在水中流,不渡,臭败其所载物。

苏传:困,病也。鞠,穷也。汝不忧我心之所病者,乃不布心腹,敬念以诚动我。但作怨诽,以自穷苦,譬如临水具舟,①能终不济乎? 无迟留以臭,败其所载也。

尔忱不属,惟胥以沈,不其或稽,自怒曷瘳?

孔传:汝忠诚不属逮古,苟不欲徙,相与沈溺,不考之先王,祸至自怒,何瘳差乎。

苏传:尔诚不能上达也,但相与沉溺,莫或考其利害者,自怨自怒,何损于病乎!

汝不谋长,以思乃灾,汝诞劝忧。

孔传:汝不谋长久之计,思汝不徙之灾,苟不欲徙,是大劝忧之道。

苏传:汝不谋长策以虑患,则是劝忧矣。劝忧,犹言乐祸也。

今其有今、罔后,汝何生在上?

孔传:言不徙,无后计,汝何得久生在人上,祸将及汝。

苏传:不谋其长,有今而无后,汝何以生于民上乎?

今予命汝一,

苏传:命汝一德一心也。

无起秽以自臭。

孔传:我一心命汝,汝违我,是自臭败。

---

① 临、具:原本、《经解》本、《四库》本有校语,曰"临,'一作流'";"具,'一作乘'"。

苏传：起秽者，未能臭人，先自臭也。

恐人倚乃身，迂乃心，

孔传：言汝既不欲徙，又为他人所误。倚，曲。迂，僻。

予迓续乃命于天。予岂汝威？用奉畜汝众。

孔传：迓，迎也。言我徙，欲迎续汝命于天，岂以威胁汝乎？用奉畜养汝众。

苏传：出怨言者，或愚人为人所使，故告之曰：恐人倚托乃身以为奸，迂僻乃心，俾迷惑失道。予故导迎汝，以续汝命于天。予岂汝威哉？以奉养汝众而已。

予念我先神后之劳尔先，予丕克羞尔，用怀尔然。

孔传：言我亦法汤大能进劳汝，以义怀汝心，而汝违我，是汝反先人。

苏传：尔之先祖，有勋劳于汤，故我大进用尔以怀尔也。

失于政，陈于兹，高后丕乃崇降罪疾，曰：曷虐朕民？

孔传：崇，重也。今既失政，而陈久于此而不徙，汤必大重下罪疾于我，曰：何为虐我民而不徙乎？

苏传：陈，久也。崇，大也。耽圯而不迁，以病我民，是失政而久于此也。汤必大降罪疾于我，以我为虐民也。

汝万民乃不生生，暨予一人猷同心。

孔传：不进进谋同心徙。

先后丕降与汝罪疾，曰：曷不暨朕幼孙有比？

孔传：言非但罪我，亦将罪汝。幼孙，盘庚自谓。比，同心。

苏传：乐生兴事，则其生也厚，是谓生生。比，同德也。

故有爽德自上，其罚汝，汝罔能迪。

孔传：汤有明德在天，见汝情下罚汝，汝无能道。言无辞。

苏传：非独先后罚汝也，汝有失德，天其罚汝，汝何道自免乎？

古我先后既劳乃祖乃父，

孔传：劳之共治人。

汝共作我畜民，汝有戕则在乃心，

孔传：戕，残也。汝共我治民，有残人之心而不欲徙，是反父祖之行。

我先后绥乃祖乃父，乃祖乃父乃断弃汝，不救乃死。

孔传：言我先王安汝父祖之忠，今汝不忠，汝父祖必断绝弃汝命，不救汝死。

苏传：则，象也。汝同我养民，而有戕民之象见于心，故为鬼神之所断弃也。

兹予有乱政同位,具乃贝玉。

孔传:乱,治也。此我有治政之臣,同位于父祖,不念尽忠,但念贝玉而已。言其贪。

乃祖乃父丕乃告我高后,曰:作丕刑于朕孙,

孔传:言汝父祖见汝贪而不忠,必大乃告汤曰:作大刑于我子孙,求讨不忠之罪。

迪高后,丕乃崇降弗祥。

孔传:言汝父祖开道汤大重下不善以罚汝。陈忠孝之义以督之。

苏传:乱政,犹言乱臣也。具者,多取而兼有之之谓也。《春秋传》曰:"昔平王东迁,七姓从王,牲用备具,王赖之而赐之骍旄之盟。"郑子产曰:"我先君威公,①与商人皆出自周,庸次比耦,以艾杀此地。斩之蓬蒿藜藋②而共处之,世有盟誓以相信也,曰:'尔无我叛,我无强贾。毋或匄③夺,尔有利市宝贿,我勿与知。'"盖迁国危事也。方道路之勤,营筑之劳,宝贿暴露,而贪吏扰之,易以生变。故于其将行,先盟之鬼神,曰:凡我乱政同位之臣,敢利汝贝玉,则其父祖当告我高后而诛之。不独如此而已,王亦自誓于众曰:朕不肩好货。又曰:无总于货宝。丁宁如此,所以儆百官而安民心,此古者迁国之法也。

呜呼!今予告汝不易,

孔传:凡所言皆不易之事。

永敬大恤,无胥绝远。

孔传:长敬我言,大忧行之,无相与绝远弃废之。

苏传:迁国,大忧也。君臣与民,一德一心而后可,相绝远则殆矣。

汝分猷念以相从,

苏传:各分其事以谋之。

各设中于乃心,

孔传:群臣当分明相与谋念,和以相从,各设中正于汝心。

苏传:中,公平也。

乃有不吉不迪,

---

① 威公:《左传》昭公十六年、《国语·周语》、《韩非子·外储说下》皆作"桓公"。宋人避宋钦宗赵桓讳,改"桓"为"威"。苏轼卒于徽宗建中靖国元年(1101),钦宗即位于宣和七年(1125),苏轼撰《书传》不当讳"桓"字,其所作各书也不避桓讳。此当是《书传》在流传过程中,后人所改。
② 藜藋:凌本、《经解》本、《四库》本作"藜藿",误。《左传》昭公十六年子产语正作"藜藋"。
③ 匄:《经解》本、凌本作"匃",误。

孔传：不善不道谓凶人。

苏传：不吉，凶人也。不迪，不道者也。

颠越不恭，

苏传：行险以犯上者。

暂遇奸宄，

孔传：颠，陨。越，坠也。不恭，不奉上命。暂遇人而劫夺之，为奸于外，为宄于内。

苏传：劫掠行道为奸者也。

我乃劓殄灭之。

苏传：轻者劓之，重者殄灭之。

无遗育，无俾易①种于兹新邑。

孔传：劓，割。育，长也。言不吉之人，当割绝灭之，无遗长其类，无使易种于此新邑。

往哉生生，今予将试以汝迁，永建乃家。

孔传：自今以往，进进于善。我乃以汝徙，长立汝家。卿大夫称家。

盘庚下第十一

盘庚既迁，奠厥攸居，乃正厥位，

孔传：定其所居，正郊、庙、朝、社之位。

苏传：郊、庙、朝、社之位。

绥爰有众，曰：无戏怠，懋建大命。

孔传：安于有众，戒无戏怠，勉立大教。

苏传：生者有以养，死者有以葬祭，勉立此大命也。

今予其敷心腹肾肠，历告尔百姓于朕志，

孔传：布心腹，言输诚于百官以告志。

罔罪尔众，尔无共怒，协比谗言予一人。

孔传：群臣前有此过，故禁其后。今我不罪汝，汝勿共怒我，合比凶人而妄言。

古我先王，将多于前功，

孔传：言以迁徙多大前人之功美。

适于山，用降我凶德，嘉绩于朕邦。

孔传：徙必依山之险，无城郭之劳。下去凶恶之德，立善功于我国。

---

① 易：《四库》本作"遗"，盖涉上而误。

今我民用荡析离居,罔有定极,

孔传:水泉沉溺,故荡析离居,无安定之极,徙以为之极。

尔谓朕,曷震动万民以迁?

孔传:言皆不明己本心。

苏传:古我先王,将求多于前人之功,故即于高原近山而居。而天降此凶灾之德,我先王不即迁者,嘉与汝民共施功于我旧邦。而民终不免流离,无所定止,我岂无故震动万民以迁哉?

肆上帝,将复我高祖之德,乱越我家。

孔传:以徙故,天将复汤德治理于我家。

苏传:济及我家也。

朕及笃敬,恭承民命,用永地于新邑。

孔传:言我当与厚敬之臣,奉承民命,用长居新邑。

苏传:我当及此时,敬承上帝恤民之命,以永居于新邑。

肆予冲人,非废厥谋,吊由灵,

孔传:冲,童。童人,谦也。吊,至。灵,善也。非废,谓动谋于众,至用其善。

各非敢违卜,用宏兹贲。

孔传:宏、贲,皆大也。君臣用谋,不敢违卜,用大此迁都大业。

苏传:冲,童也。吊,至也。灵,善也。宏,大也。贲,饰也。我非敢不与众谋,但至用其善者,自迁至于奠居,无所不用卜,以大此郊庙朝市之饰。

呜呼!邦伯、师长、百执事之人,尚皆隐哉!

孔传:国伯,二伯及州牧也。众长,公卿也。言当庶几相隐括共为善政。

苏传:邦伯,诸侯也。师长,公卿也。隐,闵也。

予其懋简相尔。

苏传:择贤以助尔。

念敬我众,

孔传:简,大。相,助也。勉大助汝,念敬我众民。

朕不肩好货,敢恭生生,鞠人谋人之保居,叙钦。

孔传:肩,任也。我不任贪货之人,敢奉用进进于善者。人之穷困能谋安其居者,则我式序而敬之。

苏传:肩,任也,不任好货之人也。敢,果也。恭者必慎,果于利,慎于厚生之道也。鞠人,穷人也。谋人,富人也,富则能谋。贫富相保而居,各以其叙相敬也。此教民厚生之道也。

今我既羞告尔于朕志,若否,罔有弗钦。

孔传：已进告汝之后，顺于汝心与否，当以情告我，无敢有不敬。

苏传：若，顺我而迁者也。否，不顺者也。

无总于货宝，

苏传：总，聚也。

生生自庸，

孔传：无总货宝以求位，当进进皆自用功德。

苏传：各自用其厚生之道。

式敷民德，永肩一心。

孔传：用布示民，必以德义，长任一心以事君。

苏传：民不悦，而犹为之，先王未之有也。祖乙圮于耿，盘庚不得不迁。然使先王处之，则动民而民不惧，劳民而民不怨。盘庚德之衰也，其所以信于民者未至，故纷纷如此。然民怨诽逆命，而盘庚终不怒，引咎自责，益开众言，反覆告谕，以口舌代斧钺，忠厚之至。此殷所以不亡而复兴也。后之君子，厉民以自用者，皆以盘庚藉口，予不可以不论。①

说命上第十二

高宗梦得说，

孔传：盘庚弟，小乙子，名武丁，德高可尊，故号高宗。梦得贤相，其名曰说。

使百工营求诸野，得诸傅岩，

孔传：使百官以所梦之形象，经营求之于外野，得之于傅岩之谷。

作《说命》三篇。

孔传：命说为相，使摄政。

苏传：高宗，武丁也，帝小乙之子。傅岩之野，在虞、虢之间。

说命。

孔传：始求得而命之。

王宅忧，谅阴三祀。

孔传：阴，默也。居忧信默三年不言。

苏传：谅，信也。阴，默也。居忧，信任冢宰而不言。

既免丧，其惟弗言，

孔传：除丧，犹不言政。

群臣咸谏于王，曰：呜呼！知之曰明哲，明哲实作则。

---

① "民不"至"不论"，蔡沈《书集传》全引，"此殷"下有"之"字，语气更为圆润。

孔传：知事则为明智，明智则能制作法则。

苏传：自知曰明，知人曰哲。

天子惟君万邦，百官承式。

孔传：天下待令，百官仰法。

苏传：式，法也。

王言惟作命，不言，臣下罔攸禀令。

孔传：禀，受。令，亦命也。

王庸作书以诰，曰：以台正于四方，台恐德弗类兹，故弗言。

孔传：用臣下怪之，故作诰。类，善也。我正四方，恐德不善，此故不言。

恭默思道，梦帝赉予良弼，其代予言。

孔传：梦天与我辅弼良佐，将代我言政教。

苏传：信一梦，而以天下之政授匹夫，此事之至难者也。武丁恭默思道，神交于上帝，得良弼于梦中。武丁自信可也，天下其孰信之？故三年不言，既免丧而犹默也。夫天子三年不言，百官万民，莫不忧惧以待命，若大旱之望时雨也，故一言而天下信之若神明。然昔楚庄王、齐威王，皆三年不出令，而以一言致强霸，亦此道也。恨其所得非傅说之流，是以不王。然亦可谓神而明之者矣。

乃审厥象，俾以形，旁求于天下。

孔传：审所梦之人，刻其形象，以四方旁求之于民间。

说筑傅岩之野，惟肖，

孔传：傅氏之岩，在虞虢之界，通道所经，有涧水坏道，常使胥靡刑人筑护此道。说贤而隐，代胥靡筑之以供食。肖，似。似所梦之形。

爰立作相。

苏传：肖，似也。《史记》：高宗得说，与之语，果圣人，乃举以为相。盖非直以梦而已。

王置诸其左右，

孔传：于是礼命立以为相，使在左右。

命之曰：朝夕纳诲，以辅台德。

孔传：言当纳谏诲直辞以辅我德。

若金，用汝作砺；

孔传：铁须砺以成利器。

若济巨川，用汝作舟楫；

孔传：渡大水待舟楫。

若岁大旱，用汝作霖雨。

孔传：霖，三日雨。霖以救旱。

启乃心，沃朕心。

苏传：渴其言也。

若药弗瞑眩，厥疾弗瘳。

孔传：开汝心以沃我心。如服药必瞑眩极，其病乃除。欲其出切言以自警。

若跣弗视地，厥足用伤。

孔传：跣必视地，足乃无害。言欲使为己视听。

苏传：瞑眩，愦眊也。药有毒者必瞑眩，人所畏也。跣不视地，为棘茨瓦砾所伤，人所不畏也。君子为国，有革弊去恶之政，如用毒药瞑眩，非所畏也。谋之不审，虑之不周，以败国事，如跣不视地以伤足，乃所当畏也。

惟暨乃僚，罔不同心，以匡乃辟。

孔传：与汝并官，皆当倡率，无不同心以匡正汝君。

俾率先王，迪我高后，以康兆民。

孔传：言匡正汝君，使循先王之道，蹈成汤之踪，以安天下。

呜呼！钦予时命，其惟有终。

孔传：敬我是命，修其职，使有终。

说复于王曰：惟木从绳则正，后从谏则圣。

孔传：言木以绳直，君以谏明。

后克圣，臣不命其承，

孔传：君能受谏，则臣不待命，其承意而谏之。

畴敢不祗若王之休命。

孔传：言王如此，谁敢不敬顺王之美命而谏者乎？

苏传：说以匹夫得政，而王虚心以待之者如此，意其必有高世绝人之谋。今其所以复于王者，曰从谏而已。大哉，仁人之言，约而至也。唐太宗，中主也，其事父兄，畜妻子，正身治家，有不正者多矣。然所以致刑措，其成功，去圣人无几者，特以从谏而已。说以为此一言，可以圣也。故首进之。以太宗观之，知从谏之可使狂作圣也。

说命中第十三

惟说命总百官，

孔传：在冢宰之任。

乃进于王，曰：呜呼！明王奉若天道，建邦设都，

孔传：天有日、月、北斗、五星、二十八宿，皆有尊卑相正之法，言明王奉

顺此道，以立国设都。

树后王君公，承以大夫师长，

孔传：言立君臣上下，将陈为治之本，故先举其始。

不惟逸豫，惟以乱民。

孔传：不使有位者逸豫民上，言立之主使治民。

苏传：古之天者，皆言民也。民不难出其力，以食诸侯卿士，以养天子者，岂独以逸乐之哉？将使济己也。此所以为天道也。

惟天聪明，惟圣时宪，惟臣钦若，惟民从乂。

孔传：宪，法也。言圣王法天以立教，臣敬顺而奉之，民以从上为治。

苏传：未尝视也，而无不见；未尝听也，而无不闻。此天聪明也，而圣人法之。

惟口起羞，

苏传：多言数穷，故吉人之辞寡。

惟甲胄起戎，

孔传：甲，铠。胄，兜鍪也。言不可轻教令，易用兵。

苏传：《春秋传》曰："无戎而城，雠必保焉。无故而好甲兵，民疑且畏，致寇之道也。"

惟衣裳在笥，

苏传：笥也，篚也，皆所以盛衣裳币帛者也。以贡曰篚，以赐下曰笥。赵简子曰："帝赐我二笥衣裳。"不藏之府库，而常在笥以待命，而赐有功，劝其不忘于进善也。

惟干戈省厥躬。

孔传：言服不可加非其人，兵不可任非其才。

苏传："苗顽弗即工，帝其念哉"是也。

王惟戒兹，允兹克明，乃罔不休。

孔传：言王戒慎此四惟之事，信能明，政乃无不美。

惟治乱在庶官，

孔传：言所官得人则治，失人则乱。

官不及私昵，惟其能；

孔传：不加私昵，惟能是官。

爵罔及恶德，惟其贤。

孔传：言非贤不爵。

虑善以动，动惟厥时。

孔传：非善非时不可动。

有其善,丧厥善;矜其能,丧厥功。

孔传:虽天子亦必让以得之。

惟事事乃其有备,有备无患。

孔传:事事,非一事。

无启宠纳侮,

孔传:开宠非其人,则纳侮之道。

苏传:小人有宠则慢其君,故启宠则纳侮之道也。

无耻过作非,

孔传:耻过误而文之,遂成大非。

惟厥攸居,政事惟醇。

孔传:其所居行,皆如所言,则王之政事醇粹。

苏传:居不醇,则驳杂之政也。史佚曰:"无始祸,无怙乱。"孔子曰:"无欲速,无见小利。"颜渊曰:"无伐善,无施劳。"其①语不同,此所谓立言者也。譬之药石米粟,天下后世,其皆以藉口。今傅说之言,皆散而不一,一言一药,皆足以治天下之公患,②岂独以训武丁哉!人至于今诵之也。

黩于祭祀,时谓弗钦。礼烦则乱,事神则难。

孔传:祭不欲数,数则黩,黩则不敬。事神礼烦,则乱而难行。高宗之祀,特丰数近庙,故说因以戒之。

苏传:高宗之祀,丰数于近庙,故说因以戒之也。

王曰:旨哉。说乃言惟服。

孔传:旨,美也。美其所言,皆可服行。

苏传:可服行也。

乃不良于言,予罔闻于行。

孔传:汝若不善于所言,则我无闻于所行之事。

说拜稽首,曰:非知之艰,行之惟艰。

孔传:言知之易,行之艰,以勉高宗。

王忱不艰,允协于先王成德,

孔传:王心诚不以行之为难,则信合于先王成德。

惟说不言,有厥咎。

孔传:王能行善,而说不言,则有其咎罪。

---

① 其:原本作"同",据《经解》本、《四库》本改。
② "此所"至"公患",蔡沈《书集传》所引,语句有颠倒详略:"说之言,譬如药石,虽散而不一,然一言一药,皆足以治天下之公患,所谓古之立言者。"

说命下第十四

王曰：来，汝说。台小子，旧学于甘盘，

孔传：学先王之道。甘盘，殷贤臣有道德者。

既乃遯于荒野，入宅于河。

孔传：既学而中废业，遯居田野。河，洲也。其父欲使高宗知民之艰苦，故使居民间。

自河徂亳，暨厥终，罔显。

孔传：自河往居亳与今，其终故遂无显明之德。

苏传：古之君子，明王之世而不肯仕，盖有之矣。许由不仕尧、舜，夷、齐不仕周，商山之老不仕汉，怀宝迷邦，以终其身。是或一道也。武丁为太子，则学于甘盘；武丁即位，而甘盘遁去，隐于荒野，武丁使人求之，迹其所往，则居河滨。自河徂亳，不知其所终。武丁无与共政者，故相说也。旧说乃谓武丁遁于荒野，武丁为太子而遁，决无此理。遁则如吴太伯，岂复立也哉？学者徒见《书》云其在高宗时，旧劳于外，故以武丁为遁。小乙使武丁劬劳于外，以知艰难，决非荒野之遁。又以《书》曰在武丁时，则有若甘盘，故谓武丁即位而甘盘在也。甘盘，武丁师也，盖配食其庙。其曰在武丁时固宜，岂必即位而后师之哉？若武丁遁而复立，不当云"暨厥终，罔显"也。

尔惟训于朕志，

孔传：言汝当教训于我，使我志通达。

若作酒醴，尔惟麴蘖；

孔传：酒醴须麴蘖以成，亦言我须汝以成。

若作和羹，尔惟盐梅。

孔传：盐咸梅醋。羹须咸醋以和之。

苏传：砺，切磨己者也。舟楫，济己者也。霖雨，泽民者也。曲蘖、盐梅，和而不同者也。

尔交修予，罔予弃，予惟克迈乃训。

孔传：交，非一之义。迈，行也。言我能行汝教。

说曰：王，人求多闻，时惟建事。

苏传：学道将以见之行事也，非独知之而已。

学于古训，乃有获。

孔传：王者求多闻以立事，学于古训，乃有所得。

事不师古，以克永世，匪说攸闻。

孔传：事不法古训，而以能长世，非说所闻。言无是道。

惟学逊志,务时敏,厥修乃来。

孔传:学以顺志,务是敏疾,其德之修乃来。

允怀于兹,道积于厥躬。

孔传:信怀此学志,则道积于其身。

苏传:说既勉王以学,又忧其所学者非道也,故曰惟学逊志。逊之言,随也,随其所志①而得之。志于仁,则所得于学者皆仁也。志于义,则所得于学者皆义也。若志于功利,则所得于学者皆功利而已。智足以饰非,辩足以拒谏,皆学之力也。敏于是,则随其所志而至矣。故必先怀仁义之道,然后积学以成之。

惟敩学半,

苏传:王者之学,且学且教,既以教人,因以修其身,其功半于学。

念终始,典于学,厥德修,罔觉。

孔传:敩,教也。教然后知所困,是学之半。终始常念学,则其德之修,无能自觉。

苏传:积善如长,不自觉也。

监于先王成宪,其永无愆。

孔传:愆,过也。视先王成法,其长无过,其惟学乎!

惟说式克钦承,旁招俊乂,列于庶位。

孔传:言王能志学,说亦用能敬承王志,广招俊乂,使列众官。

王曰:呜呼,说。四海之内,咸仰朕德,时乃风。

孔传:风,教也。使天下皆仰我德,是汝教。

股肱惟人,良臣惟圣。

孔传:手足具,乃成人。有良臣,乃成圣。

苏传:以良臣惟圣,犹以股肱惟人也。

昔先正保衡,

苏传:伊尹亦号保衡。

作我先王,

孔传:保衡,伊尹也。作,起。正,长也。言先世长官之臣。

乃曰:予弗克俾厥后惟尧、舜,其心愧耻,若挞于市。

孔传:言伊尹不能使其君如尧舜,则耻之,若见挞于市,故成其能。

一夫不获,则曰:时予之辜。

孔传:伊尹见一夫不得其所,则以为己罪。

---

① 志:《经解》本、《四库》本作"修"。据上下文意,以"志"为上。

佑我烈祖,格于皇天。

孔传:言以此道左右成汤,功至大天,无能及者。

尔尚明保予,罔俾阿衡,专美有商。

孔传:汝庶几明安我事,则与伊尹同美。

惟后非贤不乂,惟贤非后不食。

孔传:言君须贤治,贤须君食。

其尔克绍乃辟于先王,永绥民。

孔传:能继汝君于先王长安民,则汝亦有保衡之功。

说拜稽首,曰:敢对扬天子之休命。

孔传:对,答也。答受美命而称扬之。

高宗肜日第十五①

高宗祭成汤,有飞雉升鼎耳而雊,

孔传:耳不聪之异。雊,鸣。

祖己训诸王,

孔传:贤臣也,以训道谏王。

作《高宗肜日》《高宗之训》。

孔传:所以训也,亡。

苏传:此一篇,亡。

高宗肜日。

孔传:祭之明日又祭。殷曰肜,周曰绎。

高宗肜日,越有雊雉,

孔传:于肜日有雉异。

祖己曰:惟先格王,正厥事。

孔传:言至道之王遭变异,正其事而异自消。

乃训于王曰:惟天监下民,典厥义,

孔传:祖己既言,遂以道训谏王,言天视下民,以义为常。

降年有永、有不永,非天夭民,民中绝命。

孔传:言天之下年与民,有义者长,无义者不长,非天欲夭民,民自不修义以致绝命。

民有不若德,不听罪,天既孚命正厥德。

孔传:不顺德,言无义。不服罪,不改修。天已信命正其德,谓有永有不永。

---

① 肜:《经解》本作"彤"。下同。

乃曰：其如台？

孔传：祖己恐王未受其言，故乃复曰，天道其如我所言。

呜呼！王司敬民，罔非天胤。典祀无丰于昵。

孔传：胤，嗣。昵，近也。叹以感王入其言，王者主民，当敬民事。民事无非天所嗣常也，祭祀有常，不当特丰于近庙。欲王因异服罪改修之。

苏传：祭之明日又祭，殷曰肜，周曰绎。雊，号也。格，正也。典，常也。孚，信也。司，主也。胤，嗣也。昵，亲也。绎祭之日，野雉雊于鼎耳，此为神告王以宗庙祭祀之失，审矣。故祖己以谓：当先格王心之非。盖武丁不专修人事，数祭以媚神；而祭又丰于亲庙，俭于远者，敬其父，薄其祖，此失德之大者。故傅说、祖己皆先格而正之。祖己之言曰：天之监人有常，义无所厚薄，而降年有永、有不永者，非天夭人，人或以中道自绝于天也。人有不顺之德，不听之罪，天未即诛绝，而以孽祥为符信，以正其德。人乃不悔祸，曰：是孽祥，其如我何？则天必诛绝之矣。今王专主于敬民而已，数祭无益也。夫先王孰非天嗣者，常祀而丰于昵，其可乎？此理明甚，而或者乃谓先王遇灾异，非可以象类求天意，独正其事而已。高宗无所失德，惟以丰昵无①过，此乃谄事世主者。言天人本不相与，欲以废《洪范》五行之说。予以为《五行传》未易尽废也。《书》曰"越有雊雉"足矣。而孔子又记其雊于耳，非以耳为祥乎？而曰不可以象类求，过矣！人君于天下无所畏，惟天可以儆之。今乃曰天灾不可以象类求，我自视无过则已矣。为国之害，莫大于此，予不可以不论。

西伯戡黎第十六

殷始咎周，

孔传：咎，恶。

苏传：咎，恶也。

周人乘黎，

孔传：乘，胜也。所以见恶。

苏传：乘，胜也。黎，在上党壶关。

祖伊恐，

孔传：祖己后，贤臣。

奔，告于受，

孔传：受，纣也，音相乱。帝乙之子，嗣立，暴虐无道。

---

① 无：《经解》本作"为"。

作《西伯戡黎》。

孔传：戡，亦胜也。

苏传：祖己后也。受，纣也，帝乙子。西伯，文王也。戡，亦胜也。

西伯戡黎。

孔传：近王圻之诸侯，在上党东北。

西伯既戡黎，祖伊恐，奔告于王曰：天子，天既讫我殷命，

孔传：文王率诸侯以事纣，内秉王心，纣不能制，今又克有黎国，迫近王圻，故知天已毕讫殷之王命。言将化为周。

格人元龟，罔敢知吉。

孔传：至人以人事观殷，大龟以神灵考之，皆无知吉。

苏传：人至于道为格人，其言与蓍龟同也。

非先王不相我后人，惟王淫戏用自绝，

孔传：非先祖不助子孙，以王淫过戏怠，用自绝于先王。

故天弃我，不有康食，不虞天性，不迪率典。

孔传：以纣自绝于先王，故天亦弃之，宗庙不有安食于天下。而王不度知天性命所在，而所行不蹈循常法。言多罪。

苏传：天弃我，故天地鬼神无有安食于我者。"不虞天性"者，父子之亲不相虞度也。"不迪率典"者，五典之亲不相道率也。

今我民，罔弗欲丧，曰：天曷不降威？大命不挚？今王其如台？

孔传：挚，至也。民无不欲王之亡，言天何不下罪诛之。有大命宜王者，何以不至。王之凶害，其如我所言。

苏传：挚，鸷也，言天何不鸷取王乎？今王无若我何。民不忌王如此。

王曰：呜呼！我生不有命在天？

孔传：言我生有寿命在天，民之所言，岂能害我。遂恶之辞。

祖伊反曰：呜呼！乃罪多参在上，乃能责命于天。

孔传：反，报纣也，言汝罪恶众多，参列于上天，天诛罚汝，汝能责命于天，拒天诛乎？

苏传：天子固有天命以保己，今汝罪之闻于天者众矣，天将去汝，岂可复责天以保己之命耶？

殷之即丧，指乃功，不无戮于尔邦。

孔传：言殷之就亡，指汝功事所致，汝不得无死戮于殷国，必将灭亡，立可待。

苏传：功，事也，视汝所行之事，虽邦人犹当戮汝，而况于天乎？孔子曰："纣之不善，不如是之甚也。"予乃今知之。祖伊之谏，尽言不讳，汉、唐中主所

不能容者,纣虽不改,而终不怨,祖伊得全。则后世人主,有不如纣者多矣!

微子第十七

殷既错天命,

孔传:错,乱也。

苏传:错,乱也。

微子作诰父师、少师。

孔传:告二师而去纣。

苏传:微子,纣兄也。父师,箕子,纣之诸父。少师,比干也。

微子。

孔传:微,圻内国名。子,爵。为纣卿士,去无道。

微子若曰:父师、少师,

孔传:父师,太师,三公,箕子也。少师,孤卿,比干。微子以纣距谏,知其必亡,顺其事而言之。

殷其弗或乱正四方,

孔传:或,有也。言殷其不有治正四方之事,将必亡。

我祖厎遂陈于上。

孔传:言汤致遂其功,陈列于上世。

苏传:致成其法度,以陈示后人。①

我用沈酗于酒,用乱败厥德于下。

孔传:我,纣也。沈湎酗酒,败乱汤德于后世。

殷罔不小大,好草窃奸宄,

孔传:草野窃盗,又为奸宄于内外。

卿士师师非度。

苏传:相师于非法。

凡有辜罪,乃罔恒获。

孔传:六卿典士,相师效为非法度,皆有辜罪,无秉常得中者。

小民方兴,相为敌雠,

孔传:卿士既乱,而小人各起一方,共为敌雠。言不和同。

今殷其沦丧,若涉大水,其无津涯。

孔传:沦,没也。言殷将没亡,如涉大水无涯际,无所依就。

殷遂丧,越至于今。

---

① 后人:《四库》本无"人"字。

孔传：言遂丧亡于是，至于今到，不待久。

曰：父师、少师，我其发出狂。吾家耄逊于荒，

孔传：我念殷亡，发疾生狂，在家耄乱，故欲遁出于荒野。言愁闷。

今尔无指，告予颠隮，若之何其？

孔传：汝无指意告我殷邦颠陨隮坠，如之何其救之。

苏传：我其奔走去国，若狂人然。吾家之耆老，知纣之必亡，而遁于荒野者多矣。今尔无意告教我，其若颠隮何？

父师若曰：王子，

孔传：比干不见，明心同，省文。微子，帝乙元子，故曰王子。

天毒降灾荒殷邦。方兴沈酗于酒，

孔传：天生纣为乱，是天毒下灾，四方化纣沈湎，不可如何。

乃罔畏畏。

苏传：不畏其可畏乎？①

咈其耇长旧有位人，

孔传：言起沈湎，上不畏天灾，下不畏贤人。违戾耇老之长，致仕之贤，不用其教，法纣故。

今殷民乃攘窃神祇之牺牷牲用，以容将食，无灾。

孔传：自来而取曰攘。色纯曰牺。体完曰牷。牛羊豕曰牲。器实曰用。盗天地宗庙牲用，相容行食之，无灾罪之者。言政乱。

苏传：色纯曰牺，体完曰牷，牛羊豕曰牲。用，器也。盗天地宗庙之牲器，以相容匿，且以祭器食，而曰无灾。

降监殷民，用乂雠敛，召敌雠不怠。

孔传：下视殷民，所用治者，皆重赋伤民，敛聚怨雠之道，而又亟行暴虐，自召敌雠，不懈怠。

苏传：言殷之君臣，下视其民若仇雠而聚敛之，以此为治，力行不怠，皆召敌雠之道也。

罪合于一，多瘠罔诏。

孔传：言殷民上下有罪，皆合于一法纣，故使民多瘠病，而无诏救之者。

苏传：瘠，病也。君臣为一，皆病矣，无从告之者。

商今其有灾，我兴受其败，

孔传：灾灭在近，我起受其败，言宗室大臣，义不忍去。

商其沦丧，我罔为臣仆。

---

① 乎：《经解》本作"者"。

苏传：商之有灾，而未亡也，①我起而正之，则受其祸。若其既亡也，②我又无与为臣仆者，此所以佯狂而为奴也。

诏王子出迪，

孔传：商其没亡，我二人无所为臣仆，欲以死谏纣。我教王子出，合于道。

我旧云刻子。王子弗出，我乃颠隮，

孔传：刻，病也。我久知子贤，言于帝乙欲立子，帝乙不肯。病子不得立，则宜为殷后者子。今若不出逃难，我殷家宗庙，乃陨坠无主。

苏传：刻，害也。箕子在帝乙时，以微子长且贤，欲立之，而帝乙不可，卒立纣。纣忌此两人，故箕子曰：子之出固其道也，我旧所云者害子，子若不出，则我与子皆危矣。

自靖。

苏传：靖，安也。微子之告箕子，若欲与之皆去，然箕子曰：吾三人者，各行其志，自用其心之所安者而已。

人自献于先王，

孔传：各自谋行其志，人人自献达于先王，以不失道。

苏传：人各自以其意贡于先王，微子以去之为续先王之国，箕子以为之奴为全先王之嗣，比干以谏而死为不负先王也。

我不顾行遯。

孔传：言将与纣俱死，所执各异，皆归于仁，明君子之道，出处语默非一途。

苏传：不念与汝皆行也。

---

① 未亡：《经解》本作"已"。
② 既亡：《经解》本、凌本、《四库》本作"既已"。

卷　九

周　书

泰誓上第一

惟十有一年,武王伐殷。

孔传:周自虞芮质厥成,诸侯并附,以为受命之年。至九年而文王卒,武王三年服毕,观兵孟津,以卜诸侯伐纣之心。诸侯佥同,乃退以示弱。

一月戊午,师渡孟津,

孔传:十三年正月二十八日,更与诸侯期而共伐纣。

作《泰誓》三篇。

孔传:渡津乃作。

苏传:文王受命九年而崩。武王以大统未集,故即位而不改元。十一年丧毕,观兵于商而归。至十三年,乃复伐商。叙所谓"十一年武王伐殷"者,观兵之事也。所谓"一月戊午,师渡孟津,作《泰誓》"者,十三年之事也。而并为一年言之,疑叙文有阙误。

泰誓。①

孔传:大会以誓众。

---

① 泰誓:王应麟《困学纪闻》:"'泰誓',古文作'大誓',孔氏注:大会以誓众。晁氏曰:开元间卫包定今文,始作'泰',或以交泰为说,真燕书哉!《大誓》与《大诰》同。音'泰'者非。"阮校:"按,疏云:'顾氏以为泰者,大之极也。犹天子、诸侯之子曰太子,天子之卿曰太宰。'夫太子、太宰,古通作'大',无作'泰'者,则'泰誓'当作'大誓'明矣。字虽为'大',音则为'泰',后人遂误为'泰'。据《唐石经》作'泰',则其误固在开成之前。"

惟十有三年春,大会于孟津。

孔传:三分二诸侯,及诸戎狄。此周之孟春。

王曰:嗟!我友邦冢君,越我御事、庶士,明听誓!

孔传:冢,大。御,治也。友诸侯,亲之称。大君,尊之。下及我治事众士,大小无不皆明听誓。

苏传:天子有友诸侯之义。冢,大也。御,治也。

惟天地,万物父母。惟人,万物之灵。

孔传:生之谓父母。灵,神也。天地所生,惟人为贵。

亶聪明,作元后,元后作民父母。

孔传:人诚聪明,则为大君而为众民父母。

今商王受,弗敬上天,降灾下民;沉湎冒色,敢行暴虐;

孔传:沈湎嗜酒,冒乱女色,敢行酷暴,虐杀无辜。

罪人以族,官人以世。

孔传:一人有罪,刑及父母兄弟妻子,言淫滥。官人不以贤才,而以父兄,所以政乱。

苏传:挐戮,汤事也,而"罪人以族"则为纣罪;赏延于世,舜德也,而"官人以世"则为纣恶者,汤之挐戮,徒言之而不用;舜之赏延,非官人也。

惟宫室、台榭、陂池、侈服,以残害于尔万姓,

孔传:土高曰台,有木曰榭,泽障曰陂,停水曰池。侈,谓服饰过制。言匮民财力为奢丽。

焚炙忠良,刳剔孕妇。

孔传:忠良无罪,焚炙之。怀子之妇,刳剔视之。言暴虐。

皇天震怒,命我文考,肃将天威,大勋未集。

孔传:言天怒纣之恶,命文王敬行天罚,功业未成而崩。

肆予小子发,以尔友邦冢君,观政于商。

孔传:父业未就之故,故我与诸侯,观纣政之善恶。谓十一年自孟津还时。

苏传:或曰:武王观政于商,欲纣改过,不幸而不悛,若其悛也,则武王当复北面事之欤?曰:否。文王、武王之王也久矣,纣若改过,不过存其社稷、宗庙,而封诸商,使为二王后也。以为武王退而示弱,固陋矣,而曰复北面事之者,亦过也。

惟受罔有悛心,乃夷居,

苏传:安居自若也。

弗事上帝神祇。遗厥先宗庙弗祀,

孔传：悛，改也，言纣纵恶无改心，平居无故废天地百神宗庙之祀。慢之甚。

牺牲粢盛，既于凶盗。

孔传：凶人尽盗食之而纣不罪。

乃曰：吾有民有命。罔惩其侮。

孔传：纣言：吾所以有兆民、有天命。故群臣畏罪不争，无能止其慢心。

天佑下民，作之君，作之师。

孔传：言天佑助下民，为立君以政之，为立师以教之。

惟其克相上帝，宠绥四方，

孔传：当能助天宠安天下。

有罪无罪，予曷敢有越厥志？

孔传：越，远也。言己志欲为民除恶，是与否不敢远其志。

同力度德，同德度义。

孔传：力钧则有德者胜，德钧则秉义者强。揆度优劣，胜负可见。

苏传：力均以德，德均以义，则知胜负矣。

受有①臣亿万，惟亿万心；

孔传：人执异心不和谐。

予有臣三千，惟一心。

孔传：三千一心，言同欲。

商罪贯盈，天命诛之。予弗顺天，厥罪惟钧。

孔传：纣之为恶，一以贯之，恶贯已满，天毕其命。今不诛纣，则为逆天，与纣同罪。

予小子夙夜祗惧，受命文考，类于上帝，宜于冢土。

苏传：冢土，社也。祭社曰宜。

以尔有众，厎天之罚。

孔传：祭社曰宜。冢土，社也。言我畏天之威，告文王庙，以事类告天，祭社，用汝众致天罚于纣。

天矜于民，民之所欲，天必从之。

孔传：矜，怜也。言天除恶树善与民同。

尔尚弼予一人，永清四海。

孔传：秽恶除，则四海长清。

时哉，弗可失。

---

① 有：凌本作"其"。

孔传：言今我伐纣，正是天人合同之时，不可违失。

泰誓中第二

惟戊午，王次于河朔。

孔传：次，止也。戊午渡河而誓，既誓而止于河之北。

群后以师毕会，

孔传：诸侯尽会次也。

王乃徇师而誓，曰：呜呼！① 西土有众，咸听朕言：

孔传：徇，循也。武王在西，故称西土。

我闻吉人为善，惟日不足；凶人为不善，亦惟日不足。

孔传：言吉人竭日以为善，凶人亦竭日以行恶。

今商王受，力行无度，

孔传：行无法度，竭日不足，故曰力行。

播弃黎老，昵比罪人，

孔传：鲐背之耇称黎老，布弃不礼敬。昵近罪人，谓天下逋逃之小人。

淫酗肆虐；臣下化之，

孔传：过酗纵虐，以酒成恶，臣下化之。言罪同。

朋家作仇，胁权相灭。无辜吁天，秽德彰闻。

孔传：臣下朋党，自为仇怨，胁上权命，以相诛灭。吁，呼也。民皆呼天告冤无辜，纣之秽德彰闻天地。言罪恶深。

惟天惠民，惟辟奉天。

孔传：言君天下者，当奉天以爱民。

有夏桀，弗克若天，流毒下国，

孔传：桀不能顺天，流毒虐于下国万民。言凶害。

天乃佑命成汤，降黜夏命。

孔传：言天助汤，命使下退桀命。

惟受罪浮于桀，

孔传：浮，过。

剥丧元良，

苏传：剥，落也。丧，去也。古者谓去国为丧。元良，微子也。微子，纣之同母兄，而谓之庶子，不得立者，生于帝乙未即位之前也。以礼言之，当与纣均为嫡子，而微子长，故成王命之曰"殷王元子"。

----

① 呜呼：《经解》本无，盖夺。《十三经注疏》本经文有"呜呼"二字。

贼虐谏辅。

孔传：剥，伤害也。贼，杀也。元，善之长。良，善。以谏辅纣，纣反杀之。

苏传：比干也。

谓己有天命，谓敬不足行，谓祭无益，谓暴无伤。

孔传：言纣所以罪过于桀。

厥监惟不远，在彼夏王。

孔传：其视纣罪与桀同辜。言必诛之。

天其以予乂民，

孔传：用我治民。当除恶。

朕梦协朕卜，

苏传：高宗言梦，文王、武王言梦，孔子亦言梦者，其情性治，其梦不乱。

袭于休祥，戎商必克。

孔传：言我梦与卜俱合于美善，以兵诛纣，必克之占。

受有亿兆夷人，离心离德；

孔传：平人，凡人也。虽多而执心用德不同。

予有乱臣十人，同心同德。

孔传：我治理之臣，虽少而心德同。

苏传：夷人，平民也。古今传十人，为文母、周公、太公、召公、毕公、荣公、太颠、闳夭、散宜生、南宫括。孔子曰："有妇人焉，九人而已。"

虽有周亲，不如仁人。

孔传：周，至也。言纣至亲虽多，不如周家之少仁人。

苏传：十人之中，虽有周、召之亲，然皆仁人，非以亲用也。

天视自我民视，天听自我民听，

孔传：言天因民以视听，民所恶者天诛之。

百姓有过，在予一人。

孔传：己能无恶于民，民之有过，在我教不至。

今朕必往，我武惟扬，侵于之疆，

孔传：扬，举也。言我举武事，侵入纣郊疆伐之。

取彼凶残，我伐用张，于汤有光。

孔传：桀流毒天下，汤黜其命。纣行凶残之德，我以兵取之。伐恶之道张设，比于汤又有光明。

苏传：汤放桀而有惭德，今我亦为之，汤不愧矣。

勖哉，夫子！罔或无畏，宁执非敌。

孔传：勖，勉也。夫子，谓将士。无敢有无畏之心，宁执非敌之志，伐之则克矣。

百姓懔懔,若崩厥角。

孔传:言民畏纣之虐,危惧不安,若崩摧其角,无所容头。

苏传:勖,勉也。戒民无轻敌,宁执是心,曰我不足以敌,纣民畏纣之虐,若崩厥角也。

呜呼！乃一德一心,立定厥功,惟克永世。

孔传:汝同心立功,则能长世以安民。

泰誓下第三

时厥明,

苏传:戊午之明日也。

王乃大巡六师,明誓众士。

孔传:是其戊午明日,师出以律,三申令之,重难之义。众士,百夫长已上。

王曰:呜呼！我西土君子,天有显道,厥类惟彰。

孔传:言天有明道,其义类惟明,言王所宜法则。

苏传:天有明人之道,明其类德者。

今商王受,狎侮五常。

苏传:五常,五典也。狎侮五典,以人伦为戏也。

荒怠弗敬,

孔传:轻狎五常之教,侮慢不行,大为怠惰,不敬天地神明。

自绝于天,结怨于民。

孔传:不敬天,自绝之。酷虐民,结怨之。

斮朝涉之胫,剖贤人之心,

孔传:冬月见朝涉水者,谓其胫耐寒,斩而视之。比干忠谏,谓其心异于人,剖而观之。酷虐之甚。

作威杀戮,毒痡四海。

孔传:痡,病也。言害所及远。

苏传:痡,病也。

崇信奸回,放黜师保;

孔传:回,邪也。奸邪之人,反尊信之。可法以安者,反放退之。

屏弃典刑,囚奴正士;

孔传:屏弃常法而不顾,箕子正谏而以为囚奴。

郊社不修,宗庙不享;作奇技淫巧,以悦妇人。

孔传：言纣废至尊之敬，营卑亵恶事，作过制技巧，以恣耳目之欲。

上帝弗顺，祝降时丧。

孔传：祝，断也。天恶纣逆道，断绝其命，故下是丧亡之诛。

苏传：祝，断也。

尔其孜孜，奉予一人，恭行天罚。

孔传：孜孜，劝勉不怠。

古人有言曰：抚我则后，虐我则雠。

孔传：武王述古言以明义，言非惟今恶纣。

独夫受，洪惟作威，乃汝世雠。

孔传：言独夫，失君道也。大作威杀无辜，乃是汝累世之雠。明不可不诛。

树德务滋，除恶务本。

孔传：立德务滋长，去恶务除本。言纣为天下恶本。

苏传：滋，广也。言止取纣也。

肆予小子，诞以尔众士，殄歼乃雠。

孔传：言欲行除恶之义，绝尽纣。

尔众士，其尚迪果毅，以登乃辟，

孔传：迪，进也。杀敌为果，致果为毅。登，成也，成汝君之功。

功多有厚赏，不迪有显戮。

孔传：赏以劝之，戮以威之。

呜呼！惟我文考，若日月之照临，光于四方，显于西土。

孔传：称父以感众也。言其明德充塞四方，明著岐周。

惟我有周，诞受多方。

孔传：言文王德大，故受众方之国，三分天下而有其二。

予克受，非予武，惟朕文考无罪；

孔传：推功于父，言文王无罪于天下，故天佑之，人尽其用。

受克予，非朕文考有罪，惟予小子无良。

孔传：若纣克我，非我父罪，我之无善之致。

苏传：兵，凶事也。以武王与纣，犹有胜负之忧，为文王羞，是以先王重用兵也。

牧誓第四

武王戎车三百两，

孔传：兵车，百夫长所载。车称两。一车，步卒七十二人，凡二万一千人，举全数。

虎贲三百人,

孔传:勇士称也,若虎贲兽,言其猛也。皆百夫长。

苏传:虎贲,猛士也,若虎之奔兽。

与受战于牧野,作《牧誓》。

苏传:《春秋》:晋与楚战,皆七八百乘,武王能以三百乘、三百人克纣者,其德与政皆胜,且诸侯之兵助之者众也。

牧誓。

孔传:至牧地而誓众。

时甲子昧爽,

孔传:是克纣之月甲子之日,二月四日。昧,冥。爽,明。早旦。

王朝至于商郊牧野,

苏传:在朝歌南。

乃誓。

孔传:纣近郊三十里地名牧。癸亥夜陈,甲子朝誓,将与纣战。

王左杖黄钺,右秉白旄以麾。

苏传:黄钺,以金饰也。军中指麾,白则见远。王无自用钺之理,以为仪耳,故左杖黄钺。麾非右手不能,故右秉白旄。此事理之常,本无异说,而学者妄相附致,张为议论,皆非其实。凡若此者不取。

曰:逖矣!西土之人。

孔传:钺,以黄金饰斧。左手杖钺,示无事于诛。右手把旄,示有事于教。逖,远也。远矣西土之人。劳苦之。

苏传:逖,远也。

王曰:嗟!我友邦冢君,

孔传:同志为友,言志同灭纣。

御事司徒、司马、司空、

孔传:治事三卿,司徒主民,司马主兵,司空主土,指誓战者。

苏传:御事,治事也,指此三卿也。六卿止言三,古者官不必备,或三公兼之。

亚旅、师氏、

孔传:亚,次。旅,众也。众大夫其位次卿。师氏,大夫,官以兵守门者。

苏传:亚旅,众大夫,其位次卿。师氏,亦大夫,主以兵守门。

千夫长、百夫长,

孔传:师帅,卒帅。

及庸、蜀、羌、髳、微、卢、彭、濮人。

孔传：八国，皆蛮夷戎狄属文王者国名。羌在西蜀叟，髳、微在巴蜀，卢、彭在西北，庸、濮在江汉之南。

苏传：《春秋传》：楚饥，庸与百濮伐之。庸，上庸县。濮，即百濮也。又楚伐罗，罗与卢戎两军之，盖南蛮之属楚者。羌，先零、旱开之属。彭，今属武阳，有彭亡。髳、微，阙。则知此数国，皆西南之夷。

称尔戈，比尔干，立尔矛，予其誓。

孔传：称，举也。戈，戟。干，楯也。

王曰：古人有言曰：牝鸡无晨，

孔传：言无晨鸣之道。

牝鸡之晨，惟家之索。

孔传：索，尽也。喻妇人知外事，雌代雄鸣则家尽，妇夺夫政则国亡。

今商王受，惟妇言是用，

孔传：妲己惑纣，纣信用之。

昏弃厥肆祀，弗答；

孔传：昏，乱。肆，陈。答，当也。乱弃其所陈祭祀，不复当享鬼神。

苏传：肆祀，所陈祭祀也。祀所以报也，故谓之答。

昏弃厥遗王父母弟，不迪。

孔传：王父，祖之昆弟。母弟，同母弟。言弃其骨肉，不接之以道。

苏传：王父母及母弟，皆先王之遗胤，不以道遇之也。

乃惟四方之多罪逋逃，是崇是长，

孔传：言纣弃其贤臣，而尊长逃亡罪人信用之。

是信是使，是以为大夫卿士。

孔传：士，事也。用为卿大夫，典政事。

俾暴虐于百姓，以奸宄于商邑。

孔传：使四方罪人暴虐奸宄于都邑。

今予发，惟恭行天之罚。今日之事，不愆于六步、七步，乃止齐焉。

孔传：今日战事就敌不过六步七步，乃止相齐。言当旅进一心。

夫子勖哉！不愆于四伐、五伐、六伐、七伐，乃止齐焉。

孔传：夫子，谓将士，勉励之。伐，谓击刺，小则四五，多则六七以为列。

苏传：孙武言用兵，其势险，其节短，故不过六步、七步、四伐、五伐、六伐、七伐，必少休而整齐之。伐，击刺也。

勖哉，夫子！尚桓桓，

孔传：桓桓，武貌。

如虎如貔，如熊如罴。于商郊，

孔传：貔，执夷，虎属也。四兽皆猛健，欲使士众法之，奋击于牧野。
弗迓克奔，以役西土。
孔传：商众能奔来降者，不迎击之。如此则所以役我西土之义。
苏传：纣师能来奔者，勿复迎击，以劳役我西土之人。
勖哉，夫子！尔所弗勖，其于尔躬有戮！
孔传：临敌所安，汝不勉，则于汝身有戮矣。

武 成 第 五

武王伐殷，往伐归兽，
孔传：往诛纣克定，偃武修文，归马牛于华山桃林之牧地。
识其政事，
孔传：记识殷家政教善事以为法。
作《武成》。
孔传：武功成，文事修。
苏传：自往伐至归牛马，皆记之。
武成。
孔传：文王受命，有此武功，成于克商。
惟一月壬辰，旁死魄。
孔传：此本说始伐纣时。一月，周之正月。旁，近也。月二日近死魄。
越翼日癸巳，王朝步自周，于征伐商。
孔传：翼，明。步，行也。武王以正月三日行自周，往征伐商，二十八日渡孟津。
厥四月，哉生明，王来自商，至于丰。
孔传：其四月。哉，始也。始生明，月三日，与死魄互言。
苏传：壬辰未有事，先书"旁死魄"者，记月之生死，使千载之日，后世可考也。历法以月起，故《书》多记生死、朓望，皆先事而书，所以正历也。
乃偃武修文，
孔传：倒载干戈，包以虎皮示不用。行礼射，设庠序，修文教。
归马于华山之阳，放牛于桃林之野，示天下弗服。
孔传：山南曰阳，桃林在华山东，皆非长养牛马之地，欲使自生自死，示天下不复乘用。
苏传：华山之阳，有山川焉，然地至险绝，可入而不可出。桃林之野，在华山东，亦险阻。归马牛于此，示天下弗服也。《春秋传》曰："天生五材，民并用之，阙一不可。"谁能去兵？兵不可去，则牛马不可无，虽尧、舜之世，牛马之政不可不修。而武王归马休牛,倒载干戈,包之虎皮,示不复用者,盖势有不得不然者也。夫以兵雄天下,杀世主而代之,虽盛德所在,惧者众矣。武庚,纣子也。杀其父,用其子,付之以殷民。武王知其必叛矣,然必用之,纣子且用,况其余乎? 所以安诸侯之惧也。楚灵王既县陈、蔡,朝诸侯,卜曰:当得天下。民患王之无厌也,故从乱如归。知伯、夫差,皆以此亡。战胜而不已,非独诸侯惧也,吾民先叛矣。汤、武皆畏之,故汤以惭德令诸侯,曰:"栗栗危惧,若将陨于深渊。"其敢复言兵乎? 武王之偃武,则汤之惭德也。秦、汉惟不知此,故始皇不及一世而天下乱,汉虽不亡,然诸侯、功臣皆叛,高祖以流矢崩,不偃武之过也。

丁未,祀于周庙。① 邦、甸、侯、卫,骏奔走执豆笾。

孔传:四月丁未,祭告后稷以下、文考文王以上七世之祖。骏,大也。邦国、甸、侯、卫服诸侯皆大奔走于庙执事。

越三日庚戌,柴望,大告武成。

孔传:燔柴郊天,望祀山川,先祖后郊,自近始。

既生魄,庶邦冢君暨百工,受命于周。

孔传:魄生明死,十五日之后,诸侯与百官受政命于周。明一统。

王若曰:呜呼! 群后,

孔传:顺其祖业叹美之,以告诸侯。

惟先王建邦启土,

孔传:谓后稷也。尊祖故称先王。

公刘克笃前烈,

孔传:后稷曾孙。公,爵。刘,名。能厚先人之业。

至于大王,肇基王迹,王季其勤王家。

孔传:大王修德以翦齐商人,始王业之肇迹,王季缵统其业,乃勤立王家。

苏传:先王,当作先公,后稷也。或曰先王谓舜也,舜始封后稷于邰。公刘,后稷曾孙,鞠之子。太王,后稷十二世孙,公叔祖类之子,谓古公亶父也。其子王季,谓季历也。

我文考文王,克成厥勋,诞膺天命,以抚方夏。

孔传:言我文德之父,能成其王功,大当天命,以抚绥四方中夏。

大邦畏其力,小邦怀其德,

孔传:言天下诸侯,大者畏威,小者怀德,是文王威德之大。

---

① 庙:《经解》本作"郊"。

惟九年,大统未集。

孔传:言诸侯归之,九年而卒,故大业未就。

苏传:文王以虞、芮质,厥成之后,①改元,九年而崩。

予小子,其承厥志,

孔传:言承文王本意。

底商之罪,告于皇天后土、所过名山大川,

孔传:致商之罪,谓伐纣之时。后土,社也。名山,华岳。大川,河。

曰:惟有道曾孙周王发,

苏传:有道,指其父祖也。

将有大正于商。

孔传:告天地山川之辞。大正,以兵征之也。

今商王受无道,

孔传:无道德。

暴殄天物,害虐烝民,

孔传:暴绝天物,言逆天也。逆天害民,所以为无道。

为天下逋逃主,萃渊薮。

孔传:逋,亡也。天下罪人逃亡者,而纣为魁主,窟聚渊府薮泽。言大奸。

苏传:天下有罪而逃归纣者,纣皆主之,藏如渊薮之聚鸟兽也。

予小子,既获仁人,

苏传:谓乱臣十人。

敢祗承上帝,以遏乱略,

孔传:仁人,谓太公、周、召之徒。略,路也。言诛纣敬承天意,以绝乱路。

华夏蛮貊,罔不率俾。恭天成命,

孔传:冕服采章曰华,大国曰夏,及四夷皆相率而使奉天成命。

肆予东征,绥厥士女。

孔传:此谓十一年会孟津还时。

惟其士女,篚厥玄黄,昭我周王。

孔传:言东国士女,筐篚盛其丝帛,奉迎道次。明我周王为之除害。

天休震动,用附我大邑周。

孔传:天之美应,震动民心,故用依附我。

惟尔有神,尚克相予,以济兆民,无作神羞。

孔传:神庶几助我渡民危害,无为神羞辱。

---

① 后:《经解》本、《四库》本作"岁"。

既戊午,师逾①孟津。癸亥,陈于商郊,俟天休命。

孔传:自河至朝歌,出四百里,五日而至。赴敌宜速,待天休命,谓夜雨止毕陈。

甲子昧爽,受率其旅若林,会于牧野,

孔传:旅,众也。如林,言盛多。会,逆距战。

罔有敌于我师。前徒倒戈,攻于后以北,血流漂杵。

孔传:纣众服周仁政,无有战心,前徒倒戈,自攻其后以北走,血流漂舂杵。甚之言。

苏传:纣师自相攻,至血流漂杵,非武王之罪。然孟子不取者,谓其应兵也,恶其以此自多而言之也。

一戎衣,天下大定,

孔传:衣,服也。一着戎服而灭纣,言与众同心,动有成功。

乃反商政。政由旧,

孔传:反纣恶政,用商先王善政。

释箕子囚,封比干墓,式商容闾。

孔传:皆武王反纣政,囚奴徒隶,封益其土。商容,贤人,纣所贬退,式其闾巷以礼贤。

苏传:商容,贤者,而纣不用。车过其间,式以礼之。

散鹿台之财,发钜桥之粟,

孔传:纣所积之府仓,皆散发以赈贫民。

大赉于四海,而万姓悦服。

孔传:施舍已责,救乏赒无,所谓周有大赉,天下皆悦仁服德。

苏传:非独以惠民,亦以示不复用兵也。

列爵惟五,

孔传:即所识政事而法之。爵五等,公、侯、伯、子、男。

苏传:公、侯、伯、子、男。

分土惟三,

孔传:列地封国,公侯方百里,伯七十里,子男五十里,为三品。

苏传:公侯百里、伯七十里、子男五十里。自《孟子》《王制》皆云尔,此周制也。郑子产言:"列国一同,今大国数圻,若无侵小,何以至焉?"而《周礼》乃曰:公之地五百里,侯四百里,伯三百里,子二百里,男百里,凡五等。

---

① 逾:《经解》本、凌本、《四库》本作"渡"。阮元刻《十三经注疏》本经文作"逾",《校勘记》曰:"顾炎武云:石经、监本同,《释文》逾亦作踰。今本作渡,非。"

《礼》曰：封周公于曲阜,地方七百里。皆妄也。先儒以谓周衰,诸侯相并,自以国过大违礼,乃除灭旧文,而为此说。独郑玄之徒,以谓周初因商三等,其后周公攘戎狄、斥广中国,大封诸侯。夫攘戎斥地,能拓边耳,自荒服以内诸侯,固自如也。周公得地于边,而增封于内,非动移诸侯,迁其城郭庙社,安能增封乎？知玄之妄也。而近岁学者,必欲实《周礼》之言,则为之说曰：公之地百里而已,五百里者,并附庸言之。夫以五百里之地,公居其一,而附庸居其四,岂有此理哉？予专以《书》《孟子》《王制》及郑子产之言考之,知《周礼》非圣人之全书明矣。

建官惟贤,

孔传：立官以官贤才。

位事惟能。

孔传：居位理事,必任能事。

重民五教,

孔传：所重在民及五常之教。

惟食丧祭。

孔传：民以食为命,丧礼笃亲爱,祭祀崇孝养,皆圣王所重。

惇信明义,

孔传：使天下厚行信,显忠义。

崇德报功。

孔传：有德尊以爵,有功报以禄。

垂拱而天下治。

孔传：言武王所修皆是,所任得人,故垂拱而天下治。

卷　十

周　书

洪范第六

武王胜殷,杀受,立武庚,

孔传:不放而杀,纣自焚也。武庚,纣子,以为王者后。一名禄父。

以箕子归,作《洪范》。

孔传:归镐京,箕子作之。

苏传:洪范,大法也。武王杀受,立武庚,非所以问《洪范》者,而孔子于此言之,明武王之得箕子,盖师而不臣也。箕子之言曰:殷其沦丧,我罔为臣仆。殷亡,则箕子无复仕之道,以此表正万世,为君臣之法。如伯夷、叔齐之志也。箕子之道德,贤于微子,而况武庚乎?武王将立殷后,必以箕子为首,微子次之,而卒立武庚者,必二子辞焉。武庚死,而立微子,则是箕子固辞,而不可立也。太史公曰:"武王封箕子朝鲜,而不臣也。"非五服之外,宾客之国,则箕子不可得而侯也。然则曷为为武王陈《洪范》也?天以是道畀禹,而传至于箕子,不可使自我而绝也。以武王而不传,则天下无复可传者矣。故为箕子之道者,传道则可,仕则不可。此孔子叙《书》之意也。

洪范。

孔传:洪,大。范,法也。言天地之大法。

惟十有三祀,王访于箕子,

孔传:商曰祀,箕子称祀,不忘本。此年四月归宗周,先告武成,次问天道。

苏传:商曰祀,周曰年。在周而称"祀",亦箕子不事周之意。

王乃言曰：呜呼，箕子！惟天阴骘下民，相协厥居。

孔传：骘，定也。天不言而默定下民，是助合其居，使有常生之资。

我不知其彝伦攸叙。

孔传：言我不知天所以定民之常道理次叙。问何由。

苏传：骘，升。彝，常也。伦，理也。天人有相通之道，若显然而通之，以交于天地、鬼神之间，则家为巫史矣。故尧命重、黎绝地天通，惟达者为能默然而心通也，谓之阴骘。君子而不通天道，则无以助民而合其居矣，故武王以天人常类之次访箕子。

箕子乃言曰：

苏传："乃言曰"，难之也。王虚心而后问，箕子辞让而后对也。

我闻在昔，鲧堙洪水，汩陈其五行。

孔传：堙，塞。汩，乱也。治水失道，乱陈其五行。

帝乃震怒，不畀洪范九畴，彝伦攸斁，

孔传：畀，与。斁，败也。天动怒鲧，不与大法九畴。畴，类也。故常道所以败。

鲧则殛死。禹乃嗣兴，

孔传：放鲧至死不赦。嗣，继也。废父兴子，尧舜之道。

天乃锡禹洪范九畴，彝伦攸叙。

孔传：天与禹洛出书，神龟负文而出，列于背，有数至于九。禹遂因而第之，以成九类，常道所以次叙。

苏传：汩，乱也。九畴，如草木之区别也。斁，厌也。执一而不知变，鲜不厌者。孔子曰："克伐怨欲不行焉，可谓仁①矣。"好胜之谓克。治民而求胜民者必亡国，②治病而求胜病者必杀人。尧谓鲧"方命圮族"，《楚词》云："鲧婞③直以亡身。"知其刚愎好胜者也。五行，土胜水，鲧知此而已，不通其变。夫物之方壮，不达其怒，而投之以其所畏，其争必大，岂独水哉！④ 以其殛死，知帝之震怒也。旧说，河出图，洛出书。《河图》为八卦，《洛书》为九

---

① 仁：《四库》本作"难"。《论语·宪问》："宪问耻，子曰：'邦有道，谷；邦无道，谷，耻也。克伐怨欲不行焉。''可谓为仁矣？'子曰：'可谓为难矣。仁则吾不知也。'"据此，"克伐怨欲不行"，原宪以为"仁"，孔子以为"难"，故以《四库》本为上。

② 必亡国：原本、《经解》本、《四库》本皆无"国"字，陈大猷《或问》卷下所引作"必亡国"，与下文"必杀人"正好对应。兹据补。

③ 婞：《经解》本、凌本作"姱"，陈大猷《或问》引作"悻"，俱误。《楚辞·离骚》："鲧婞直以亡身兮，终然夭乎羽之野。"又《九章·惜诵》："行婞直而不豫兮，鲧功用而不就。"两处皆作"婞"。姱，义为"美好"，不合鲧之身份；婞，义为倔强，正是鲧的性格。

④ "治民"至"水哉"，陈大猷《或问》卷下全文引录，"必亡"下有"国"字，"婞直"为"悻直"，"刚愎"作"刚狠"。

畴。其传也尚矣,学者或疑而不敢言,以予观之,图书之文,必粗有八卦、九畴之象数,以发伏羲与禹之知。如《春秋》之以麟作也,岂可谓无也哉!

初一曰五行,

孔传:九类,类一章,以五行为始。

苏传:无所不用五行,故不言用。

次二曰敬用五事,

孔传:五事在身,用之必敬乃善。

次三曰农用八政,

孔传:农,厚也,厚用之,政乃成。

苏传:农,厚也。

次四曰协用五纪,

孔传:协,和也,和天时,使得正用五纪。

次五曰建用皇极,

孔传:皇,大。极,中也。凡立事当用大中之道。

次六曰乂用三德,

孔传:治民必用刚柔正直之三德。

次七曰明用稽疑,

孔传:明用卜筮考疑之事。

次八曰念用庶征,次九曰向用五福,威用六极。

孔传:言天所以向劝人用五福,所以威沮人用六极。此已上,禹所第叙。

苏传:向,趋也。用福极,使人知所趋避也。

一五行:一曰水,二曰火,三曰木,四曰金,五曰土。

孔传:皆其生数。

苏传:此五行生数也,生成之数,解见《易传》。

水曰润下,火曰炎上,

孔传:言其自然之常性。

木曰曲直,金曰从革,

孔传:木可以揉曲直,金可以改更。

土爰稼穑。

孔传:种曰稼,敛曰穑。土可以种,可以敛。

苏传:皆其德也。水不润下,则不能生物,故水以润下为德。火不炎上则不能熟物,故火以炎上为德。木曰曲直,谓其能从绳墨也,木不曲直则不能栋宇,故木以曲直为德。金曰从革,谓其能就镕范也,金不变化则不能成器,故金以从革为德。土无所不用,不可以一德名,而其德盛于稼穑。不曰

"曰"而曰"爰",爰,于也;曰者,所以名之也。无成名,无专气,无定位,盖曰于此稼穑,而非所以名之也。

润下作咸,

孔传:水卤所生。

炎上作苦,

孔传:焦气之味。

曲直作酸,

孔传:木实之性。

从革作辛,

孔传:金之气。

稼穑作甘。

孔传:甘味生于百谷。五行以下,箕子所陈。

苏传:五行之所作,不可胜言也,可言者,声色臭味而已。人之用是四者,惟味为急,故举味以见其余也。

二五事:一曰貌,

孔传:容仪。

二曰言,

孔传:词章。

三曰视,

孔传:观正。

四曰听,

孔传:察是非。

五曰思。

孔传:心虑所行。

貌曰恭,

孔传:俨恪。

言曰从,

孔传:是则可从。

视曰明,

孔传:必清审。

听曰聪,

孔传:必微谛。

思曰睿。

孔传:必通于微。

恭作肃，

孔传：心敬。

从作义，

孔传：可以治。

明作晢，

孔传：照了。

聪作谋，

孔传：所谋必成当。

睿作圣。

孔传：于事无不通谓之圣。

苏传：人生而有耳目口鼻，视听言思之具。中有知而外有容，与生俱生者也。今五事，先貌而次言，然后有视听，已而乃有思，何也？人之生也，五事皆具，而未能用也。自其始孩而貌知恭，见其父母，匍匐而就之，擎跽而礼之，是貌恭者先成也。稍长而知言语，以达其意，故言从者次之。于是始有识别，而目乃知物之美恶，耳乃知事之然否，于是而致其思，无所不至矣。故视明、听聪，思睿者又次之。睿者，达也，穷理之谓也。貌恭而人畏之，谓之肃；言从而民服之，谓之义。视明而不为色所眩谓之晢，听聪而不为言所移谓之谋。致思，自"穷理尽性以至于命"，谓之圣。此天理之自然，由匹夫而为圣人之具也。圣人以为此五者之事，可以交天人之际，治阴阳之变。山川之有草木，如人之有容色威仪也，故貌为木，而可以治雨。金之声，如人之有言也，故言为金，而可以治旸。火之外景，如人之有目也，故视为火，而可以治燠。水之内景，如人之有耳也，故听为水，而可以治寒。土行于四时，金、木、水、火得之而后成，如人心之无所不在也，故思为土，而可以治风。此《洪范》言天人之大略也。或曰："五事之叙，与五行之叙异，盖从其相胜者。"是殆不然。圣人叙五事，专以人事之理为先后，如向所云者，其合于五胜，适会其然耳。从而为之说，则过矣。

三八政：一曰食，

孔传：勤农业。

二曰货，

孔传：宝用物。

三曰祀，

孔传：敬鬼神以成教。

四曰司空，

孔传：主空土以居民。

五曰司徒，

孔传：主徒众教以礼义。

六曰司寇，

孔传：主奸盗使无纵。

七曰宾，

孔传：礼宾客无不敬。

八曰师。

孔传：简师所任必良，士卒必练。

苏传：食为首，货次之，祀次之，食货所以养生，而祀所以事死也。生死之理得，则司空定其居，居定而后可教，既教而后可诛，故司空、司徒、司寇次之。所以治民者，至矣！然后治诸侯，治诸侯莫若礼，所以宾之者备矣！而犹不服，则兵可用，故宾而后师。

四五纪：一曰岁，

孔传：所以纪四时。

苏传：岁星所次也。

二曰月，

孔传：所以纪一月。

苏传：月所躔也。

三曰日，

孔传：纪一日。

苏传：日所在也。

四曰星辰，

孔传：二十八宿迭见以叙气节，十二辰以纪日月所会。

苏传：星，二十八宿；辰，十二次也。星辰者，岁、月、日之所行也。此四者，所以授民时也。

五曰历数。

孔传：历数节气之度以为历，敬授民时。

苏传：以历授民时，则并彼四者为一矣，岂复与彼四者列而为五哉？予以是知历者，授民时者也。数者，如阳九百六①之类，圣人以是前知吉凶者也。《书》曰："天之历数在尔躬。"

五皇极：

---

① 阳九百六：疑为"阳九阴六"之误。《易》数阳为九，阴为六。《东坡志林·梁工说》有"阴阳九六之数，子女南北之位"，提法与此相同。

苏传：大而无际谓之皇，庄子曰"无门无旁，四达之皇皇"。至而无余谓之极，子思子曰："喜怒哀乐之未发谓之中。"道有进此者乎，故曰"极"，亦曰"中"，孔子曰："过犹不及。"学者因是以谓"中者，过与不及之间之谓也"。陋哉，斯言也！瞶者之言，不粗则微，何也？耳之官废，则粗微之制不在我也。聪者之言无粗微，岂复择粗微之间而后言乎？中则极，极则中，中、极一物也。学者知此，则几矣。

皇建其有极，

孔传：大中之道，大立其有中，谓行九畴之义。

苏传：大立是道，以为民极。

敛时五福，用敷锡厥庶民，

孔传：敛是五福之道以为教，用布与众民使慕之。

惟时厥庶民，

苏传：我有是道，五福自至，可以锡庶民矣。

于汝极。

苏传：我有是道，则民皆取中于我。

锡汝保极，

孔传：君上有五福之教，众民于君取中，与君以安中之善。言从化。

苏传：我有是道，则民皆保我以安。我以五福锡民，民以保安锡我。

凡厥庶民，无有淫朋，人无有比德，惟皇作极。

孔传：民有安中之善，则无淫过朋党之恶、比周之德，惟天下皆大为中正。

凡厥庶民，有猷有为有守，汝则念之。

孔传：民戢有道，有所为，有所执守，汝则念录叙之。

不协于极，不罹于咎，皇则受之，

孔传：凡民之行，虽不合于中，而不罹于咎恶，皆可进用，大法受之。

而康而色，曰：予攸好德。汝则锡之福，

孔传：汝当安汝颜色，以谦下人。人曰：我所好者德，汝则与之爵禄。

时人斯其惟皇之极。

孔传：不合于中之人，汝与之福，则是人此其惟大之中。言可勉进。

无虐茕独，而畏高明。

孔传：茕，单，无兄弟也。无子曰独。单独者不侵虐之，宠贵者不枉法畏之。

人之有能有为，使羞其行，而邦其昌。

孔传：功能有为之士，使进其所行，汝国其昌盛。

凡厥正人，既富方谷。

孔传：凡其正直之人，既当以爵禄富之，又当以善道接之。

汝弗①能使有好于而家,时人斯其辜。

孔传：不能使正直之人，有好于国家，则是人斯其诈取罪而去。

于其无好德,汝虽锡之福,其作汝用咎。

孔传：于其无好德之人，汝虽与之爵禄，其汝用恶道以败汝善。

苏传：皇极之道大矣，无所不受，无所不可。苟非淫朋比德，自弃于邪者，皆可受而成就之，与作极也。有猷者，有谋虑者也；有为者，有材力者也；有守者，有节守者也。皆可与作极者也，汝则念之勿忘也。虽不协于极，而未丽于恶者，汝则受之勿弃也。有自言者曰：我所好者德也，虽真伪未可知，汝则锡之福，则人知为善之利，斯大作极矣。虐茕独而畏高明，则人慕富贵，厌贫贱，利不在于为善矣。人之有能有为，皆得自进，而邦乃昌。虽正人亦有见而后仁，既富而后为善者，汝知其不邪，斯可进矣，不必待其有善而后禄也。汝见正人而不能进，使与汝国家相好，则此正人亦或去而为恶也。于其无好德者，所谓淫朋比德，自弃于邪者也，斯人而锡之福，则汝亦有咎矣。大哉，皇极之道！非大人其孰能行之？呜呼！此固硁硁者之所大失②也欤！不协于极而受之，自言好德而信之，必有欺我而败事者矣。然得者必多，失者必少，唐武氏之无道也，独于进人无所留难，非徒人得荐，③士亦许自举其材。其后开元贤臣致刑措者，皆武氏所收也。德宗好察而多忌，士无贤愚，皆不得进，国空无人，以致奉天之祸。故陆贽有言："武后以易得人，而陛下以精失士。"至哉，斯言也！昔常衮为相，艰于进人，贤愚同滞。及崔祐甫代之，未期年，除吏八百，多其亲旧，其曰非亲旧，莫由知之。若祐甫与贽，真可与论皇极者也！

无偏无陂,遵王之义；

孔传：偏，不平。陂，不正。言当循先王之正义以治民。

无有作好,遵王之道;无有作恶,遵王之路；

孔传：言无有乱为私好恶，动必循先王之道路。

无偏无党,王道荡荡；

孔传：言开辟。

无党无偏,王道平平；

孔传：言辩治。

---

① 弗：《经解》本作"不"。
② 失：《经解》本、《四库》本作"笑"。
③ 荐：原本作"一"，据《经解》本、《四库》本改。

无反无侧,王道正直。

孔传：言所行无反道不正,则王道平直。

会其有极,归其有极。

孔传：言会其有中而行之,则天下皆归其有中矣。

苏传：偏、陂、反、侧,而作好恶,此最害皇极者。皇极无可作,可作非皇极也。去其害皇极而已。

曰皇极之敷言,是彝是训,于帝其训。

孔传：曰者,大其义,言以大中之道布陈言教,不失是常,则人皆是顺矣。天且其顺,而况于人乎？

苏传：天之锡禹九畴,不能如是谆谆也,盖粗有象数而已。禹、箕子推而广之,至皇极尤详。曰：此非皆帝之言也,皇极之敷言也,帝以数象告,而我敷广其言为彝训,亦与帝言无异,故曰"于帝其训"。

凡厥庶民,极之敷言,是训是行,以近天子之光。

孔传：凡其众民,中心之所陈言,凡顺是行之,则可以近益天子之光明。

曰天子作民父母,以为天下王。

孔传：言天子布德惠之教,为兆民之父母,是为天下所归往,不可不务。

苏传：皇极非独天子事也,使庶人而能训行此敷言者,其功烈岂可胜言哉！亦足以附益天子之光明,且能使其民爱其君如父母也。

六三德：一曰正直,

孔传：能正人之曲直。

二曰刚克,

孔传：刚能立事。

三曰柔克。

孔传：和柔能治,三者皆德。

平康正直,

孔传：世平安,用正直治之。

彊弗友刚克,

孔传：友,顺也。世强御不顺,以刚能治之。

燮友柔克。

孔传：燮,和也。世和顺,以柔能治之。

苏传：不刚不柔曰正直。孔子曰："以直报怨。"平安无事,用正直而已。燮,和也。过彊不顺者,则以刚胜之人治之。和顺者,则以柔顺之人养之。所谓"刚亦不吐,柔亦不茹"也。

沈潜刚克,

孔传：沈潜谓地，虽柔亦有刚，能出金石。

高明柔克。

孔传：高明谓天，言天为刚德，亦有柔克，不干四时，喻臣当执刚以正君，君亦当执柔以纳臣。

苏传：沈潜，地也。坤至柔，而动也刚，是以刚胜也。高明，天也，天为刚德，犹不干时，是以柔胜也。《坤》六二"直方大"，《乾》上九"亢龙有悔"。臣常执刚以正君，君当体柔以纳臣也。

惟辟作福，惟辟作威，惟辟玉食。

孔传：言惟君得专威福为美食。

臣无有作福、作威、玉食，臣之有作福、作威、玉食，其害于而家，凶于而国。人用侧颇僻，民用僭忒。

孔传：在位不敦平，则下民僭差。

苏传：圣人之忧世深矣，其言世为天下则。既陈天地、君臣、刚柔之道矣，则忧后世，因是以乱君臣之分，故复深戒之。

七稽疑：择建立卜筮人。

孔传：龟曰卜，蓍曰筮。考正疑事，当选择知卜筮人而建立之。

苏传：将与卿士，皆谋及之，其可不择而立乎？

乃命卜筮，

孔传：建立其人，命以其职。

苏传：卜筮必命此人，不使不立者占也。

曰雨，

苏传：其兆如雨。

曰霁，

孔传：龟兆形有似雨者，有似雨止者。

苏传：如雨止。

曰蒙，

孔传：蒙，阴闇。

苏传：如蒙雾。

曰驿，

孔传：气落驿不连属。

苏传：兆络驿不相属。

曰克，

孔传：兆相交错。五者卜兆之常法。

苏传：兆相错入也。

曰贞,曰悔,

孔传:内卦曰贞,外卦曰悔。

苏传:《春秋传》曰:秦伯伐晋,卜徒父筮之,遇《蛊》,曰:"《蛊》之贞,风也;其悔,山也。"是内卦为贞,外卦为悔也。卦之不变①者,占卦而不占爻,故用贞、悔占之。②变者,则止以所变之爻占之。其谓之贞、悔者,古语如此,莫知其训也。

凡七。

孔传:卜筮之数。

卜五,占用二,衍忒。

苏传:衍,推也;忒,过也,谓变而适他卦者也。卜用其五,占也于二。曰贞曰悔,此其不变者耳,又当推其变者皆占之。

立时人作卜筮,三人占,则从二人之言。

孔传:立是知卜筮人,使为卜筮之事。夏、殷、周卜筮各异,三法并卜。从二人之言,善钧从众。卜筮各三人。

苏传:既立此人为卜筮矣,则当信而从之。其占不同,则当从众。

汝则有大疑,谋及乃心,谋及卿士,谋及庶人。谋及卜筮,

孔传:将举事而汝则有大疑,先尽汝心以谋虑之,次及卿士、众民,然后卜筮以决之。

苏传:圣人无私之至,视其心,与卿士、庶人如一,皆谋及之。《周礼》有外朝致民之法,然上酌民言,听舆人之诵,皆谋及之道也。

汝则从,龟从,筮从,卿士从,庶民从,是之谓大同。

孔传:人心和顺,龟筮从之,是谓大同于吉。

身其康彊,子孙其逢吉。

孔传:动不违众,故后世遇吉。

汝则从,龟从,筮从,卿士逆,庶民逆,吉。

孔传:三从二逆,中吉,亦可举事。

卿士从,龟从,筮从,汝则逆,庶民逆,吉。

孔传:君臣不同,决之卜筮,亦中吉。

庶民从,龟从,筮从,汝则逆,卿士逆,吉。

孔传:民与上异心,亦卜筮以决之。

汝则从,龟从,筮逆,卿士逆,庶民逆,作内吉,作外凶。

────────

① 变:《经解》本作"受"字,误。
② 之:凌本、《经解》本、《四库》本作"者"。

孔传：二从三逆，龟筮相违，故可以祭祀、冠、婚，不可以出师征伐。

龟、筮共违于人，

孔传：皆逆。

用静吉，用作凶。

孔传：安以守常则吉，动则凶。

苏传：内，祭祀、昏、冠之类。外，出师征伐之类。

八庶征：曰雨，曰旸，曰燠，曰寒，曰风，曰时。

孔传：雨以润物，旸以干物，暖以长物，寒以成物，风以动物。五者各以其时，所以为众验。

苏传：貌，木也，其征为雨。言，金也，其征为旸。视，火也，其征为燠。听，水也，其征为寒。思，土也，其征为风。圣人何以知之？以四时知之也。四时之气，木为春，春多雨，故雨为貌征。金为秋，秋多旱，故旸为言征。火为夏，夏多燠，故燠为视征。水为冬，冬多寒，故寒为听征。土为四季，而风行于四时，故风为思征。箕子既叙此五征矣，则又有"曰时"者，明此五征以四时五行推知之也。

五者来备，各以其叙，庶草蕃庑。

孔传：言五者备至，各以次序。则众草蕃滋。庑，丰也。

一极备凶，一极无凶。

孔传：一者备极，过甚则凶。一者极无，不至亦凶。谓不时失叙。

苏传：备者，皆有而不过也。极备者，过多也；极无者，过少也。此五者，有一如此，则皆凶也。

曰休征，

孔传：叙美行之验。

曰肃，时雨若。

孔传：君行敬，则时雨顺之。

曰乂，时旸若。

孔传：君行政治，则时旸顺之。

曰晢，①时燠若。

孔传：君能照晢，则时燠顺之。

曰谋，时寒若。

孔传：君能谋，则时寒顺之。

曰圣，时风若。

---

① 晢：《经解》本、《四库》本作"哲"，误。

孔传：君能通理，则时风顺之。

曰咎征，

孔传：叙恶行之验。

曰狂,恒雨若。

孔传：君行狂妄，则常雨顺之。

苏传：貌不肃则狂。

曰僭,恒旸若。

孔传：君行僭差，则常旸顺之。

苏传：言不从则僭。僭，不信也。

曰豫,恒燠若。

孔传：君行逸豫，则常燠顺之。

苏传：视不晢①则豫，豫，淫乐于色也。

曰急,恒寒若。

孔传：君行急，则常寒顺之。

苏传：听不聪则曰急。急，过察也。

曰蒙,恒风若。

孔传：君行蒙闇，则常风顺之。

苏传：思不睿则蒙。蒙，闇也。

曰：王省惟岁，

孔传：王所省职，兼所总群吏，如岁兼四时。

苏传：自此以下，皆五纪之文也。简编脱误，是以在此。其文当在"五日历数"之后。庄子曰：除日无岁，王省百官，而不②兼有司之事，如岁之总日月也。

卿士惟月，

孔传：卿士各有所掌，如月之有别。

师尹惟日。

孔传：众正官之吏，分治其职，如日之有岁月。

苏传：卿士亦不侵师尹之职也。

岁、月、日、时无易，

孔传：各顺常。

百谷用成。乂用明，

---

① 晢：《经解》本、《四库》本作"哲"，误。
② 而不：原本缺，据《经解》本、凌本、《四库》本补。

孔传：岁、月、日、时无易，则百谷成。君臣无易，则政治明。

俊民用章，家用平康。

孔传：贤臣显用，国家平宁。

日、月、岁、时既易，

孔传：是三者已易，喻君臣易职。

百谷用不成，乂用昏不明，俊民用微，家用不宁。

孔传：君失其柄，权臣擅命。治闇贤隐，国家乱。

苏传：岁、月、日、时相夺，则百谷不成。君臣相侵，则治不明俊，民微而家不宁。

庶民惟星，星有好风，星有好雨，

孔传：星，民象。故众民惟若星。箕星好风，毕星好雨，亦民所好。

日月之行，则有冬有夏。

孔传：日月之行，冬夏各有常度。君臣政治，大小各有常法。

月之从星，则以风雨。

孔传：月经于箕则多风，离于毕则多雨。政教失常以从民欲，亦所以乱。

苏传：箕好风，毕好雨，月在箕则多风，在毕则多雨。言岁之寒燠由日月，其风雨由星，以明卿士之能为国休戚，庶民之能为君祸福也。

九五福：一曰寿，

孔传：百二十年。

二曰富，

孔传：财丰备。

三曰康宁，

孔传：无疾病。

苏传：无疾病。

四曰攸好德，

孔传：所好者德福之道。

苏传：作德，心逸日休，其为福也大矣。

五曰考终命。

孔传：各成其短长之命以自终，不横夭。

六极：

苏传：极，穷也。

一曰凶短折，

孔传：动不遇吉。短，未六十；折，未三十。言辛苦。

苏传：不得其死曰凶。

二曰疾,

孔传：常抱疾苦。

苏传：多疾病。

三曰忧,

孔传：多所忧。

苏传：人有常戚戚者,亦命也。

四曰贫,

孔传：困于财。

五曰恶,

孔传：丑陋。

苏传：丑陋也。

六曰弱。

孔传：尪劣。

苏传：尪劣也,福之反则极也,极之对则福也。五与六,岂其尽之？皇极之建则多福,不建则多极,皆其大略也。必曰何以致之,则过矣！

武王既胜殷,邦诸侯,班宗彝,

孔传：赋宗庙彝器酒罇赐诸侯。

作《分器》。

孔传：言诸侯尊卑,各有分也。亡。

苏传：宗彝,宗庙彝尊也。以为诸侯分器。一篇,亡。

卷十一

周书

旅獒第七

西旅献獒,

孔传:西戎远国贡大犬。

太保作《旅獒》。

孔传:召公陈戒。

苏传:召公也。

旅獒。

孔传:因獒而陈道义。

惟克商,遂通道于九夷八蛮,

孔传:四夷慕化,贡其方贿。九、八言非一。皆通道路,无远不服。

西旅厎贡厥獒,

孔传:西戎之长,致贡其獒。犬高四尺曰獒,以大为异。

苏传:西方之国有以獒为贡者。旅,陈也。《春秋传》曰:"庭实旅百。"犬四尺曰獒。

太保乃作《旅獒》,用训于王。

孔传:陈贡獒之义以训谏王。

曰:呜呼!明王慎德,四夷咸宾,

孔传:言明王慎德以怀远,故四夷皆宾服。

无有远迩,毕献方物,惟服食器用。

孔传：天下万国，无有远近，尽贡其方土所生之物，惟可以供服食器用者。言不为耳目华侈。

王乃昭德之致于异姓之邦，无替厥服。

孔传：德之所致，谓远夷之贡，以分赐异姓诸侯，使无废其职。

苏传：如"以肃慎楛矢分陈"之类，使知王能以德致四夷之物，况诸夏乎？

分宝玉于伯叔之国，时庸展亲。

孔传：以宝玉分同姓之国，是用诚信其亲亲之道。

苏传：如以夏后氏之璜分鲁之类，以布亲亲之意。

人不易物，惟德其物。

孔传：言物贵由人，有德则物贵，无德则物贱，所贵在于德。

苏传：同是物也，有德则贵，无德则贱。

德盛不狎侮，

孔传：盛德必自敬，何狎易侮慢之有？

狎侮君子，罔以尽人心。

孔传：以虚受人，则人尽其心矣。

苏传：君使臣以礼。

狎侮小人，罔以尽其力。

孔传：以悦使民，民忘其劳，则力尽矣。

苏传：小人学道则易使。

不役耳目，百度惟贞。

孔传：言不以声色自役，则百度正。

苏传：不以声色为役。

玩人丧德，玩物丧志。

孔传：以人为戏弄，则丧其德；以器物为戏弄，则丧其志。

志以道宁，言以道接。

孔传：在心为志，发气为言，皆以道为本，故君子勤道。

苏传：玩人则人不我敬，故丧德；玩物则志以物移，故丧志。志丧则中乱，故志以道宁；德丧则人离，故言以道接。

不作无益害有益，功乃成。不贵异物贱用物，民乃足。

孔传：游观为无益，奇巧为异物，言明王之道，以德义为益，器用为贵，所以化治生民。

苏传：民争为异物，以中上好，则农工病矣。

犬马非其土性不畜，

孔传：非此土所生不畜，以不习其用。

珍禽奇兽不育于国。

孔传：皆非所用，有损害故。

不宝远物，则远人格。

孔传：不侵夺其利，则来服矣。

苏传：夷狄性贪，故喜廉而畏贪。古之循吏，能以廉服夷狄者多矣，而贪吏亦足以致寇，况于王乎？周穆王得狼、鹿尔，而荒服因以不至。①

所宝惟贤，则迩人安。

孔传：宝贤任能，则近人安。近人安，则远人安矣。

呜呼！夙夜罔或不勤，

孔传：言当早起夜寐，常勤于德。

不矜细行，终累大德。

孔传：轻忽小物，积害毁大，故君子慎其微。

为山九仞，功亏一篑。

孔传：八尺曰仞，喻向成也。未成一篑，犹不为山，故曰功亏一篑。是以圣人乾乾日昃，慎终如始。

苏传：大德，细行之积也。九仞，一篑之积也。

允迪兹，生民保厥居，惟乃世王。

孔传：言其能信蹈行此诫，则生人安其居，天子乃世世王天下。武王虽圣，犹设此诫，况非圣人，可以无诫乎？其不免于过，则亦宜矣。

巢伯来朝，

孔传：殷之诸侯。伯，爵也。南方远国。武王克商，慕义来朝。

芮伯作《旅巢命》。

孔传：芮伯，周同姓，圻内之国，为卿大夫。陈威德以命巢。亡。

苏传：芮，在冯翊临晋县。一篇，亡。

金縢 第八

武王有疾，周公作《金縢》。

孔传：为请命之书，藏之于匮，缄之以金，不欲人开之。

苏传：《金縢》之书，缘周公而作，非周公作也。周公作金縢策书尔。

金縢。

孔传：遂以所藏为篇名。

---

① "周穆"句，蔡沈《书集传》引作"周穆王得白狐白鹿，而荒服因以不至"。

既克商二年,王有疾,弗豫。

孔传:伐纣明年,武王有疾,不悦豫。

苏传:犹言不怿也。

二公曰:我其为王穆卜。①

苏传:太公、召公也。穆,敬也。

周公曰:未可以戚我先王。

孔传:穆,敬;戚,近也。召公、太公言王疾,当敬卜吉凶,周公言未可以死近我先王,相顺之辞。

苏传:二公欲卜于庙,周公曰:王疾无害,未可以忧我先王。周公欲自以身祷,故以此言拒二公。

公乃自以为功,

孔传:周公乃自以请命为己事。

苏传:功,事也。

为三坛同墠。

孔传:因太王、王季、文王请命于天,故为三坛。坛,筑土。墠,除地。大除地于中,为三坛。

苏传:筑土曰坛,除地曰墠。

为坛于南方,北面,周公立焉,

孔传:立坛上,对三王。

植璧秉圭,乃告太王、王季、文王。

孔传:璧以礼神。植,置也。置于三王之坐。周公秉桓珪以为贽。告,谓祝辞。

苏传:植,置也。秉,执圭。

史乃册,祝,

苏传:史,太史也。册,祝册也。告神祝辞,书之册以告。

曰:惟尔元孙某,遘厉虐疾。

孔传:史为册书祝辞也。元孙,武王。某,名。臣讳君,故曰某。厉,危;虐,暴也。

若尔三王,是有丕子之责于天,以旦代某之身。

孔传:太子之责,谓疾不可救于天,则当以旦代之。死生有命,不可请代,圣人叙臣子之心,以垂世教。

苏传:某,发也。丕,壮大也。言尔三王,天必欲取其一壮大子孙者,则

---

① 穆卜:原本作"穆小",误。据《经解》本、凌本、《四库》本改。

旦亦丕子也,可以代之。

予仁若考,能多材多艺,能事鬼神。

孔传:我周公仁能顺父,又多材多艺,能事鬼神。言可以代武王之意。

乃元孙不若旦多材多艺,不能事鬼神。乃命于帝庭,①敷佑四方,

孔传:汝元孙受命于天庭为天子,布其德教,以佑助四方。言不可以死。

用能定尔子孙于下地。四方之民,罔不祗畏。

孔传:言武王用受命帝庭之故,能定先人子孙,于天下四方之民,无不敬畏。

呜呼!无坠天之降宝命,我先王亦永有依归。

孔传:叹惜武王,言不救则坠天之宝命,救之则先王长有依归。

苏传:我仁孝,能顺父祖,且多材多艺,于事鬼神为宜。乃元孙材艺不若旦,而有人君德度,留以王天下为宜。死生有可相代之理,世多疑之。予观近世匹夫匹妇,为其父母发一至诚之心,以动天地鬼神者多矣,况周公乎?且周公之祷,非独弟为兄、臣为君也,乃为天下、为先王祷也。上帝听而从之,无足疑者。世之所以疑者,以己之多伪,而疑圣人之不情也。

今我即命于元龟,

孔传:就受三王之命于大龟,卜知吉凶。

尔之许我,我其以璧与②珪,归俟尔命;

孔传:许谓疾瘳。待命,当以事神。

尔不许我,我乃屏璧与珪。

孔传:不许谓不愈也。屏,藏也,言不得事神。

乃卜三龟,一习吉。

孔传:习,因也。以三王之龟卜,一相因而吉。

启籥见书,乃并是吉。

孔传:三兆既同吉,开籥见占兆书,乃亦并是吉。

公曰:体,王其罔害,

孔传:公视兆曰:如此兆体,王其无害。言必愈。

予小子新命于三王,惟永终是图。

孔传:周公言我小子新受三王之命,武王惟长终是谋周之道。

苏传:龟之兆吉凶也详矣,故许不许皆听命于龟。已而视龟之体,知王

---

① 庭:《经解》本作"廷"。
② 与:凌本作"为",误。《十三经注疏》本经文亦作"与"。

之周害,己亦莫之代也,故曰:予受命于三王,王之寿考长终可图也。

兹攸俟,能念予一人。

孔传:言武王愈,此所以待,能念我天子事,成周道。

苏传:"一人"者,指武王也。武王临天下未久,人之念其德者尚浅,周公忧其崩,而或叛之,故欲以身代。既见三龟之吉,知王之未崩,天假之年以绍其德,故曰此可以待天下之能念王也。

公归,乃纳册于金縢之匮中。

苏传:縢,缄也。以金缄之,欲人之不发也。

王翼日乃瘳。

孔传:从坛归。翼,明;瘳,差也。

武王既丧,管叔及其群弟乃流言于国,

孔传:武王死,周公摄政,其弟管叔及蔡叔、霍叔乃放言于国,以诬周公,以惑成王。

苏传:管叔鲜,武王弟也。群弟,蔡叔度、霍叔处之流也。武王崩,成王幼,周公专国政,故群叔疑而流言也。

曰:公将不利于孺子。

孔传:三叔以周公大圣,有次立之势,遂生流言。孺,稚也。稚子,成王。

苏传:成王也。

周公乃告二公曰:我之弗辟,我无以告我先王。

孔传:辟,法也。告召公、太公言:我不以法法三叔,则我无以成周道告我先王。

苏传:辟,诛也。管叔之当诛者,挟殷以叛也。

周公居东二年,则罪人斯得。

孔传:周公既告二公,遂东征之,二年之中,罪人此得。

苏传:二年而后克,明管、蔡亦得众也。

于后,公乃为诗以贻王,名之曰《鸱鸮》。

苏传:《豳诗》。鸱鸮,恶鸟也。破巢取卵,以比①管、蔡之害王室及成王也。

王亦未敢诮公。

孔传:成王信流言而疑周公,故周公既诛三监而作诗,解所以宜诛之意,以遗王。王犹未悟,故欲让公而未敢。

苏传:未敢诮,明其心之疑也。

---

① 以比:原本作"以取",盖涉上文误。据《经解》本、《四库》本改。

秋大熟,未获,天大雷电以风,

孔传:二年秋也。蒙,恒风若,雷以威之,故有风雷之异。

禾尽偃,大木斯拔,邦人大恐。

孔传:风灾所及,邦人皆大恐。

王与大夫尽弁,以启金縢之书。

孔传:皮弁,质服以应天。

苏传:皮弁也。意当时占国休咎之书,皆藏金縢,故周公纳册于此,而成王遇灾而惧,亦启此书也。

乃得周公所自以为功、代武王之说。

孔传:所藏请命册书本。

二公及王乃问诸史与百执事,

孔传:二公倡王启之,故先见书。史、百执事,皆从周公请命。

对曰:信。噫!公命我勿敢言。

孔传:史、百执事言信有此事,周公使我勿道,今言之,则负周公。噫,恨辞。

王执书以泣,曰:其勿穆卜。

孔传:本欲敬卜吉凶,今天意可知,故止之。

昔公勤劳王家,惟予冲人弗及知。

孔传:言己幼童,不及知周公昔日忠勤。

今天动威,以彰周公之德。

孔传:发雷风之威,以明周公之圣德。

惟朕小子其新逆,

苏传:自新,且使人逆公。公时尚在东也。

我国家礼亦宜之。

孔传:周公以成王未寤,故留东未还,改过自新,遣使者迎之,亦国家礼有德之宜。

王出郊。

苏传:郊告,谢罪也。

天乃雨,反风。

苏传:雨降风回,天意得,而灾乃解。

禾则尽起。

孔传:郊以玉币谢天,天即反风起禾,明郊之是。

二公命邦人,凡大木所偃,尽起而筑之。岁则大熟。

孔传:木有偃拔,起而立之,筑有其根。桑果无亏,百谷丰熟,周公之德,此已上、《大诰》后,因武王丧并见之。

苏传:大木既拔,筑之而复生,此岂人力之所及哉?予以是知天人之不相远。凡灾异,可以推知其所自。《五行传》,未易尽废也。

大诰 第九

武王崩,三监及淮夷叛。

孔传:三监、管、蔡、商;淮夷、徐奄之属;皆叛周。

周公相成王,将黜殷,作《大诰》。

孔传:相,谓摄政。黜,绝也。将以诛叛者之义大诰天下。

苏传:三监,管、蔡、武庚。淮夷,徐奄之属也。

大诰。

孔传:陈大道以诰天下,遂以名篇。

王若曰:猷,大诰尔多邦,越尔御事。

孔传:周公称成王命,顺大道以告天下众国,及于御治事者,尽及之。

苏传:猷,谋也。越,及也。

弗吊,天降割于我家,不少

孔传:言周道不至,故天下凶害于我家不少。谓三监、淮夷并作难。

延。

苏传:天弗吊恤我,降丧于我邦家,不少延武王之命。

洪惟我幼冲人,

孔传:凶害延大,惟累我幼童人。成王言其不可不诛之意。

嗣无疆大历服,弗造哲,迪民康,

孔传:言子孙承继祖考无穷大数,服行其政,而不能为智道以安人,故使叛。先自责。

矧曰其有能格知天命。

孔传:安人且犹不能,况其有能至知天命者乎?

苏传:服,事也。造,至也。大哉我幼冲人,继此大历事也。我尚不能至于知人迪哲①以安民者,况能至于知天命乎!

已,予惟小子,若涉渊水,予惟往求朕攸济。

孔传:已,发端叹辞也。我惟小子,承先人之业,如涉渊水,往求我所以济渡。言祇惧。

---

① 迪哲:原本作"迪吉",《经解》本、《四库》本作"哲"。盖"哲"字异体作"喆",形坏为"吉"。据二本改。

苏传：已矣，今予但求所济而已。

敷贲敷前人受命，兹不忘大功。

孔传：前人，文、武也。我求济渡，在布行大道，在布陈文、武受命，在此不忘大功。言任重。

苏传：贲，饰也。我之所敷者，以饰敷前人受命，而不忘其功也。

予不敢闭于天降威，

孔传：天下咸用，谓诛恶也。言我不敢闭绝天所下咸用而不行。将欲伐四国。

苏传：天降威，三监叛也。天欲绝殷，故使之叛也。

用①宁王遗我大宝龟，绍天明即命。

孔传：安天下之王，谓文王也。遗我大宝龟，疑则卜之，以继天明，就其命而行之。言卜不可违。

苏传：当时谓武王为宁王，以见其克殷宁天下也。② 下文曰"乃宁考"，知其为武王。旧说以为文王，非也。曰"前宁人"者，亦谓武王之旧臣也。天降威于殷，予不敢隐闭，用武王所遗宝龟卜之，所以继天明而待命也。

曰：有大艰于西土，西土人亦不静，

苏传：此龟所以告者也。

越兹蠢。

孔传：曰，语更端也。四国作大难于京师，西土人亦不安于此蠢动。

苏传：蠢，动也。及此，三监果动。

殷小腆，诞敢纪其叙。

孔传：言殷后小腆腆之禄父，大敢纪其王业，欲后之。

天降威，知我国有疵，

孔传：天下威，谓三叔流言，故禄父知我周国有疵病。

民不康，曰予复，反鄙我周邦。

孔传：禄父言我殷当复，欺惑东国人，令不安，反鄙易我周家。道其罪无状。

苏传：腆，厚也。殷少富厚，乃敢纪其既亡之叙。盖天降威，亦其心知我国有三叔之疵，而民不安，故欲作难，以鄙我周邦也。

今蠢，今翼日，民献有十夫。予翼以于敉宁武图功。

---

① 用：诸家《尚书》皆属上读，《四库》本《东坡书传》亦改从上读，非是。此为东坡调整句读处，观传文"用武王所遗宝龟卜之"可知。

② "当时"句，蔡沈《书集传》引此句，无"见"字，"宁天下"作"安天下"。

孔传：今天下蠢动，今之明日，四国人贤者有十夫来翼佐我周，用抚安武事，谋立其功。言人事先应。

苏传：献，贤也。救，抚也。四国蠢动之明日，民之贤者，有十夫来助我，求往征四国，抚循宁王之武事，以图功也。周公之东征，邦君、卿士皆疑天下骚动，而此十夫者至，故周公喜之，表其人以令天下。汉高祖讨陈豨，至赵，得四人，皆封之千户，曰："吾以羽檄征天下兵，未有一人至者，吾何爱四千户，不以慰赵子弟乎？"此亦周公之意也。

我有大事休，朕卜并吉。

孔传：大事，戎事也。人谋既从，卜又并吉，所以为美。

肆予告我友邦君，越尹氏、庶士、御事，

孔传：以美，故告我友国诸侯，及于正官尹氏卿大夫、众士御治事者。言谋及之。

曰：予得吉卜，予惟以尔庶邦，于伐殷逋播臣。

孔传：用汝众国往伐殷逋亡之臣，谓禄父。

尔庶邦君，越庶士、御事，罔不反曰艰大。

孔传：汝众国上下，无不反曰：征伐四国为大难。叙其情以戒之。

民不静，亦惟在王宫邦君室，

孔传：言四国不安，亦在天子、诸侯教化之过。自责不能绥近以及远。

越予小子。考翼，不可征。王害不违卜。

孔传：于我小子先卜，敬成周道。若谓今四国不可征，则王室有害，故宜从卜。

苏传：休，美也。尹，正也，官之表正也。翼，敬也。害，曷也，《诗》曰"害澣害否"。我事既美矣，而我卜又吉，故告尔以东征殷之叛臣。今汝反曰难哉，此大事也，民之不静，亦惟在王与邦君之家，及王之身。考德敬事，修己以正之，不可征也。王曷不违卜而用人言乎？

肆予冲人，永思艰。曰：呜呼！允蠢鳏寡，哀哉。

孔传：故我童人成王长思此难而叹曰：信蠢动天下，使无妻无夫者受其害，可哀哉。

予造天役，遗大投艰于朕身。

孔传：我周家为天下役事，遗我甚大，投此艰难于我身。言不得已。

越予冲人，不卬自恤。义尔邦君，越尔多士、尹氏、御事，

孔传：言征四国，于我童人不惟自忧而已，乃欲施义于汝众国君臣上下至御治事者。

绥予曰：无毖于恤，不可不成，乃宁考图功。

孔传：汝众国君臣，当安勉我曰：无劳于忧，不可不成汝宁祖圣考文、武所谋之功。责其以善言之助。

苏传：卬，我也。忍，畏也。我闻汝众言，亦永思其难，曰：是行也，信动鳏寡，哀哉。然予为天子，作天之役，天实以大艰遗我，故勉而从天，非我自忧也。尔众人义当以言安我，曰：无畏此所忧之事，惟当一心，以成汝宁考所图之功。今乃不然，故深责之也。

已，予惟小子，不敢替上帝命。

孔传：不敢废天命，言卜吉当必征之。

天休于宁王，兴我小邦周，宁王惟卜用，克绥受兹命。

孔传：言天美文王兴周者，以文王惟卜之用，故能安受此天命。明卜宜用。

今天其相民，矧亦惟卜用。

孔传：人献十夫，是天助民，况亦用卜乎？吉可知矣。亦，言文王。

呜呼，天明畏，弼我丕丕基。

孔传：叹天之明德可畏，辅成我大大之基业。言卜不可违也。

苏传：已矣，予惟不敢替上帝命，帝美宁王之德，而兴周王，惟用卜以安受帝命。至于今天，其犹助我民。况我亦用卜哉？天所以动四国，明威命者，非以困我，欲辅成我大业也。

王曰：尔惟旧人，尔丕克远省，尔知宁王若勤哉！

孔传：特命久老之人，知文王故事者，大能远省识古事，汝知文王若彼之勤劳哉。目所亲见，法之又明。

苏传：王又特命久老之人，逮事武王者，曰：尔当大省久远，尔知武王之勤劳若此也哉？

天閟毖我成功所，予不敢不极卒宁王图事。

孔传：閟，慎也。言天慎劳我周家成功所在，我不敢不极尽文王所谋之事，谓致太平。

苏传：閟，闭也。天所以闭塞艰碍我国者，使我知畏而成功于此。我其敢不尽力，以终宁王所图之事哉！

肆予大化诱我友邦君。

孔传：我欲极尽文王所谋，故大化天下，道我友国诸侯。

苏传：王告此旧人，我已大化诱我友邦君，无不从我矣。

天棐忱辞，其考我民。

孔传：言我周家有大化诚辞，为天所辅，其成我民矣。

予曷其不于前宁人，图功攸终？

孔传：我何其不于前文王安人之道，谋立其功所终乎？

苏传：天既助我，至诚之辞，其必考之于民，以验其实。我其可不与宁王之旧臣，图功之所终乎？

天亦惟用勤毖我民，若有疾，

孔传：天亦劳慎我民欲安之，如人有疾，欲已去之。

予曷敢不于前宁人，攸受休毕？

孔传：天欲安民，我何敢不于前文王所受美命终毕之？

苏传：天所以勤劳忧畏我民者，使我日夜思念，如人有疾之不忘医也。予其可不与前宁人，同受休终哉！

王曰：若昔，朕其逝，朕言艰日思。

孔传：顺古道，我其往东征矣。我所言国家之难备矣，日思念之。

苏传：如我本意，则昔者已往矣。所以至今者，以言艰而日思之也。①

若考作室，既厎法，厥子乃弗肯堂，矧肯构？

孔传：以作室喻治政也。父已致法，子乃不肯为堂基，况肯构立屋乎？不为其易，则难者可知。

苏传：王以筑室喻也。父已准望高下、程度广狭以致法矣，子乃不肯为基，矧肯构屋乎？

厥父菑，厥子乃弗肯播，矧肯获？

孔传：又以农喻。其父已菑耕其田，其子乃不肯播种，况肯收获乎？

苏传：王又以农喻也。菑，耕也。播，种也。获，敛也。

厥考翼，其肯曰予有后，弗弃基？

孔传：其父敬事创业，而子不能继成其功，其肯言我有后，不弃我基业乎？今不征，是弃之。

苏传：父虽敬其事，而子不继其父，其肯曰我有后，不弃我基乎？

肆予曷敢不越卬敉宁王大命？

孔传：作室农人犹恶弃基，故我何敢不于今日抚循文王大命，以征逆乎？

苏传：我其敢不及我身之存，以抚循宁王之大命乎？

若兄考，乃有友伐厥子，民养其劝弗救？

孔传：若兄弟父子之家，乃有朋友来伐其子，民养其劝心不救者，以子恶故。以此四国将诛而无救者，罪大故。

苏传：养，厮养也。父兄而与朋友伐其子，其家之民养，当助父兄欤？抑助其子欤？其将相劝助其父兄，弗救其子也。今王与诸侯征伐四国，如父兄与朋友伐其子尔，众人孰当助乎？

---

① 日：《经解》本无。

王曰：呜呼！肆哉。尔庶邦君，越尔御事。

孔传：叹今伐四国必克之，故以告诸侯及臣下御治事者。

苏传：肆，过也。过矣哉，尔众人也，不助父而助子。

爽邦由哲，亦惟十人，迪知上帝命。

孔传：言其故。有明国事、用智道十人蹈知天命，谓"人献十夫"来佐周。

苏传：邦之明，乃能用哲，今十人归我，而不助彼，则帝命可知矣。

越天棐忱，尔时罔敢易法，矧今天降戾于周邦，

孔传：于天辅诚，汝天下是知无敢易天法，况今天下罪于周，使四国叛乎？

惟大艰人，诞邻胥伐于厥室？尔亦不知天命不易。

孔传：惟大为难之人，谓三叔也。大近相伐于其室家，谓叛逆也。若不早诛，汝天下亦不知天命之不易也。

苏传：及天之方辅，诚以助我，尔时我犹不敢不畏法度，矧今天降戾，使我大艰难之民，与强大之邻相伐于厥室？邻室相攻，可谓急矣。汝犹不知天命不易，欲安而不问也。

予永念曰：天惟丧殷，若穑夫，予曷敢不终朕亩？

孔传：稼穑之夫除草养苗，我长念天亡殷恶主，亦犹是矣，我何敢不顺天终竟我垄亩乎？言当灭殷。

苏传：天使我丧殷，若农夫之去草，其敢不尽力乎？

天亦惟休于前宁人，予曷其极卜，敢弗于从？

孔传：天亦惟美于文王受命，我何其极卜法敢不于从？言必从也。

率宁人有指疆土，矧今卜并吉？

孔传：循文王所有指意以安疆土，则善矣，况今卜并吉乎？言不可不从。

肆朕诞以尔东征。天命不僭，卜陈惟若兹。

孔传：以卜吉之故，大以汝众东征四国。天命不僭差，卜兆陈列惟若此吉，必克之，不可不勉。

苏传：方是时，武王之旧臣，皆欲从王征伐，故王曰：天若欲休息此前宁人者，予何敢尽用卜，敢不从众而止乎？今宁人指我，以疆域所至，不可坐受侵略，况今卜并吉，是天欲征，而不欲休也。我其必往，盖卜之久矣。陈，久也。《盘庚》《大诰》皆违众自用者，所以藉口也。使盘庚不迁都，周公不摄政，天下岂有异议乎？平居无事，变乱先王之政，而民不悦，则以盘庚、周公自比，此王莽①之所以作《大诰》也。

---

① 王莽：原本无"莽"字，据《经解》本、《四库》本补。《汉书·王莽传》谓王莽改制，"仿《大诰》作策"，即东坡所指。之：《经解》本、《四库》本无。

微子之命第十

成王既黜殷命，杀武庚，

孔传：一名禄父。

命微子启代殷后，

孔传：启知纣必亡而奔周，命为宋公，为汤后。

作《微子之命》。

孔传：封命之书。

微子之命。

孔传：称其本爵以名篇。

王若曰：猷，殷王元子，

孔传：微子，帝乙元子，故顺道本而称之。

惟稽古，崇德象贤。

孔传：惟考古典，有尊德象贤之义。言今法之。

苏传：《礼》曰："继世以立诸侯，象贤也。"用庶人之贤者，不如用世家之贤者，民服也。

统承先王，修其礼物。

孔传：言二王之后，各修其典礼，正朔服色，与时王并通三统。

苏传：用其正朔礼乐，使不失旧物也。

作宾于王家，

苏传：二王后，客礼。

与国咸休，永世无穷。

孔传：为时王宾客，与时皆美，长世无竟。

呜呼！乃祖成汤，克齐圣广渊。

孔传：言汝祖成汤，能齐德圣达，广大深远，泽流后世。

苏传：齐，肃也，《史记》"生①而狗齐"。

皇天眷佑，诞受厥命，

孔传：大天眷顾汤，佑助之，大受其命，谓天命。

抚民以宽，除其邪虐。

孔传：抚民以宽政，放桀邪淫荡之德。

功加于时，德垂后裔。

孔传：言汤立功加流当时，德泽垂及后世。裔，末也。

---

① 生：《经解》本、《四库》本、《史记》均作"幼"。

尔惟践修厥猷，旧有令闻，

孔传：汝微子，言能践汤德，久有善誉，昭闻远近。

恪慎克孝，肃恭神人。予嘉乃德，曰笃不忘。

孔传：言微子敬慎能孝，严恭神人，故我善汝德，谓厚不可忘。

上帝时歆，下民祗协。

苏传：予嘉乃德，曰：若厚而已。帝且歆之，民且归之。

庸建尔于上公，尹兹东夏。

孔传：孝恭之人，祭祀则神歆享，施令则人敬和，用是封立汝于上公之位，正此东方华夏之国。宋在京师东。

钦哉，往敷乃训，慎乃服命。

苏传：服，章；命，令也。

率由典常，以蕃王室，

孔传：敬哉，敬其为君之德。往临人布汝教训，慎汝祖服命数，循用旧典，无失其常，以蕃屏周室。戒之。

弘乃烈祖。

苏传：成汤也。

律乃有民，

苏传：律，法也。

永绥厥位，毗予①一人。

孔传：大汝烈祖成汤之道，以法度齐汝所有之人，则长安其位，以辅我一人。言上下同荣庆。

世世享德，万邦作式，

孔传：言微子累世享德，不忝厥祖，虽同公侯，而特为万国法式。

俾我有周无斁。

孔传：汝世世享德，则使我有周好汝无厌。

呜呼！往哉惟休，无替朕命。

孔传：叹其德，遣往之国。言当惟为美政，无废我命。

苏传：方武庚叛后，而封微子，微子盖处可疑之地，而命之曰"上帝时歆"，又曰"弘乃烈祖"，又曰"万邦作式"，此三代之事，后世所不能及也。

唐叔得禾，异亩同颖，

孔传：唐叔，成王母弟。食邑内得异禾也。亩，垄。颖，穗也。禾各生一垄而合为一穗。

---

① 予：《经解》本、《四库》本作"于"。

献诸天子。

孔传：拔而贡之。

王命唐叔，归周公于东，

孔传：异亩同颖，天下和同之象，周公之德所致。周公东征未还，故命唐叔以禾归周公。唐叔后封晋。

作《归禾》。

孔传：亡。

苏传：成王弟唐叔虞也。禾各生一垄，而合为一穟。

周公①既得命禾，旅天子之命，

孔传：已得唐叔之禾，遂陈成王归禾之命，而推美成王。善则称君。

作《嘉禾》。

孔传：天下和同，政之善者，故周公作书以嘉禾名篇告天下。亡。

苏传：二篇，亡。

---

① 周公：《经解》本脱"公"字。《十三经注疏》本经文即作"周公"。

卷 十 二

周 书

康诰第十一

成王既伐管叔、蔡叔,

孔传:灭三监。

以殷余民封康叔,

孔传:以三监之民国康叔为卫侯,周公惩其数叛,故使贤母弟主之。

作《康诰》《酒诰》《梓材》。

苏传:康叔封,文王子,封为卫侯。

康诰。

孔传:命康叔之诰。康,圻内国名。叔,封字。

惟三月哉生魄,

孔传:周公摄政七年三月。始生魄,月十六日,明消而魄生。

周公初基,作新大邑于东国洛,四方民大和会。

孔传:初造基建作王城大都邑于东国洛汭,居天下土中。四方之民,大和悦而集会。

侯、甸、男、邦、采、卫,百工播民和,见士于周。

孔传:此五服诸侯,服五百里。侯服去王城千里,甸服千五百里,男服去王城二千里,采服二千五百里,卫服三千里,与《禹贡》异制。五服之百官,播率其民和悦,并见即事于周。

苏传:百工,百官也。播民和,布法也。《周礼》:"正月之吉,始和,布治于邦国都鄙。"诸侯来朝,公行师从,故见士于周。

周公咸勤,

苏传:皆劳来之。

乃洪大诰治。

孔传:周公皆劳勉五服之人,遂乃因大封命,大诰以治道。

苏传:自"惟三月哉生魄"至此,皆《洛诰》文,当在《洛诰》"周公拜手稽首"之前。何以知之?周公东征,二年乃克管、蔡,即以殷余民封康叔,七年而复辟。营洛在复辟之岁,皆经文明甚,则封康叔之时,决未营洛。又此文终篇初不及营洛之事,知简编脱误也。

王若曰:孟侯,朕其弟,小子封。

孔传:周公称成王命顺康叔之德,命为孟侯。孟,长也。五侯之长谓方伯,使康叔为之。言王使我命其弟封。封,康叔名。称小子,明当受教训。

苏传:孟,长也。康叔,成王叔父,而周公弟,谓之孟侯则可,谓之小子则不可,且谓武王为寡兄,此岂成王之言?盖周公虽以王命命康叔,而其实训诰皆周公之言也,故曰"朕其弟,小子封"。

惟乃丕显考文王,克明德,慎罚,

孔传:惟汝大明父文王,能显用俊德,慎去刑罚,以为教首。

不敢侮鳏寡,庸庸,祗祗,威威,显民。

孔传:惠恤穷民,不慢鳏夫寡妇,用可用,敬可敬,刑可刑,明此道以示民。

苏传:用可用,敬可敬,刑可刑,以治显人。言敬鳏寡,而治强御也。

用肇造我区夏,越我一二邦以修。

孔传:用此明德慎罚之道,始为政于我区域诸夏,故于我一二邦皆以修治。

我西土惟时怙冒,

苏传:怙,恃也。冒,被也。

闻于上帝,帝休。

孔传:我西土岐周,惟是怙恃文王之道,故其政教冒被四表,上闻于天,天美其治。

天乃大命文王,殪戎殷。

苏传:殪,杀也。戎殷,比之戎虏也。

诞受厥命,

孔传:天美文王,乃大命之杀兵殷,大受其王命。谓三分天下有其二以授武王。

越厥邦厥民,惟时叙。

孔传：于其国,于其民,惟是次序,皆文王教。

乃寡兄勖,肆汝小子封,在兹东土。

孔传：汝寡有之兄武王,勉行文王之道,故汝小子封,得在此东土为诸侯。

苏传：民与国皆叙,乃汝寡有之兄武王勖勉之。力言汝小子封,承文、武之泽,乃得列为诸侯也。

王曰：呜呼！封,汝念哉！

孔传：念我所以告汝之言。

今民将在祇遹乃文考,绍闻衣德言。

孔传：今治民将在敬循汝文德之父,继其所闻,服行其德言,以为政教。

苏传：遹,循也。绍,继也。衣,服也。继其所闻,而服行其德言也。

往敷求于殷先哲王,用保乂民。

孔传：汝往之国,当布求殷先智王之道,用安治民。

汝丕远惟商耇成人,宅心知训,

孔传：汝当大远求商家耇老成人之道,常以居心,则知训民。

别求闻由古先哲王,用康保民。

孔传：又当别求所闻父兄用古先智王之道,用其安者以安民。

苏传：文王与殷先哲王,及商耇成人之德,皆远而易法,有以居己而知训矣,则更求殷以前古先哲王之道,以安民也。

弘于天,若德裕乃身,不废在王命。

孔传：大于天为顺德,则不见废,常在王命。

苏传：既求古圣贤以宏①大汝天性,顺成其德,则汝身绰绰然有余裕矣。然终不废用天子之法令,此所谓虽有庇民之大德,而有事君之小心也。

王曰：呜呼！小子封。恫瘝乃身,敬哉！

孔传：恫,痛。瘝,病。治民务除恶政,当如痛病在汝身欲去之,敬行我言。

苏传：恫,痛也。瘝,疾也。常若有疾痛在身,不忘治也。

天畏棐忱,民情大可见,小人难保。

孔传：天德可畏,以其辅诚。人情大可见,以小人难安。

往尽乃心,无康好逸豫,乃其乂民。

孔传：往当尽汝心为政,无自安好逸豫宽身,其乃治民。

苏传：天威可畏也,然可恃以安者,辅诚也,诚则天与之者可必矣。民

---

① 宏：《经解》本作"弘",《四库》本作"弘"（避乾隆帝讳）。

归有道，怀有德，其情大略可见也。然不可恃以安者，小人也，故尽心于诚，以求天辅；不可好逸豫，以远小人也。

我闻曰：怨不在大，亦不在小。惠不惠，懋不懋。

孔传：不在大，起于小。不在小，小至于大。言怨不可为，故当使不顺者顺，不勉者勉。

苏传：怨无大小，不顺不勉，皆足以致怨。

已，汝惟小子，乃服惟弘王，应保殷民。

孔传：已乎。汝惟小子，乃当服行德政，惟弘大王道，上以应天，下以安我所受殷之民众。

亦惟助王，宅天命，作新民。

孔传：弘王道，安殷民，亦所以惟助王者居顺天命，为民日新之教。

苏传：服，事也。弘，广也。应者，观民设教也。作，治也。殷民，卫之旧民也。武庚之乱，征伐之余，民流徙无常，居故康叔之国，有新民也。新诛武庚，故命康叔曰：汝之事，在广天子之意，观民设教，以保安殷民。又当助王宅天命，治新民也。方三监叛周之初，天命盖岌岌矣。黜殷而封康叔，天命乃定。

王曰：呜呼！封，敬明乃罚。

孔传：叹而敕之，凡行刑罚，汝必敬明之。欲其重慎。

人有小罪，非眚，乃惟终，自作不典，式尔，

孔传：小罪，非过失，乃惟终身行之，自为不常，用犯汝。

有厥罪小，乃不可不杀。乃有大罪，非终，乃惟眚灾，适尔，既道极厥辜，时乃不可杀。

孔传：汝尽听讼之理以极其罪，是人所犯，亦不可杀，当以罚宥论之。

苏传：近时学者解此书，其意以谓人有小罪，非过眚也，惟终成其恶，非诖误也。乃惟自作不善，原其情，乃惟不以尔为典式，是人当杀之无赦。乃有大罪，非能终成其恶也，乃惟过眚，原其情，乃惟适尔，非敢不以尔为典式也，是人当赦之，不可杀。信如此言，周公虐刑，杀非死罪，且教康叔以人之向背以为喜怒，而出入其生死也。法当死，原情以生之可也；法不当死，而原情以杀之。可乎？情之轻重，寄于有司之手，则人人可杀矣。虽大无道嗜杀人之君，不立此法，而谓周公为之欤！吾尝问之知法者，曰：此假设法也。周公设为甲乙二人皆犯死罪，而议其轻重也。甲之罪小于乙之谓也，非谓其罪不至死也。然其罪乃非眚灾，而惟终之，乃惟自作不法，而曰法固当尔，如是者当据法杀之，不可谶也。乙之罪虽大，然非终之者，乃惟眚灾适尔，适尔者，适会其如此也。是则真可谶也。末世法坏，违经背礼，然终无许有司，论

杀小罪之法，况使诸侯自以向背为喜怒，而专杀非死罪者欤？以今世之法考之，谋杀已伤，虽未杀皆死，虽未伤而置人于必死之地，亦死。斗杀故杀，虽已杀，而情可愍者，谳过失杀，虽已杀，皆赎。夫以未伤未杀，而皆云既杀，岂非小罪杀而大罪赦乎？岂可以非死罪为小罪也？所谓"既道极辜"者，是人之罪重情轻，尽道以责备，则信有大罪矣，而以常情恕之，则不可杀。孟子曰：夫谓非其有而取之为盗者，是充类至义之尽也。夫充类至义，则《书》之所谓尽道也。予恐后世好杀者，以周公为口实，故具论之。

王曰：呜呼！封，有叙。①

苏传：如此则刑有叙也。

时乃大明服，

孔传：叹政教有次叙，是乃治理大明，则民服。

苏传：《春秋传》曰："'乃大明服'，己则不明，而杀人以逞，不亦难乎。"②

惟民其敕懋和。

孔传：民既服化，乃其自敕正勉为和。

苏传：敕，正也。

若有疾，惟民其毕弃咎；

孔传：化恶为善，如欲去疾，治之以理，则惟民其尽弃恶修善。

若保赤子，惟民其康乂。

孔传：爱养人如安孩儿赤子，不失其欲，惟民其皆安治。

非汝封刑人杀人，

孔传：言得刑杀罪人。

苏传：刑人杀人者，法也，非汝意也。

无或刑人杀人

孔传：无以得刑杀人，而有妄刑杀非辜者。

非汝封。

苏传：虽非汝意，然生杀必听汝，不可使在人也。

又曰：劓刵人，

孔传：劓，截鼻。刵，截耳。刑之轻者，亦言所得行。

---

① 叙：此句与传文"叙"字，原本皆作"序"，《四库》本作"叙"，阮刻《十三经注疏》经文亦作"叙"，不作"序"。按，苏洵父名序，故三苏父子平生为文避家讳甚严，凡所为叙文一律称"叙"、称"引"，无作"序"者。况此经文本来作"叙"，东坡作《传》无缘改为"序"以犯家讳，是必后世传刻所误。

② "乃大明服"以下十七字，见《左传》僖公二十二年，作"《周书》有之：'乃大明服'"云云，杜预注："《周书·康诰》文也。"盖即引此文。

无或劓刵人。

孔传：所以举轻，以戒为人轻行之。

苏传：劓，割鼻；刵，割耳也。言非独生杀也，劓刵亦如此。其文略，盖因前之辞也。

王曰：外事，汝陈时臬，

苏传：德为内，政为外。臬，闑也。凡政事，汝当陈此法，以为限节也。

司师兹殷罚有伦。

孔传：言外土诸侯奉王事，汝当布陈是法，司牧其众，及此殷家刑罚有伦理者兼用之。

苏传：司，专也。专司①此，则殷罚有伦矣。

又曰：要囚。服念五六日，至于旬时，丕蔽要囚。

孔传：要囚，谓察其要辞以断狱。既得其辞，服膺思念五六日，至于十日，至于三月，乃大断之。言必反覆思念，重刑之至也。

苏传：要，狱辞也。服念至旬日，为囚求生道也。求之旬日而终无生道，乃可杀。

王曰：汝陈时臬事罚，蔽殷彝。

孔传：陈是法事，其刑罚断狱，用殷家常法，谓典刑故事。

苏传：汝陈此以限节事罚，以蔽殷之常法也。

用其义刑义杀，勿庸以次汝封。

孔传：义，宜也。用旧法典刑，宜于时世者以刑杀，勿用以就汝封之心所安。

苏传：次，就也。

乃汝尽逊曰时叙，惟曰未有逊事。

孔传：乃使汝所行尽顺，曰是有次叙，惟当自谓未有顺事，君子将兴，自以为不足。

苏传：常自以为不足也。

已，汝惟小子，未其有若汝封之心。朕心朕德，惟乃知。

孔传：已乎。他人未其有若汝封之心。言汝心最善，我心我德，惟汝所知。欲其明成王所以命己之款心。

苏传：将有以深告之，故言我与汝相知如此。

凡民自得罪，寇攘奸宄，杀越人于货，

孔传：凡民用得罪，为寇盗攘窃奸宄，杀人颠越人，于是以取货利。

---

① 专司：《经解》本、《四库》本作"专师"。

瞥不畏死。

苏传：越，颠越也。瞥，强也。

罔弗憝。

孔传：瞥，强也。自强为恶而不畏死，人无不恶之者，言当消绝之。

苏传：憝，恶也。人无不恶之者。

王曰：封，元恶大憝，矧惟不孝不友？

孔传：大恶之人，犹为人所大恶，况不善父母、不友兄弟者乎。言人之罪恶，莫大于不孝不友。

子弗祗服厥父事，大伤厥考心。

孔传：为人子，不能敬身服行父道，而怠忽其业，大伤其父心，是不孝。

于父不能字厥子，乃疾厥子；

孔传：于为人父，不能字爱其子，乃疾恶其子，是不慈。

于弟弗念天显，乃弗克恭厥兄；

孔传：于为人弟，不念天之明道，乃不能恭事其兄，是不恭。

兄亦不念鞠子哀，大不友于弟。

孔传：为人兄，亦不念稚子之可哀，大不笃友于弟，是不友。

惟吊兹不于我政，人得罪，

孔传：惟人至此不孝、不慈、不友、不恭，不于我执政之人得罪乎？道教不至所致。

天惟与我民彝，大泯乱。

孔传：天与我民五常，使父义、母慈、兄友、弟恭、子孝，而废弃不行，是大灭乱天道。

曰：乃其速由文王作罚，刑兹无赦，

孔传：言当速用文王所作违教之罚，刑此乱五常者，无得赦。

不率大戛。

苏传：商纣之后，三监之世，殷人之父子兄弟，以相贼虐为俗。周公之意，盖曰孝友，民之天性也，不孝不友必有以使之。子弟固有罪矣，而父兄独无过乎？故曰凡民有自弃于奸宄者，此固为元恶大憝矣，政刑之所治也。至于父子兄弟，相与为逆乱，则治之当有道，不可与寇攘同法。我将诲其子曰：汝不服父事，岂不大伤父心？又诲其父曰：此非汝子乎，何疾之深也？又诲其弟曰：长幼天命也，其可不顺？又诲其兄曰：此汝弟也，独不念先父母鞠养劬劳之哀乎？人非木石禽犊，稍假以日月，须其善心油然而生，未有不为君子也。我独吊闵此人，不幸而得罪于三监之世，不得罪于我政人之手。天与我民五常之性，而吏不知训，以大泯乱，乃迫而麇之，曰：乃其速由文王作罚,刑兹无赦。则民将辟罪不眠,而父子兄弟益相愈疾,至于贼杀而已。后虽大戛击痛伤之,民不率也。舜命契为司徒,曰"敬敷五教,在宽",宽之言,缓也。五教所以复其天性,当缓而不当速也。

矧惟外庶子训人?

孔传:戛,常也。凡民不循大常之教,犹刑之无赦,况在外掌众子之官,主训民者而亲犯乎?

苏传:《礼》曰:"庶子之正于公族者,教之以孝弟睦友子爱,明父子之义、长幼之序。"言治之以峻急,虽国君不能,况庶子乎?

惟厥正人,越小臣诸节。

孔传:惟其正官之人,于小臣诸有符节之吏,及外庶子其有不循大常者,则亦在无赦之科。

苏传:正人,官长也。诸节,诸有①符节之吏也。

乃别播敷,造民大誉,弗念弗庸,瘝厥君,时乃引恶惟朕憝。

孔传:汝今往之国,当分别播布德教,以立民大善之誉。若不念我言、不用我法者,病其君道,是汝长恶,惟我亦恶汝。

苏传:汝既不由此道,诸臣等又各出私意以布教令,要一切之誉,不念人之不庸,以病厥君。如是长恶,我亦恶之矣。

已,汝乃其速由兹义率杀,亦惟君惟长,

孔传:汝乃其速用此典刑宜于时世者,循理以刑杀,则亦惟君长之正道。

不能厥家人。

苏传:汝若速用此道以率民,民不率则杀之,乃是汝为人君长,而不能治其家人也。

越厥小臣外正,惟威惟虐,大放王命,乃非德用乂。

孔传:为人君长,而不能治其家人之道,则于其小臣外正官之吏,并为威虐,大放弃王命,乃由非德用治之故。

苏传:至于小臣皆为威虐,放弃王命,此速由兹义率杀之致也。

汝亦罔不克敬典,乃由裕民,惟文王之敬忌,

孔传:常事人之所轻,故戒以无不能敬常。汝用宽民之道,当惟念文王之所敬忌而法之。

乃裕民,曰:我惟有及。则予一人以怿。

孔传:汝行宽民之政,曰:我惟有及于古。则我一人以此悦怿汝德。

苏传:居敬而行宽裕,先法文王之所敬畏,乃裕民,曰:我惟有及,缓之

---

① 有:《四库》本无。吏:《经解》本作"史"。

至也,欲速者,惟恐不及。

王曰:封,爽惟民,迪吉康。

孔传:明惟治民之道而善安之。

苏传:明哉,民之迪于吉且安也。

我时其惟殷先哲王德,用康乂民,作求。

孔传:我是其惟殷先智王之德,用安治民,为求等。

苏传:作求者,为民所求也。王弼曰:"无者求有,有者不求所与;危者求安,安者不求所保。火有其炎,寒者附之;己苟安焉,则不宁方来矣。"是之谓作求。

矧今民罔迪不适,不迪,则罔政在厥邦。

孔传:治民乃欲求等殷先智王,况今民无道不之言从教也。不以道训之,则无善政在其国。

苏传:适,从也。矧今民无有道之而不从者,若听其所为而莫之道,则是民为政也。

王曰:封,予惟不可不监,告汝德之说于罚之行。

孔传:我惟不可不监视古义,告汝施德之说于罚之所行。欲其勤德慎刑。

苏传:德有说,说者其理之谓也。《易》曰"和顺于道德而理于义",作德而不知其所以然之理,则其德若假贷然,非己有也。己且不能有,安能移诸人?此罚所以不行也。

今惟民不静,未戻厥心,迪屡未同。

孔传:假令今天下民不安,未定其心于周,教道屡数而未和同。设事之言。

爽惟天其罚殛我,我其不怨,

孔传:明惟天其以民不安罚诛我,我其不怨天。汝不治,我罚汝,汝亦不可怨我。

惟厥罪无在大,亦无在多,矧曰其尚显闻于天。

孔传:民之不安,虽小邑少民,犹有罚诛,不在多大,况曰不慎罚,明闻于天者乎?言罪大。

苏传:同,从也。戻,止也。今殷民不静其心,无所止戻。道之而屡不从者,罪在我也,天其罚殛我明矣。我其敢怨,无曰我无罪,罪岂在大与多乎?言行之失,毫厘为千里,况其显闻于天者乎!

王曰:呜呼!封,敬哉。无作怨,勿用非谋非彝,

孔传:言当修己以敬,无为可怨之事,勿用非善谋、非常法。

蔽时忱,丕则敏德。

孔传：断行是诚道,大法敏德,信则人任焉,敏则有功。

苏传：非谋,不与众谋者也;非彝,非故常者也。非谋非彝,事之危疑者也。忱,言所信者也。汝当以所信者决危疑,不当以危疑决所信也。

用康乃心,顾乃德,远乃猷,

孔传：用是诚道,安汝心,顾省汝德,无令有非,远汝谋,思为长久。

裕乃以民宁,不汝瑕殄。

孔传：行宽政乃以民安,则我不汝罪过,不绝亡汝。

苏传：汝惟宽裕,则民安,不汝瑕疵,亦不汝远绝也。

王曰：呜呼！肆汝小子封,惟命不于常,

孔传：以民安则不绝亡汝,故当念天命之不于常,汝行善则得之,行恶则失之。

汝念哉,无我殄享。

孔传：无绝弃我言而不念。

苏传：无自绝天享也。

明乃服命,

孔传：享有国土,当明汝所服行之命令,使可则。

苏传：明汝车服教令。

高乃听,

苏传：听于先王为高。

用康乂民。

孔传：高汝听,听先王道德之言,以安治民。

王若曰：往哉！封。勿替敬典,

孔传：汝往之国,勿废所宜敬之常法。

听朕告,汝乃以殷民世享。

孔传：顺从我所告之言,即汝乃以殷民世世享国,福流后世。

酒诰第十二

酒诰。

孔传：康叔监殷民。殷民化纣嗜酒,故以戒酒诰。

王若曰：明大命于妹邦,

孔传：周公以成王命诰康叔,顺其事而言之,欲令明施大教命于妹国。妹,地名,纣所都,朝歌以北是。

苏传：妹,沫也。《诗》所谓"沫之乡矣,在朝歌以北"。俗化纣德,沉湎于酒，故以酒戒。

乃穆考文王，

苏传：文王，于世次为穆。

肇国在西土，

孔传：父昭子穆，文王弟称穆，将言始国在西土。西土岐周之政。

厥诰毖庶邦、庶士，越少正、御事。

苏传：少正，官之副贰也。

朝夕曰：祀兹酒。

孔传：文王其所告慎众国众士，于少正官御治事吏，朝夕敕之，惟祭祀而用此酒，不常饮。

苏传：朝夕敕之，惟祭祀则用酒。

惟天降命，肇我民，惟元祀。

孔传：惟天下教命，始令我民知作酒者，惟为祭祀。

苏传：酒行于天下，非小物细故也，故本之天。天始令民知作酒者，本为祭祀而已。

天降威我民，用大乱丧德，亦罔非酒惟行。

孔传：天下威罚，使民乱德，亦无非以酒为行者。言酒本为祭祀，亦为乱行。

越小大邦用丧，亦罔非酒惟辜。

孔传：于小大之国所用丧亡，亦无不以酒为罪也。

文王诰教小子，有正有事，无彝酒。

孔传：小子，民之子孙也。正官治事，谓下群吏。教之皆无常饮酒。

苏传：彝，常也。有正，有所绳治也。有事，有所兴作也。有正有事，无常酒，容其饮于燕间也。

越庶国，饮惟祀，德将无醉。

孔传：于所治众国，饮酒惟当因祭祀，以德自将，无令至醉。

苏传：因祭赐胙乃饮，犹曰以德自将，无醉也。

惟曰我民迪小子，惟土物爱，厥心臧，

孔传：文王化我民教道子孙，惟土地所生之物，皆爱惜之，则其心善。

聪听祖考之彝训。越小大德，小子惟一。

孔传：言子孙皆聪听父祖之常教，于小大之人皆念德，则子孙惟专一。

妹土嗣尔股肱，纯其艺黍稷，奔走事厥考厥长，

孔传：今往当使妹土之人，继汝股肱之教，为纯一之行，其当勤种黍稷，奔走事其父兄。

肇牵车牛,远服贾。用孝养厥父母,

孔传:农功既毕,始牵车牛,载其所有,求易所无,远行贾卖,用其所得珍异,孝养其父母。

厥父母庆,自洗腆,致用酒。

孔传:其父母善子之行,子乃自絜厚致用酒养也。

庶士有正,越庶伯君子,其尔典听朕教。

孔传:众伯君子、长官大夫、统庶士有正者,其汝常听我教,勿违犯。

尔大克羞耇惟君,尔乃饮食醉饱。

孔传:汝大能进老成人之道,则为君矣。如此汝乃饮食醉饱之道。先戒群吏以听教,次戒康叔以君义。

丕惟曰:尔克永观省,作稽中德。

孔传:我大惟教汝曰,汝能长观省古道,为考中正之德,则君道成矣。

尔尚克羞馈祀,尔乃自介用逸。

孔传:能考中德,则汝庶几能进馈祀于祖考矣。能进馈祀,则汝乃能自大用逸之道。

兹乃允惟王正事之臣,

孔传:汝能以进老成人为醉饱,考中德为用逸,则此乃信任王者正事之大臣。

兹亦惟天若元德,永不忘在王家。

孔传:言此非但正事之臣,亦惟天顺其大德而佑之,长不见忘在王家。

苏传:纯,大也。"纯其艺黍稷"者,大修农事也。洗腆,逸乐之状也。羞,①进也。"羞耇惟君"者,犹曰寡君之老也。介,副也。惟曰我民迪于小子之教,怀土安居,啬于用物,其心无恶,以听祖考之训。小大上下,德我小子如一,如妹土之民,皆竭其股肱之力,以继其上之事。或大修农事,或远服商贾,以养父母,父母洗腆自庆,则汝民可以饮食醉饱也。汝小子封,能自观省,作稽中德,常有则于内,以察物至;又有耇老贤臣,可以代汝进馈于庙者,则汝亦可以此人自副,而休逸饮食醉饱。如此,则汝小子乃为王正事之臣,亦为天所顺予元德之君,永世不忘矣。饮酒,人情之所不免,禁而绝之,虽圣人有所不能。故独戒其沉湎之祸,而开其德饮之乐,则其法不废。圣人之禁人也,盖如此!

王曰:封,我西土棐徂邦君、御事、小子,尚克用文王教,不腆于酒。

孔传:我文王在西土,辅训往日国君及御治事者下民子孙,皆庶几能用

---

① 羞:《四库》本作"修",误。

上教,不厚于酒。言不常饮。

苏传:徂,往也。我西土邦君,辅武王同往伐纣者,下至于其御事、小子,皆用文王教,不腆于酒。

故我至于今,克受殷之命。

孔传:以不厚于酒,故我周家至于今,能受殷王之命。

王曰:封,我闻惟曰,在昔殷先哲王,迪畏天显小民。

孔传:闻之于古。殷先智王,谓汤。蹈道畏天,明著小民。

经德秉哲,自成汤咸至于帝乙,成王畏相,

孔传:能常德持智,从汤至帝乙,中间之王,犹保成其王道,畏敬辅相之臣,不敢为非。

惟御事厥棐有恭。不敢自暇自逸,

孔传:惟殷御治事之臣,其辅佐畏相之君,有恭敬之德,不敢自宽暇自逸豫。

矧曰其敢崇饮?

孔传:崇,聚也。自暇自逸犹不敢,况敢聚会饮酒乎?明无也。

越在外服,侯、甸、男、卫邦伯;

孔传:于在外国,侯服、甸服、男服、卫服、国伯,诸侯之长,言皆化汤畏相之德。

越在内服,百僚、庶尹,惟亚惟服宗工。

孔传:于在内服,治事百官众正,及次大夫服事尊官,亦不自逸。

越百姓里居,

孔传:于百官族姓,及卿大夫致仕居田里者。

罔敢湎于酒。不惟不敢,亦不暇,

孔传:自外服至里居,皆无敢沈湎于酒。非徒不敢,志在助君敬法,亦不暇饮酒。

惟助成王德显,越尹人祗辟。

孔传:所以不暇饮酒,惟助其君成王道,明其德于正人之道,必正身敬法,其身正,不令而行。

苏传:崇,聚也。宗工,大臣也。我闻惟曰:殷之先王,畏天道,显民德,常德秉哲,自成汤、太甲、太戊、祖乙、盘庚、武丁、帝乙七王,皆成德之王,皆畏敬其辅相至于御事之臣,所以辅王者,皆恭敬不敢暇逸,况敢聚饮?至于外服诸侯,内服百僚,皆服事其大臣。至于百姓大族,居于闾里者,皆不湎于酒。不惟不敢,亦不暇,惟以助王之显民德,及以助庶尹之祗厥辟也。

我闻亦惟曰,在今后嗣王酣身,

孔传：嗣王，纣也。酣乐其身，不忧政事。

厥命罔显于民，祗保越怨不易，

孔传：言纣暴虐，施其政令于民，无显明之德，所敬所安，皆在于怨，不可变易。

诞惟厥纵淫泆于非彝，用燕丧威仪，民罔不盡伤心。

孔传：纣大惟其纵淫泆于非常，用燕安丧其威仪，民无不盡然痛伤其心。

惟荒腆于酒，不惟自息乃逸，

孔传：言纣大厚于酒，昼夜不念自息乃过差。

厥心疾很，①不克畏死。

孔传：纣疾狠其心，不能畏死。言无忌惮。

辜在商邑，越殷国灭无罹。

孔传：纣聚罪人在都邑而任之，于殷国灭亡无忧惧。

弗惟德馨香，祀登闻于天，诞惟民怨。

孔传：纣不念发闻其德使祀见享，升闻于天，大行淫虐，惟为民所怨咎。

庶群自酒，腥②闻在上。故天降丧于殷，罔爱于殷，惟逸。

孔传：纣众群臣，用酒沈荒，腥秽闻在上天，故天下丧亡于殷，无爱于殷，惟以纣奢逸故。

天非虐，惟民自速辜。

孔传：言凡为天所亡，天非虐民，惟民行恶自召罪。

苏传：今后嗣王，纣也。祗，适也。盡，痛也。纣酣乐其身，命令不下行于民，本以求慢易之乐也，然其得，③适足以为怨仇之保，未尝乐易也。纣燕丧其威仪，望之不似人君，民莫不痛其将亡也。而犹荒酒不少休息，其心为酒所使，忿疾彊很，④不复畏死。不醉而怒曰戁，明醉者常怒也。国君醉则杀人，士庶人则相杀，明酒之能使人怒也。纣之怒，至于杀其身而不畏，惟多罪逋逃，萃于商邑，上下沉湎。及殷之灭，此等皆无罹乎言，与纣俱死也。天不闻明德之馨，但闻刑戮之腥，故天之降丧于殷，无所爱愍者，皆以其逸耳。非天之虐，殷人自速其辜也。

王曰：封，予不惟若兹多诰，

孔传：我不惟若此多语汝，我亲行之。

古人有言曰：人无于水监，当于民监。

---

① 很：《四库》本作"狠"。
② 腥：《经解》本作"醒"。
③ 得：《经解》本、《四库》本作"德"。
④ 很：《四库》本作"狠"。

孔传：古贤圣有言，人无于水监，当于民监。视水见己形，视民行事见吉凶。

今惟殷坠厥命，我其可不大监抚于时？

孔传：今惟殷纣无道，坠失天命，我其可不大视此为戒，抚安天下于是。

苏传：抚，安也。

予惟曰：汝劼毖殷献臣，

孔传：劼，固也。我惟告汝曰，汝当固慎殷之善臣信用之。

侯、甸、男、卫。

苏传：劼，固也，坚固汝心，敬畏殷贤臣之在侯、甸、男、卫者。

矧太史友、内史友？

孔传：侯甸男卫之国，当慎接之，况太史内史掌国典法，所宾友乎？

苏传：当时二贤臣，封所友者。

越献臣百宗工，

苏传：及汝之贤臣，与凡大臣百执也。

矧惟尔事服休、服采？

孔传：于善臣百尊官，不可不慎，况汝身事服行美道，服事治民乎？

苏传：休，德也。采，事也。服休，以德为事者也。服采，以事为事者也。

矧惟若畴圻父？

苏传：畴，谁也。司马主封圻，曰圻父，所以诃问寇敌者。贾谊曰："陈利兵而谁何？"

薄违农父，

孔传：圻父，司马。农父，司徒。身事且宜敬慎，况所顺畴咨之司马乎？况能迫回万民之司徒乎？言任大。

苏传：薄，近也。违，去也。司徒训农，敷五教，曰农父去民最近也。

若保宏父，

苏传：保，安也。宏，大也。司空斥大都邑，曰宏父，以保安民居者。

定辟，

苏传：诸侯以定位为难，故《春秋传》曰"厚问定君于石子"，又秦伯谓晋惠公"入而未定列"。故周公戒康叔，敬畏众贤士，以定位也。

矧汝刚制于酒？

孔传：宏，大也。宏父，司空。当顺安之。司马、司徒、司空，列国诸侯三卿，慎择其人而任之，则君道定，况汝刚断于酒乎？

苏传：酒非刚者不能制。

厥或诰曰：群饮，汝勿佚，

孔传：其有诰汝曰：民群聚饮酒。不用上命，则汝收捕之，勿令失也。

尽执拘以归于周，予其杀。

孔传：尽执拘群饮酒者以归于京师，我其择罪重者而杀之。

苏传："予其杀"者，未必杀也。犹今法曰"当斩"者，皆具狱以待命，不必死也。然必立死法者，欲人畏而不敢犯也。"群饮"，盖亦当时之法，有群聚饮酒、谋为大奸者，其详不可得而闻矣。如今之法有曰："夜聚晓散者皆死罪。"盖聚而为妖逆者也。使后世不知其详，而徒闻其名，凡民夜相过者辄杀之，可乎？旧说以为群饮者，周人则杀之，殷人则勿杀也。民同犯一罪，而杀其一，不杀其一，周人其肯服乎？民群饮则死，公卿大夫群饮，可不诛乎？不诛吏，则无以禁民，吏民皆诛，则桀、纣之虐，不至于此矣。皆事之必不然者，予不可以不论。

又惟殷之迪诸臣，惟工乃湎于酒，勿庸杀之，

孔传：又惟殷家蹈恶俗诸臣，惟众官化纣日久，乃沈湎于酒，勿用法杀之。

姑惟教之。有斯明享，

孔传：以其渐染恶俗，故必三申法令，且惟教之，则汝有此明训以享国。

乃不用我教辞，惟我一人弗恤，弗蠲乃事，时同于杀。

孔传：汝若忽怠不用我教辞，惟我一人不忧汝，乃不洁汝政事，是汝同于见杀之罪。

苏传：此谓凡湎于酒，而不为他大奸者也，不择殷、周，而周公特言殷者，盖为妹邦化纣之德，诸臣百工皆沉湎，而况民乎？故凡湎于酒者，皆可教，不可杀，不分殷、周也。"有斯明享"者，哀敬之意达于民，如达于神也。如此，岂复有不用命者乎？若我初不知恤此，不洁治其事，则是陷民于死，同于我杀之也。

王曰：封，汝典听朕毖，

孔传：汝当常听念我所慎而笃行之。

勿辩乃司，民湎于酒，

孔传：辩，使也。勿使汝主民之吏湎于酒。言当正身以帅民。

苏传：禁之难行者莫若酒，周公忧之深矣，故卒告之曰：汝既常听用我所畏慎者，又当专建一司，以察沉湎。若以泛责群吏，而不辩其司，禁必不行矣。或曰：自汉武帝以来至于今，皆有酒禁，刑者有至流，赏或不赀，未尝以少纵而私酿，终不能绝也，周公独何以禁之？曰：周公无所利于酒也，以正民德而已。甲乙皆笞其子，甲之子服，乙之子不服，何也？甲笞其子而责之学，乙笞其子而夺之食，此周公所以能禁酒也。

卷 十 三

周 书

梓材第十三

梓①材。

孔传：告康叔以为政之道，亦如梓人治材。

王曰：封，以厥庶民，暨厥臣，达大家；

孔传：言当用其众人之贤者，与其小臣之良者，以通达卿大夫及都家之政于国。

以厥臣达王，惟邦君。

孔传：汝当信用其臣，以通王教于民。言通民事于国，通王教于民，惟乃国君之道。

苏传：大家者，如晋六卿，鲁三桓，齐诸田，楚昭、屈、景之类，此晋、鲁、齐、楚之所恃以为骨干者，无之则无以为国也。故曰："季氏亡，则鲁不昌。"然其擅威福，窃国命，则有之矣。古者国君驭此为难，孟子所谓"不得罪于巨室"者。周公教康叔曰：汝上不得罪于王，下不得罪于巨室，则国安矣。人君多疾恶于巨室，所恶于巨室者，恶其危国也。周公曰：无庸疾也，汝得民与臣，而国自安，巨室何为乎？故曰"以厥庶民，暨厥臣，达大家，以厥臣达

---

① 梓：阮校："按：《传》云'亦如梓人治材'。《疏》云'此古杍字，今文作梓'，谓《传》中'杍'字乃古文，若今字《尚书》本则作'梓'也。孔疏本之刘炫。其所据者，古文也。《传》既作'杍'，则经亦作'杍'可知。今本经传俱作'梓'，与《疏》不合。陆氏亦据古文，而今本《释文》大书'梓'字，注云本亦作'杍'。盖为后人窜改，亦非陆氏原文也。"

王"。上下情通谓之达。以尔臣民之心,达大家之心;以尔贤臣聘于周,以达王心,而国安矣。

汝若恒,越曰:我有师师。

孔传:汝惟君道使顺常,于是曰,我有典常之师,可师法。

司徒、司马、司空、尹旅,曰:予罔厉杀人。

孔传:言国之三卿、正官众大夫,皆顺典常,而曰:我无厉虐杀人之事。如此则善矣。

亦厥君先敬劳,肆徂厥敬劳,

孔传:亦其为君之道,当先敬劳民,故汝往治民,必敬劳来之。

肆往,奸宄,杀人历人宥。

孔传:以民当敬劳之,故汝往之国,又当详察奸宄之人及杀人贼,所过历之人,有所宽宥,亦所以敬劳之。

肆亦见厥君事,戕败人,宥。

孔传:听讼折狱,当务从宽恕,故往治民,亦当见其为君之事,察民以过误残败人者,当宽宥之。

王启监厥乱,为民,

孔传:言王者开置监官,其治为民,不可不勉。

曰:无胥戕,无胥虐。至于敬寡,至于属妇,①合由以容。

孔传:当教民无得相残伤,相虐杀,至于敬养寡弱,至于存恤妾妇,和合其教,用大道以容之,无令见冤枉。

王其效邦君,越御事,厥命曷以?

孔传:王者其效实国君及于御治事者,知其教命所施何用,不可不勤。

引养引恬,自古王若兹监,罔攸辟。

孔传:能长养民,长安民,用古王道如此,监无所复罪,当务之。

苏传:自此以下,文多不类,古今解者皆随文附致,不厌人情,当以意求之乃得。盖当时卫有大家,得罪于卫,当诛而未决者,周公之意,以谓新杀武庚、管叔,刑不可遽,故教康叔以和缓治之。越,及也。汝当晏然如平常时,及曰此我之官师相师,不可去也。以至于三卿之正长,及其旅士,亦皆曰我非危杀人者也。君臣皆为宽辟,以逸罪人使亡也。此大家之长,先为国君之所敬劳,今虽有罪,未可杀也。当徂此敬劳者而已,盖使之去国也。然后治其余党,亦不可尽法也。往者,流也。"肆往,奸宄杀人历人宥"者,谓以流宥

---

① 至于属妇:"属",各本同。清阮元《十三经注疏校勘记》引孙志祖:"《玉篇》女部:'孀,妇人妊身也。'引《书》'至于孀妇'。"据此,"属"当作"孀"字。

五刑也。历人者,罪人之所过,律所谓知情藏匿赇给者。此杀人与历人,皆以流宥之也。"肆亦见厥君事,戕败人宥"者,伤毁人四肢面目,汉律所谓疻也,是人因为君干事,而疻伤人者,可以直宥也。于是王乃启监厥乱,为民而宽慰之,曰:无相戕,无相虐。王又收恤此大家破亡之余而镇抚之,礼敬其鳏寡,比次其妇女,使共由此道,以兼容也。至矣,王之仁也!邦君御事,所当则效其命,令当何所用乎? 亦用此而已。乱生于激,事不小忍,而求速决,则衅故横生,靡所不至。小引延之,人静而乱自衰,使兼容养,以至恬安,是谓"引养引恬"。古我先王,未有不顺此者监,无所用杀也。

惟曰若稽田,既勤敷菑,惟其陈修,为厥疆畎。

孔传:言为君监民,惟若农夫之考田,已劳力布发之,惟其陈列修治,为其疆畔畎垄,然后功成,以喻教化。

苏传:稽,考也。敷,治也。菑,去草棘也。陈修,修旧也。疆,畔也。畎,垄也。

若作室家,既勤垣墉,惟其涂墍茨。

孔传:如人为室家,已勤立垣墙,惟其当涂墍茨盖之。

苏传:涂,墍墐饰之也。茨,苫盖也。

若作梓材,既勤朴斲,惟其涂丹雘。

孔传:为政之术,如梓人治材为器,已劳力朴治斲削,惟其当涂以漆丹以朱而后成,以言教化。亦须礼义然后治。

苏传:梓,良材可为器者。丹雘,胶漆五采也。田既敷菑,室既垣墉,器既朴斲,则当因旧守成而润色之,不当复有所建立。① 除,治也。以言康叔既已立国定位,不当复有所斩艾。斲,削也。

今王惟曰:先王既勤用明德,怀为夹。

孔传:言文武已勤用明德,怀远为近,汝治国当法之。

苏传:夹,近也,怀远为近也。

庶邦享,作兄弟,方来,亦既用明德。

孔传:众国朝享于王,又亲仁善邻,为兄弟之国,万方皆来宾服,亦已奉用先王之明德。

苏传:享,朝享也。王谓诸侯为兄弟。凡言用德者,皆谓不用刑也。

后式典集,庶邦丕享。

孔传:君天下能用常法,则和集众国,大来朝享。

苏传:后,今王也,亦用此常道以集天下也。

---

① 建立:夏僎《详解》所引为"建立图治"。

皇天既付中国民，越厥疆土于先王。

苏传：此言①专言王惟不杀，则子孙万年享国，故以天付为言。

肆

孔传：大天已付周家治中国民矣，能远拓其界壤，则于先王之道遂大。

王惟德用，和怿先后迷民，

苏传：民迷失道，故先后之。

用怿先王受命。

孔传：今王惟用德，和悦先后天下迷愚之民。先后谓教训，所以悦先王受命之义。

苏传：不惟以悦民心，亦以悦天命也。

已若兹监，惟曰欲至于万年惟王，

孔传：为监所行，已如此所陈法则。我周家惟欲使至于万年，承奉王室。

子子孙孙永保民。

孔传：又欲令其子孙累世长居国以安民。

苏传：《大诰》《康诰》《酒诰》《梓材》，其文皆奥雅，非世俗所能通，学者见其书纷然若有杀罚之言，因为之说曰：《康诰》所戒，大抵先言杀罚。盖卫地服纣成俗，小人众多，所以治之，先后、缓急当如此。予详考四篇之文，虽古语渊懋，然皆粲有条理，反覆丁宁，以杀为戒，以不杀为德，此《易》所谓"聪明睿智神武而不杀者"，故周有天下八百余年。后之王者，以不杀享国，以好杀殃其身及其子孙者，多矣。天人之际，有不可尽知者，至于杀不杀之报，一一若符契，可见也。而世主不以为监，小人又或附会六经，醖酿镌凿以劝之杀，悲夫殆哉！唐末、五代之乱，杀人如饮食。周太祖叛汉，汉隐帝使开封尹刘铢屠其家百口。太祖既克京师，夜召其故人知星者赵延义，问汉祚所以短促者，延义答曰："汉本未亡，以刑杀冤滥，故不及期而灭。"时太祖方以兵围铢及苏逢吉第，旦且灭其族，闻延义言，矍然贷之，诛止其身。予读至此，未尝不流涕太息，故表其事于《书传》以救世云。

召诰第十四

成王在丰，

苏传：文王都丰，丰在京兆鄠县东。②

---

① 此言：《经解》本、《四库》本作"此书"。
② 鄠县：凌本作"郭"，误。郭、鄠皆古国，郭在齐境，与丰镐了不相涉。鄠在关中，为夏有扈氏之国，文王都丰在焉，秦为扈邑，汉为扈县，在今陕西户县北。

欲宅洛邑，

孔传：武王克商，迁九鼎于洛邑，欲以为都，故成王居焉。

使召公先相宅，

孔传：相所居而卜之，遂以陈戒。

作《召诰》。

苏传：武王克商，迁九鼎于洛，则已有都洛之意；而周公、成王成之，且以殷余顽民为忧，故营洛而迁焉。太史公曰：洛邑，武王营之。成王使召公卜居，居九鼎焉，而周复都丰镐。至犬戎败幽王，周乃东迁洛邑，所谓周葬于毕，在鄠①东南社中。明成王虽营洛，而不迁都，盖尝因巡狩而朝诸侯于洛邑云。

召诰。

孔传：召公以成王新即政，因相宅以作诰。

惟二月既望，

孔传：周公摄政七年，二月十五日，日月相望，因纪之。

越六日乙未，王朝步自周，则至于丰。

孔传：于已望后六日，二十一日，成王朝行。从镐京则至于丰，以迁都之事，告文王庙告文王，则告武王可知，以祖见考。

苏传：王自镐至丰，以营洛之事告文王庙。鄠，在上林，昆明北有镐池，去丰二十五里。

惟太保先周公相宅，

孔传：太保，三公官名，召公也。召公于周公前相视洛居，周公后往。

越若来三月，惟丙午朏。

苏传：朏，明也，月三日明生之名。

越三日戊申，太保朝至于洛，卜宅。

孔传：朏，明也，月三日明生之名，于顺来。三月丙午朏，于朏三日，三月五日，召公早朝至于洛邑，相卜所居。

厥既得卜，则经营。

孔传：其已得吉卜，则经营规度城郭、郊庙、朝市之位处。

越三日庚戌，太保乃以庶殷攻位于洛汭。越五日甲寅，位成。

孔传：于戊申三日庚戌，以众殷之民，治都邑之位于洛水北，今河南城也。于庚戌五日，所治之位皆成。言众殷，本其所由来。

苏传：庶殷，凡殷民也。位，朝市、宗庙、郊社之位。洛汭，洛水北。

---

① 鄠：凌本、《经解》本、《四库》本作"郭"。中：原本作"昆"，误。据《经解》本、《四库》本改。

若翼日乙卯,周公朝至于洛,

孔传:周公顺位成之明日,而朝至于洛汭。

则达观于新邑营。

孔传:周公通达观新邑所营,言周遍。

苏传:遍观所营也。

越三日丁巳,用牲于郊,牛二。

孔传:于乙卯三日,用牲告立郊位于天,以后稷配,故二牛。后稷贬于天,有羊豕。羊豕不见可知。

苏传:帝及配者,各一牛。

越翼日戊午,乃社于新邑,牛一、羊一、豕一。

孔传:告立社稷之位,用太牢也。共工氏子曰句龙,能平水土,祀以为社。周祀后稷,能殖百谷,祀以为稷。社稷共牢。

苏传:用太牢也。

越七日甲子,周公乃朝用书,命庶殷、侯、甸、男邦伯。

孔传:于戊午七日甲子,是时诸侯皆会,故周公乃昧爽,以赋功属役书,命众殷侯、甸、男服之邦伯,使就功。邦伯,方伯,即州牧也。

苏传:《春秋传》曰:"士弥牟营成周,计丈数,揣高卑,度厚薄,仞沟洫,物土方,议远迩,量事期,计徒庸,虑财用,书糇粮,以令役于诸侯。属役赋丈,书以授帅,而效诸刘子。"此之谓"书"。

厥既命殷庶,庶殷丕作。

孔传:其已命殷众,众殷之民大作。言劝事。

苏传:言殷人悦而听命也。

太保乃以庶邦冢君出取币,乃复入,

孔传:诸侯公卿,并觐于王,王与周公俱至,文不见,王无事。召公与诸侯出取币,欲因大会显周公。

锡周公,曰:拜手稽首,旅王若公。

孔传:召公以币入,称成王命赐周公曰:敢拜手稽首,陈王所宜顺周公之事。

苏传:旅,读如"庭实旅百"之"旅"。诸侯之币,旅王而及公者,尊周公也。

诰告庶殷,越自乃御事。

孔传:召公指戒成王,而以众殷诸侯,于自乃御治事为辞,谦也。诸侯在,故托焉。

呜呼!皇天上帝,改厥元子,兹大国殷之命。

孔传:叹皇天改其大子,此大国殷之命。言纣虽为天所大子,无道犹改之，言不可不慎。

惟王受命，无疆惟休，亦无疆惟恤。

孔传：所以戒成王，天改殷命，惟王受之，乃无穷惟美，亦无穷惟当忧之。

呜呼！曷其奈何弗敬？

孔传：何其奈何不忧敬之，欲其行敬。

苏传：庶殷诸侯皆在，故召公托为逊辞，曰：诰告汝御事以下也，言殷尝以元子嗣位，而帝改其命以授周。今王受命，虽无疆之福，亦无疆之忧，其可不敬乎？

天既遐终大邦殷之命，兹殷多先哲王在天，

孔传：言天已远终殷命，此殷多先智王，精神在天不能救者，以纣不行敬故。

越厥后王后民，兹服厥命，

孔传：于其后王后民，谓先智王之后，继世君臣。此服其命，言不悉。

厥终智藏瘝在。

孔传：其终，后王之终，谓纣也。贤智隐藏，瘝病者在位，言无良臣。

夫知保抱携持厥妇子，以哀吁天，徂厥亡出执。

孔传：言因于虐政，夫知保抱其子，携持其妻，以哀号呼天，告冤无辜，往其逃亡，出见执杀，无地自容，所以穷。

呜呼！天亦哀于四方民，其眷命用懋，

孔传：民哀呼天，天亦哀之，其顾视天下有德者，命用勉敬者为民主。

王其疾敬德。

苏传：此所谓无疆之忧也。殷虽灭，其先哲王固在天也。其后王后民，至于今兹，犹服用其福禄，其心终不忘报怨以复国也。如武庚蓄谋以伺隙者多矣。其智藏于中，其病则在也。夫，夫人也，犹曰人人也。各抱持其妇子，以哀痛呼天，徂往其逃亡，解出其囚执，以叛我者，盖有之矣。王其可不大畏乎？天其哀我，民其亦眷命于勉德者，王其速敬德定天命也。召公之诰王也，庶殷皆在，而出此言，亦如《微子之命》有"上帝时歆，万邦作式"之语。古之人无所忌讳，忠厚之至也。

相古先民有夏，

孔传：言王当疾行敬德，视古先民有夏之王，以为法戒之。

天迪从子保，面稽天若，今时既坠厥命。

孔传：夏禹能敬德，天道从而子安之。禹亦面考天心而顺之，今是桀弃禹之道，天已坠其王命。

今相有殷，

孔传：次复观有殷。

天迪格保，面稽天若。

孔传：言天道所以至于保安汤者，亦如禹。

今时既坠厥命。

孔传：坠其王命。

今冲子嗣，则无遗寿耇，

孔传：童子，言成王少嗣位治政。无遗弃老成人之言，欲其法之。

曰其稽我古人之德，矧曰其有能稽谋自天？

孔传：冲子成王，其考行古人之德则善矣，况曰其有能考谋从天道乎？言至善。

苏传：从子，与子也，尧、舜与贤，禹与子。面，向也。言我观夏、殷之世，天之迪夏也，迪其与子而保安之；其迪殷也，迪其能用伊尹格天之臣而保安之。夏、殷之哲王，皆能向天之所顺以考其意，而其后王皆以失道而坠厥命矣。今王其无弃老成人，以考古人之德，况能博谋于众，以求天心乎！

呜呼！有王虽小，元子哉！其丕能諴于小民，今休。

孔传：召公叹曰：有成王虽少，而大为天所子，其大能和于小民，成今之美。勉之。

苏传：王虽幼，周之元子也，其大能以诚感民矣。当及今休其德。

王不敢后，

苏传：王疾敬德，不肯迟也。

用顾畏于民碞。

孔传：王为政，当不敢后能用之士，必任之为先。碞，僭也。又当顾畏于下民僭差礼义，能此二者，则德化立，美道成也。

苏传：碞，险也。民犹水也，水能载舟，亦能覆舟，物无险于民者矣。

王来绍上帝，自服于土中。

孔传：言王今来居洛邑，继天为治，躬自服行教化于地势正中。

苏传：服，事也。洛邑为天下中。

旦曰：其作大邑，其自时配皇天。

孔传：称周公言其为大邑于土中，其用是大邑，配上天而为治。

毖祀于上下，其自时中乂。

孔传：为治当慎祀于天地，则其用是土中大致治。

王厥有成命，治民今休。

孔传：用是土中致治，则王其有天之成命治民，今获太平之美。

王先服殷御事，比介于我有周御事，

孔传：召公既述周公所言，又自陈己意以终其戒。言当先服治殷家御事之臣，使比近于我有周治事之臣，必和协乃可一。

节性，惟日其迈。

孔传：和比殷周之臣，时节其性，令不失中，则道化惟日其行。

王敬作所，不可不敬德。

孔传：敬为所，不可不敬之德，则下敬奉其命矣。

苏传：王能训服殷之御事，使比附介副于我周御事矣，又当节文殷人之善性，使日进于善。作所者，所作政事也。既敬其事，又敬其德，则至矣。

我不可不监于有夏，亦不可不监于有殷。

孔传：言王当视夏、殷，法其历年，戒其不长。

我不敢知曰，有夏服天命，惟有历年。

孔传：以能敬德，故多历年数。我不敢独知，亦王所知。

我不敢知曰，不其延，惟不敬厥德，乃早坠厥命。

孔传：言桀不谋长久，惟以不敬其德，故乃早坠失其王命，亦王所知。

我不敢知曰，有殷受天命，惟有历年。

孔传：夏言服，殷言受，明受而服行之，互相兼也。殷之贤王犹夏之贤王，所以历年亦王所知。

我不敢知曰，不其延，惟不敬厥德，乃早坠厥命。

孔传：纣早坠其命，犹桀不敬其德，亦王所知。

今王嗣受厥命，我亦惟兹二国命，嗣若功。

孔传：其夏、殷也，继受其王命，亦惟当以此夏、殷长短之命为监戒，继顺其功德者而法则之。

苏传：召公恐成王恃天命以自安，故又戒之曰：夏、殷之所以多历年，与其所以不永延者，其受天命，皆非我所敢知也，所知者，惟不敬德以坠厥命也。今王亦监此二国，修人事而已。功，事也。

王乃初服。呜呼！若生子，罔不在厥初生，自贻哲命。

孔传：言王新即政，始服行教化，当如子之初生，习为善则善矣。自遗智命，无不在其初生，为政之道，亦犹是也。

苏传：习于上则智，习于下则愚。

今天其命哲，命吉凶，命历年。

孔传：今天制此三命，惟人所修。修敬德则有智，则常吉，则历年，为不敬德，则愚凶不长。虽说之，其实在人。

知今我初服，宅新邑，肆惟王其疾敬德。

孔传：天已知我王今初服政，居新邑洛都，故惟王其当疾行敬德。

王其德之用,祈天永命。

孔传:言王当其德之用,求天长命以历年。

苏传:惟德是用,不用刑也。

其惟王勿以小民淫用非彝,

孔传:勿用小民过用非常。欲其重民秉常。

亦敢殄戮用乂民。

孔传:亦当果敢绝刑戮之道用治民。戒以慎罚。

若有功,其惟王位在德元。

孔传:顺行禹汤所以成功,则其惟王居位在德之首。

小民乃惟刑用于天下,越王显。

孔传:王在德元,则小民乃惟用法于天下。言治政于王亦有光明。

苏传:古今说者,皆谓召公戒王过用非常之法,又劝王亦须果敢殄灭杀戮以为治。呜呼!殄灭杀戮,桀纣之事。桀纣犹有所不果,而召公乃劝王,使果于殄戮而无疑?呜呼,儒者之叛道,一至于此哉!皋陶曰:"与其杀不辜,宁失不经。"人主之用刑,忧其不慎,不忧其不果也;忧其杀不辜,不忧其失不经也。今召公方戒王以慎罚,言未终,而又劝王以果于殄戮,则皋陶不当戒舜以"宁失不经"乎?季康子问孔子曰:"如杀无道就有道,何如?"孔子曰:"子为政,焉用杀?子欲善,而民善矣。君子之德风,小人之德草,草上之风必偃。"夫杀无道以就有道,为政者之所不免,其言盖未为过也。而孔子恶之如此,恶其恃杀以为政也。今予详考召公之言,本不如说者之意,盖曰:王勿以小民过用非法之故,亦敢于法外殄戮以治之,民自用非法,我自用法;民自过,我自不过,称罪作刑而已。民之有过,罪实在我;及其有功,则王亦有德。何也?王之位,民德之先倡也。如此,则法用于天下,王亦显矣。兵固不可弭也,而佳兵者必乱;刑固不可废也,而恃①刑者必亡。痛召公之意为俗儒所诬,以启后世之虐政,故具论之。

上下勤恤,其曰我受天命,丕若有夏历年,式勿替有殷历年。

孔传:言当君臣勤忧敬德,曰我受天命,大顺有夏之多历年,勿用废有殷历年,庶几兼之。

欲王以小民受天永命。

孔传:我欲王用小民,受天长命。言常有民。

苏传:君臣一心以勤恤民,庶几王受命历年如夏、殷,且以民心为天命也。

---

① 恃:《经解》本作"特",误。

拜手稽首,曰:予小臣,敢以王之雠民,百君子,

孔传:拜手,首至手。稽首,首至地。尽礼致敬,以入其言。言我小臣,谦辞。敢以王之匹民百君子,治民者非一人,言民在下,自上匹之。

越友民,保受王威命明德。

孔传:言与匹民百君子,于友爱民者,共安受王之威命,明德奉行之。

王末有成命,王亦显。

孔传:臣下安受王命,则王终有天成命,于王亦昭著。

我非敢勤,惟恭奉币,用供王能祈天永命。

孔传:言我非敢独勤而已,惟恭敬奉其币帛,用供待王,能求天长命。将以庆王多福,必上下勤恤,乃与小民受天永命。

苏传:庶殷虽已①丕作,召公忧其间尚有反侧自疑者,故因其大和会而协同之。雠民,殷之顽民与三监叛者;友民,周民也;百君子者,殷、周之贤士大夫也。自今以往,殷人、周人与百君子,皆保受王之威德,王当终永天命,以显于后世。我非敢以此为勤劳也,奉币赞王,祈天永命而已。

洛诰第十五

召公既相宅,周公往营成周,使来告卜,

孔传:召公先相宅卜之,周公自后至,经营作之,遣使以所卜吉兆逆告成王。

作《洛诰》。

苏传:周人谓洛为成周,谓镐为宗周。此下有脱简,在《康诰》,自"惟三月哉生魄"至"洪大诰治",下属"周公拜手稽首"之文。

洛诰。

孔传:既成洛邑,将致政成王,告以居洛之义。

周公拜手稽首,曰:朕复子明辟。

孔传:周公尽礼致敬,言我复还明君之政于子。子,成王。年二十成人,故必归政而退老。

苏传:周公虽不居位称王,然实行王事。至此归政,则成王之德,始明于天下,故曰"复子明辟"。曰子者,叔父家人之辞。

王如弗敢及天基命定命,

孔传:如,往也。言王往日幼少,不敢及知天始命周家安定天下之命,故己摄。

---

① 已:《经解》本、《四库》本作"以"。

予乃胤保，大相东土，其基作民明辟。

孔传：我乃继文武安天下之道，大相洛邑，其始为民明君之治。

苏传：基，始也。周公以营洛为定天命，何也？《易》曰："涣，亨，王假有庙。"言天下方涣散，而王乃有宗庙，则民心一。方汉之初定，萧何筑未央宫，东阙、北阙、武库、宫室，极壮丽，亦所以示天下不渝，而定民心也。周公言：我欲归政久矣，王之意，若有所不敢及天命之始而定命者，我所以少留嗣行保佑之事，以卒①营洛之功，为复辟之始也。

予惟乙卯，朝至于洛师，

孔传：致政在冬，本其春来至洛众，说始卜定都之意。

我卜河朔黎水，

苏传：今河朔黎阳也。周公营东都，本以处殷余民，民怀土重迁，故以都河朔为近便，卜不吉，然后卜洛也。

我乃卜涧水东、瀍水西，惟洛食。

孔传：我使人卜河北黎水上不吉。又卜涧瀍之间，南近洛，吉。今河南城也。卜必先墨画龟，然后灼之，兆顺食墨。

我又卜瀍水东，亦惟洛食。

苏传：卜必以墨，墨食乃兆，盖有龟不兆者。

伻来以图，及献卜。

孔传：今洛阳也。将定下都，迁殷顽民，故并卜之。遣使以所卜地图，及献所卜吉兆，来告成王。

苏传：伻，使也。

王拜手稽首，曰：公不敢不敬天之休，来相宅，其作周匹休。

孔传：成王尊敬周公，答其拜手稽首而受其言。述而美之，言公不敢不敬天之美，来相宅，其作周以配天之美。

公既定宅，伻来，来视予卜休恒吉。我二人共贞。

孔传：言公前已定宅，遣使来，来视我以所卜之美，常吉之居，我与公共正其美。

公其以予万亿年，敬天之休。

孔传：公其当用我万亿年敬天之美。十千为万，十万为亿，言久远。

拜手稽首诲言。

孔传：成王尽礼致敬于周公，求教诲之言。

苏传：周公归政，王未敢当，欲与周公共政，若二君然。故曰：作周匹

---

① 卒：《四库》本作"率"。

休,再卜皆吉。我二人当共正天下也。

周公曰:王肇称殷礼,祀于新邑,咸秩无文。

孔传:言王当始举殷家祭祀,以礼典祀于新邑,皆次秩不在礼文者而祀之。

苏传:称,举也。殷礼,盛礼也。虽不在祀典者,皆次秩而祭之。

予齐百工,伻从王于周,予惟曰:庶有事。

孔传:我整齐百官,使从王于周,行其礼典。我惟曰庶几有善政事。

今王即命,曰:记功,宗以功,作元祀。

孔传:今王就行王命于洛邑曰:当记人之功,尊人亦当用功大小为序,有大功则列大祀。谓功施于民者。

惟命曰:汝受命笃,弼丕视功载,乃汝其悉自教工。

孔传:惟天命我周邦,汝受天命厚矣,当辅大天命,视群臣有功者记载之,乃汝新即政,其当尽自教众官,躬化之。

孺子其朋,孺子其朋,其往,

孔传:少子慎其朋党,少子慎朋党,戒其自今已往。

无若火,始焰焰,厥攸灼叙,弗其绝。

孔传:言朋党败俗,所宜禁绝。无令若火始然,焰焰尚微,其所及,灼然有次序,不其绝。事从微至著,防之宜以初。

厥若彝,及抚事如予,惟以在周工。

孔传:其顺常道,及抚国事,如我所为,惟用在周之百官。

往新邑,伻向即有僚,明作有功,惇大成裕,汝永有辞。

孔传:往行政化于新邑,当使臣下各向就有官,明为有功,厚大成宽裕之德,则汝长有叹誉之辞于后世。

苏传:成王欲与周公共政如二君,周公不可,曰:汝用我言足矣,我整齐百官,使从汝于周者,将使办事也。今王肇称盛礼,祀于新邑,且命我曰:记功臣之尊者,使列于祭祀。又命曰:汝受命厚辅我,其重且严如此。今我大阅视尔功,赏载籍,而所用者,乃汝自受教之官,皆汝私人,非我所齐百工也。于是周公乃训责成王曰:孺子其有党乎?自今以往,孺子其以党为政乎?此虽小过,如火始作,不即扑灭,则其所灼烁者,渐不可绝矣。自今以往,①凡处彝常及有所镇抚之事,当如我为政时,惟用周官,勿参以私人。今在新邑,使人有所向往,皆当即用旧僚,而明作其有功者,惇大汝心,裕广汝德,勿牵于私昵,则汝永有辞于天下矣。

---

① 往:《经解》本作"从"。

公曰：已，汝惟冲子惟终，

孔传：已乎。汝惟童子，嗣父祖之位，惟当终其美业。

汝其敬识百辟享，亦识其有不享。享多仪，仪不及物，惟曰不享。

孔传：奉上谓之享。言汝为王，其当敬识百君诸侯之奉上者，亦识其有违上者。奉上之道多威仪，威仪不及礼物，惟曰不奉上。

惟不役志于享，凡民惟曰不享，惟事其爽侮。

孔传：言人君惟不役志于奉上，则凡人化之，惟曰不奉上矣。如此，则惟政事其差错侮慢，不可治理。

苏传：享，朝享也。仪不及物，与不朝同。爽，失也。礼失而人慢也。小人以贿说人，必简于礼，故孔子曰："独饱于少施氏者，远小人也。"周公戒成王，责诸侯以礼不以币，恐其役志于物而不役志于礼，则诸侯慢而王室轻矣。此治乱之本，故周公特言之。《春秋传》曰：晋赵文子为政，薄诸侯之币而重其礼。谓鲁穆叔曰："自今以往，兵其少弭矣。"夫以列国之卿，轻币重礼，犹足以弭兵，王而好贿，则其致寇也必矣。唐之衰，君相皆可以贿取；方镇争贡美余，行苞苴，而天子始失政，以至于亡。周公之戒，至矣哉！

乃惟孺子颁朕，

苏传：徒以高爵厚禄赐我而已。

不暇听朕教汝于棐民彝。

孔传：我为政常若不暇，汝惟小子，当分取我之不暇而行之，听我教汝于辅民之常而用之。

苏传：曾不暇听我教汝辅民之常道也。

汝乃是不蘉，乃时惟不永哉。

孔传：汝乃是不勉为政，汝是惟不可长哉。欲其必勉为可长。

苏传：蘉，勉也。成王曰公其以予亿万年，公答以永年之道，如此，则不永也。

笃叙乃正父，罔不若予，不敢废乃命。

孔传：厚次序汝正父之道而行之，无不顺我所为，则天下不敢弃汝命，常奉之。

苏传：正父，诸正国之老，如圻父、农父、宏父之类。

汝往敬哉，兹予其明农哉。彼裕我民，无远用戾。

孔传：汝往居新邑，敬行教化哉。如此，我其退老，明教农人以义哉。彼天下被宽裕之政，则我民无远用来。言皆来。

苏传：劝王修农事者，民有余裕则不去也。我不裕民，而彼或裕之，则无远而逝矣。

王若曰：公明保予冲子，

孔传：成王顺周公意，请留之自辅。言公当明安我童子，不可去之。

公称丕显德，以予小子扬文、武烈，

孔传：言公当留举大明德，用我小子，褒扬文武之业，而奉顺天。

奉答天命，和恒四方民，

苏传：和恒，常和也。

居师，

孔传：又当奉当天命，以和常四方之民，居处其众。

苏传：定民居也。

惇宗将礼，称秩元祀，咸秩无文。

孔传：厚尊大礼，举秩大祀，皆次秩无礼文而宜在祀典者，凡此待公而行。

苏传：惇宗，厚宗族也。将礼，秉礼也。称秩元祀，举大祀也。①

惟公德明，光于上下，勤施于四方，

孔传：言公明德光于天地，勤政施于四海，万邦四夷，服仰公德而化之。

旁作穆穆迓衡，不迷文、武勤教。

孔传：四方旁来为敬敬之道，以迎太平之政，不迷惑于文武所勤之教。言化洽。

苏传：迓衡，导我于治平。

予冲子，夙夜毖祀。

孔传：言政化由公而立，我童子徒早起夜寐，慎其祭祀而已。无所能。

苏传：祭则我冲子，政则周公。

王曰：公功棐迪笃，

苏传：公之功，辅我以道者厚矣。

罔不若时。

孔传：公之功，辅道我已厚矣，天下无不顺而是公之功。

王曰：公，予小子其退即辟于周，命公后。

孔传：我小子退坐之后，便就君于周，命立公后，公当留佐我。

苏传：成王许周公复辟之事，曰：我其退归宗周，而即辟焉，今当命伯禽为公后也。

四方迪乱，未定于宗礼，亦未克敉公功。

---

① "惇宗"至"祀也"，《晦庵先生朱文公集》卷六五《杂著·尚书》引录，"厚宗族也"作"厚族也"。

孔传：言四方虽道治，犹未定于尊礼。礼未彰，是亦未能抚顺公之大功。明不可以去。

苏传：方以道济四方，凡宗庙之礼，所以镇抚公之元勋者，亦未定也。成王盖有赐周公以天子礼乐之意。

迪将其后，监我士师工。

孔传：公留教道将助我，其今已后之政，监笃我政事众官。委任之言。

苏传：惟以伯禽为诸侯，以监临我士民及庶官也。

诞保文、武受民乱，为四辅。

孔传：大安文武所受之民，治之为我四维之辅。明当依倚公。

苏传：保济文、武所受民，为周①四方之辅也。

王曰：公定，予往已。

苏传：公留相我，我归宗周矣。

公功肃将祗欢。

孔传：公留以安定我，我从公言，往至洛邑已矣。公功以进大，天下咸敬乐公功。

苏传：祗，大也。公之功肃将，民心大得其欢。

公无困哉！

苏传：去我则困我也。

我惟无斁其康事。

苏传：不厌康民之事。

公勿替刑，四方其世享。

孔传：公必留，无去以困我哉。我惟无厌其安天下事。公勿去以废法，则四方其世世享公之德。

苏传：刑，仪刑也。

周公拜手稽首，曰：王命予来，承保乃文祖受命民，

孔传：拜而后言，许成王留。言王命我来，承安汝文德之祖文王所受命之民，是所以不得去。

越乃光烈考武王，弘朕恭。

孔传：于汝大业之父武王，大使我恭奉其道。叙成王留己意。

苏传：弘大成王之恭德。

孺子来相宅，其大惇典殷献民。

孔传：少子今所以来相宅于洛邑，其大厚行典常于殷贤人。

---

① 周：原本无，据《经解》本、《四库》本补。

苏传：厚施典法于贤人。

乱为四方新辟，作周恭先。

孔传：言当治理天下，新其政化，为四方之新君，为周家见恭敬之王，后世所推先也。

苏传：后世言周之恭王者，以成王为先。古之言恭者，甚盛德不敢居也。《诗》曰："自古在昔，先民有作，温恭朝夕，执事有恪。"

曰：其自时中乂，万邦咸休，惟王有成绩。

孔传：曰，其当用是土中为治，使万国皆被美德，如此惟王乃有成功。

予旦以多子，越御事，笃前人成烈，答其师，作周孚先。

孔传：我旦以众卿大夫于御治事之臣，厚率行先王成业，当其众心，为周家立信者之所推先。

苏传：多子，众贤也。后世言周之信臣者，以周公为先也。

考朕昭子刑，乃单文祖德。

苏传：考我所以明子之法，乃尽文王德也。

伻来毖殷，乃命，宁。

孔传：我所成明子法，乃尽文祖之德，谓典礼也。所以居土中，是文武使己来慎教殷民，乃见命而安之。

予以秬鬯二卣，曰明禋，拜手稽首，休享。

孔传：周公摄政七年致太平，以黑黍酒二器，明洁致敬，告文武以美享。既告而致政，成王留之。本说之。

苏传：秬，黑黍也。鬯，郁金香草也。卣，中尊也。以黑黍为酒，合以郁鬯，①所以祼也。宗庙之礼，莫盛于祼。②王使人来戒饬庶殷，且以秬鬯二卣，绥宁周公，③拜手稽首而致之公。曰"明禋"，曰"休享"者，何也？事周公如神明也。古者有大宾客，以享礼礼之。酒清，人渴而不饮；肉干，人饥而不食也。故享有体荐，岂非敬之至者，则其礼如祭也欤！

予不敢宿，

苏传：周公不敢当此礼，即日致之文、武，不敢以王命宿于家。

则禋于文王、武王，

孔传：言我见天下太平，则洁告文武，不经宿。

惠笃叙，无有遘自疾。万年厌于乃德，殷乃引考。

---

① 郁鬯：《经解》本无"郁"字，叠两"鬯"字。
② 祼：《经解》本作"裸"，形近而误。
③ "以黑"至"周公"，蔡沈《书集传》引之，"饬"作"敕"。

孔传：汝为政当顺典常，厚行之使有次序，无有遇用患疾之道者，则天下万年厌于汝德，殷乃长成为周。

王伻殷乃承叙万年，其永观朕子怀德。

孔传：王使殷民上下相承有次序，则万年之道，民其长观我子孙而归其德矣，勉使终之。

苏传：周公以秬鬯二卣，禋于文、武，且祝之曰：使我国家①顺厚，以叙身其康疆，无有遇疾。子孙万年厌饱乃德，殷人亦永寿考。王使殷人承叙万年，其永观法我孺子而怀其德。

戊辰，王在新邑，

孔传：成王既受周公诰，遂就居洛邑，以十二月戊辰晦到。

烝祭岁。

苏传：是岁始冬烝于洛。

文王骍牛一，武王骍牛一。

苏传：宗庙用太牢，此云牛一者，告立周公后，加之周尚赤，故骍牛。

王命作册，逸祝册，惟告周公其后。

孔传：明月，夏之仲冬，始于新邑烝祭，故曰烝祭岁。古者褒德赏功，必于祭日，示不专也。特加文武各一牛，告曰，尊周公立其后为鲁侯。

王宾、杀禋、咸格。

苏传：王宾诸侯，杀骍以禋，诸侯咸格。

王入太室，祼。②

孔传：王宾异周公，杀牲精意以享文武，皆至其庙亲告也。太室，清庙。祼鬯，告神。

苏传：太室，清庙中央室也。祼，以圭瓒酌秬鬯以灌地求神也。

王命周公后，作册逸诰。

孔传：王为册书，使史逸诰伯禽封命之书，皆同在烝祭日，周公拜前，鲁公拜后。

苏传：前告神，后告伯禽也。

在十有二月，惟周公诞保文、武受命，惟七年。

孔传：言周公摄政，尽此十二月，大安文武受命之事，惟七年，天下太平。自"戊辰"已下，史所终述。

---

① 国家：林之奇《全解》引作"周家"。
② 祼：《经解》本作"裸"，形近而误。下同。

卷十四

周书

多士第十六

成周既成,

孔传:洛阳下都。

迁殷顽民,

孔传:殷大夫、士心不则德义之经,故徙近王都,教诲之。

周公以王命诰,

孔传:称成王命告令之。

作《多士》。①

孔传:所告者即众士,故以名篇。

多士。

惟三月,周公初于新邑洛,用告商王士。

孔传:周公致政明年三月,始于新邑洛,用王命,告商王之众士。

苏传:始于三月,冀王自迁也。商王士,有殷民在。②

王若曰:尔殷遗多士,

孔传:顺其事称以告殷遗余众士,所顺在下。

---

① "成周"至"多士",原本作"成王命多士,周公傅之,作《多士》"。凌本同。《经解》本、《四库》本作"成周既成,迁殷顽民,周公以王命诰,作《多士》"。阮刻《十三经注疏》本经文同。兹据改。

② "始于三月"至"有殷民在",《经解》本、《四库》本无。

弗吊,旻天大降丧于殷。

孔传:称天以愍下,言愍道至者,殷道不至,故旻天下丧亡于殷。

我有周佑命,将天明威,

孔传:言我有周受天佑助之命,故得奉天明威。

致王罚,

苏传:明威、王罚一也。在天,则明威;在人,则王罚。①

敕殷命终于帝。

孔传:天命周致王者之诛罚,王黜殷命,终周于帝王。

肆尔多士,非我小国敢弋殷命。

孔传:天佑我,故汝众士臣服我。弋,取也。非我敢取殷王命,乃天命。

苏传:敕,正也。不论势而论理,曰小国非有胜商之形,曰非敢,非有剪商之心。② 弋,取也。③

惟天不畀允罔固乱,弼我,我其敢求位?

孔传:惟天不与,信无坚固治者,故辅佑我,我其敢求天位乎?

苏传:固,读如"推亡固存"之固。信哉,天之固治而不固乱也。不固乱,所以辅我,我岂敢求之哉?④

惟帝不畀,惟我下民秉为,惟天明畏。

孔传:惟天不与纣,惟我周家下民,秉心为我,皆是天明德可畏之效。

苏传:秉,持也。帝既不畀殷矣,则民皆持为此说曰:天将降威于殷也。⑤ 人心不异乎天心,天心常导乎人心。⑥

我闻曰:上帝引逸。

苏传:引,去也。故逸者则天命去之也。⑦

有夏不适逸,则惟帝降格,

孔传:言上天欲民长逸乐,有夏桀为政不之逸乐,故天下至戒以谴告之。

向于时夏。

苏传:夏之先王,不往从放逸之乐,故上帝格向之。⑧

弗克庸帝,大淫泆有辞,

---

① "明威"至"则王罚",《经解》本、《四库》本无。
② "敕正"至"之心",《经解》本、《四库》本无。
③ 弋取也:原本无此三字,据《经解》本、《四库》本补。
④ "固读"至"之哉",原本无,据《经解》本、《四库》本补。
⑤ "秉持"至"殷也",原本无,据《经解》本、《四库》本补。
⑥ "人心不"至"乎人心",《经解》本、《四库》本无。
⑦ "引去"至"之也",原本无,据《经解》本、《四库》本补。故:《经解》本作"放"。
⑧ "夏之"至"向之",原本无,据《经解》本、《四库》本补。

孔传：天下至戒，是向于时夏不背弃。桀不能用天戒，大为过逸之行，有恶辞闻于世。

惟时天罔念闻。

苏传：此桀也，淫泆，且有辞饰非也。① 顺理则逸，从欲则危，②虽有饰非之辞，③帝不听也。

厥惟废元命，降致罚，

孔传：惟是桀恶有辞，故天无所念闻，言不佑，其惟废其大命，下致天罚。

乃命尔先祖成汤，革夏，俊民甸四方。

孔传：天命汤更代夏，用其贤人治四方。

苏传：甸，治也。

自成汤至于帝乙，罔不明德恤祀，

孔传：自帝乙以上，无不显用有德，忧念齐敬，奉其祭祀。言能保宗庙社稷。

亦惟天丕建保乂有殷，殷王亦罔敢失帝，罔不配天其泽。

孔传：汤既革夏，亦惟天大立安治于殷。殷家诸王，皆能忧念祭祀，无敢失天道者，故无不配天布其德泽。

在今后嗣王，诞罔显于天，矧曰其有听念于先王勤家？

孔传：后嗣王纣，大无明于天道，行昏虐，天且忽之，况曰其有听念先祖勤劳国家之事乎？

诞淫厥泆，罔顾于天，显民祇。

孔传：言纣大过其过，无顾于天，无能明人为敬，暴乱甚。

惟时上帝不保，降若兹大丧。

孔传：惟是纣恶，天不安之，故下若此大丧亡之诛。

惟天不畀不明厥德，凡四方小大邦丧，罔非有辞于罚。

孔传：惟天不与不明其德者，故凡四方小大国丧灭，无非有辞于天所罚。言皆有闇乱之辞。

苏传：言天不畀纣，使不明于德，凡小大邦为纣所刑丧者，皆有辞于罚不暇也。

王若曰：尔殷多士，今惟我周王，丕灵承帝事。

孔传：周王，文武也。大神奉天事，言明德恤祀。

---

① "此桀"至"非也"，原本无，据《经解》本、《四库》本补。
② "顺理"至"则危"，《经解》本、《四库》本无。
③ 饰非：原本作"释非"，据《经解》本、《四库》本改。

苏传：言我周文王、武王，皆继行大事。

有命曰：割殷，告敕于帝。

孔传：天有命，命周割绝殷命，告正于天。谓既克纣，柴于牧野，告天不顿兵伤士。

苏传：将有割殷之事，必先告正于天而后行，曰将有大正于商是也。

惟我事不贰适，惟尔王家我适。

孔传：言天下事，已之我周矣，不贰之他，惟汝殷王家已之我，不复有变。

苏传：我有事于四方，曷尝有再举而后定者乎？故曰"惟我事不贰适"。贰适，再往也。惟于伐殷，则观政而归，已而再往，是我先王不忍灭商之意也，故曰"惟尔王家我适"。不申言贰适者，因前之辞也。

予其曰：惟尔洪无度，我不尔动，自乃邑。

孔传：我其曰，惟汝大无法度，谓纣无道。我不先动诛汝，乱从汝邑起。言自召祸。

予亦念天即于殷大戾，肆不正。

孔传：我亦念天，就于殷大罪而加诛者，故以纣不能正身念法。

苏传：今三监叛予，惟曰此乃汝大无法，非予尔动，变起于尔邑。予亦念天命，不可不征，即于其首乱罪大者而诛之。谓杀武庚、管叔也。"肆不正"者，言其余不尽绳治也。

王曰：猷告尔多士。予惟时其迁居西尔。

孔传：以道告汝众士，我惟汝未达德义，是以徙居西汝于洛邑教诲汝。

苏传：洛邑在故殷西南。

非我一人奉德不康宁，时惟天命。

孔传：我徙汝，非我天子奉德不能使民安之，是惟天命宜然。

无违，朕不敢有后，无我怨。

孔传：汝无违命，我亦不敢有后诛，汝无怨我。

苏传：既迁尔于洛，乃安居，无后命矣。

惟尔知，惟殷先人，有册有典，殷革夏命。

孔传：言汝所亲知，殷先世有册书典籍。说殷改夏王命之意。

苏传：言汤之革夏，其故事皆在典册，尔所知也。

今尔又曰：夏迪简在王庭，有服在百僚。

孔传：简，大也。今汝又曰：夏之众士蹈道者，大在殷王庭，有服职在百官。言见任用。

苏传：夏臣之有道者，汤皆选用为近臣，在王庭，其可以任事者，则为百僚。而今不然，以为怨。

予一人惟听用德,肆予敢求尔于天邑商?

孔传:言我周,亦法殷家,惟听用有德,故我敢求汝于天邑商,将任用之。

苏传:我知用德而已,尔乃与三监叛我,岂敢求尔于商邑而用之乎?

予惟率肆矜尔,

苏传:循汤故事而矜赦汝则可。

非予罪,时惟天命。

孔传:惟我循殷故事怜愍汝,故徙教汝,非我罪咎,是惟天命。

王曰:多士,昔朕来自奄,予大降尔四国民命。

孔传:昔我来从奄,谓先诛三监,后伐奄、淮夷。民命,谓君也。大下汝民命,谓诛四国君。

我乃明致天罚,移尔遐逖,比事臣我宗,多逊。

孔传:四国君叛逆,我下其命,乃所以明致天罚。今移徙汝于洛邑,使汝远于恶俗,比近臣我宗周,多为顺道。

苏传:东征诛三监及奄,迁四国民于远,当此时,尔协比以事我宗臣,多逊不违也。

王曰:告尔殷多士,今予惟不尔杀,予惟时命有申。

孔传:所以徙汝,是我不欲杀汝,故惟是教命申戒之。

今朕作大邑于兹洛,予惟四方罔攸宾,

孔传:今我作此洛邑,以待四方,无有远近,无所宾外。

亦惟尔多士,攸服奔走臣我,多逊。①

孔传:非但待四方,亦惟汝众士,所当服行奔走臣我,多为顺事。

苏传:我惟不忍尔杀,故申明此命尔。我所以营洛者,以四方诸侯至而无所容,亦为尔等服事奔走臣我多逊,而无所居故也。

尔乃尚有尔土,尔乃尚宁幹止。

孔传:汝多为顺事,乃庶几还有汝本土,乃庶几安汝故事止居,以反所生诱之。

苏传:幹,事也。止,居也。

尔克敬,天惟畀矜尔;

孔传:汝能敬行顺事,则为天所与,为天所怜。

尔不克敬,尔不啻不有尔土,予亦致天之罚于尔躬。

孔传:汝不能敬顺,其罚深重,不但不得还本土而已,我亦致天罚于汝身。言刑杀。

---

① 多逊:《经解》本作"宗多逊"。

今尔惟时宅尔邑，继尔居，尔厥有幹有年于兹洛。

孔传：今汝惟是敬顺居汝邑，继汝所当居为，则汝其有安事，有丰年，于此洛邑。言由洛修善，得还本土有幹有年。

尔小子乃兴，从尔迁。

孔传：汝能敬，则子孙乃起从汝化而迁善。

苏传：汝能敬天安居，汝子孙①其有兴者，非迁洛何从得之？殷人之怨不在王庭、百僚，故成王以此答其意也。

王曰：又曰时，予乃或言尔攸居。

孔传：言汝众士当是我，勿非我也。我乃有教诲之言，则汝所当居行。

苏传：王言尔子孙当有显者，殷人喜而记之。异日，王告之曰：及尔子孙之显是时，我当复言之于尔所居。信其言以大慰之也。非一日之言，故以"又曰"别之。

无逸第十七

周公作《无逸》。

孔传：中人之性好逸豫，故戒以无逸。

无逸。

孔传：成王即政，恐其逸豫，本以所戒名篇。

周公曰：呜呼！君子所其无逸，

孔传：叹美君子之道，所在念德其无逸豫。君子且犹然，况王者乎？

先知稼穑之艰难，乃逸，则知小人之依。

孔传：稼穑，农夫之艰难事，先知之，乃谋逸豫，则知小人之所依怙。

苏传：旧说先知农事之艰难，乃谋逸豫，非也。周公方以逸为深戒，何其谋逸之亟也？盖曰王当先知稼穑之道为艰难，②乃所以逸乐，则知小人之所依怙以生者。知此，则不妨农时，不夺民利，不尽民力也。

相小人，厥父母勤劳稼穑，厥子乃不知稼穑之艰难，

孔传：视小人不孝者，其父母躬勤艰难，而子乃不知其劳。

苏传：虽农夫之子，生而饱暖，则不知艰难，而况王乎？以训王无忘太王、王季、文、武之勤劳王业也。

乃逸乃谚。既诞，否则侮厥父母曰：昔之人无闻知。

孔传：小人之子，既不知父母之劳，乃为逸豫游戏，乃叛谚不恭。已欺

---

① 子孙：原本无"孙"字，林之奇《全解》所引作"子孙"，详其文义，当补"孙"字。
② 为艰难：林之奇《全解》引作"惟艰难"，于义为长。

诞父母,不欺,则轻侮其父母,曰:古老之人,无所闻知。

苏传:戏侮曰谚,大言曰诞。信哉,周公之言也!曰昔之人无闻知,至于今闾巷田里之民,有不令子弟,犹皆相师为此言也。是蚍虱蟾蚁,周公何诛焉?而载于书,曰以戒成王也。人君欲自恣于逸乐者,必先诋娸先王,戏玩老成;而小人谲张为幻者,又劝成之。韩非之言曰:"尧之有天下也,堂高三尺,采椽不斲,茅茨不剪。虽逆旅之宿,不勤于此矣。冬日鹿裘,夏日葛衣,粢粝之食,藜藿之羹。饮土匦,啜土铏,虽监门之养,不觳于此矣。禹凿龙门,通大夏,疏九河,曲九防,决停水,致之海。股无胈,胫无毛,手足胼胝,面目黧黑,遂以死于外,葬于会稽,虽臣虏之劳,不烈于此矣。然则天子所以贵于有天下者,岂欲苦形劳神,自取逆旅之宿、口食监门之养、手持臣虏之作哉!此不肖人之所勉,非贤者之所务也。"此其论,岂不出于昔之人无闻知也哉!其言至浅陋,而世主悦之,故韩非一言覆秦、杀二世如反掌。自汉以来学者,虽鄙申、韩不取,然世主①心悦其言,而阴用之;小人之欲得君者,必私习其说,或诵言称举之。故其学至于今犹行也,予是以具论之。

周公曰:呜呼!我闻曰:昔在殷王中宗,

孔传:太戊也,殷家中世尊其德,故称宗。

严恭寅畏天命,自度,

孔传:言太戊严恪恭敬,畏天命,用法度。

治民祗惧,不敢荒宁。

孔传:为政敬身畏惧,不敢荒怠自安。

肆中宗之享国,七十有五年。

孔传:以敬畏之故,得寿考之福。

苏传:中宗,太戊也。此《书》方论享国之长短,故先言享国之最长者,非世次也。

其在高宗,时旧劳于外,爰暨小人。

孔传:武丁,其父小乙,使之久居民间,劳是稼穑,与小人出入同事。

作其即位,乃或亮阴,三年不言。

孔传:武丁起其即王位,则小乙死,乃有信默,三年不言。言孝行著。

其惟不言,言乃雍。

苏传:雍,和也。以其久不言之故,言则天下信之。

不敢荒宁,

孔传:在丧,则其惟不言,丧毕发言,则天下和。亦法中宗,不敢荒怠自安。

---

① 主:《经解》本作"王"。

嘉靖殷邦,至于小大,无时或怨。

孔传:善谋殷国,至于小大之政,人无是有怨者。言无非。

肆高宗之享国,五十有九年。

孔传:高宗为政,小大无怨,故亦享国永年。

苏传:高宗,武丁也。

其在祖甲,不义惟王,旧为小人。

孔传:汤孙太甲,为王不义,久为小人之行,伊尹放之桐。

作其即位,爰知小人之依,能保惠于庶民,不敢侮鳏寡。

孔传:在桐三年,思集用光,起就王位,于是知小人之所依。依仁政,故能安顺于众民,不敢侮慢惸独。

肆祖甲之享国三十有三年。

孔传:太甲亦以知小人之依,故得久年。此以德优劣,立年多少为先后。故祖甲在下,殷家亦祖其功,故称祖。

苏传:祖甲,太甲也。

自时厥后立王,生则逸。

孔传:从是三王,各承其后而立者,生则逸豫无度。

生则逸,不知稼穑之艰难,

孔传:言与小人之子同其敝。

不闻小人之劳,惟耽乐之从。

孔传:过乐谓之耽。惟乐之从,言荒淫。

自时厥后,亦罔或克寿。

孔传:以耽乐之故,从是其后,亦无有能寿考。

或十年,或七八年,或五六年,或四三年。

孔传:高者十年,下者三年,言逸乐之损寿。

周公曰:呜呼!厥亦惟我周太王、王季,克自抑畏。

孔传:太王,周公曾祖。王季即祖。言皆能以义自抑畏,敬天命。将说文王,故本其父祖。

文王卑服,即康功田功。

孔传:文王节俭,卑其衣服,以就其安人之功,以就田功,以知稼穑之艰难。

苏传:康功,安人之功。田功,农功也。

徽柔懿恭,怀保小民,惠鲜鳏寡。

孔传:以美道和民,故民怀之。以美政恭民,故民安之。又加惠鲜乏鳏寡之人。

苏传：鲜，贫乏者。

自朝至于日中昃，不遑暇食，用咸和万民。

孔传：从朝至日昳不暇食，思虑政事，用皆和万民。

文王不敢盘于游田，以庶邦惟正之供。

孔传：文王不敢乐于游逸田猎，以众国所取法则，当以正道供待之故。

苏传：言不以庶邦贡赋，供私事也。

文王受命，惟中身，

苏传：文王九十七而终，即位之年四十七。

厥享国五十年。

孔传：文王九十七而终。中身，即位时年四十七。言中身，举全数。

苏传：令德之主，欲其长有天下以庇民，仁人之意，莫急于此，此周公所以身代武王也。人莫不好逸欲，而其所甚好者生也。以其所甚好，禁其所好，庶几必信。此《无逸》之所为作也。然犹不信者，以逸欲为未必害生也。汉武帝、唐明皇，岂无欲者哉！而寿如此矣。夫多欲而不享国者皆是也，汉武、明皇，十一而已，岂可望哉！饮酖、食野葛必死，而曹操独不死，亦可劾乎？使人主不寿者五：一曰色，二曰酒，三曰便辟嬖佞，四曰台榭游观，五曰田猎。此五者，《无逸》之所讳也。既困其身，又困其民，民怨咨吁天，此最害寿之大者。予欲以恶衣食，远女色，卑宫室，罢游田，夙兴勤劳，以此五物者，为人主永年之药石也。

周公曰：呜呼！继自今嗣王，

孔传：继从今已往，嗣世之王皆戒之。

则其无淫于观、于逸、于游、于田，以万民惟正之供。

孔传：所以无敢过于观游逸豫田猎者，用万民当惟正身以供待之故。

无皇曰：今日耽乐。乃非民攸训，非天攸若，时人丕则有愆。

孔传：无敢自暇曰：惟今日乐，后日止。夫耽乐者，乃非所以教民，非所以顺天，是人则大有过矣。

苏传：以百日之忧，而开一日之乐，疑若可许也。然周公不许，防其渐也。曰此非所以训民顺天也。言此者必有大咎。

无若殷王受之迷乱，酗于酒德哉！

孔传：以酒为凶谓之酗。言纣心迷政乱，以酗酒为德。戒嗣王无如之。

苏传：酗者，用酒而怒，轻用兵刑也。

周公曰：呜呼！我闻曰：古之人犹胥训告，胥保惠，胥教诲，

孔传：叹古之君臣，虽君明臣良，犹相道告、相安顺、相教诲以义方。

民无或胥譸张为幻。

孔传：譸张，诳也。君臣以道相正，故下民无有相欺诳幻惑也。

此厥不听，人乃训之，乃变乱先王之正刑，至于小大。

孔传：此其不听中正之君，人乃教之以非法，乃变乱先王之正法，至于小大，无不变乱。言己有以致之。

民否则厥心违怨，否则厥口诅祝。

孔传：以君变乱正法，故民否则其心违怨，否则其口诅祝。言皆患其上。

苏传：譸，狂也。张，诞也。变名易实，以眩观者曰幻。古之人，相与训戒者，其言皆切近明白，世之所共知者也。若曰不杀为仁，杀为不仁，薄敛为有德，厚赋为无道。此古今不刊之语，先王之正刑也。及小人为幻，或师申、韩之学，或诵六经以文奸言，则曰多杀所以为仁也，厚敛所以为德也，高台深池、女色畋游，皆不害霸，此理之必不然。而其学之有师，言之有章，世主多喜之，此之谓幻。幻能害寿，以其能怨诅也。

周公曰：呜呼！自殷王中宗，及高宗，①及祖甲，及我周文王，兹四人迪哲。

孔传：言此四人皆蹈智明德以临下。

苏传：古之哲王，莫不如此，而专言四人，此四人尤以此显于世也。

厥或告之曰：小人怨汝詈汝，则皇自敬德，

孔传：其有告之，言小人怨詈汝者，则大自敬德，增修善政。

厥愆，曰朕之愆。允若时，不啻不敢含怒。

孔传：其人有祸，则曰我过。百姓有过，在予一人。信如是怨詈，则四王不啻不敢含怒以罪之。言常和悦。

此厥不听，人乃或譸张为幻，曰：小人怨汝詈汝。则信之。

孔传：此其不听中正之君，有人诳惑之，言小人怨憾诅詈汝，则信受之。

则若时，不永念厥辟，不宽绰厥心，

孔传：则如是信谗者，不长念其为君之道，不宽缓其心。言含怒。

乱罚无罪，杀无辜，怨有同，是丛于厥身。

孔传：信谗含怒，罚杀无罪，则天下同怨雠之，丛聚于其身。

苏传：人不怨谗者，而怨听者。

周公曰：呜呼！嗣王，其监于兹！

孔传：视此乱罚之祸以为戒。

---

① 高宗：凌本作"高祖"，误。

卷 十 五[①]

周 书

君奭第十八

召公为保,周公为师,相成王,为左右。

苏传:三公论道,左右相任事,周公、召公以师、保为左、右相。

召公不悦,周公作《君奭》。

苏传:旧说,或谓召公疑周公,陋哉,斯言也!方周公摄政,管、蔡流言,周公晏然不自疑,当时大臣亦莫之疑者,何独召公也?今已复子明辟,召公复何疑乎?然则何为不悦也?功成身退,天之道也,故伊尹既复政则告归,而周公不归,此召公所以不悦也。然则周公何以不归也?察成王之德,未可以舍而去也。周公齐百官以从王,而王之所用,悉其私人受教于王者,此其德岂能离师辅而弗反也哉?故召公之不悦,为周公谋也,人臣之常道也;而周公之不归,为周谋也,宗臣之深忧也。召公岂独欲周公之归哉!盖亦欲因复辟之初,而退老于厥邑,特以周公未归,故不敢也。何以知之?此书非独周公自言其当留,亦多留召公语,以此知召公欲去也。

君奭。

孔传:尊之曰君。奭,名,同姓也。陈古以告之,故以名篇。

周公若曰:君奭!

孔传:顺古道呼其名而告之。

[①] 卷十五:原本自十五卷起,例作"卷第某",今删去"第"字以统一体例。下同。

弗吊,天降丧于殷,殷既坠厥命,我有周既受,

孔传:言殷道不至,故天下丧亡于殷。殷已坠失其王命,我有周道至已受之。

我不敢知曰。厥基永孚于休,若天棐忱,

孔传:废兴之迹,亦君所知,言殷家其始长信于美道,顺天辅诚,所以国也。

我亦不敢知曰。其终出于不祥。

孔传:言殷纣其终坠厥命,以出于不善之故,亦君所知。

呜呼!君已,曰:时我。我亦不敢宁于上帝,命

孔传:叹而言曰君已。当是我之留,我亦不敢安于上天之命,故不敢不留。

弗永远;念天威,越我民,罔尤违

孔传:言君不长远念天之威,而勤化于我民,使无过违之阙。

惟人。

苏传:周公昔尝告召公曰:天其将使周室永孚于休欤?抑将终出于不祥欤?皆未可知也。于时召公答曰:是在我而已,我若能祗上帝命,不敢荒宁,则天永孚于休。若其以念我天威,及使我民无所尤违,则天将终出于不祥,此皆在人而已。今我不去,正为此耳。故举其昔言以喻之。

在我后嗣子孙,大弗克恭上下,遏佚前人光,在家不知。

孔传:惟众人共存在我后嗣子孙,若大不能恭承天地,绝失先王光大之道,我老在家,则不得知。

天命不易,天难谌,乃其坠命,弗克经历,

孔传:天命不易,天难信。无德者乃其坠失王命,不能经久历远,不可不慎。

嗣前人,恭明德。

苏传:此皆罪成王之言。在,察也。遏,绝也。佚,失也。经历,历年长久。言我察成王之德,大未能事天地,遏绝放失,前人之光明,盖生于深宫之中,不知天命不易。我若去之,其将弗永年矣。周公盖以丕视功载,知其如此。

在今予小子旦,

孔传:继先王之大业,恭奉其明德,正在今我小子旦。言异于余臣。

非克有正迪,惟前人光,施于我冲子。

孔传:我留非能有改正,但欲蹈行先王光大之道,施正于我童子。童子,成王。

苏传:冲子之不正,吾亦安能正之哉?独示之以前人光明之德,使不习于下流。其为正也大矣。

又曰：天不可信,我道惟宁王德延。

孔传：无德去之,是天不可信,故我以道,惟安宁王之德,谋欲延久。

天不庸释于文王受命。

孔传：言天不用令释废于文王所受命,故我留佐成王。

苏传：天命不常,我所以辅成王之道,惟以延武王之德,使天下不舍文王所受之命也。

公曰：君奭,我闻在昔,成汤既受命,

孔传：已放桀,受命为天子。

时则有若伊尹,格于皇天。

孔传：尹挚佐汤,功至大天。谓致太平。

在太甲,时则有若保衡。

孔传：太甲继汤,时则有如此伊尹为保衡,言天下所取安,所取平。

苏传：即伊尹也。

在太戊,

孔传：太甲之孙。

时则有若伊陟、臣扈,格于上帝,

苏传：汤初克夏,欲迁夏社,作《臣扈》之篇。汤享国十三年。又七年而太甲立,太甲享国三十二年。又更四帝,乃至太戊,而臣扈犹在,岂非寿百余岁哉！

巫咸乂王家。

孔传：伊陟臣扈,率伊尹之职,使其君不陨祖业,故至天之功不陨。巫咸治王家,言不及二臣。

在祖乙,时则有若巫贤。

孔传：祖乙,殷家亦祖其功,时贤臣有如此巫贤。贤,咸子,巫氏。

苏传：贤,亦巫咸之子孙。

在武丁,时则有若甘盘。

孔传：高宗即位,甘盘佐之,后有傅说。

苏传：殷有圣贤之君七,此独言五,下文云"殷礼陟配天",岂配祀于天者,止此五王,而其臣皆配食于庙乎？在武丁时,不言傅说,岂傅说不配食于配天之王乎？其详不可得而闻矣。①

率惟兹有陈,保乂有殷,故殷礼陟配天,多历年所。

孔传：言伊尹至甘盘六臣佐其君,循惟此道,有陈列之功,以安治有殷,

---

① "殷有"至"闻矣",蔡沈《书集传》全引,"皆配"作"偕配","不可得"作"不得"。

故殷礼能升配天，享国久长，多历年所。

苏传：陈，久也。陟，升遐也。言此诸臣为政不久，则不能保乂有殷，且使其王升遐则配天，致殷有天下，多历年所。此周公所以久留之意也。

天惟纯佑命，则商实百姓

孔传：殷礼配天，天惟大佑助其王命，使商家百姓丰实，皆知礼节。

王人，罔不秉德明恤小臣，屏侯、甸，

孔传：自汤至武丁，其王人无不持德立业，明忧其小臣，使得其人，以为蕃屏侯甸之服。小臣且忧得人，则大臣可知。

矧咸奔走，惟兹惟德称，用乂厥辟。

孔传：王犹秉德忧臣，况臣下得不皆奔走惟王此事，惟有德者举，用治其君事。

故一人有事于四方，若卜筮，罔不是孚。

孔传：一人，天子也。君臣务德，故有事于四方而天下化服。如卜筮无不是而信之。

苏传：此明主、贤臣为政既久，则天乃为纯佑者是命。商之百族大姓，及王臣之微者，实皆秉德明恤，以至于小臣，藩屏侯甸者，皆得其人。况于奔走执事之臣，皆以此道此德举，用乂厥辟。以上下同德，故有事于四方，则民信之若蓍龟然。此又周公久留之意也。

公曰：君奭，天寿平格，保乂有殷，有殷嗣天灭威。

孔传：言天寿有平至之君，故安治有殷。有殷嗣子纣，不能平至，天灭亡加之有威。

苏传：天寿此中宗、高宗、祖甲，和平至道之王，使保乂有殷。此三王，皆能继天灭威。灭威者，除害也。

今汝永念，则有固命，厥乱明我新造邦。

孔传：今汝长念平至者安治，反是者灭亡。以为法戒，则有坚固王命，其治理足以明我新成国矣。

苏传：汝若忧思深长，则天命乃可坚固。汝其念有以济明我邦者。

公曰：君奭，在昔上帝，割申劝宁王之德，其集大命于厥躬。

孔传：在昔上天，割制其义，重劝文王之德，故能成其大命于其身。谓勤德以受命。

苏传：宁王，武王也。天降割丧文王，申劝武王之德，而集天命①也。

惟文王尚克修和我有夏。

---

① 天命：林之奇《全解》引作"大命"。

苏传：诸夏也。

亦惟有若虢叔，

苏传：王季子，文王弟。

有若闳夭，

孔传：文王庶几能修政化，以和我所有诸夏，亦惟贤臣之助为治，有如此虢闳。闳，氏。虢，国。叔，字，文王弟。夭，名。

有若散宜生，有若泰颠，有若南宫括。

孔传：散、泰、南宫，皆氏。宜生、颠、括，皆名。凡五臣，佐文王为骨附、奔走、先后、御侮之任。

苏传：五人，皆贤臣有道德者。不及太公望者，太公专治兵事功臣，非周公所法也。

又曰：无能往来，兹迪彝教文王，蔑德降于国人。

孔传：有五贤臣，犹曰其少无所能往来。而五人以此道法，教文王以精微之德，下政令于国人。言虽圣人，亦须良佐。

苏传：此五人者，文王疏附，先后奔走御侮之友也。故曰：文王若不能与此五人者往来，使以常道教文王，则无德以降于国人也。

亦惟纯佑，秉德迪知天威。乃惟时昭文王，

孔传：文王亦如殷家惟天所大佑，文王亦秉德蹈知天威，乃惟是五人明文王之德。

迪见冒闻于上帝。惟时受有殷命哉！

孔传：言能明文王德，蹈行显见，覆冒下民，彰闻上天，惟是故受有殷之王命。

苏传：迪见者，以道显也。冒闻者，以德被天下闻也。

武王惟兹四人，

苏传：虢叔亡矣。

尚迪有禄。

孔传：文王没，武王立，惟此四人，庶几辅相武王。蹈有天禄，虢叔先死，故曰四人。

后暨武王，诞将天威，咸刘厥敌。

孔传：言此四人，后与武王，皆杀其敌。谓诛纣。

惟兹四人，昭武王，惟冒丕单称德。

孔传：惟此四人，明武王之德，使布冒天下，大尽举行其德。

苏传：凡周德之所被及者，其民尽称诵武王也。

今在予小子旦，若游大川。予往暨汝奭，其济小子，同未在位，诞无我责。

孔传：我新还政，今任重在我小子旦，不能同于四人。若游大川，我往与汝奭其共济渡，成王同于未在位即政时，汝大无非责我留。

苏传：游大川者，必济而后已。今予与汝奭同济，小子其可以中流而止乎？

收罔勖不及，耇造德不降，我则鸣鸟不闻，矧曰其有能格？

孔传：今与汝留辅成王，欲收教无自勉不及道义者，立此化，而老成德不降意为之。我周则鸣凤不得闻，况曰其有能格于皇天乎？

苏传：周人以鷟鷟鸣于岐山，为文王受命之符，故其《诗》曰："凤皇鸣矣，于彼高冈。"我与汝奭皆文王旧臣，同闻鸣鸟者也。我与汝同闻见受命之符，而今又同辅孺子，其可以不俟王业之大成，而言去乎？我当收蓄成王不勉不及之心，又当留汝奭耇老成人以自助，汝若不降意小留，则是天不欲我终王业、定天命也。天如不欲我终王业、定天命，则当时必不使我与汝同闻鸣鸟矣。况能格于皇天乎？

公曰：呜呼！君，肆其监于兹，我受命无疆惟休，亦大惟艰。

孔传：以朝臣无能立功至天，故其当视于此，我周受命无穷惟美，亦大惟艰难，不可轻忽，谓之易治。

告君乃猷裕我，

苏传：谋广我意。

不以后人迷。

孔传：告君汝谋宽饶之道，我留与汝辅王，不用后人迷惑，故欲教之。

公曰：前人敷乃心，乃悉命汝，作汝民极。

孔传：前人文武，布其乃心为法度，乃悉以命汝矣，为汝民立中正矣。

曰，汝明勖偶王，在亶乘兹大①命。

孔传：汝以前人法度，明勉配王，在于成信，行此大命而已。

惟文王德，丕承无疆之恤。

孔传：惟文王圣德，为之子孙无忝厥祖，大承无穷之忧。

苏传：周公与召公同受武王顾命，辅成王，故周公曰：前人敷其心腹，以命汝，位三公，以为民极。且曰：汝当明勖孺子，如耕之有偶也。在于相信，如车之有驭也，并力一心，以载天命。念文考之旧德，以丕承无疆之忧。武王之言如此，而可以求去乎？②

---

① 大：《经解》本作"天"。
② "周公"至"去乎"，蔡沈《书集传》全引，"周公曰"作"周公言"，"敷其心"作"敷乃心"，"命汝"下有"召公"二字，"明勖"作"明勉"。

公曰：君，告汝朕允。

孔传：告汝以我之诚信也。

苏传：告汝以我诚心。

保奭，其汝克敬以予，监于殷丧大否。

孔传：呼其官而名之，敕使能敬以我言，视于殷丧亡大否。言其大不可不戒。

苏传：殷之丧，其否塞大乱，至于如此，可不惧乎？

肆念我天威，予不允惟若兹诰。予惟曰：襄我二人。

孔传：以殷丧大故，当念我天德可畏。言命无常，我不信惟若此诰。我惟曰：当因我文武之道而行之。

苏传：襄，成也。予本不欲如此告也，予惟曰王业之成，在我与汝二人而已。

汝有合哉，言曰：在时二人，天休滋至，惟时二人弗戡。

孔传：言汝行事，动当有所合哉。发言常在是文武，则天美周家日益至矣，惟是文武不胜受。言多福。

苏传：汝闻我言，而心有合也，曰：信如我言，在我二人而已。然今，天方保周，王室日昌大，在我二人受此福乎？德胜福则安，福胜德则危。今天休滋至，恐二人德不能胜也。由此知召公之不悦，盖以满溢为忧也。

其汝克敬德，明我俊民在让，后人于丕时。

孔传：其汝能敬行德，明我贤人在礼让，则后代将于此道大且是。

苏传：周公言，汝奭以满溢为忧乎？则当求俊民而显明之，他日让此后人，惟昌大之时而去，未晚也。

呜呼！笃棐时二人，我式克至于今日休。

孔传：言我厚辅是文武之道而行之，我用能至于今日其政美。

苏传：以我二人厚辅之故，周室乃有今日之休。

我咸成文王功于不怠，丕冒海隅出日，罔不率俾。

孔传：今我周家，皆成文王功于不懈怠，则德教大覆冒海隅日所出之地，无不循化而使之。

苏传：我以今日之休为未足也，惟至于日月所照，莫不祗服乃已也。

公曰：君，予不惠若兹多诰，

苏传：惠若，①言愿也。

予惟用闵于天越民。

---

① 若：《经解》本、《四库》本作"犹"。林之奇《全解》引亦作"犹"。

孔传：我不顺若此多诰而已，欲使汝念躬行之闵勉也。我惟用勉于天道加于民。

苏传：予惟哀天命之不终及民之无辜也。

公曰：呜呼！君，惟乃知民德，亦罔不能厥初，惟其终，

孔传：惟汝所知民德，亦无不能其初，鲜能有终，惟其终则惟君子。戒召公以慎终。

祗若兹，往敬用治。

孔传：当敬顺我此言，自今以往，敬用治民职事。

蔡仲之命第十九

蔡叔既没，

孔传：以罪放而卒。

王命蔡仲践诸侯位，

孔传：成王也。父卒命子，罪不相及。

作《蔡仲之命》。

孔传：册书命之。

苏传：蔡叔死于囚，不得称"没"。仲为卿士，无囚父用子之理，盖释之矣。仲践蔡叔之旧国，以鲜为始封之君，则周既赦其罪矣，故得称"没"。

蔡仲之命。

孔传：蔡，国名。仲，字。因以名篇。

惟周公位冢宰，正百工，

孔传：百官总己以听冢宰，谓武王崩时。

群叔流言，乃致辟管叔于商；囚蔡叔于郭邻，

苏传：郭，虢也。《周礼》六遂，五家为邻。

以车七乘；

孔传：致法，谓诛杀。囚，谓制其出入。郭邻，中国之外地名。从车七乘言少。管、蔡，国名。

降霍叔于庶人，三年不齿。

孔传：罪轻故退为众人，三年之后，乃齿录封为霍侯，子孙为晋所灭。

苏传：周公不以流言杀骨肉，若管叔不挟武庚以叛，亦不诛也。蔡叔囚而不诛，至子乃封。霍叔降而不囚，三年复封之霍。此周公治亲之道也。

蔡仲克庸祗德，周公以为卿士。

孔传：蔡仲能用敬德，称其贤也。明王之法，诛父用子，言至公。周公圻内诸侯，二卿治事。

叔卒,乃命诸王,邦之蔡。

孔传:叔之所封,圻内之蔡。仲之所封,淮汝之间。圻内之蔡名已灭,故取其名以名新国,欲其戒之。

苏传:蔡叔未卒,仲无君国之理。蒯聩在而辄立,卫是以乱。孔子将为政于卫,必以正名为先,则周公封蔡仲,必在叔卒之后也。

王若曰:小子胡,

孔传:言小子,明当受教训。胡,仲名。顺其事而告之。

惟尔率德改行,克慎厥猷。

孔传:言汝循祖之德,改父之行,能慎其道。叹其贤。

肆予命尔侯于东土。往即乃封,敬哉!

孔传:以汝率德改行之故,故我命汝为诸侯于东土。往就汝所封之国,当修己以敬哉。

尔尚盖前人之愆,惟忠惟孝。

孔传:汝当庶几修德,掩盖前人之过。子能盖父,所以为惟忠惟孝。

尔乃迈迹自身,

苏传:迈德自己,使人可以循迹而法汝也。

克勤无怠,以垂宪乃后。

孔传:汝乃行善迹,用汝身,使可踪迹而法循之,能勤无懈怠以垂法子孙,世世称颂,乃当我意。

率乃祖文王之彝训,无若尔考之违王命。

孔传:言当循文武之常教,以父违命为世戒。

皇天无亲,惟德是辅;民心无常,惟惠之怀。

孔传:天之于人,无有亲疏,惟有德者则辅佑之。民心于上,无有常主,惟爱己者则归之。

为善不同,同归于治;为恶不同,同归于乱。

孔传:言人为善为恶,各有百端,未必正同。而治乱所归不殊,宜慎其微。

尔其戒哉!慎厥初,惟厥终,终以不困。不惟厥终,终以困穷。

孔传:汝其戒治乱之机哉。作事云为,必慎其初,念其终,则终用不困穷。

懋乃攸绩,睦乃四邻,以蕃王室,以和兄弟。

孔传:勉汝所立之功,亲汝四邻之国,以蕃屏王室,以和协同姓之邦,诸侯之道。

康济小民,率自中,无作聪明乱旧章。

孔传:汝为政,当安小民之居,成小民之业,循用大中之道,无敢为小聪明,作异辩,以变乱旧典文章。

苏传:中,情也。治国济民皆以情,不以伪也。中不足则必疆诸外,故作聪明。而实聪明者,未尝乱旧章也。

详乃视听,罔以侧言改厥度。

苏传:以一偏之言,而改其常度,非其本心也,生于视听之不审尔。故患在欲速,不在缓,缓则视听审,而事无不中矣。

则予一人汝嘉。

孔传:详审汝视听,非礼义勿视听,无以邪巧之言,易其常度,必断之以义,则我一人善汝矣。

王曰:呜呼!小子胡,汝往哉,无荒弃朕命。

孔传:叹而敕之,欲其念戒。小子胡,汝往之国哉,无废弃我命。欲其终身奉行,后世遵则。

成王东伐淮夷,遂践奄,

孔传:成王即政,淮夷奄国又叛,王亲征之,遂灭奄而徙之,以其数反覆。

作《成王政》。

孔传:为平淮夷徙奄之政令。亡。

苏传:践,灭也。

成王既践奄,将迁其君于蒲姑,

孔传:已灭奄,而徙其君及人臣之恶者于蒲姑。蒲姑,齐地,近中国,教化之。

周公告召公,作《将蒲姑》。

孔传:言将徙奄新立之君于蒲姑,告召公使此册书告令之。亡。

苏传:晏子谓齐景公:"古之居此者,有蒲姑氏。"乐安县北有蒲姑城。二篇,亡。

多方第二十

成王归自奄,

孔传:伐奄归。

在宗周,诰庶邦,

孔传:诰以祸福。

作《多方》。

苏传:自《大诰》《康诰》《酒诰》《梓材》《召诰》[①]《洛诰》《多士》《多方》

---

① 召诰,原本无"诰"字,盖蒙下"洛诰"而省。该条诸"诰"皆全称,依例补"诰"字。

八篇，虽所诰不一，然大略以殷人不心服周而作也。予读《泰誓》《牧誓》《武成》，常怪周取殷之易。及读此八篇，又怪周安殷之难也。《多方》所告不止殷人，乃及四方之士，是纷纷焉不心服者，非独殷人也。予乃今知汤已下七王之德深矣。方纣之虐，人如在膏火中，归周如流，不暇念先王之德。及天下粗定，人自膏火中出，即念殷先七王如父母。虽以武王、周公之圣，相继抚之，而莫能禁也。夫以西汉道德比之殷，犹斌珉之与美玉也，然王莽、公孙述、隗嚣之流，终不能使人忘汉，光武之成功若建瓴然。使周无周公，则殷之复兴也必矣。此周公之所以畏而不敢去也。①

多方。

孔传：众方，天下诸侯。

惟五月丁亥，王来自奄。至于宗周，

孔传：周公归政之明年，淮夷、奄又叛。鲁征淮夷作《费誓》。王亲征奄灭其国，五月还至镐京。

周公曰：王若曰：猷告尔四国多方，

孔传：周公以王命顺大道，告四方。称周公，以别王自告。

惟尔殷侯尹民，②

苏传：周公以王命告诸侯及凡尹民者。

我惟大降尔命，尔罔不知。

孔传：殷之诸侯正民者，我大下汝命，谓诛纣也。言天下无不知纣暴虐以取亡。

苏传：大降尔命，谓诛三监，黜殷时也。

洪惟图天之命，弗永寅念于祀。

苏传：图天之命，犹曰徼福于天。小人之求福者，必以祭祀，念汝殷人。大惟徼福于天，而不念敬祀，是求非望也。

惟帝降格于夏，

孔传：大惟为王谋天之命，不长敬念于祭祀。谓夏桀。惟天下至戒于夏以谴告之。谓灾异。

有夏诞厥逸，不肯戚言于民。

孔传：有夏桀不畏天戒，而大其逸豫，不肯忧言于民。无忧民之言。

苏传：帝非不降格于夏，而夏乃大厥逸，无忧民之言。虽无忧民之心，

---

① "大诰"至"去也"，全段为蔡沈《书集传》引，"泰誓"下缺"牧誓"，"所告不"之"告"作"诰"，"能禁"作"能御"，"美玉"下无"也"字，"光武"下无"之"字，"则殷之复兴也必矣"作"则亦殆矣"。

② 民：《经解》本作"氏"。

而有其言，民犹不怨，天犹赦之，犹贤于初无言者。弃民之深也。

乃大淫昏，不克终日劝于帝之迪。

孔传：言桀乃大为过昏之行，不能终日劝于天之道。

苏传：桀未尝肯以一日之力，勉行顺天之道。

乃尔攸闻。

孔传：言桀之恶，乃汝所闻。

厥图帝之命，不克开于民之丽。

孔传：桀其谋天之命，不能开于民所施政教。丽，施也。言昏昧。

苏传：丽，著也。奠民之居，王政之本。民不土著，虽尧舜不能使无乱。桀之所以徼福于天者，皆非其道，未尝开衣食之源，以定民居也。

乃大降罚，崇乱有夏，因甲于内乱。

孔传：桀乃大下罚于民，重乱有夏，言残虐。外不忧民，内不勤德，因甲于二乱之内。言昏甚。

苏传：甲，始也。乱自内起。

不克灵承于旅，罔丕惟进之恭，洪舒于民。

孔传：言桀不能善奉于人众，无大惟进恭德，而大舒惰于治民。

苏传：古者谓大祭祀曰旅。言不能承祀①天地鬼神，又不知进德之恭，而大慢于民也。

亦惟有夏之民叨懫，日钦劓割夏邑。

孔传：桀洪舒于民，故亦惟有夏之民，贪叨忿懫而逆命，于是桀日尊敬其能劓割夏邑者。谓残贼臣。

苏传：叨，贪也。懫，忿也。尊用此人，使劓割夏邑。

天惟时求民主，乃大降显休命于成汤，

孔传：天惟是桀恶，故更求民主以代之，大下明美之命于成汤，使王天下。

刑殄有夏。惟天不畀纯，

孔传：命汤刑绝有夏，惟天不与桀，亦已大。

苏传：不与桀者，亦大矣。

乃惟以尔多方之义民，不克永于多享。

孔传：天所以不与桀，以其乃惟用汝多方之义民为臣，而不能长久多享国故。

苏传：义民，正人也。桀所害者皆正人，天以此故，不可使桀永年而多

---

① 祀：《经解》本作"事"。

享也。

惟夏之恭多士，大不克明保享于民。

孔传：惟桀之所谓恭人众士，大不能明安享于民。言乱主所任，任同己者。

苏传：桀之所尊用者，皆不能知保享于民之道也。

乃胥惟虐于民，至于百为，大不克开。

孔传：桀之众士，乃相与惟暴虐于民，至于百端所为。言虐非一。大不能开民以善言，与桀合志。

苏传：开，明也。

乃惟成汤，克以尔多方，简代夏作民主。

孔传：乃惟成汤，能用汝众方之贤，大代夏政，为天下民主。

苏传：简，至也。

慎厥丽乃劝，厥民刑用劝。

孔传：汤慎其施政于民，民乃劝善。其人虽刑，亦用劝善。言政刑清。

以至于帝乙，罔不明德慎罚，亦克用劝。

孔传：言自汤至于帝乙，皆能成其王道，畏慎辅相，无不明有德，慎去刑罚，亦能用劝善。

要囚，殄戮多罪，亦克用劝。开释无辜，亦克用劝。

孔传：帝乙已上，要察囚情，绝戮众罪，亦能用劝善。开放无罪之人，必无枉纵，亦能用劝善。

苏传：自汤以来，皆谨土著之政，民既奠居，则刑罚可以劝，而况于赏乎。

今至于尔辟，弗克以尔多方，享天之命。

孔传：今至于汝君，谓纣不能用汝众方，享天之命，故诛灭之。

呜呼！王若曰：诰告尔多方，非天庸释有夏，

孔传：叹而顺其事以告汝众方，非天用释弃桀，桀纵恶自弃，故诛放。

非天庸释有殷，乃惟尔辟，以尔多方，大淫图天之命，屑有辞。

孔传：非天用弃有殷，乃惟汝君纣，用汝众方大为过恶者，共谋天之命，恶事尽有辞说，布在天下，故见诛灭也。

苏传：屑，轻也。纣责命于天，轻出怨天之辞。

乃惟有夏图厥政，不集于享，天降时丧，有邦间之。

孔传：更说桀也。言桀谋其政，不成于享，故天下是丧亡以祸之，使天下有国圣人代之。言有国，明皇天无亲，佑有德。

苏传：夏政不享于天，则其诸侯间而取之，亦如今殷之为周取也。

乃惟尔商后王，逸厥逸，

孔传：后王纣逸豫其过逸。言纵恣无度。

图厥政，不蠲烝，天惟降时丧。

孔传：纣谋其政，不絜进于善，故天惟下是丧亡。谓诛灭。

苏传：蠲，洁也。烝，升也。其升闻于天者，不洁也。

惟圣罔念作狂，惟狂克念作圣。

孔传：惟圣人无念于善，则为狂人。惟狂人能念于善，则为圣人。言桀纣非实狂愚，以不念善故灭亡。

苏传：世未尝有自狂作圣、自圣作狂之人，而有自圣作狂、自狂作圣之道，在念不念之间耳。

天惟五年，须暇之子孙，诞作民主，罔可念听。

孔传：天以汤故，五年须暇汤之子孙，冀其改悔。而纣大为民主，肆行无道，事无可念，言无可听。武王服丧三年，还师二年。

苏传：须，待也。暇，间也。武王服丧三年，还师二年，天佑殷之子孙，以此五年暇以待之。夫圣狂之间，如反覆手，而况五年之久，足以悔祸复天命矣。纣惟曰：我，民主也，其若我何？其言无可念听者。

天惟求尔多方，大动以威，开厥顾天，

孔传：天惟求汝众方之贤者，大动纣以威，开其能顾天可以代者。

惟尔多方，罔堪顾之。惟我周王，灵承于旅，

孔传：惟汝众方之中，无堪顾天之道者。惟我周王善奉于众。言以仁政得人心。

克堪用德，惟典神天。

孔传：言周文武能堪用德，惟可以主神天之祀，任天王。

天惟式教我用休，简畀殷命，尹尔多方。

孔传：天以我用德之故，惟用教我用美道代殷，大与我殷之王命，以正汝众方之诸侯。

今我曷敢多诰？我惟大降尔四国民命。

孔传：今我何敢多诰汝而已，我惟大下汝四国民命。谓诛管、蔡、商、奄之君。

尔曷不忱裕之于尔多方？

孔传：汝何不以诚信行宽裕之道于汝众方，欲其戒四国崇和协。

尔曷不夹介乂我周王，享天之命？

孔传：夹，近也。汝何不近大见治于我周王，以享天之命，而为不安乎？

苏传：夹，辅也。介，助也。

今尔尚宅尔宅，畋尔田。尔曷不惠王熙天之命？

孔传：今汝殷之诸侯，皆尚得居汝常居，臣民皆尚得畋汝故田，汝何不顺从王政，广天之命，而自怀疑乎？

尔乃迪屡不静，尔心未爱。

孔传：汝所蹈行，数为不安，汝心未爱我周故。

苏传：道尔而数不静者，以尔心未仁也。

尔乃不大宅天命，尔乃屑播天命。

孔传：汝乃不大居安天命，是汝乃尽播弃天命。

苏传：轻弃天命也。

尔乃自作不典，图忱于正。

孔传：汝未爱我周，播弃天命，是汝乃自为不常谋信于正道。

我惟时其教告之，我惟时其战要囚之。

孔传：我惟汝如是不谋信于正道，故其教告之，谓讯以文诰。其战要囚之，谓讨其倡乱，执其朋党。

苏传：我欲汝信于正，故教告之，不改则战恐要囚之。

至于再，至于三。

孔传：再，谓三监淮夷叛时。三，谓成王即政又叛。言迪屡不静之事。

乃有不用我降尔命，我乃其大罚殛之。

孔传：我教告战要囚汝，已至再三，汝其不用我命，我乃大下诛汝君，乃其大罚诛之。

非我有周秉德不康宁，乃惟尔自速辜。

孔传：非我有周，执德不安宁自诛汝，乃惟汝自召罪以取诛。

王曰：呜呼！猷告尔有方多士，暨殷多士。

孔传：王叹而以道告汝众方，与殷多士。

今尔奔走臣我监五祀。

孔传：监，谓成周之监，此指谓所迁顽民殷众士。今汝奔走来徙臣我，我监五年无过，则得还本土。

苏传：汝奔走事我，我监视汝所为，五年于此矣。

越惟有胥伯小大①多正，尔罔不克臬。

孔传：于惟有相长事，小大众正官之人，汝无不能用法。欲其皆用法。

苏传：伯，长也。汝自有相君、相长者，至于小大众正之人，皆汝所能作止也。

自作不和，尔惟和哉！尔室不睦，尔惟和哉！尔邑克明，尔惟克勤乃事。

---

① 小大：《经解》本、《四库》本作"大小"，误倒。《十三经注疏》本经文亦作"小大"。

孔传：大小多正，自为不和，汝有方多士，当和之哉。汝亲近室家不睦，汝亦当和之哉。汝邑中能明，是汝惟能勤汝职事。

苏传：家不和则邑不明，虽勤于事，无益也。

尔尚不忌于凶德，亦则以穆穆在乃位，

孔传：汝庶几不自忌入于凶德，亦则用敬敬常在汝位。

苏传：服凶人，莫如和敬。

克阅于乃邑谋介。

苏传：简邑人以自介副。

尔乃自时洛邑，尚永力畋尔田。

孔传：汝能使我阅具于汝邑，而以汝所谋为大，则汝乃用是洛邑，庶几长力畋汝田矣。言虽迁徙，而以修善得反邑里。

天惟畀矜尔，我有周惟其大介赉尔。

孔传：汝能修善，天惟与汝怜汝，我有周惟其大大赐汝。言受多福之祚。

苏传：介，助也。

迪简在王庭，尚尔事，有服在大僚。

孔传：非但受怜赐，又乃蹈大道在王庭，庶几修汝事，有所服行在大官。

王曰：呜呼！多士，尔不克劝忱我命，尔亦则惟不克享，凡民惟曰不享。

孔传：王叹而言曰：众士，汝不能劝信我命，汝亦则惟不能享天祚矣，凡民亦惟曰不享于汝祚矣。

苏传：尔不我享，民亦不尔敬矣。

尔乃惟逸惟颇，大远王命。

苏传：迪简之命也。

则惟尔多方，探天之威，我则致天之罚，离逖尔土。

孔传：若尔乃为逸豫颇僻，大弃王命，则惟汝众方，取天之威，我则致行天罚，离远汝土，将远徙之。

苏传：将远徙之。

王曰：我不惟多诰，我惟祗告尔命。

孔传：我不惟多诰汝而已，我惟敬告汝吉凶之命。

又曰：时惟尔初，不克敬于和，则无我怨。

孔传：又诰汝，是惟汝初不能敬于和道，故诛汝，汝无我怨。解所以再三加诛之意。

苏传：今既戒汝以和敬，汝不能用，则他日又举今言以告汝，无怨也。

卷 十 六

周 书

立政第二十一

周公作《立政》。

孔传:周公既致政成王,恐其怠忽,故以君臣立政为戒。

立政。

孔传:言用臣当共立政,故以名篇。

周公若曰:拜手稽首,告嗣天子王矣。

孔传:顺古道,尽礼致敬告成王,言嗣天子,今已为王矣,不可不慎。

用咸戒于王曰:王左右常伯、常任、准人、缀衣、虎贲。

孔传:周公用王所立政之事,皆戒于王曰,常所长事、常所委任,谓三公六卿,准人平法,谓士官。缀衣掌衣服,虎贲以武力事王,皆左右近臣,宜得其人。

周公曰:呜呼!休兹,知恤鲜哉!

孔传:叹此五者立政之本,知忧得其人者少。

苏传:周公率群臣,进戒于王,赞曰:群臣皆再拜稽首,告天子:今王矣,不可以幼冲自待。则进戒曰:王左右有牧民之长,曰常伯;有任事之公卿,曰常任;有守法之有司,曰准人。此三事之外,则有掌服器者,曰缀衣;执射御者,曰虎贲。此亵御也。周公则戒之曰:非独三事者当择人,此亵御者亦当择人也。能知忧此者,美哉鲜矣!

古之人迪惟有夏,乃有室大竞,吁俊尊上帝。

孔传:古之人道,惟有夏禹之时,乃有卿大夫室家大强,犹乃招呼贤俊,与共尊事上天。

苏传：夏后氏之世，王室所以大强者，以求贤为事天之实也。

迪知忱恂于九德之行，

孔传：禹之臣，蹈知诚信于九德之行，谓贤智大臣。九德，皋陶所谋。

乃敢告教厥后曰：拜手稽首，后矣。曰：宅乃事，宅乃牧，宅乃准。兹惟后矣。

孔传：知九德之臣，乃敢告教其君以立政。君矣亦犹王矣。宅，居也。居汝事，六卿掌事者。牧，牧民，九州之伯。居内外之官，及平法者，皆得其人，则此惟君矣。

苏传：事则向所谓常任也，牧则向所谓常伯也，准则向所谓准人也。一篇之中，所论宅俊者，参差不齐，然大要不出是三者，其余则皆小臣百执事也。古今学者，解三宅三俊多不同，惟专以经训经，庶得其正。《书》曰"迪知忱恂于九德之行"，是九德为三俊也。皋陶之九德，则箕子三德之详者也。并三为一，则九德为三俊明矣。《书》曰："宅乃事，宅乃牧，宅乃准。"是事也，牧也，准也，为三宅，所以宅三俊也。《书》曰："流宥五刑，五流有宅，五宅三居。"又曰："兹乃三宅无①义民。"此三宅，所以宅五流也。人之有疾也，食而不药不可，药而不食亦不可，三宅、三俊，如药食之交相养，而不知食之养药耶？药之养食耶？所以宅三俊，及所以宅五流者，皆曰三宅。如此，而后经之言可通也。

谋面，用丕训德，则乃宅人，兹乃三宅无义民。

孔传：谋所面见之事无疑，则能用大顺德，乃能居贤人于众官。若此则乃能三居无义民。大罪宥之四裔，次九州之外，次中国之外。

苏传：谋面，谋其耳目所及者。言自近及远，皆大训我德，则可以宅三俊之人。既宅三俊，然后可以宅五流，凡民之无义而有罪者。

桀德惟乃弗作往任，是惟暴德，罔后。

孔传：桀之为德，惟乃不为其先王之法，往所委任，是惟暴德之人，故绝世无后。

苏传：《书》曰"肆往奸宄"，是古者谓"流"为"往"也。桀之所往者，无罪之人；所任者，皆小人残民者也。所往所任，皆出于暴德，是以无后。

亦越成汤陟，丕厘上帝之耿命，

孔传：桀之昏乱，亦于成汤之道。得升大赐上天之光命，王天下。

---

① 无：原本作"为"。《经解》本、《四库》本作"无"。下文经文正作"兹乃三宅无义民"，据《经解》本、《四库》本改。

乃用三有宅,克即宅;曰三有俊,克即俊。

孔传:汤乃用三有居恶人之法,能使就其居。言服罪。又曰能用刚柔正直三德之俊,能就其俊事。言明德。

严惟丕式,克用三宅三俊。

孔传:言汤所以能严威,惟可大法象者,以能用三居三德之法。

其在商邑,用协于厥邑;其在四方,用丕式见德。

孔传:汤在商邑,用三宅三俊之道和其邑。其在四方用是大法,见其圣德。言远近化。

苏传:耿,光也。成汤既以升闻大治上帝之命,则以三宅去凶人。凶人各即其宅,然后宅俊其所谓俊者,皆真有德者也,故曰"三有俊,克即俊"。殷人去凶而后用贤,夏后氏用贤而后去凶,各从当时之宜。要之,二者相资而成也。《礼》曰:"夏后氏先禄而后威,先赏而后罚;殷人先罚而后赏。"盖缘《立政》之文而立此言。不知圣人之赏罚应物而作,无所先后也。汤惟严敬用宅俊,故能内协商邑,外以显德于四方也。

呜呼!其在受德暋,惟羞刑暴德之人,同于厥邦。

孔传:受德,纣字。帝乙爱焉,为作善字,而反大恶自强,惟进用刑,与暴德之人,同于其国,并为威虐。

乃惟庶习逸德之人,同于厥政。

孔传:乃惟众习为过德之人,同于其政。言不任贤。

帝钦罚之,乃伻我有夏,式商受命,奄甸万姓。

孔传:天以纣恶,故敬罚之。乃使我周家王有华夏,得用商所受天命,同治万姓。言皇天无亲,佑有德。

苏传:甸,治也。帝钦我而伐①纣,使我有诸夏,法汤受命而治万姓也。

亦越文王、武王,克知三有宅心,灼见三有俊心,

孔传:纣之不善,亦于文武之道大行,以能知三有居恶人之心,灼然见三有贤俊之心。

以敬事上帝,立民长伯。

孔传:言文武知三宅三俊,故能以敬事上天,立民正长。谓郊祀天,建诸侯。

苏传:君子、小人,各知其本心,去凶进贤,各得其实。

立政:任人、准夫、牧,作三事。

孔传:文武亦法禹汤以立政,常任、准人及牧,治为天地人之三事。

---

① 伐:原本作"罚",据《经解》本、《四库》本改。

苏传：任人，常任也。准夫，准人也。牧，常伯也。此三事，皆大臣也。
虎贲缀衣，趣马小尹。
孔传：趣马，掌马之官。言此三者，虽小官长，必慎择其人。
苏传：自此以下皆小臣，或其远外者。趣马，掌马也。小尹，小官之长也。
左右携仆。
苏传：执持器物者。
百司庶府，
孔传：虽左右携持器物之仆，及百官有司主券契藏吏，亦皆择人。
苏传：府库，藏吏也。
大都小伯、
苏传：大都之伯，在牧人中矣，此其小伯也。
艺人、
苏传：执技以事上者。
表臣百司，
孔传：小臣犹皆慎择其人，况大都邑之小长，以道艺为表干之臣，及百官有司之职，可以非其任乎？
苏传：表，外也。有两百司，此其外者也。
太史、尹伯、庶常吉士，
孔传：太史，下大夫，掌邦六典之贰。尹伯，长官大夫。及众掌常事之善士，皆得其人。
苏传：太史，下大夫，掌六典之贰。尹伯、庶常吉士，皆当时小官。
司徒、司马、司空、亚旅，
孔传：此有三卿，及次卿，众大夫，则是文武未伐纣时。举文武之初以为法则。
苏传：六卿独数其三，不及冢宰、宗伯、司寇者，周公以师兼冢宰。周公谓苏忿生为苏公，是苏公以公兼司寇也，而宗伯则召公兼之欤？亚，其贰也，旅，其士也，卿在常①任中矣。此言其亚旅而已。
夷微、卢烝，三亳阪尹。
孔传：蛮夷微卢之众帅，及亳人之归文王者三所，为之立监，及阪地之尹长，皆用贤。
苏传：蛮夷之民，微卢之众，及三亳阪险之地，皆有尹正。汤始都亳，其后屡迁，所迁之地，皆有亳名，故曰亳。或曰蒙为北亳，谷熟为南亳，偃师为

---

① 常：凌本作"当"。

西亳。历数此者,欲得其人也。

文王惟克厥宅心,

苏传:能知君子小人之心。

乃克立兹常事司牧人,以克俊有德。

孔传:文王惟其能居心远恶举善,乃能立此常事。司牧人,用能俊有德者。

苏传:常任、常伯,必以德选。不言准人者,容以才进也。

文王罔攸兼于庶言、庶狱、庶慎,惟有司之牧夫

孔传:文王无所兼知于毁誉众言及众刑狱、众当所慎之事,惟慎择有司牧夫而已。劳于求才,逸于任贤。

是训用违。庶狱、庶慎,文王罔敢知于兹。

孔传:是万民顺法,用违法众狱、众慎之事,文王一无敢自知,于此委任贤能而已。

苏传:文王不识不知,顺帝之则,其所知者,三宅三俊,去凶用贤之事而已。至于庶言,有司所下教令也;庶狱,狱讼也;庶慎,国之禁戒储备也。文王皆不敢下侵有司之事,惟使有司牧夫训治用命及违命者而已。

亦越武王,率惟敉功,不敢替厥义德,

孔传:亦于武王循惟文王抚安天下之功,不敢废其义德,奉遵父道。

率惟谋从容德,以并受此丕丕基。

孔传:武王循惟谋从文王宽容之德,故君臣并受此大大之基业,传之子孙。

苏传:武王但抚存文王之功,不改其义德,而从其有容之德也。

呜呼!孺子王矣,

孔传:叹稚子今以为王矣,不可不勤法祖考之德。

继自今,我其立政、立事、准人、牧夫,我其克灼知厥若,丕乃俾乱。

孔传:继用今已往,我其立政大臣、立事小臣,及准人、牧夫,我其能灼然知其顺者,则大乃使治之。言知臣下之勤劳,然后莫不尽其力。

苏传:其心如其言,是谓若。

相我受民,

苏传:助我所受民。

和我庶狱、庶慎,时则勿有间之。

孔传:能治我所受天民,和平我众狱、众慎之事,如是则勿有以代之。言不可复变。

苏传:既灼知其心而后用,既用则勿以流言谗间之。

自一话一言，我则末惟成德之彦，以乂我受民。

孔传：言政当用一善，善在一言而已。欲其口无择言如此。我则终惟有成德之美，以治我所受之民。

苏传：道隐于小成，言隐于荣华。一话一言，闻斯行之，则不胜其弊。以其不胜弊而举弃之，则所丧亦多矣。必受而绎之，末惟成德之彦，则不可以小道小言眩也。故一话一言，终必付之而后可。

呜呼！予旦已受人之徽言，咸告孺子王矣。

孔传：叹所受贤圣说禹汤之美言，皆以告稚子王矣。

苏传：我受美言于人，不敢自有，而献之于王也。

继自今，文子文孙，其勿误于庶狱、庶慎，惟正是乂之。

孔传：文子文孙，文王之子孙。从今已往，惟以正是之道，治众狱众慎，其勿误。

苏传：心有邪正，事有是非，正心而求其理，未有不得也。

自古商人，亦越我周文王，立政、立事、牧夫、准人，则克宅之，克由绎之，兹乃俾乂。

孔传：言用古商汤，亦于我周文王。立政、立事、用贤人之法，能居之于心，能用陈之，此乃使天下治。

苏传：人有临事而失其常，不如所期者，故已宅则复绎之者，紬绎其所已行之事也。

国则罔有立政，用憸人，不训于德，是罔显在厥世。

孔传：商周贤圣之国，则无有立政用憸利之人者。憸人不顺于德，是使其君无显名在其世。

继自今立政，其勿以憸人，其惟吉士，用劢相我国家。

孔传：立政之臣，惟其吉士，用勉治我国家。

苏传：劢，勉也。何谓憸人？贾谊赋曰："凤皇翔于千仞兮，览德辉而下之。见世德之憸微兮，遥增击而去之。"是之谓憸人。

今文子文孙，孺子王矣，

孔传：告文王之子孙，言稚子已即政为王矣，所以厚戒。

其勿误于庶狱，惟有司之牧夫。

孔传：独言众狱有司，欲其重刑慎官人。

苏传：夫周公尤以狱为忧，故此篇之终，特以嘱司寇苏公也。

其克诘尔戎兵，以陟禹之迹。

孔传：其当能治汝戎服兵器，威怀并设，以升禹治水之旧迹。

方行天下，至于海表，罔有不服。

孔传：方，四方。海表，蛮夷戎狄，无不服化者。
苏传：罔有不服，则兵初不用也。然不可以不用，而不以时诘治之。
以觐文王之耿光，以扬武王之大烈。
孔传：能使四夷宾服，所以见祖之光明，扬父之大业。
呜呼！继自今后，王立政，其惟克用常人。
孔传：其惟能用贤才为常人，不可以天官有所私。
苏传：人之才德长于此者，天下之所共推而不可易也。是之谓常人。如廷尉用张释之、于定国，吏部尚书用山涛，度支用刘晏，此非常人乎！
周公若曰：太史，
孔传：顺其事并告太史。
司寇苏公，式敬尔由狱，以长我王国。
孔传：忿生为武王司寇，封苏国，能用法。敬汝所用之狱，以长施行于我王国。言主狱当求苏公之比。
兹式有慎，以列用中罚。
孔传：此法有所慎行，必以其列用中罚，不轻不重，苏公所行。太史掌六典，有废置官人之制，故告之。
苏传：《春秋传》曰："昔武王克商，使诸侯抚封，苏忿生以温为司寇。"此言其能敬用狱，以长王国，是为三公也。列者，前后相比，犹今之言例也。以旧事为比，而用其轻重之中者也。呼太史而告之者，欲书之于史，以为后世法也。

周官第二十二

成王既黜殷命，灭淮夷，
孔传：黜殷在周公东征时，灭淮夷在成王即政后，事相因，故连言之。
还归在①丰，作《周官》。
孔传：成王虽作洛邑，犹还西周。
苏传：殷未黜，淮夷未灭，则成王有所不暇。
周官。
孔传：言周家设官分职用人之法。
惟周王抚万邦，巡侯甸，
孔传：即政抚万国，巡行天下，侯服甸服。
四征弗庭，绥厥兆民。
孔传：四面征讨诸侯之不直者，所以安其兆民。十亿曰兆，言多。

---

① 在：原本无，据《经解》本、《四库》本、《十三经注疏》本经文补。

六服群辟,罔不承德。归于宗周,董正治官。

孔传:六服诸侯,奉承周德。言协服。还归于丰,督正治理职司之百官。

苏传:《书》曰:侯、甸、男邦、采、卫,此周五服之名也。《禹贡》五服,通畿内;周五服,在王畿千里之外,并畿内为六服。董,督也。治官,治事之官也。

王曰:若昔大猷,制治于未乱,保邦于未危。

孔传:言当顺古大道,制治安国,必于未乱未危之前,思患预防之。

曰:唐、虞稽古,建官惟百。内有百揆、四岳,外有州牧、侯伯,

孔传:道尧舜考古,以建百官,内置百揆四岳,象天之有五行,外置州牧十二,及五国之长,上下相维,外内咸治。言有法。

庶政惟和,万国咸宁。

孔传:官职有序,故众政惟和,万国皆安,所以为至治。

夏、商官倍,亦克用乂。

孔传:禹汤建官二百,亦能用治。言不及唐虞之清要。

苏传:唐、虞官百而天下治,夏、商曷为倍之? 德衰而政卑也。尧、舜官天下,无患失之忧,故任人而不任法。人得自尽也,故法简,官少而事省。夏、商家天下,惟恐失之,不敢以付人,人与法相持而行,故法烦,官多而事冗。后世德愈衰,政愈卑,人愈不信,而一付之法,吏,不敢任事,相倚以苟免,故法愈乱,官愈多而事不举。人主知此,则治①矣。

明王立政,不惟其官,惟其人。

孔传:言圣帝明王,立政修教,不惟多其官,惟在得其人。

苏传:明王观唐、虞、夏、商之政,而知为国不在官多,而在得人,故官不必备也。

今予小子,祗勤于德,夙夜不逮,

孔传:今我小子,敬勤于德,虽夙夜匪懈,不能及古人。言自有极。

仰惟前代时若,训迪厥官。

孔传:言仰惟先代之法是顺,训蹈其所建官而则之,不敢自同尧舜之官,准拟夏殷而蹈之。

立太师、太傅、太保,兹惟三公。论道经邦,燮理阴阳。

孔传:师,天子所师法。傅,傅相天子。保,保安天子于德义者,此惟三公之任。佐王论道,以经纬国事,和理阴阳。言有德乃堪之。

苏传:师、傅、保,皆论道。国以道为经,以政事纬之,与刑无相夺伦,而阴阳和。

---

① 治:原本校曰"一作几"。《经解》本、《四库》本同。

官不必备,惟其人。

孔传:三公之官不必备员,惟其人有德乃处之。

少师、少傅、少保,曰三孤。

孔传:此三官,名曰三孤。孤,特也。言卑于公,尊于卿,特置此三者。

贰公弘化,寅亮天地,弼予一人。

孔传:副贰三公,弘大道化,敬信天地之教,以辅我一人之治。

苏传:孤,特也。此虽三公之贰,而非其属官,故曰"孤"以重之。

冢宰掌邦治,统百官,均四海。

孔传:天官卿,称太宰,主国政治,统理百官,均平四海之内邦国。言任大。

苏传:政教礼刑,无所不掌,谓之邦治,而百官总己以听焉。故冢宰为天官,必三公兼之,余卿或兼或特命。

司徒掌邦教,敷五典,扰兆民。

孔传:地官卿,司徒,主国教化,布五常之教,以安和天下众民,使小大皆协睦。

苏传:司徒之职,如地之生物,富而能教之,故为地官。扰,驯也。

宗伯掌邦礼,治神人,和上下。

孔传:春官卿,宗庙官长,主国礼,治天地神祇人鬼之事,及国之吉凶军宾嘉五礼,以和上下尊卑等列。

司马掌邦政,统六师,平邦国。

孔传:夏官卿,主戎马之事,掌国征伐,统正六军,平治王邦四方国之乱者。

苏传:王者以礼乐治天下,政所从出,本于礼而成于政。和如天之春,万物生焉,而盛于夏。故宗伯为春官,司马为夏官。

司寇掌邦禁,诘奸慝,刑暴乱。

孔传:秋官卿,主寇贼法禁,治奸恶,刑强暴作乱者。夏司马讨恶助长物,秋司寇刑奸顺时杀。

苏传:如秋之肃杀万物,故司寇为秋官。

司空掌邦土,居四民,时地利。

孔传:冬官卿,主国空土,以居民士、农、工、商四人。使顺天时,分地利,授之土。能吐生百谷,故曰土。

苏传:民各有居室,如冬之盖藏,故司空为冬官。

六卿分职,各率其属,以倡九牧,

苏传:九州之牧也。

阜成兆民。

孔传：六卿各率其属官大夫士，治其所分之职，以倡道九州牧伯为政，大成兆民之性命，皆能其官则政治。

六年，五服一朝。

孔传：五服，侯、甸、男、采、卫。六年一朝会京师。

苏传：一朝，毕朝也。朝以远近为疏数，六年而遍，五服毕朝也。

又六年，王乃时巡，考制度于四岳，

孔传：周制十二年一巡守，春东、夏南、秋西、冬北，故曰时巡。考正制度礼法于四岳之下，如虞帝巡守然。

诸侯各朝于方岳，大明黜陟。

孔传：覲四方诸侯，各朝于方岳之下，大明考绩黜陟之法。

苏传：夏、商以来，人主奉养日侈，供卫日广，亦不能数巡守，故以五载为十二年也。

王曰：呜呼！凡我有官君子，钦乃攸司，慎乃出令。令出惟行，弗惟反。

孔传：有官君子，大夫以上。叹而戒之，使敬汝所司，慎汝出令，从政之本。令出必惟行之，不惟反改。若二三其令，乱之道。

苏传：令出不善，知而改之，犹贤于不反也。然数出数改，则民不复信上，虽有善令，不行矣。故教以善令，非教其遂非也。

以公灭私，民其允怀。

孔传：从政以公平灭私情，则民其信归之。

学古入官，议事以制，政乃不迷。

孔传：言当先学古训，然后入官治政。凡制事，必以古义议度终始，政乃不迷错。

苏传：《春秋传》曰：郑子产铸刑书，晋叔向讥之，曰"昔先王议事以制，不为刑辟"。其言盖取诸此也。先王人法并任，而任人为多，故律设大法而已。其轻重之详，则付之人，临事而议，以制其出入，故刑简而政清。自唐以前治罪科条，止于今律令而已。人之所犯，日变无穷，而律令有限；以有限治无穷，不闻其有所阙。岂非人法兼行，吏犹得临事而议乎？今律令之外，科条数万，而不足于用，有司请立新法者日益而不已。呜呼！任法之弊，一至于此哉！①

其尔典常作之师，无以利口乱厥官，

孔传：其汝为政，当以旧典常故事为师法，无以利口辩佞，乱其官。

苏传：小人不利于用常法，常以利口乱政。

---

① "郑子"至"此哉"，蔡沈《书集传》全段引录，"诸此"下缺"也"字。

蓄疑败谋,

苏传:人主闻谗言,不即辨而藏之中,曰蓄疑。败谋害政,无大于此者。

怠忽荒政,不学墙面,莅事惟烦。

孔传:积疑不决,必败其谋。怠惰忽略,必乱其政。人而不学,其犹正墙面而立,临政事必烦。

戒尔卿士,功崇惟志,

苏传:未有志卑而功崇者。

业广惟勤,惟克果断,乃罔后艰。

孔传:此戒凡有官位,但言卿士,举其掌事者。功高由志,业广由勤,惟能果断行事,乃无后难。言多疑必致患。

苏传:愉于初,必艰于终。

位不期骄,禄不期侈,

孔传:贵不与骄期而骄自至,富不与侈期而侈自来,骄侈以行己,所以速亡。

恭俭惟德,无载尔伪。

孔传:言当恭俭,惟以立德,无行奸伪。

苏传:孟子曰:"恭俭,岂可以声音笑貌为哉!"

作德,心逸日休;作伪,心劳日拙。

孔传:为德,直道而行,于心逸豫,而名日美。为伪,饰巧百端,于心劳苦,而事日拙,不可为。

居宠思危,罔不惟畏。弗畏入畏,

孔传:言虽居贵宠,当思危惧,无所不畏。若乃不畏,则入可畏之刑。

推贤让能,庶官乃和,不和政厖。①

孔传:贤能相让,俊乂在官,所以和谐。厖,乱也。

苏传:士无贤不肖,入朝见嫉。自有君臣以来病之矣。惟让为能和,是以贵之。

举能其官,惟尔之能。称匪其人,惟尔不任。

孔传:所举能修其官,惟亦汝之功能。举非其人,亦惟汝之不胜其任。

王曰:呜呼!三事,

苏传:三公也。

暨大夫,敬尔有官,乱尔有政,

孔传:叹而敕之,公卿已下,各敬居汝所有之官,治汝所有之职。

以佑乃辟。永康兆民,万邦惟无斁。

---

① 厖:原本、《四库》本作"庞",误。据《经解》本、《十三经注疏》本经文改。

孔传：言当敬治官政，以助汝君，长安天下兆民，则天下万国，惟乃无厌我周德。

成王既伐东夷，肃慎来贺，

孔传：海东诸夷，驹丽、扶余、馯貊之属，武王克商，皆通道焉。成王即政而叛，王伐而服之，故肃慎氏来贺。

苏传：东夷，淮夷也，在周之东。肃慎，东北远夷也。

王俾荣伯，作《贿肃慎之命》。

孔传：荣，国名。同姓诸侯，为卿大夫。王使之为命书，以币贿，赐肃慎之夷，亡。

苏传：《国语》曰："文王谋于蔡原，访于辛尹，重之以周、召、毕、荣。"岂此荣伯也与？

周公在丰，

孔传：致政老归。

将殁，欲葬成周。

孔传：己所营作，示终始念之。

公薨，成王葬于毕，

孔传：不敢臣周公，故使近文武之墓。

告周公，作《亳姑》。

孔传：周公徙奄君于亳姑，因告柩以葬毕之义，并及奄君已定亳姑，言所迁之功成。亡。

苏传：毕有文、武墓，葬公于毕，示不敢臣也。亳姑，蒲姑也。周公告召公，作《将蒲姑》。至此，并告已迁欤？二篇亡。

君陈第二十三

周公既殁，命君陈分正东郊成周，

孔传：成王重周公所营，故命君陈。分居正东郊，成周之邑里官司。

作《君陈》。

孔传：作书命之。

苏传：君陈命于周公之后，毕公之前，必周之老臣也。郑玄以为周公子，非也。毕公，成王之父师，弥亮四世，岂以周公之子先之？周公迁殷顽民于洛，不必迁旧人以宅新民也。洛人在内，殷人在郊，理必然也。分正者，《毕命》所谓"旌别淑慝，表厥宅里"，"殊厥井疆，俾克畏慕"也。

君陈。

孔传：臣名也，因以名篇。

王若曰：君陈，惟尔令德孝恭，

孔传：言其有令德，善事父母，行己以恭。

惟孝，友于兄弟，克施有政。

孔传：言善父母者，必友于兄弟，能施有政令。

命汝尹兹东郊，敬哉！

孔传：正此东郊，监殷顽民教训之。

昔周公师保万民，民怀其德。往慎乃司，兹率厥常，

孔传：言周公师安天下之民，民归其德。今往承其业，当慎汝所主，此循其常法而教训之。

懋昭周公之训，惟民其乂。

孔传：勉明周公之教，惟民其治。

我闻曰：至治馨香，感于神明。黍稷非馨，明德惟馨。

孔传：所闻之古圣贤之言，政治之至者，芬芳馨气，动于神明。所谓芬芳，非黍稷之气，乃明德之馨。励之以德。

苏传：物之精华，发越于外者，为声色臭味，是妙物也。故足以移人，亦足以感鬼神。圣人以至治明德，比于馨香，有以也。夫荀悦有言：君子以情用，小人以形用。荣辱者，赏罚之精华，故礼教荣辱以加君子，化其情也；桎梏鞭扑以加小人，化其形也。君子不犯辱，况于刑乎？小人不忌刑，况于辱乎？若教化之废，推中人而坠于小人之域；教化之行，引小人而纳于君子之途。此之谓也。

尔尚式时周公之猷训，惟日孜孜，无敢逸豫。

孔传：汝庶几用是周公之道，教殷民，惟当日孜孜勤行之，无敢自宽暇逸豫。

凡人未见圣，若不克见。既见圣，亦不克由圣。

孔传：此言凡人有初无终，未见圣道，如不能得见。已见圣道，亦不能用之，所以无成。

尔其戒哉！尔惟风，下民惟草。

孔传：汝戒勿为凡人之行。民从上教而变，犹草应风而偃，不可不慎。

苏传：岂独圣也？凡有求而未得也，无所容其爱；既得则爱衰，此人之情也。为人君者，不能显诸仁，藏诸用，凡所以治民之具，毕用而常陈，则民狎而玩之矣。故教之曰尔①惟风，下民惟草，德复有妙于风者乎！

---

① 曰尔：原本无，朱鹤龄《埤传》所引苏传有"曰尔"。按，有此二字语意方完，且与经文相应，今据补。

图厥政,莫或不艰,有废有兴,出入自尔师虞,庶言同则绎。

孔传:谋其政,无有不先虑其难,有所废,有所起。出纳之事,当用汝众言度之。众言同,则陈而布之。禁其专。

苏传:有所兴废出纳,皆咨于众以度之,众言同则绎之。孔子曰:"巽语之言,能无悦乎?绎之为贵。"

尔有嘉谋嘉猷,则入告尔后于内,尔乃顺之于外,

孔传:汝有善谋善道,则入告汝君于内,汝乃顺行之于外。

曰:斯谋斯猷,惟我后之德。

孔传:此善谋,此善道,惟我君之德。善则称君,人臣之义。

呜呼!臣人咸若时,惟良显哉!

孔传:叹而美之曰:臣于人者,皆顺此道,是惟良臣,则君显明于世。

苏传:臣谋之而君能行,此真君之德也。岂待其顺之于外云尔也哉?成王之言此者,非贪臣之功,实欲归功于臣,以来众言也。

王曰:君陈,尔惟弘周公丕训,无依势作威,无倚法以削,

孔传:汝为政,当闸大周公之大训,无乘势位作威人上,无倚法制以行刻削之政。

宽而有制,从容以和,

孔传:宽不失制,动不失和,德教之治。

殷民在辟,予曰辟,尔惟勿辟;予曰宥,尔惟勿宥,惟厥中。

孔传:殷人有罪在刑法者,我曰:刑之,汝勿刑;我曰:赦宥,汝勿宥。惟其当以中正平理断之。

有弗若于汝政,弗化于汝训,辟以止辟,乃辟。

孔传:有不顺于汝政,不变于汝教,刑之而惩止犯刑者,乃刑之。

苏传:辟而不能止辟者,勿辟也。

狃于奸宄,败常乱俗,三细不宥。

孔传:习于奸宄凶恶,毁败五常之道,以乱风俗之教,罪虽小,三犯不赦,所以绝恶源。

苏传:狃,习也。常者,国之旧法。俗者,民之所安。而败乱之,害政之尤,故此三者,所犯虽小,亦不可宥也。

尔无忿疾于顽,无求备于一夫,

孔传:人有顽嚚不喻,汝当训之,无忿怒疾之。使人当器之,无责备于一夫。

必有忍,其乃有济。有容,德乃大。

孔传:为人君长,必有所含忍,其乃有所成。有所包容,德乃为大。欲

其忍耻藏垢。

苏传：有残忍之忍，有容忍之忍。《春秋传》曰"州吁阻兵而安忍"，此残忍之忍。孔子曰"小不忍则乱大谋"，此容忍之忍也。古今语皆然，不可乱也。成王指言三细不宥，则其余皆当宥之。曰"必有忍其乃有济"者，正孔子所戒"小不忍则乱大谋"者也。而近世学者，乃谓"当断不可以不忍，忍所以为义"，是成王教君陈果于刑杀，以残忍为义也。夫不忍人之心，人之本心也，故古者以不忍劝人。以容忍劝人也则有之矣，未有以残忍劝人者也。不仁之祸至六经而止，今乃析言诬经以助发之，子不可以不论。

简厥修，亦简其或不修；

孔传：简别其德行修者，亦别其有不修者，善以劝能，恶以沮否。

进厥良，以率其或不良。

孔传：进显其贤良者，以率勉其有不良者，使为善。

惟民生厚，因物有迁，

孔传：言人自然之性敦厚，因所见所习之物，有迁变之道，故必慎所以示之。

违上所命，从厥攸好。

孔传：人之于上，不从其令，从其所好，故人主不可不慎所好。

尔克敬典，在德，时乃罔不变，允升于大猷。

孔传：汝治人能敬常在道德，是乃无不变化其政教，则信升于大道。

惟予一人，膺受多福，

孔传：汝能升大道，则惟我一人，亦当受其多福无凶危。

其尔之休，终有辞于永世。

孔传：非但我受多福而已，其汝之美名，亦终见称诵于长世。言没而不朽。

卷 十 七

周 书

顾命第二十四

成王将崩,命召公、毕公,①

孔传:二公为二伯,中分天下而治之。

率诸侯相康王,作《顾命》。

孔传:临终之命,曰顾命。

苏传:毕公高,周之同姓。

《顾命》。

孔传:实命群臣,叙以要言。

惟四月哉生魄,王不怿。

孔传:成王崩年之四月始生魄,月十六日,王有疾,故不悦怿。

苏传:有疾不豫。

甲子,王乃洮頮水,

苏传:发大命,当斋戒沐浴。今有疾,不能洮,頮水而已。洮,盥也。頮,頮面也。

相被冕服,冯玉几。

孔传:王大发大命,临群臣,必斋戒沐浴。今疾病故,但洮盥頮面。扶相者被以冠冕,加朝服,凭玉几,以出命。

---

① 召公、毕公:《经解》本乙作"毕公、召公"。

苏传：相，相礼者，以衮冕服被王身也。大朝觐，设左右玉几。

乃同召太保奭、

苏传：召公为保，兼冢宰。

芮伯、

苏传：司徒。

彤伯、

苏传：宗伯。

毕公、

苏传：毕公，三公，亦兼司马。

卫侯、

苏传：《春秋传》：康叔为司寇。

毛公、

孔传：同召六卿，下至御治事。太保、毕、毛，称公，则三公矣。此先后六卿次第，冢宰第一，召公领之。司徒第二，芮伯为之。宗伯第三，彤伯为之。司马第四，毕公领之。司寇第五，卫侯为之。司空第六，毛公领之。召、芮、彤、毕、卫、毛皆国名，入为天子公卿。

苏传：司空也。《史记》有毛叔郑。五人皆姬姓，惟彤伯姒姓。

师氏、

苏传：师氏，中大夫，居虎门之左。

虎臣，

苏传：虎贲氏。

百尹御事，

孔传：师氏，大夫官。虎臣，虎贲氏。百尹，百官之长。及诸御治事者。

王曰：呜呼！疾大渐，惟几。

孔传：自叹其疾大进笃，惟危殆。

苏传：渐，进也。几，危也。

病日臻，既弥留，

苏传：臻，至也。弥，甚也。疾甚将去，而少留也。

恐不获誓言嗣，兹予审训命汝。

孔传：病日至，言困甚。已久留，言无瘳。恐不得结信出言，嗣续我志，以此故我详审教命汝。

昔君文王、武王，宣重光，奠丽陈教，则肄，

孔传：言昔先君文武布其重光累圣之德，定天命，施陈教，则勤劳。

肄不违，用克达殷，集大命。

孔传：文武定命陈教，虽劳而不违道，故能通殷为周，成其大命。

苏传：丽，土著也。文、武先定民居，乃教之，既教则集之。民既集、教、用命，乃能开达殷之丧否也。

在后之侗，

苏传：侗，愚也。扬雄曰："倥侗颛蒙。"

敬迓天威，嗣守文武大训，无敢昏逾。

孔传：在文武后之侗稚，成王自斥。敬迎天之威命，言奉顺继守文武大教，无敢昏乱逾越。言战栗畏惧。

今天降疾殆，弗兴弗悟。尔尚明时朕言，

孔传：今天下疾我身甚危殆，不起不悟。言必死。汝当庶几明是我言，勿忽略。

用敬保元子钊，

苏传：康王也。

弘济于艰难，

孔传：用奉我言，敬安太子钊。钊，康王名。大度于艰难，勤德政。

柔远能迩，安劝小大庶邦。

孔传：言当和远，又能和近，安小大众国，劝使为善。

思夫人自乱于威仪，尔无以钊冒贡于非几。

孔传：群臣皆宜思夫人，夫人自治正于威仪。有威可畏，有仪可象，然后足以率人。汝无以钊冒进于非危之事。

苏传：恭敬可以济大难，但世以威仪为文饰而已，不知其为济难之具也。故曰：自乱于威仪，几危也。非几者，安也，惟安为可畏，不可以冒进也。死生之际，圣贤之所甚重也。成王将崩之一日，被冕服以见百官，出经远保世之言，其不死于燕安妇人之手明矣，其致刑措宜哉！①

兹既受命还，

孔传：此群臣已受赐命，各还本位。

出缀衣于庭。

苏传：缀衣，幄帐也。群臣既出设幄帐于中庭，王反路寝之室也。

越翼日乙丑，王崩。

孔传：缀衣，幄帐。群臣既退，彻出幄帐于庭。王寝于北墉下。东首，反初生。于其明日，王崩。

太保命仲桓、南宫毛，

①　"死生"至"宜哉"，蔡沈《书集传》全录，"之手"下有"也"字，语气较顺畅。

孔传：冢宰摄政，故命二臣。桓、毛，名。

俾爰齐侯吕伋，

苏传：伋，太公望子。爰，及也。《诗》曰："爰及姜女。"

以二干戈、虎贲百人，逆子钊于南门之外。

孔传：臣子皆侍左右，将正太子之尊，故出于路寝门外。使桓毛二臣，各执干戈，于齐侯吕伋，索虎贲百人，更新逆门外，所以殊之。伋为天子虎贲氏。

苏传：成王之崩，子钊固在王所，今乃出之于路寝门外，而复逆之，盖所以表异之也。

延入翼室，

苏传：路寝旁左右翼室也。成王丧在路寝，故子钊庐于翼室。

恤宅宗。

孔传：明室路寝。延之使居忧，为天下宗主。

苏传：为忧居之主也。

丁卯，命作册度。

孔传：三日命史为册书法度，传顾命于康王。

苏传：以法度作册也。

越七日癸酉，伯相命士须材。

孔传：邦伯为相，则召公于丁卯七日癸酉，召公命士致材木，须待以供丧用。

苏传：自西伯入为相，召公也。须材，以供丧用。

狄设黼扆、缀衣，

孔传：狄，下士。扆，屏风，画为斧文，置户牖间。复设幄帐，象平生所为。

苏传：狄，下士。扆，屏风为斧文也。

牖间南向，

苏传：户牖间也。

敷重篾席，

苏传：桃竹枝席也。

黼纯，

苏传：黼，黑白也。纯，缘也。

华玉仍几。

孔传：篾，桃枝竹。白黑杂缯缘之。华，彩色。华玉以饰凭几。仍，因也。因生时几不改作。此见群臣觐诸侯之坐。

苏传：华玉，①色玉也。仍，因也。《周礼》：吉事变几，凶事仍几，因生

---

① 玉：《经解》本作"王"，误。

时所设色玉,左右几也。此见群臣、觐诸侯之坐也。

西序东向,

苏传:东西厢谓之序。

敷重厎席,

苏传:厎,蒻席也。

缀纯,

苏传:缀杂采也。

文贝仍几。

孔传:东西厢谓之序。厎,蒻苹。缀,杂彩。有文之贝饰几。此旦夕听事之坐。

苏传:以文贝饰几,此旦夕听事之坐也。

东序西向,敷重丰席,

苏传:丰,莞席也。

画纯,

苏传:绘缘也。

雕玉仍几。

孔传:丰,莞。彩色为画。雕,刻镂。此养国老、飨群臣之坐。

苏传:以刻玉饰几,此养国老、享群臣之坐也。

西夹南向,

苏传:西厢夹堂。

敷重笋席,

苏传:笋,竹席也。

玄纷纯,

苏传:纷,绀也。以玄绀为缘。

漆仍几。

孔传:西厢夹室之前。笋,蒻竹。玄纷,黑绶。此亲属私宴之坐,故席几质饰。

苏传:此亲属私燕之坐也。故几席质俭,无贝玉之饰,将传先王之顾命也。不知神之所在于此乎?于彼乎?故兼设平生之坐也。

越玉五重,

苏传:及玉五重,谓弘璧、琬琰、大玉①、夷玉、天球也。

陈宝,

---

① 大玉:凌本作"大土",误。

孔传：于东西序坐北，列玉五重，又陈先王所宝之器物。
苏传：谓赤刀以下众宝。
赤刀、大训、
苏传：虞、夏、商之《书》。
弘璧、
苏传：大璧也。
琬琰，在西序。
孔传：宝刀，赤刀削。大训，《虞书》典谟。大璧、琬琰之珪，为二重。
大玉、夷玉、天球、河图，
苏传：八卦也。
在东序。
孔传：三玉为三重。夷，常也。球，雍州所贡。河图，八卦。伏羲氏王天下，龙马出河，遂则其文，以画八卦，谓之河图，及典谟皆历代传宝之。
胤之舞衣，
苏传：胤国所为舞者之衣。
大贝、鼖鼓，在西房。
孔传：胤国所为舞者之衣，皆中法。大贝，如车渠。鼖鼓，长八尺，商周传宝之。西房，西夹坐东。
兑之戈，和之弓，
苏传：兑、和，古之巧人。
垂之竹矢，
苏传：垂，舜共工。
在东房。
孔传：兑、和，古之巧人。垂，舜共工。所为皆中法，故亦传宝之。东房，东厢夹室。
苏传：舞衣、鼖鼓、弓、竹矢，皆以古物宝之，如后世宝孔子履也。
大辂在宾阶面，
苏传：大辂，玉辂。
缀辂在阼阶面，
孔传：大辂，玉。缀辂，金。面，前。皆南向。
苏传：缀辂，金辂。
先辂在左塾之前，
苏传：先辂，象辂。塾，夹门堂也。
次辂在右塾之前。

孔传：先辂，象。次辂，木。金玉象，皆以饰车，木则无饰，皆在路寝门内，左右塾前北面。凡所陈列，皆象成王生时华国之事，所以重顾命。

苏传：次辂，木辂也。革辂不陈。

二人雀弁，执惠，立于毕门之内。

孔传：士卫殡，与在庙同，故雀韦弁。惠，三隅矛。路寝门，一名毕门。

苏传：雀弁，赤黑如雀头色。惠，三隅矛。毕门，路寝门。

四人綦弁，执戈上刃，夹两阶戺。

孔传：綦，文鹿子皮弁。亦士，堂廉曰戺，士所立处。

苏传：綦弁，青黑色。堂廉曰戺。

一人冕，执刘，立于东堂。

苏传：刘，钺属。

一人冕，执钺，立于西堂。

孔传：冕，皆大夫也。刘，钺属。立于东西厢之前堂。

一人冕，执戣，立于东垂。一人冕，执瞿，立于西垂。

孔传：戣、瞿皆戟属。立于东西下之阶上。

苏传：戣、瞿，皆戟属。

一人冕，执锐，立于侧阶。

孔传：锐，矛属也。侧阶，北下立阶上。

苏传：锐，当作"鈗"，《说文》曰："鈗，侍臣所执兵，从金，允声。《书》曰'一人冕执鈗'，读若锐。①"冕，大夫服；弁，士服。

王麻冕、黼裳，由宾阶隮。

孔传：王及群臣皆吉服，用西阶升，不敢当主。

苏传：麻冕，三十升，麻为冕，盖衮冕也。衮冕之裳四章，此独用黼者，以释丧服吉，示变也。王方自外入受命，传命者自阼阶升，则王当从宾阶也。

卿士、邦君，麻冕、蚁裳，入即位。

孔传：公卿大夫及诸侯皆同服，亦庙中之礼。蚁，裳名，色玄。

苏传：《礼》曰：②"子张之丧，公明仪为志焉，褚幕丹质，蚁结于四隅。殷士也。"郑玄云："画者③之四角，其文如蚁行往来相错。"殷之蚁结，似今蛇文画，岂蚁裳亦为此文欤？君臣皆吉服，然皆有变。

太保、太史、太宗，皆麻冕、彤裳。

---

① 锐：《经解》本作"鈗"，误。
② 礼曰：朱鹤龄《埤传》引作"礼记"。苏传所引见《礼记·檀弓上》。
③ 者：《经解》本作"褚"。

孔传：执事各异裳。彤，纁也。太宗，上宗，即宗伯也。

苏传：太宗，上宗，皆大宗伯也。彤，纁也，纁裳亦变也。

太保承介圭，上宗奉同、瑁，由阼阶隮。

孔传：大圭尺二寸，天子守之，故奉以奠康王所位。同，爵名。瑁，所以冒诸侯圭，以齐瑞信，方四寸，邪刻之。用阼阶升，由便不嫌。

苏传：介圭，大圭，尺有二寸，王所守也。同，爵名。瑁，四寸，王所执以朝诸侯。传顾命，授圭瑁，当阼阶升也。

太史秉书，由宾阶隮，御王册命。

孔传：太史持册书顾命，进康王，故同阶。

苏传：书，册也。王在西阶上，故太史由此，以册御王。① 凡王所临所服用，皆曰"御"。

曰：皇后冯玉几，道扬末命，命汝嗣训，

孔传：册命之辞。大君成王。言凭玉几所道，称扬终命，所以感动康王。命汝继嗣其道，言任重，因以托戒。

临君周邦，率循大卞，

孔传：用是道临君周国，率群臣，循大法。

燮和天下，用答扬文、武之光训。

孔传：言用和道和天下，用对扬圣祖文武之大教。叙成王意。

苏传：成王顾命之言书之册矣，此太史口陈者。下，法也。

王再拜兴，答曰：眇眇②予末小子，其能而乱四方，以敬忌天威？

孔传：言微微我浅末小子，其能如父祖治四方，以敬忌天威德乎？谦辞，托不能。

乃受同、瑁，王三宿，三祭，三咤。

孔传：王受瑁为主，受同以祭。礼成于三，故酌者实三爵于王，王三进爵，三祭酒，三奠爵，告已受群臣所传顾命。

上宗曰飨。

孔传：祭必受福，赞王曰：飨福酒。

苏传：太保实三爵于王，王受而置之曰宿。祭先曰祭。至齿而不饮曰咤，曰唶，示饮而实不忍也。"上宗曰飨"，以嘏王也。

太保受同，降，

孔传：受王所飨同，下堂反于篚。

---

① 王：凌本作"玉"，误。

② 眇眇：《经解》本、《四库》本作"耿耿。"

盥以异同，

苏传：易爵而洗也。

秉璋以酢，

孔传：太保以盥手洗异同，实酒，秉璋以酢祭。半圭曰璋，臣所奉。王已祭，太保又祭。报祭曰酢。

苏传：半珪曰璋，太保实此爵，以为王酢己也。

授宗人同拜。

苏传：宗人，小宗伯。

王答拜，

孔传：宗人，小宗伯，佐大宗者。大宗供主，宗人供太保。拜曰，已传顾命，故授宗人同。拜，王答拜，尊所受命。

太保受同，祭，哜。

孔传：太保既拜而祭，既祭受福。哜至齿，则王亦至齿。王言飨，太保言哜，互相备。

宅，授宗人同，拜。

苏传：宅，居其所也。

王答拜，

孔传：太保居其所，授宗人同，拜白戒王以事毕。王答拜，敬所白。

太保降，收。

孔传：太保下堂，则王亦可知。有司于此尽收彻。

苏传：收，彻也。

诸侯出庙门俟。

孔传：言诸侯，则卿士已下亦可知。殡之所处故曰庙。皆待王后命。

苏传：此路寝门也，而谓之庙，以正殡在焉。

康王之诰第二十五

康王既尸天子，

孔传：尸，主也，主天子之正号。

遂诰诸侯，作《康王之诰》。

孔传：既受顾命，群臣陈戒，遂报诰之。因事曰遂。

康王之诰。

孔传：求诸侯之见匡弼。

王出，在应门之内，

孔传：出毕门，立应门内之中庭，南面。

苏传：出毕门，立应门内之中庭，南面。

太①保率西方诸侯，入应门左；毕公率东方诸侯，入应门右。

孔传：二公为二伯，各率其所掌诸侯，随其方为位，皆北面。

苏传：二公为二伯，各率其所领诸侯，随其方为位，皆北面。成王之疾久矣，岂西方、东方诸侯来问王疾者欤？

皆布乘黄朱。

孔传：诸侯皆陈四黄马朱鬣以为庭实。

苏传：陈四马，黄、②朱鬣，

宾称奉圭兼币，

苏传：马所以先圭币。

曰：一二臣卫，敢执壤奠。

孔传：宾，诸侯也。举奉圭兼币之辞，言一二，见非一也。为蕃卫，故曰臣卫。来朝而遇国丧，遂因见新王，敢执壤地所出而奠贽也。

苏传：贽土所出。

皆再拜稽首。王义嗣德，答拜。

孔传：诸侯拜送币而首至地，尽礼也。康王以义继先人明德，答其拜，受其币。

苏传：王义诸侯不忘先王之德，故答拜。

太保暨芮伯咸进，相揖。

苏传：冢宰、司徒与群臣进戒。

皆再拜稽首，

孔传：冢宰与司徒，皆共群臣诸侯并进陈戒。不言诸侯，以内见外。

曰：敢敬告天子，皇天改大邦殷之命，

孔传：大天改大国殷之王命，谓诛纣也。

惟周文、武，诞受羑若，

苏传：文王出羑里之囚，天命自是始顺。周公③记之，谓之羑若。犹管仲、鲍叔愿齐桓公④不忘在莒时也。康王生而富贵，故于其初即位，告以文、武造邦之艰难，以忧患受命也。

克恤西土。

孔传：言文武大受天道而顺之，能忧我西土之民。本其所起。

---

① 太：《经解》本作"大"。
② 马黄：《四库》本"黄""马"互倒。
③ 周公：《经解》本、《四库》本作"周人"，夏僎所引亦作"周人"，于义为长。
④ 桓公：《经解》本、凌本、《四库》本作"威公"，盖宋时刻者避宋钦宗赵桓讳改。

惟新陟王，

苏传：陟，升遐也。成王未有谥，故称新陟王。

毕协赏罚，戡定厥功，用敷遗后人休。

孔传：惟周家新升王位，当尽和天下赏罚，能定其功，用布遗后人之美。言施及子孙无穷。

今王敬之哉！

孔传：敬天道，务崇先人之美。

张皇六师，无坏我高祖寡命。

孔传：言当张大六师之众，无坏我高德之祖寡有之教命。

王若曰：庶邦侯、甸、男、卫，

孔传：顺其戒而告之，不言群臣，以外见内。

惟予一人钊报诰。

孔传：报其戒。

昔君文、武丕平富，不务咎，

孔传：言先君文武道大，政化平美，不务咎恶。

厎至齐信，用昭明于天下。

孔传：致行至中信之道，用显明于天下。言圣德洽。

苏传：《诗》歌文王①之德曰"陈锡哉周"，言其布大利以赐天下，则天下相率而载周。②及其亡也，以荣夷公专利。今康王所谓"丕平富"者，岂非陈锡布利也欤？所谓"不务咎"者，岂非不专利以消怨咎也欤？即位而首言此，其与成王皆致刑措，宜也。

则亦有熊罴之士、不二心之臣，保乂王家。

孔传：言文武既圣，则亦有勇猛如熊罴之士，忠一不二心之臣，共安治王家。

用端命于上帝，皇天用训厥道，付畀四方。

孔传：君圣臣良，用受端直之命于上天。大天用顺其道，付与四方之国

---

① 文王：原本作"文武"。《经解》本、《四库》本作"文王"。朱鹤龄《埤传》引苏传亦作"文王"，今据改。按，此处引"陈锡哉周"一句，见于《诗经·大雅·文王》："亹亹文王，令闻不已。陈锡哉周，侯文王孙子。文王孙子，本支百世。"据《毛序》，《文王》即歌颂"文王受命作周"。

② 载周：原本、《四库》本作"戴周"，据《经解》本改。《诗经》本文作"哉周"，哉与载通，《毛传》训"哉，载也"，《左传》昭公十年引此诗径作"陈锡载周"。哉、载俱有始义，故《郑笺》"哉，始也"。《孔疏》谓："文王受命，创为天子，宜为造始周国。"朱鹤龄《埤传》引苏传即"依古注"作"相率而载周"。苏辙《诗集传》解释本句曰："亹亹，勉也。哉，载也。侯，维也。文王维不专利，而布陈之以与人，人思载之，是以立于天下者，未有非其子孙也。"亦以载释"哉"，可为此"戴"字当作"载"字之佐证。

王天下。

乃命建侯树屏，在我后之人。

孔传：言文武乃施政令，立诸侯，树以为蕃屏，传王业在我后之人。谓子孙。

今予一二伯父，尚胥暨顾，绥尔先公之臣，服于先王。

孔传：天子称同姓诸侯曰伯父。言今我一二伯父，庶几相与顾念文武之道，安汝先公之臣服于先王而法循之。

苏传：言诸臣忠于我，所以安汝先人事先王者，如盘庚告教之意也。

虽尔身在外，乃心罔不在王室，

孔传：言虽汝身在外土为诸侯，汝心常当忠笃，无不在王室。熊罴之士励朝臣，此督诸侯。

用奉恤厥若。

苏传：使我虽宅忧，而人无不顺者。

无遗鞠子羞。

孔传：当各用心奉忧其所行顺道，无自荒怠，遗我稚子之羞辱。稚子，康王自谓也。

苏传：鞠子，稚子也。

群公既皆听命，相揖趋出，

孔传：已听诰命，趋出罢退，诸侯归国，朝臣就次。

王释冕，反丧服。

孔传：脱去黼冕，反服丧服，居倚庐。

苏传：成王崩未葬，君臣皆冕服，礼欤？曰：非礼也。谓之变礼可乎？曰：不可。礼变于不得已，嫂非溺，终不援也。三年之丧，既成服，释之而即吉，无时而可者。曰：先王之命，不可以不传，既传，不可以丧服受也。曰：何为其不可也？曰：以丧冠者，虽三年之丧可也；既冠于次，入哭，踊者三，乃出。孔子曰："将冠子，未及期日，而有大功、齐衰之服，则因丧服而冠。"冠，吉礼①也，犹可以丧服行之，受顾命、见诸侯，独不可以丧服乎？太保使太史奉册，授王于次，诸侯入哭于路寝，而见王于次。王丧服受教戒谏，哭踊答拜。圣人复起，不易斯言也。始死方升，②孝子释服离次，出居路门之外，受干戈、虎贲之逆，此何礼也？汉宣帝以庶人入立，故遣宗正太仆奉迎，以显

---

① 吉礼，原校曰"一作嘉"。吴澄《书纂言》引作"嘉"。此当作"嘉"，下文曰"康王既以嘉服见诸侯"是其证。

② 升：《经解》本、《四库》本作"殡"。

异之。康王,元子也,天下莫不知,何用此纷纷也?《春秋传》曰:郑子皮如晋,葬晋平公,将以币行,子产曰:"丧安用币?"子皮固请以行。既葬,诸侯之大夫欲因见新君,叔向辞之曰:"大夫之事毕矣,而又命孤,孤斩焉在衰绖之中,其以嘉服见,则丧礼未毕;其以丧服见,是重受吊也。大夫将若之何?"皆无辞以见。① 今康王既以嘉服见诸侯,又受乘黄、玉帛之币。曾谓盛德之王,不若衰世之侯,召、毕公不如子产、叔向乎? 使周公在,必不为此。然则孔子何取于此一书也? 曰:至矣,其父子君臣之间,教戒深切著明者,犹足以为后世法。孔子何为不取哉? 然其失礼,则不可以不论。②

---

① 见:《经解》本、《四库》本、凌本、蔡沈《书集传》引皆作"退"。阮刻《十三经注疏》本《左传》昭公十年作"见"。
② "成王崩"至"不可也","孔子曰"至"斯言也","春秋传"至"帛之币","使周公"至"以不论",此四段文字为蔡沈《书传集》所引录,"先王之命"作"成王顾命","大功齐衰之服"作"齐衰大功之丧","斯言也"之也字作"矣","以见"作"以退","著明"下有"者犹","不可以不论"作"不可不辨"。

卷十八

周 书

毕命第二十六

康王命作册,

孔传:命为册书,以命毕公。

毕公①居里,成周郊,

孔传:分别民之居里,异其善恶。成定东周郊境,使有保护。

作《毕命》。

苏传:毕公弼亮四世,盖尝相文王也。至是耄矣,而犹勤小物,亦可谓盛德也哉!

毕命。

孔传:言毕公见命之书。

惟十有二年,六月庚午,朏,

孔传:康王即位十二年六月三日庚午。

越三日壬申,王朝步自宗周,至于丰,

孔传:于朏三日壬申,王朝行自宗周,至于丰。宗周,镐京。丰,文王所都。

以成周之众,命毕公保厘东郊。

孔传:用成周之民众,命毕公使安理治正成周东郊,令得所。

苏传:毕公盖尝相文王,故康王就丰文王庙命之。

---

① 毕公:《经解》本、《四库》本作"毕分","毕"字属上读。《十三经注疏》本经文亦作"毕分"。

王若曰：呜呼！父师，惟文王、武王敷大德于天下，用克受殷命。

孔传：王顺其事，叹告毕公代周公为大师，为东伯，命之代君陈。言文武布大德于天下，故天佑之，用能受殷之王命。

惟周公左右先王，绥定厥家，

孔传：言周公助先王安定其家。

慎殷顽民，迁于洛邑。密迩王室，式化厥训。

孔传：慎殷顽民，恐其叛乱，故徙于洛邑，密近王室，用化其教。

既历三纪，

苏传：十二年为一纪。

世变风移，四方无虞，予一人以宁。

孔传：言殷民迁周，已经三纪，世代民易，顽者渐化，四方无可虞之事，我天子用安矣。十二年曰纪。父子曰世。

苏传：方三监叛，天下骚动，天子亦不安。

道有升降，政由俗革，

苏传：子思子曰："昔吾先君子，道隆则从而隆，道污则从而污。伋则安能？"惟圣人为能与道升降、因俗立政也。

不臧厥臧，民罔攸劝。

孔传：天道有上下交接之义，政教有用俗改更之理。民之俗善，以善养之。俗有不善，以法御之。若乃不善其善，则民无所劝慕。

惟公懋德，克勤小物，

苏传：有道者不以小大变易，不忽小物，斯不难大事矣。

弼亮四世，正色率下，罔不祗师言。

孔传：言公勉行德，能勤小物，辅佐文武成康，四世为公卿，正色率下，下人无不敬仰师法。

苏传：虽正色不言而自服，然常敬众言也。

嘉绩多于先王，

苏传：自文、武时，已立功矣。

予小子，垂拱仰成。

孔传：公之善功多大先人之美。我小子为王，垂拱仰公成理。言其上显父兄，下施子孙。

王曰：呜呼！父师，今予祗命公以周公之事，往哉！

孔传：今我敬命公以周公所为之事，往为之哉！言非周公所为，不敢枉公往治。

旌别淑慝，表厥宅里，彰善瘅恶，

苏传：瘅，病也。

树之风声。

孔传：言当识别顽民之善恶，表异其居里，明其为善，病其为恶，立其善风，扬其善声。

弗率训典，殊厥井疆，俾克畏慕。

孔传：其不循教道之常，则殊其井居田界，使能畏为恶之祸，慕为善之福，所以沮劝。

申画郊圻，慎固封守，以康四海。

孔传：郊圻虽旧所规画，当重分明之。又当谨慎坚固封疆之守备，以安四海。京圻安，则四海安矣。

政贵有恒，辞尚体要，不惟好异。

孔传：政以仁义为常，辞以理实为要，故贵尚之。若异于先王，君子所不好。

商俗靡靡，利口惟贤，余风未殄，公其念哉！

孔传：纣以靡靡利口惟贤，覆亡国家。今殷民利口余风未绝，公其念绝之。

苏传：予以《书》考之，知商俗似秦俗，盖二世似纣也。张释之谏文帝："秦以任刀笔之吏，争以亟疾苛察相高，其弊徒文具，无恻隐之实，以故不闻其过。陵夷至于二世，天下土崩。今以啬夫口辩而超迁之，臣恐天下随风而靡，争为口辩，而无其实。"凡释之所论，则康王以告毕公者也。①

我闻曰：世禄之家，鲜克由礼，以荡陵德，实悖天道。

孔传：特言我闻自古有之，世有禄位，而无礼教，少不以放荡陵邈有德者，如此实乱天道。

敝化奢丽，万世同流。

孔传：言敝俗相化，车服奢丽，虽相去万世，若同一流。

苏传：惟恶能及远，故秦之俗，②至今犹在也。

兹殷庶士，席宠惟旧，

苏传：乘势胜物曰席。

怙侈灭义，服美于人。

孔传：此殷众士，居宠日久，怙恃奢侈，以灭德义。服饰过制美于其民。言僭上。

---

① "张释之"至"公者也"，蔡沈《书集传》引录，"随风"下、"无其"上，两处无"而"字，"口辩"上无"为"字。
② 秦之俗：原校曰"秦疑当作殷"。

苏传：用美物多，则为人所畏服。郑子产言伯有用物弘，而取精多，则生为人豪，死为厉鬼。

骄淫矜侉，将由恶终，虽收放心，闲之惟艰。

孔传：言殷众士，骄恣过制，矜其所能，以自侉大，如此不变，将用恶自终。虽今顺从周制，心未厌服，以礼闲御其心惟难。

资富能训，惟以永年。

苏传：富而能训，则可以久安其富。

惟德惟义，时乃大训。不由古训，于何其训？

孔传：以富资而能顺义，则惟可以长年命矣。惟有德义，是乃大顺。若不用古训典籍，于何其能顺乎？

王曰：呜呼！父师，邦之安危，惟兹殷士。不刚不柔，厥德允修。

孔传：言邦国所以安危，惟在和此殷士而已。治之不刚不柔，宽猛相济，则其德政信修立。

惟周公克慎厥始，惟君陈克和厥中，惟公克成厥终。

孔传：周公迁殷顽民以消乱阶，能慎其始。君陈弘周公之训，能和其中。毕公阐二公之烈，能成其终。

三后协心，同厎于道，道洽政治，泽润生民。

孔传：三君合心为一，终始相成，同致于道。道至普洽，政化治理，其德泽惠施，乃浸润生民。言三君之功，不可不尚。

四夷左衽，罔不咸赖。予小子永膺多福。

孔传：言东夷、西戎、南蛮、北狄，被发左衽之人，无不皆恃赖三君之德，我小子亦长受其多福。

苏传：康王以为邦之安危在殷士，又以保厘之任为足以泽生民，而服四夷。其言若过，然殷民至此，亦不能睥睨周室如三监时矣。然犹重其事如此。贾谊言："秦俗妇乳其儿，与翁并踞；母①取箕帚，立而谇语。"以此痛哭流涕太息，以为汉之所忧，无大于此者，正此意也。古之知治体者，其论安危盖如此。

公其惟时成周，建无穷之基，亦有无穷之闻。

孔传：公其惟以是成周之治，为周家立无穷之基业，于公亦有无穷之名，以闻于后世。

子孙训其成式，惟义。

孔传：言后世子孙顺公之成法，惟以治。

---

① 母：《经解》本作"毋"，误。

呜呼！罔曰弗克,惟既厥心。

孔传：人之为政,无曰不能,惟在尽其心而已。

罔曰民寡,惟慎厥事。

孔传：无曰人少不足治也,惟在慎其政事,无敢轻之。

苏传：曰弗克者,畏其难而不敢为者也。曰民寡者,易其事以为不足为者也。

钦若先王①成烈,以休于前政。

孔传：敬顺文武成业,以美于前人之政。所以勉毕公。

苏传：前政,谓周公、君陈也。

君牙第二十七

穆王命君牙,为周大司徒,

孔传：穆王,康王孙,昭王子。

作《君牙》。

孔传：君牙,臣名。

苏传：穆王满,康王孙、昭王子。

君牙。

孔传：命以其名,遂以名篇。

王若曰：呜呼！君牙,

孔传：顺其事而叹,称其名而命之。

惟乃祖乃父,世笃忠贞,服劳王家,厥有成绩,纪于太常。

孔传：言汝父祖,世厚忠贞,服事勤劳王家,其有成功,见纪录书于王之太常以表显之。王之旌旗,画日月曰太常。

苏传：《周礼》：司勋,凡有功者,铭书于王之太常,祭于大烝,②日月为常。

惟予小子,嗣守文、武、成、康遗绪,亦惟先王之臣,克左右乱四方。

孔传：惟我小子,继守先王遗业,亦惟父祖之臣,能佐助我治四方。言己无所能。

心之忧危,若蹈虎尾,涉于春冰。

孔传：言祖业之大,己才之弱,故心怀危惧。虎尾畏噬,春冰畏陷,危惧之甚。

今命尔予翼,作股肱心膂。

---

① 王：《经解》本作"生",误。
② 大烝：《经解》本、《四库》本作"太烝"。

孔传：今命汝为我辅翼股肱心体之臣，言委任。

缵乃旧服，无忝祖考。弘敷五典，式和民则。

孔传：继汝先祖故所服忠勤，无辱累祖考之道，大布五常之教，用和民令有法则。

尔身克正，罔敢弗正；民心罔中，惟尔之中。

孔传：言汝身能正，则下无敢不正。民心无中，从汝取中。必当正身示民以中正。

夏暑雨，小民惟曰怨咨；

孔传：夏月暑雨，天之常道，小人惟曰怨叹咨嗟。言心无中也。

冬祁寒，小民亦惟曰怨咨。

孔传：冬大寒，亦天之常道，民犹怨咨。

厥惟艰哉，思其艰，以图其易，民乃宁。

孔传：天不可怨，民犹怨嗟，治民其惟难哉。当思虑其难以谋其易，民乃宁。

苏传：方周之盛，越裳氏来朝，曰："久矣，天之无疾风暴雨也。中国其有圣人乎？"方是时，四夷之民，莫不戴王，虽风雨天事非人力者，亦归德于王；及其衰也，一寒一暑，亦惟王之怨。是故圣人以民心为存亡，一失其心，无动而非怨者。赏则谓之私，罚则谓之虐。作德则谓之伪，不作则谓之漫。出令而不信，无事而致谤，皆王之咎也。夏谚曰："吾王不游，吾何以休？吾王不豫，吾何以助游？"豫且以为德，岂复有风雨寒暑之怨乎？

呜呼！丕显哉文王谟，

孔传：叹文王所谋大显明。

丕承哉武王烈。

孔传：言武王业美大可承奉。

启佑我后人，咸以正罔缺。

孔传：文武之谋业，大明可承奉，开助我后嗣，皆以正道无邪缺。

尔惟敬明乃训，用奉若于先王。

孔传：汝惟当敬明汝五教，用奉顺于先王之道。

对扬文、武之光命，追配于前人。

孔传：言当答扬文武光明之命，君臣各追配于前令名之人。

王若曰：君牙，乃惟由先正旧典时式。

苏传：先正，周、召、毕公之流。

民之治乱在兹。

孔传：汝惟当奉用先正之臣，所行故事旧典文籍是法，民之治乱，在此而已。用之则民治,废之则民乱。

率乃祖考之攸行,昭乃辟之有义。

孔传:言当循汝父祖之所行,明汝君之有治功。

苏传:呜呼,予读穆王之书一篇,然后知周德之衰,有以也。夫昭王南征而不复,至齐桓公①乃以问楚,是终穆王之世,君弑而贼不讨也。而王初无愤耻之意,乃欲以车辙马迹,周于天下。今观《君牙》《伯冏》二书,皆无哀痛恻怛之语,但曰"嗣先人,宅丕后"而已,足以见无道之情。非祭公谋父以《祈招》之诗,收王之放心,则王不复矣。《吕刑》有哀敬之情,盖在感悔之后,时已耄矣。

冏命第二十八

穆王命伯冏为周太仆正,

孔传:伯冏,臣名也。太仆长,太御中大夫。

作《冏命》。

苏传:太仆正,太御,中大夫。

冏命。

孔传:以冏见命名篇。

王若曰:伯冏,惟予弗克于德,嗣先人宅丕后。

孔传:顺其事以命伯冏,言我不能于道德,继先人居大君之位,人轻任重。

怵惕惟厉,中夜以兴,思免厥愆。

孔传:言常悚惧惟危,夜半以起,思所以免其过悔。

昔在文、武,聪明齐圣,小大之臣,咸怀忠良。

孔传:聪明,视听远。齐通,无滞碍。臣虽官有尊卑,无不忠良。

其侍御仆从,罔匪正人。

孔传:虽给侍进御仆役从官,官虽微,无不用中正之人。

以旦夕承弼厥辟,出入起居,罔有不钦。

孔传:小臣皆良,仆役皆正,以旦夕承辅其君,故君出入起居,无有不敬。

发号施令,罔有不臧。下民祗若,万邦咸休。

孔传:言文武发号施令,无有不善。下民敬顺其命,万国皆美其化。

惟予一人无良,实赖左右前后有位之士,匡其不及。

孔传:惟我一人无善,实恃左右前后有职位之士,匡正其不及。言此责群臣正己。

---

① 齐桓公:《经解》本作"齐威王",误。

绳愆纠谬,格其非心,俾克绍先烈。

孔传:言侍左右之臣,弹正过误,检其非妄之心,使能继先王之功业。

今予命汝作大正,正于群仆侍御之臣。

孔传:欲其教正群仆,无敢佞伪。

懋乃后德,交修不逮。

孔传:言侍御之臣,无小大亲疏,皆当勉汝君为德,更代修进其所不及。

慎简乃僚,无以巧言令色、便辟侧媚,其惟吉士。

孔传:当谨慎简选汝僚属侍臣,无得用巧言无实、令色无质、便辟足恭、侧媚诡谀之人,其惟皆吉良正士。

仆臣正,厥后克正;仆臣谀,厥后自圣。

孔传:言仆臣皆正,则其君乃能正。仆臣谄谀,则其君乃自谓圣。

苏传:至哉,此言!可以补《说命》之缺也。孔子取于《君牙》《伯冏》二书者,独斯言欤!

后德惟臣,不德惟臣。

孔传:君之有德,惟臣成之。君之无德,惟臣误之。言君所行善恶,专在左右。

尔无昵于憸人,充耳目之官,迪上以非先王之典。

孔传:汝无亲近于憸利小子之人,充备侍从在视听之官,道君上以非先王之法。

非人其吉,惟货其吉。

孔传:若非人其实吉良,惟以货财配其吉良,以求入于仆侍之臣,汝当清审。

若时瘝厥官,

孔传:若用是行货之人,则病其官职。

惟尔大弗克祗厥辟,惟予汝辜。

孔传:用行货之人,则惟汝大不能敬其君,惟我则亦以此罪汝。言不忠也。

苏传:引小人以昵王,人臣不敬,莫大于此。

王曰:呜呼,钦哉!永弼乃后于彝宪。

孔传:叹而敕之,使敬用所言,当长辅汝君于常法。此穆王庶几欲蹈行常法。

苏传:宪,典也。迪上以先王之典也。①

―――――――

① "宪典"至"典也",《经解》本、《四库》本无。

卷 十 九

周 书

吕刑第二十九

吕命，

孔传：吕侯见命为天子司寇。

穆王训夏赎刑，

孔传：吕侯以穆王命作书，训畅夏禹赎刑之法，更从轻以布告天下。

作《吕刑》。

苏传：穆王命吕侯作此书，《史记》作"甫侯"。尧、舜之刑，至禹明备，后王德衰而政烦，故稍增重。积累世之渐，非一人之意也。至周公时，五刑之属各五百。周公非不能改以从夏，盖世习重法，而骤轻之，则奸民肆而良民病矣。及成、康刑措，穆王之末，奸益衰少，而后乃敢改也。周公①之刑二千五百，穆王之三千，虽增其科条，而入墨、劓者多，入宫、辟者少也。赎者，疑赦之罚耳。然训刑必以赎者，非赎之镪数，无以为五刑轻重之率也。如今世徒、流皆折杖，非以杖数折，不知徒、流增减之率也。《吕刑》《孝经》《礼记》皆作《甫刑》，说者谓吕侯后封甫，《诗》之"申甫"是也。

吕刑。

孔传：后为甫侯，故或称《甫刑》。

惟吕命，王享国百年，耄荒

---

① 周公：《四库》本作"周礼"。

孔传：言吕侯见命为卿时，穆王以享国百年，耄乱荒忽。穆王即位，过四十矣，言百年大期，虽老而能用贤以扬名。

度作刑，以诘四方。

孔传：度时世所宜，训作赎刑，以治天下四方之民。

苏传：刑必老者制之，以其更事而仁也。"耄荒度作刑"者，以耄年而大度作刑，犹禹曰"予荒度土功"。度，约也，犹汉高祖"约法三章"也。

王曰：若古有训，蚩尤惟始作乱，延及于平民，

孔传：顺古有遗训，言蚩尤造始作乱，恶化相易，延及于平善之人。九黎之君号曰蚩尤。

罔不寇贼鸱义，奸宄夺攘矫虔。

孔传：平民化之，无不相寇贼，为鸱枭之义。以相夺攘，矫称上命，若固有之。乱之甚。

苏传：炎帝世衰，蚩尤作乱，黄帝诛之。自蚩尤以前，未有以兵强天下者。鸱义，以鸷杀为义，如后世所谓侠也。矫，诈；虔，刘也。凡民为奸者，皆祖蚩尤。

苗民弗用灵，制以刑，惟作五虐之刑曰法。

孔传：三苗之君，习蚩尤之恶，不用善化民，而制以重刑。惟为五虐之刑，自谓得法。蚩尤，黄帝所灭。三苗，帝尧所诛。言异世而同恶。

杀戮无辜，爰始淫为劓、刵、椓、黥，

孔传：三苗之主，顽凶若民，敢行虐刑，以杀戮无罪，于是始大为截人耳鼻，椓阴黥面，以加无辜，故曰五虐。

越兹丽刑并制，罔差有辞。

孔传：苗民于此施刑，并制无罪无差有直辞者。言淫滥。

苏传：蚩尤既倡民为奸，苗民又不用善，但过作劓鼻、刵耳、椓窍、黥面、杀戮五虐之刑，而谓之法。苟丽于法者，必刑之，并制无罪，不复以冤诉为差别。有辞无辞，皆刑之也。自苗民以前，亦未有作五虐之刑者，故举此二人以为乱始。

民兴胥渐，泯泯棼棼，罔中于信，以覆诅盟。

孔传：三苗之民，渎于乱政，起相渐化，泯泯为乱，棼棼同恶，皆无中于信义，以反背诅盟之约。

苏传：人无所诉，则诉于鬼神；德衰政乱，则鬼神制世。民相与反覆，诅盟而已。

虐威庶戮，方告无辜于上。上帝监民，罔有馨香德刑，

苏传：无德刑之香也。

发闻惟腥。

孔传：三苗虐政作威，众被戮者，方方各告无罪于天，天视苗民，无有馨香之行，其所以为德刑，发闻惟乃腥臭。

皇帝哀矜庶戮之不辜，报虐以威，遏绝苗民，无世在下。

孔传：皇帝，帝尧也。哀矜众被戮者之不辜，乃报为虐者以威诛，遏绝苗民，使无世位在下国也。

苏传：皇帝，尧也。分北三苗，迁其君于三危。

乃命重、黎，绝地天通，

苏传：民渎于诅盟祭祀，家为巫史，尧乃命重、黎授时劝农，而禁淫祀。人神不复相乱，故曰"绝地天通"。重、黎即羲、和也。

罔有降格。

孔传：重即羲，黎即和。尧命羲和世掌天地四时之官，使人神不扰，各得其序，是谓绝地天通。言天神无有降地，地祇不至于天，明不相干。

苏传：虢之亡也，有神降于莘，盖此类也。

群后之逮在下，明明棐常，鳏寡无盖。

孔传：群后诸侯之逮在下国，皆以明明大道，辅行常法，故使鳏寡得所，无有掩盖。

苏传：自诸侯以及其臣下，皆修明人事，而辅常道，故鳏寡无蔽塞之者。

皇帝清问下民，鳏寡有辞于苗。

孔传：帝尧详问民患，皆有辞怨于苗民。

苏传：国无政，天子欲闻民言，岂易得其实哉？故政清而后民可问也。

德威惟畏，德明惟明。

孔传：言尧监苗民之见怨，则又增修其德，行威则民畏服，明贤则德明人，所以无能名焉。

苏传：非德之威，所谓虐也；非德之明，所谓察也。

乃命三后，恤功于民。伯夷降典，折民惟刑。

苏传：失礼则入刑，礼、刑一物也。折，折衷也。

禹平水土，主名山川。稷降播种，农殖嘉谷。

孔传：伯夷下典礼，教民而断以法。禹治洪水，山川无名者主名之。后稷下教民播种，农亩生善谷。所谓尧命三君，忧功于民。

三后成功，惟殷于民。

孔传：各成其功，惟所以殷盛于民。言礼教备，衣食足。

苏传：殷，富也。

士制百姓于刑之中，以教祗德。

孔传：言伯夷道民典礼，断之以法。皋陶作士，制百官于刑之中，助成道化，以教民为敬德。

苏传：士，皋陶也。

穆穆在上，明明在下，灼于四方，罔不惟德之勤。

孔传：尧躬行敬敬在上，三后之徒秉明德，明君道于下，灼然彰著四方，故天下之士，无不惟德之勤。

故乃明于刑之中，率乂于民棐彝。

孔传：天下皆勤立德，故乃能明于用刑之中正，循道以治于民，辅成常教。

典狱，非讫于威，惟讫于富；

孔传：言尧时主狱，有威有德有恕，非绝于威，惟绝于富。世治货赂不行。

苏传：讫，尽也。威，贵有势者。乘富贵之势以为奸，不可以不尽法。非尽于威则尽于富，其余贫贱者，则容有所不尽也。

敬忌，罔有择言在身。

孔传：尧时典狱，皆能敬其职，忌其过，故无有可择之言在其身。

惟克天德，自作元命，配享在下。

孔传：凡明于刑之中，无择言在身，必是惟能天德，自为大命，配享天意，在于天下。

苏传：修其敬畏，至于口无择言，此盛德之士也。何以贵之于典狱？曰：狱，贱事也，而圣人尽心焉。其德入人之深，动天地，感鬼神，无大于狱者。故盛德之士，皆屑为之。皋陶远矣，莫得其详，如汉张释之、于定国，唐徐有功，民皆自以为不冤，其不信之信，几于圣与仁者，岂非"口无择言、身无择行"之人哉！若斯人者，将与天合德，子孙其必有兴者。非"自作元命，配享在下"而何？汉杨赐辞廷尉之命，曰："三后成功，惟殷于民，皋陶不与焉。"盖吝之也。《书》盖以为"惟克天德，自作元命"者，何吝之有？此俗儒妄论也，或然之，不可以不辨。

王曰：嗟，四方司政，典狱非尔，惟作天牧。

孔传：主政典狱，谓诸侯也。非汝惟为天牧民乎？言任重是汝。

苏传：为天牧民，非尔而谁？

今尔何监，非时伯夷播刑之迪，

孔传：言当视是伯夷布刑之道而法之。

其今尔何惩？惟时苗民，匪察于狱之丽。

孔传：其今汝何惩戒乎？所惩戒，惟是苗民非察于狱之施刑，以取灭亡。

苏传：丽于狱辄刑之，不复察也。

罔择吉人，观于五刑之中，惟时庶威夺货。

孔传：言苗民无肯选择善人，使观视五刑之中正，惟是众为威虐者，任之以夺取人货，所以为乱。

苏传：贵者以威乱政，富者以货夺法。

断制五刑，以乱无辜。上帝不蠲，降咎于苗。

孔传：苗民任夺货奸人，断制五刑，以乱加无罪。天不絜其所为，故下咎罪。谓诛之。

苗民无辞于罚，乃绝厥世。

孔传：言罪重，无以辞于天罚，故尧绝其世。申言之为至戒。

苏传：言当以伯夷为监，苗民为戒也。

王曰：呜呼！念之哉！

孔传：念以伯夷为法，苗民为戒。

伯父、伯兄、仲叔、季弟、幼子、童孙，皆听朕言，庶有格命。

孔传：皆王同姓，有父兄弟子孙列者，伯仲叔季，顺少长也。举同姓，包异姓，言不殊也。听从我言，庶几有至命。

苏传：诸侯群臣，自其父行至于兄弟子孙，皆听朕言，庶以格天命。

今尔罔不由慰日勤，尔罔或戒不勤。

孔传：今汝无不用安自居日当勤之。汝无有徒念戒而不勤。

苏传：狱非尽心力，不得其实，故无狱不以勤为主。由，用也。尔当用狱吏慰安之而日愈勤者，不当用戒敕之而终不勤者。

天齐于民，俾我一日非终，惟终在人。

孔传：天整齐于下民，使我为之，一日所行，非为天所终，惟为天所终，在人所行。

苏传：刑狱非所恃以为治也，天以是整齐乱民而已。盖使我为一日之用，非究竟要道也。可恃以终者，其惟得人乎。

尔尚敬逆天命，以奉我一人，虽畏勿畏，虽休勿休。

孔传：汝当庶几敬逆天命，以奉我一人之戒。行事虽见畏，勿自谓可敬畏。虽见美，勿自谓有德美。

苏传：休，喜也。典狱者，不可以有所畏喜。

惟敬五刑，以成三德。一人有庆，兆民赖之，其宁惟永。

孔传：先戒以劳谦之德，次教以惟敬五刑，所以成刚柔正直之三德也。天子有善，则兆民赖之，其乃安宁长久之道。

苏传：三德，《洪范》"三德"也。以刑成德，王有庆，民有利，则其安长久也。

王曰：吁，来。有邦有土，告尔祥刑。

孔传：吁，叹也。有国土诸侯，告汝以善用刑之道。

苏传：祥，善也。

在今尔安百姓，何择非人？何敬非刑？何度非及？

孔传：在今尔安百姓兆民之道，当何所择，非惟吉人乎？当何所敬，非惟五刑乎？当何所度，非惟及世轻重所宜乎？

苏传：罪非己造，为人所累曰及。秦、汉之间谓之逮。此最为政者所当慎，故特立此法谓之及。因有大狱，狱吏以多杀为功，以不遗支党为忠；胥史皂隶以多逮广系为利，故古者大狱有万人者。国之安危，运祚长短，或寄于此，故曰"何度非及"，度其非同恶者，则勿逮可也。

两造具备，师听五辞。

孔传：两，谓囚证。造，至也。两至具备，则众狱官，共听其入五刑之辞。

苏传：讼者两至，则士听其辞。

五辞简孚，正于五刑。

孔传：五辞简核，信有罪验，则正之于五刑。

苏传：简，核也。孚，审虑也。简孚而无辞，乃正五刑。

五刑不简，正于五罚。

孔传：不简核，谓不应五刑。当正五罚，出金赎罪。

苏传：罚，赎也。

五罚不服，正于五过。

孔传：不服，不应罚也。正于五过，从赦免。

苏传：过失则当宥也。

五过之疵：惟官，惟反，惟内，惟货，惟来。

孔传：五过之所病，或尝同官位，或诈反囚辞，或内亲用事，或行货枉法，或旧相往来，皆病所在。

其罪惟均，其审克之。

孔传：以病所在，出入人罪，使在五过，罪与犯法者同。其当清察，能使之不行。

苏传：刑之而不服则赎，赎之而不服则宥，无不可者，但恐其有疵弊耳。官者，更为请求也。反者，报也，报德怨也。内，女谒也。货，鬻狱也。来，亲友往来者为言也。法当同坐，故曰其罪惟均。克，胜也，胜其非也。

五刑之疑有赦，五罚之疑有赦，其审克之。

孔传：刑疑赦从罚，罚疑赦从免。其当清察，能得其理。

简孚有众,惟貌有稽。

孔传:简核诚信,有合众心。惟察其貌,有所考合,重刑之至。

苏传:既简且孚,众证之矣。口服而貌不服,此必有故,不可以不稽也。

无简不听,

苏传:初无核实之状,则此狱不当听也。

具严天威。

孔传:无简核诚信,不听理具狱,皆当严敬天威,无轻用刑。

苏传:所以如此者,畏天威也。

墨辟疑赦,其罚百锾,阅实其罪。

孔传:刻其颡而涅之曰墨刑,疑则赦从罚。六两曰锾。锾,黄铁也。阅实其罪,使与罚各相当。

苏传:刻其颡而涅之曰墨。六两曰锾。

劓辟疑赦,其罚①惟倍,阅实其罪。

孔传:截鼻曰劓刑,倍百为二百锾。

苏传:截鼻为劓。倍之,为二百锾。

剕辟疑赦,其罚倍差,阅实其罪。

孔传:刖足曰剕。倍差,谓倍之又半,为五百锾。

苏传:刖足曰剕。倍之又半之,为五百锾。

宫辟疑赦,其罚六百锾,阅实其罪。

孔传:宫,淫刑也。男子割势,妇人幽闭,次死之刑。序五刑,先轻转至重者,事之宜。

苏传:宫,淫刑也,男子腐,妇人闭。

大辟疑赦,其罚千锾,阅实其罪。

孔传:死刑也。五刑疑,各入罚,不降相因,古之制也。

苏传:大辟,死刑也。五刑疑则入罚,不降相因,古之制也。所谓疑者,其罪既阅实矣,而于用法疑耳。

墨罚之属千,劓罚之属千,剕罚之属五百,宫罚之属三百,大辟之罚其属二百。

苏传:墨、劓、剕、宫、辟,皆真刑也。罚者,罚应赎者也。属,类也。凡五刑、五罚之罪,皆分门而类别之也。

五刑之属三千。

孔传:别言罚属,合言刑属,明刑罚同属,互见其义以相备。

---

① 罚:《经解》本作"罪",误。

苏传：《周礼》：五刑之属二千五百，而此三千，《孝经》据而用之，是孔子以夏刑为正也。

上下比罪，

苏传：比，例也。以上下罪参验而立例也。

无僣乱辞，

苏传：僣，差也。乱辞，辞与情违者也。

勿用不行，

孔传：上下比方其罪，无听僣乱之辞以自疑，勿用折狱不可行。

苏传：立法必用，众人所能者，然后法行。若责人以所不能，则是以不可行者为法也。

惟察惟法，其审克之。

孔传：惟当清察罪人之辞，附以法理，其当详审能之。

苏传：察，我心也。法，国法也。内合我心，外合国法，乃为得之。

上刑适轻，下服；

孔传：重刑有可以亏减，则之轻服下罪。

下刑适重，上服。

苏传：世或谓大罪法重而情轻，则服下刑。此犹可也，不失为仁。若小罪法轻情重，而服上刑，则不可。古之用刑者，有出于法内，无入于法外。"与其杀不辜，宁失不经"，故知此说之非也。请设为甲乙以解此二言：甲初欲为强盗，既至其所，则不强而窃，当以窃法坐之。此之谓"上刑适轻，下服"。乙初欲窃尔，既至其所，则强，当以强法坐之，此之谓"下刑适重，上服"。刑贵称罪，报其所犯之功，不报其所犯之意也。

轻重诸罚，有权。

孔传：一人有二罪，则之重而轻并数。轻重诸刑罚，各有权宜。

苏传：一人同时而犯二罪，一罪应剕，一罪应劓，劓剕不并论，当以一重剕之而已。然是人所犯劓罪应刑，剕罪应赎，则刑之欤？抑赎之欤？盖当其剕罪，而赎其余，何谓余？曰：剕之罚二百锾，既刑之矣，则又赎三百锾，以足剕罚五百锾之数。以此为率，如权石之推移，以求轻重之详，故曰"轻重诸罚有权"。

刑罚世轻世重，惟齐非齐，有伦有要。

孔传：言刑罚随世轻重也。刑新国，用轻典。刑乱国，用重典。刑平国，用中典。凡刑所以齐非齐，各有伦理，有要善。

苏传：穆王复古而不是古，变今而不非今，厚之至也！曰各随世轻重而已。民有犯罪于改法之前，而论法于今日者，可复齐于一乎？旧法轻则从旧，今法轻则从今，任其不齐，所以为齐也。伦者，其例也。要者，其辞也。辞例相参考，必有以处之矣。

罚惩非死，人极于病。

孔传：刑罚所以惩过，非杀人，欲使恶人极于病苦，莫敢犯者。

苏传：时有议新法之轻，多罚而少刑，恐不足以惩奸者。故王言罚之所惩，虽非杀之也，而民出重赎，已极于病。言如是亦足矣。

非佞折狱，惟良折狱，罔非在中。

孔传：非口才可以断狱，惟平良可以断狱，无不在中正。

苏传：佞，口给也；良，精也。辩者服其口，不服其心也。

察辞于差，

苏传：事之真者，不谋而同；从其差者而诘之，多得其情。

非从惟从。

孔传：察囚辞，其难在于差错，非从其伪辞，惟从其本情。

苏传：囹圄之中，何求而不得？固有畏吏甚者，宁死而不辩，故囚之言，惟吏是从者，皆非其实，不可用也。

哀敬折狱，明启刑书胥占，咸庶中正。

孔传：当怜下人之犯法，敬断狱之害人，明开刑书，相与占之，使刑当其罪，皆庶几必得中正之道。

苏传：律令当令狱囚及僚吏明见，相与占考之，庶几共得其中正也。

其刑其罚，其审克之。

孔传：其所刑，其所罚，其当详审能之，无失中正。

狱成而孚，输而孚。

孔传：断狱成辞而信，当输汝信于王。谓上其鞫劾文辞。

苏传：输，不成也。囚无罪，如倾泻出之也。孚，审虑也。成与不成，皆当与众审虑也。

其刑上备，有并两刑。

孔传：其断刑文书，上王府，皆当备具，有并两刑，亦具上之。

苏传：其上刑已有余罪矣，则并两刑从一重论。

王曰：呜呼！敬之哉，官伯、族姓，

苏传：呼其大官大族而戒之。

朕言多惧。

孔传：敬之哉，告使敬刑。官长，诸侯。族，同族。姓，异姓也。我言多可戒惧，以儆之。

苏传：民命之存亡，天意之喜怒，国本之安危在焉，不得不惧。

朕敬于刑,有德惟刑。

孔传:我敬于刑,当使有德者惟典刑。

今天相民,作配在下,明清于单辞。

孔传:今天治民,人君为配天在下,当承天意听讼,当清审单辞。单辞特难听,故言之。

民之乱,罔不中听狱之两辞,

孔传:民之所以治,由典狱之无不以中正听狱之两辞,两辞弃虚从实,刑狱清,则民治。

苏传:欲济民于险难者,当竭其中,以听两辞也。

无或私家于狱之两辞。

孔传:典狱无敢有受货听诈,成私家于狱之两辞。

狱货非宝,惟府辜功。报以庶尤,

孔传:受狱货,非家宝也,惟聚罪之事,其报则以众人见罪。

永畏惟罚。非天不中,惟人在命。

孔传:当长畏惧惟为天所罚,非天道不中,惟人在教命使不中,不中则天罚之。

天罚不极,庶民罔有令政在于天下。

孔传:天道罚不中,令众民无有善政在于天下,由人主不中,将亦罚之。

苏传:府,聚也。辜功,犹言罪状也。古者论罪有功、意。功,其迹状也。言狱货非所以为宝也,但与汝典狱者聚罪状耳。我报汝以众罪,而所当长畏者,天罚也。非天不中,惟汝罪在人命也。天既罚汝不中之罪,则民皆咎我,我无复有善政在天下矣。

王曰:呜呼!嗣孙,今往何监?非德于民之中?尚明听之哉!

孔传:嗣孙,诸侯嗣世子孙,非一世。自今已往,当何监视?非当立德于民,为之中正乎?庶几明听我言而行之哉!

苏传:王耄矣,诸侯多其孙矣。自今当安所监,非以此德为民中乎?

哲人惟刑,

苏传:古之哲人,无不以刑作德。①

无疆之辞,属于五极,咸中有庆。

孔传:言智人惟用刑,乃有无穷之善辞,名闻于后世。以其折狱属五常之中正,皆中有善,所以然也。

苏传:无穷之闻,必由五刑,咸得其中则有庆。五极,五常也。

---

① "作德"下,《经解》本、《四库》本有"者"字。

受王嘉师，监于兹祥刑。

孔传：有邦有土，受王之善众而治之者，视于此善刑。欲其勤而法之，为无疆之辞。

苏传：嘉，善也。王所以能轻刑者，以民善故也。

卷 二 十

周 书

文侯之命第三十

平王锡晋文侯秬鬯圭瓒,

孔传:以圭为杓柄,谓之圭瓒。

作《文侯之命》。

孔传:所以名篇。幽王为犬戎所杀,平王立而东迁洛邑,晋文侯迎送安定之,故锡命焉。

苏传:平王,幽王之子宜臼也。文侯仇,义和其字也。以圭为杓柄,曰圭瓒。

文侯之命。

孔传:平王命为侯伯。

王若曰:父义和,

孔传:顺其功而命之。文侯同姓,故称曰父。义和,字也。称父者非一人,故以字别之。

丕显文、武,克慎明德,

孔传:大明乎文王、武王之道,能详慎显用有德。

昭升于上,敷闻在下。惟时上帝,集厥命于文王。

孔传:更述文王所以王也。言文王圣德明升于天,而布闻在下民。惟以是,故上天集成其王命,德流子孙。

亦惟先正,克左右昭事厥辟,

孔传:言君既圣明,亦惟先正官贤臣,能左右明事其君,所以然。

越小大谋猷,罔不率从,肆先祖怀在位。

孔传:文王君圣臣良,于小大所谋道德,天下无不循从其化,故我后世先祖,归在王位。

苏传:怀,安也。

呜呼!闵予小子嗣,造天丕愆。

孔传:叹而自痛伤也。言我小子而遭天大罪过,父死国败,祖业隳陨。

苏传:痛幽王犬戎之祸也。

殄资泽于下民,侵戎我国家纯。

孔传:言周邦丧乱,绝其资用惠泽于下民,侵兵伤我国及卿大夫之家,祸甚大。

苏传:殄,绝也。纯,大也。言无以资给惠利下民,民莫为用者,故为犬戎所侵害我国家者,亦大矣。

即我御事,罔或耆寿,俊在厥服,

苏传:西周之所以亡者,无人也。耆而俊者,皆不在位。《春秋传》曰:恶角犀丰满,而近顽童焉。

予则罔克。

孔传:所以遇祸,即我治事之臣,无有耆宿寿考俊德在其服位,我则材劣无能之致。

曰:惟祖惟父,其伊恤朕躬。

苏传:诸侯在我祖父行者,其谁恤我哉!

呜呼!有绩予一人,

苏传:有能致功予一人者乎?

永绥在位。

孔传:王曰:同姓诸侯,在我惟祖惟父列者,其惟当忧念我身。呜呼!能有成功,则我一人长安在王位。言恃诸侯。

父义和,汝克昭乃显祖。

孔传:重称字,亲之。不称名,尊之。言汝能明汝显祖唐叔之道,奖之。

苏传:谓唐叔也。

汝肇刑文、武,用会绍乃辟,追孝于前文人,

孔传:言汝今始法文武之道矣。当用是道合会继汝君以善,使追孝于前文德之人。汝君,平王自谓也。继先祖之志为孝。

苏传:汝始法文、武之道,以和会绍接我,使得追孝于前文人,奉祭祀也。

汝多修,扞我于艰,

苏传:多所修完,扞卫我于艰难也。

若汝,予嘉。

孔传:战功日多,言汝之功多,甚修矣。乃扞我于艰难,谓救周诛犬戎,汝功我所善之。

王曰:父义和,其归视尔师,宁尔邦。

孔传:遣令还晋国,其归视汝众,安汝国内上下。

用赉尔秬鬯一卣,

孔传:黑黍曰秬,酿以鬯草。不言圭瓒可知。卣,中罇也。当以锡命告其始祖,故赐鬯。

彤弓一,彤矢百;卢弓一,卢矢百;

孔传:彤,赤。卢,黑也。诸侯有大功,赐弓矢,然后专征伐。彤弓以讲德习射,藏示子孙。

苏传:赐弓矢,使得征伐。

马四匹。

孔传:马供武用。四匹曰乘。侯伯之赐无常,以功大小为度。

父往哉！柔远能迩,惠康小民,无荒宁。

孔传:父往归国哉！怀柔远人,必以文德。能柔远者必能柔近,然后国安。安小人之道必以顺,无荒废人事而自安。

简恤尔都,

苏传:简,阅其士;惠,恤其民。

用成尔显德。

孔传:当简核汝所任,忧治汝都鄙之人,人和政治,则汝显用有德之功成矣。不言鄙,由近以及远。

苏传:予读《文侯》篇,知东周之不复兴也。宗周倾覆,祸败极矣,平王宜若卫文公、越句践然。今其书乃施施焉,与平康之世无异。《春秋传》曰:"厉王之祸,诸侯释位以间王政,宣王有志而后效官。"读《文侯》之篇,知平王之无志也。① 唐德宗奉天之难,陆贽为作制书,武夫悍卒皆为出涕,唐是以复兴。呜呼！平王独无此臣哉！

费誓第三十一

鲁侯伯禽宅曲阜,

---

① "予读文"至"无志也",蔡沈《书集传》引录,"施施"作"旋旋",下"文侯之篇"作"文侯之命"。按,吴澄《书纂言》引此亦作"旋旋"。"施施"为美乐之貌,"旋旋"为缓缓之貌,此处当从原本作"施施"为得。

孔传：始封之国居曲阜。

徐夷并兴，东郊不开，

孔传：徐戎淮夷，并起为寇于鲁，故东郊不开。

作《费誓》。

孔传：鲁侯征之于费地而誓众也。诸侯之事而连帝王，孔子序《书》。以鲁有治戎征讨之备，秦有悔过自誓之戒，足为世法，故录以备王事，犹《诗》录商鲁之《颂》。

苏传：伯禽，周公子。费，在东海郡，后为季氏邑，非鲁近郊，盖当时治兵于费。

费誓。

孔传：费，鲁东郊之地名。

公曰：嗟！人无哗，听命！

孔传：伯禽为方伯，监七百里内之诸侯，帅之以征。叹而敕之，使无喧哗，欲其静听誓命。

苏传：哗，讙也。

徂兹淮夷、徐戎并兴。

孔传：今往征此淮浦之夷、徐州之戎，并起为寇。此戎夷，帝王所羁縻统叙，故错居九州之内，秦始皇逐出之。

苏传：成王征淮夷，灭奄，盖此徐州之戎及淮浦之夷，叛已久矣。及伯禽就国，则并起攻鲁，故曰"徂兹淮夷、徐戎并兴"。"徂兹"者，犹云往者云尔。①

善敹乃甲胄，敿乃干，无敢不吊。

孔传：言当善简汝甲铠胄兜鍪，施汝楯纷，无敢不令至攻坚，使可用。

备乃弓矢，锻乃戈矛，砺乃锋刃，无敢不善。

孔传：备汝弓矢，弓调矢利，锻练戈矛，磨砺锋刃。皆使无敢不功善。

苏传：敹、敿、锻、砺，皆修治也。吊，精至也。

今惟淫舍牿牛马，

孔传：今军人惟大放舍牿牢之牛马，言军所在，必放牧也。

苏传：牿，所以械牛马者。今当用之于战，故大释其牿。淫，大也。

杜乃擭，敛乃穽，无敢伤牿。牿之伤，汝则有常刑。

孔传：擭，捕兽机槛，当杜塞之。穽，穿地陷兽，当以土窒敛之。无敢令伤所放牿牢之牛马。牛马之伤，汝则有残人畜之常刑。

---

① "成王征"至"者云尔"，蔡沈《书集传》引作"淮夷叛已久矣，及伯禽就国，又胁徐戎并起，故曰'徂兹淮夷徐夷并兴'，'徂兹'者，犹曰往者云"。

苏传：攘，机槛也。敛，塞也。恐伤此释牿之牛马，此令军所在居民也。

马牛其风，臣妾逋逃，勿敢越逐，

孔传：马牛其有风佚，臣妾逋亡，勿敢弃越垒伍而求逐之。役人贱者，男曰臣，女曰妾。

祗复之，我商赉汝；

孔传：众人其有得佚马牛、逃臣妾，皆敬还复之，我则商度汝功，赐与汝。

乃越逐，不复，汝则有常刑。

孔传：越逐为失伍，不还为攘盗，汝则有此常刑。

苏传：军乱生于动，故军以各居其所不动为法。若牛马风逸，臣妾逋逃，而听其越逐，则军或以乱，亦恐奸人规乱我军。故窃牛马、诱臣妾以发之，禁其主，使不得捕逐，则军自定。得此风逃者，当敬复其主，我当商度有以赐汝。若其越逐与其得而不复者，皆有常刑。

无敢寇攘，踰垣墙，

孔传：军人无敢暴劫人，踰越人垣墙，物有自来者，无敢取之。

窃马牛，诱臣妾，汝则有常刑。

孔传：军人盗窃马牛，诱偷奴婢，汝则有犯军令之常刑。

甲戌，①我惟征徐戎，

孔传：誓后甲戌之日，我惟征之。

峙乃糗粮，无敢不逮，汝则有大刑。

孔传：皆当储峙汝糗糒之粮，使足食，无敢不相逮及，汝则有乏军兴之死刑。

鲁人三郊三遂，峙乃桢榦。甲戌，我惟筑。

孔传：总诸国之兵，而但称鲁人峙具桢榦，道近也。题曰桢，旁曰榦。言三郊三遂，明东郊距守不峙，甲戌日，当筑攻敌垒、距堙之属。

苏传：糗，糒也。师远行则用之。桢、榦，皆木也，所以筑者。徐戎、淮夷近在鲁东郊，不伐之于郊，而载糗粮远征其国，既以甲戌筑，又以甲戌行，何也？古来未有知其说者。以予考之，伯禽初至鲁，鲁人未附，韩信所谓"非素拊循士大夫，驱市人而战"者，若伐之于东郊，鲁人自战其地，易以败散。筑城而守之，徐夷必争，使土功不得成。故以是日筑，亦以是日行。徐夷方空国寇鲁，鲁侯乃以大兵往，攻其巢穴。师兴之日，东郊之围自解，所谓攻其必救，筑者亦得成功也。《费誓》言征言筑，而终不言战，盖妙于用兵。周公之子，盖亦多材艺耳。

---

① 戌：《经解》本作"戍"，误。

无敢不供,汝则有无余刑,非杀。

孔传:峙具桢榦,无敢不供。不供,汝则有无余之刑。刑者非一也,然亦非杀汝。

苏传:汝敢不供桢、榦,则吾之刑汝,不遗余力矣。特不杀而已。糇粮刍茭不供,则军饥,故皆用大刑。大刑,死刑也。桢、榦不供,比刍粮差缓,故用无余刑而非杀。近时学者,乃谓无余刑,孥戮其妻子,非止杀其身而已。夫至于杀而犹不止,谁忍言之?伯禽,周公子也,而至于是哉!

鲁人三郊三遂,峙乃刍茭,无敢不多,汝则有大刑。

孔传:郊遂多积刍茭,供军牛马。不多,汝则亦有乏军兴之大刑。

苏传:言鲁人以别之,知当时有诸侯之师也。桢、榦、刍、茭皆重物,故独使鲁人供之。三郊、三遂,南西北方,郊、遂之人。东郊以备寇,不供也。徐夷作难久矣,鲁国受其害,而以宅伯禽,知周公不私其子。伯禽生而富贵安佚,始侯于鲁,遇难而能济,达于政,练于兵,皆见于《费誓》,见周公教子之有方也。孔子叙①《书》,盖取此也。

秦誓第三十二

秦穆公伐郑,

孔传:遣三帅帅师往伐之。

苏传:秦穆公任好。

晋襄公帅师,

苏传:襄公骦,文公子。

败诸崤,

孔传:崤,晋要塞也。以其不假道,伐而败之,囚其三帅。

还归,②作《秦誓》。

孔传:晋舍三帅,还归秦,穆公悔过作誓。

苏传:秦穆公违蹇叔,以贪勤民,为晋所败,不杀孟明,而复用之。悔过自誓,孔子盖有取焉。崤,在弘农渑池县西。

秦誓。

孔传:贪郑取败,悔而自誓。

公曰:嗟!我士,听无哗!

---

① 叙:《经解》本作"序"。按苏轼祖父名"序",故其为文避家讳概不用"序",《经解》本作"序"为传刻之误。

② 还归:《经解》本作"归还"。

孔传：誓其群臣，通称士也。

予誓告汝群言之首。

孔传：众言之本要。

苏传：此篇首要言也。

古人有言曰：民讫自若是，多盘。

孔传：言民之行已尽用顺道，是多乐。称古人言，悔前不顺忠臣。

苏传：孔子曰："人之言曰，予无乐乎为君，惟其言而莫予违也。"孔子盖以为一言而丧邦者，此言也。"民讫自若是"，民尽顺我，而不我违，乐则乐矣，不几于游盘无度，以亡其国，如夏太康乎！

责人斯无难，惟受责俾如流，是惟艰哉！

孔传：人之有非，以义责之，此无难也。若已有非，惟受人责，即改之，如水流下，是惟艰哉！

苏传：人知声色之害己也，然终好之；知药石之寿己也，然终恶之。岂好死而恶生哉？私欲胜也。夫惟少私寡欲者，为能受责而不责人，是以难也。

我心之忧，日月逾迈，若弗云来。

孔传：言我心之忧，欲改过自新，如日月并行过，如不复云来，虽欲改悔，恐死及之，无所益。

苏传：已犯之恶，既成而不可追；未迁之善，未成而不可补。日月逝而不复反，我心皇皇，若无明日，悔之至也。

惟古之谋人，则曰未就予忌。

孔传：惟为我执古义之谋人，谓忠贤蹇叔等也，则曰：未成我所欲，反忌之耳。

惟今之谋人，姑将以为亲。

孔传：惟指今事为我所谋之人，我且将以为亲而用之。悔前违古从今，以取破败。

苏传：我视在朝之谋人，未见可以就问使我敬畏如古人者，故且用今之流亲己者而已。

虽则云然，尚猷询兹黄发，则罔所愆。

孔传：言前虽则有云然之过，今我庶几以道谋此黄发贤老，则行事无所过矣。

苏传：虽不免且用孟明，然必访诸黄发，如蹇叔之流也。

番番良士，旅力既愆，我尚有之。

孔传：勇武番番之良士，虽众力已过老，我今庶几欲有此人而用之。

苏传：番番老者，虽旅力既愆，我犹庶几得而用之。

仡仡勇夫,射御不违,我尚不欲。

孔传:仡仡壮勇之夫,虽射御不违,我庶几不欲用。自悔之至。

苏传:仡仡勇者,虽射御不违,我犹庶几疏而远之。

惟截截善谝言,俾君子易辞,我皇多有之。

苏传:谝,巧也。皇,暇也。仡仡勇夫,且不欲而巧言令色,使君子变志易辞者,我何暇复多有之哉!

昧昧我思之。

孔传:惟察察便巧善为辨佞之言,使君子迴心易辞,我前多有之,以我昧昧思之不明故也。

如有一介臣,断断猗,无他技,其心休休焉,其如有容。①

孔传:如有束脩一介臣,断断猗然专一之臣,虽无他伎艺,其心休休焉乐善。其如是,则能有所容。言将任之。

人之有技,若己有之;人之彦圣,其心好之。不啻如自其口出,是能容之,

孔传:人之有技,若己有之,乐善之至也。人之美圣,其心好之,不啻如自其口出,心好之至也。是人必能容之。

以保我子孙黎民,亦职有利哉!②

孔传:用此好技圣之人,安我子孙众人,亦主有利哉。言能兴国。

苏传:我昧旦而起,则思之矣。曰:安得是人哉,得是人而付之子孙黎民,我无恨矣。

人之有技,冒疾以恶之;人之彦圣,而违之,俾不达。

孔传:见人之有技艺,蔽冒疾害以恶之。人之美圣,而违背壅塞之,使不得上通。

是不能容,以不能保我子孙黎民,亦曰殆哉。

孔传:冒疾之人,是不能容人,用之不能安我子孙众人,亦曰危殆哉。

苏传:至哉! 穆公之论此二人也。前一人似房玄龄,后一人似李林甫。后之人主,鉴此足矣。③

邦之杌陧,

苏传:不安也。

曰由一人;

---

① "有容"下,《经解》本有"焉"字。《十三经注疏》本经文无。
② "惟古之谋"至"职有利哉",凌本错简于"作泰誓"之下。
③ "至哉"至"足矣",蔡沈《书集传》引录,"鉴"作"监"。

孔传：杌陧不安，言危也。一人所任用，国之倾危，曰由所任不用贤。

邦之荣怀，亦尚一人之庆。

孔传：国之光荣，为民所归，亦庶几其所任用贤之善也。穆公陈戒，背贤则危，用贤则荣，自誓改前过之意。

苏传：怀，安也。

后　　记

　　四川大学国际儒学研究院系2009年10月由国际儒学联合会、中国孔子基金会与四川大学联合成立的学术研究和人才培养机构。研究院成立以来，在从事中国孔子基金会重大项目《儒藏》编纂的同时，也十分重视儒学学科建设问题，2010年，曾推动国家社科规划办公室，将"儒学学科建设研究"列为重大招标项目。嗣后，舒大刚、彭华、吴龙灿等学人曾就此撰文讨论，逐渐引起学人关注。

　　2016年，研究院接受国际儒学联合会委托，从事"中国儒学试用教材"的编撰研究。同年4月15日，由四川大学舒大刚主持，邀约多位专家学者在贵阳孔学堂举行学术座谈会，围绕"儒学学科建设与体系重构"话题展开讲会。贵州大学教授、中国文化书院荣誉院长张新民，北京大学教授、对外汉语教育学院原院长张英，贵州民族大学文学院教授汪文学，以及贵州省社会科学院（周之翔）、贵州大学（张明）、贵州民族大学（杨锋兵）、贵阳学院（陆永胜）、北京外国语大学（褚丽娟）等单位的学者出席讲会。大家认为，儒学没有体制性的资源保障，也缺乏平台发挥其教化功能；要实现中华传统文化伟大复兴，重建儒学学科至关重要。

　　本年6月13日，四川大学复性书院又举办了"中国儒学学科建设暨儒学教材编纂"座谈会，湖南大学岳麓书院教授、国学研究院院长朱汉民，陕西师范大学教授、陕西省中国哲学史学会会长刘学智，山东师范大学教授、《孔子研究》主编王钧林，山东大学教授、儒学高等研究院副院长颜炳罡，台湾元智大学教授、四川大学特聘教授詹海云，以及四川大学国际儒学研究院全体师生和来自成都、重庆等地高校、科研院所的学者共50余人参加了座谈会。座谈会审议了舒大刚教授提交的"中国儒学学科建设方案暨儒学教材编纂计划"，达成重建儒学学科、编纂儒学教材的共识，并发布了《设置和建设儒学学科倡议书》。此后，我们还开过多次座谈会，并把儒学学科建设纳入国际儒学联合会在四川大学设立的纳通国际儒学奖的"儒学征文"活动,广泛征集意见建议和教材书稿。

2017年9月16日,中国儒学教材编纂座谈会在北京中国国学中心举行。国际儒联副会长赵毅武,国际儒联副理事长、中国国学中心副主任李文亮,教材编纂发起人刘学智、朱汉民、舒大刚,以及教材编纂部分承担者吉林大学教授陈恩林,清华大学教授、国际易学研究会副会长廖名春,北京大学教授、中华孔子学会常务副会长干春松,西北大学教授张茂泽,山东师范大学教授程奇立,四川大学教授、国际儒学研究院副院长杨世文,特邀顾问浙江社科院研究员吴光,中国政法大学教授单纯,四川大学古籍所副所长尹波等参加座谈会。正式形成"中国儒学试用教材"儒学通论("八通")、经典研读、专题研究三类体系。确定儒学通论即儒学知识的八种通论,经典研读是儒家经典及"出土文献"读本,专题研究重在展现儒学专题(如政治、军事、经济、哲学等思想)、专人、专书、学术流派(或及地方学术)的发展概貌。

嗣后,分别邀请了干春松(承担《儒学概论》),廖名春(承担《荀子研读》《清华简选读》),李景林(北京师范大学教授、中华孔子学会副会长,承担《孟子研读》),陈恩林[承担《周易研究》(因陈讲授《周易研究》录音整理稿已入《周易文献学》,《周易研读》改由舒大纲完成)、《春秋三传研读》],俞荣根(西南政法大学教授,承担《儒家法哲学》),程奇立(承担《礼记研读》),杨朝明(中国孔子研究院原院长、现山东大学教授,承担《孔子家语研读》),颜炳罡(山东大学教授、中华孔子学会副会长,承担《儒学与现代》),刘学智(承担《关学概论》),张茂泽(承担《儒学思想》),朱汉民(承担《湘学概论》),肖永明(湖南大学岳麓书院教授、院长,承担《论语研读》),蔡方鹿(四川师范大学首席教授、四川省中国哲学史研究会名誉会长,承担《宋明理学专题研究》),舒大刚(承担《周易研读》《孝经研读》《蜀学概论》),杨世文(承担《儒史文献》),郭沂(韩国首尔大学终身教授,承担《孔子集语研读》《子曰辑校研读》),彭华(四川大学教授,承担《出土儒学文献研读》)等先生承担编撰任务,由舒大刚、朱汉民总其成。

收到"儒学通论""经典研读"和"专题研究"三个系列的书稿后,我们于2019年在全国总工会"中国职工之家"举行审稿会议,中国社会科学院研究员、国际儒学联合会副会长兼学术委员会主任李存山,中国人民大学教授、国际儒学联合会副会长张践,中国政法大学教授、国际儒学联合会副会长单纯,中国社会科学院研究员、中华孔子学会蜀学研究会副会长陈静,国家教育行政学院教授、国际儒学联合会副会长于建福等提供了修改意见。

现经几易其稿,差可满足人们对儒学基本知识、基本经典和基本问题的了解和探研。

  2021年,教育部在尼山世界儒学中心成立"联合研究生院",专门培养"中华优秀传统文化(包括儒学)"硕士、博士,迫切需要教材和读物。职是之故,谨以成书交稿先后,陆续出版,以飨读者。其有未备,识者教焉。

"中国儒学试用教材"编委会

2023年5月1日

疏證曰山海經曰交脛國人腳脛曲戾相交所以謂之交趾大戴禮曰顓頊南至交趾又曰虞舜以天德嗣堯朔方幽都來服南撫交趾墨子節用篇曰古者堯治天下南撫交趾北戶孫子曰昔堯有天下其土南至交趾淮南修務訓曰堯舜北撫幽都南道交趾說苑反質篇曰臣聞堯有天下其地南至交趾

堯時麒麟在郊藪 毛詩麟趾序正義引唐傳云

疏證曰孝經援神契云德至鳥獸則鳳凰翔麒麟臻春秋咸精符曰明王動則有義靜則有容麒麟乃見又曰麟一角明海內共一主也王者不剖卵則出於郊京房易傳曰麟麕身牛尾馬蹄有五彩高丈二尺聖人清靜行乎中正賢人至民從命厥應麒麟來

堯使契為田 路史發揮卷四注引伏氏書

弃為田 路史後紀十一云伏書亦謂弃為田

疏證曰淮南子云堯之治天下也后稷為田疇契為司徒師說苑君道篇云后稷為田無可攷

故賜之弓矢所以征不義伐無道也圭瓚秬鬯宗廟之盛禮故
孝道備而賜之秬鬯所以極著孝道又曰喜怒有節誅伐刑剌故
賜以鈇鉞使得專殺所以無私執義不傾賜以弓矢使得專征
賜以鈇鉞使得專殺故賜之玉瓚秬鬯使得專殺其內懷至仁執
孝道之美百行之本也故賜之鈇鉞使得專殺其內懷至仁執
義不傾揚威武志在宿衞故賜為暢宋均禮緯注
曰其亢揚威武志在宿衞故賜為暢宋均禮緯注
說史引大異今文家說一之三以至九年諸侯須至於明五福
大傳說大異今文家說一之三以至九年諸侯須至於明五福
路史引大傳說三年一孜升陽德終矣陽德亦有二說積
不善至於幽六極以類降故黜此一說也
陟通曰所自始敢黜之尚書曰三年一孜少升陽德亦有二說引
尚書疑古文說謂一孜卽黜之尚書曰三年一孜少升陽德亦有二說引
虎通曰何以知始致敢黜陟一孜卽黜一說也白虎通曰先削地而後絀爵者何
說大傳先爵後地此一說也又一說先削地而後絀爵者何
爵者尊號也地者人所任也今不能治廣土衆民故先削其土
地也疑亦古文說與大傳說不同又一說也注引春秋左氏傳哀
七年傳文集解云魯以八百乘之賦貢於吳是也注云以兵屬
微誤

堯南撫交阯
於晉

水經注三十
七淹水注

瓚諸侯璋瓚既不得卣則用薰故王度記云天子以卣諸侯以
薰此弓矢鈇鉞圭瓚等八命九命而加九賜也正義證甚詳
然九命孜黜有二說一曰五十里疏引許慎鄭司農說皆以九十里
命白虎通篇曰五十里不過五賜而進爵土七十里不過
七錫賜皆所以進爵勸善助不能禮百里不過九賜而進爵
九十里有不過五命賜車馬小大行禮有九賜百里不過九命
五十里有一命賜衣服七命賜國九命作伯
厚薄此功命穀梁注云一說盛德始封百里復有功褒德賞功但德有
專征伐後有殺斷獄白虎通賜秬鬯一說封賜虎賁百人賜賁後有三等
五十里有功稍始封賜秬鬯一增爵為侯伯始賜貢人爵三公
賜弓矢子男賜圭增至樂則益以九功三公
伯復分授百里七十里增爵為侯則有二百里
三等不及受車馬云三伯賜一里五等
賜命而作牧作用後周禮九命也文當仕之者一命而受服
九錫皆有圭瓚之後始得伏生之書或如鄭說也以七命備以下則
得有弓矢鈇鉞圭瓚能受不明文傳亦必以再命之三則以
日能誅有罪故賜者賜之鐵鉞所以斷大刑刑罰既正則能征不義
距惡當斷刑故賜之鈇鉞所以斷義

正義並節引又路史後紀十二有虞紀引作周傳考續訓

疏證曰陳壽祺曰周書無考續之文周當為唐字之誤路史賞有功也下尚書有一之三以至九年云三十八字其文詞不類
大傳蓋羅氏泌之語今不錄錫瑞案漢書宣帝紀地節三年令郡國舉孝弟詔曰反側晨興念虞舜萬方故並舉賢良方正以親
萬姓正用此引訓義唐志別出暢訓一卷即暢訓說之文同王制未賜圭瓚賜賢良方正以親
卷伏勝注謂賞有功諸侯為賜郕卻暢訓一卷為暢訓三說
然後作牧者乃敢為諸侯則暢郕爵秬酒也故宗伯正義曰
天子注云得專征賜者若不作牧者不得賜弓矢故此云
賜引矢者謂八命作牧則得專征伐也此謂七命以當
八命注云謂二伯則得專征九伯也若征伐當
州之內若九命得專征伐於得專征伐者此弓矢屬於兵一方五侯九伯也若七命伐當
下尚書大傳云以兵千於周禮則當唐虞之
則不而成司弓矢唐引矢之授使者勞者九命
合文公受故弓賜者得賜唐引大弓鉞者注云
晉然後文王引矢者謂上鉞鉞者
鈇鉞後鄭國臣弑君子弑父之賜則用璋瓚
九命者若未賜圭瓚者則專討之賜小宗伯注云天子

鈔引大傳與白虎通文合而無宮刑蓋有關文御覽引大傳當作上刑赭衣不純雜履墨幪中刑雜履墨幪下刑墨幪乃與鄭注上刑易三中刑易二下刑易一之義相符今本亦有缺文據孝經緯之文可證考經緯言下罪雜履與大傳言下墨幪小異蓋所傳不同

帝猶反側晨興闢四門來仁賢文選刻漏銘注又毛詩關雎正義引首句書曰三歲考績三考黜陟幽明其訓曰三歲而小考者正職而行事也九歲而大考者黜無職而賞有功也其賞有功也諸侯賜弓矢者得專征賜鈇鉞者得專殺賜圭瓚者得為鬯以祭不得專征者以兵屬於得專征之國注春秋傳曰魯賦八百邾賦六百以兵屬於晉由是也不得專殺者以獄屬於得專殺之國不得賜圭瓚者資鬯於天子之國然後祭注資取儀禮集傳集注三十三王制之已又儀禮經傳通解續宗廟路史發揮五禮記王制

引　而画之犯大辟者布衣无领

改证

疏证曰古说皆以为画象

黜涤婴缨古说皆以为畫象荀子曰古無肉刑而有象刑墨

子當宫布鄴氏之誅共鄴當艾畢

弗使冠飾之無領當幪當艾畢

注象畫者墨當墨象上罪墨幪赭衣當剕

文五帝畫象者上罪墨幪赭衣當剕

雜異章服以為僇而民不犯蓋古之象刑者上罪墨幪赭衣雜屨對剕殺赭衣而不純慎

冠履雜屨為僇而民不犯唐虞紀曰朕聞昔在唐虞畫衣

象而民不犯刑元帝紀曰蓋聞昔在唐虞畫衣冠

日唐虞象刑天民是也全白虎通五刑篇曰五帝畫象者其衣服

腊處而畫象之犯墨者幪巾犯劓者以赭

帝畫象以肉刑公羊襄二十九年傳注引之曰其

世順疏故以示其恥當世之人順而從之疾同而機矣

故曰五帝畫象世順機也皆與大傳義合而稍有異同北堂書

御覽六百四十五刑法部十一 又文選求賢良詔注
冠飾七命注初學記二十白帖象刑荀子正論篇注並節引

唐虞之象刑上刑赭衣不純中刑雜屨下刑墨幪以居州里而反
於禮注純緣也時人尚德義犯刑者但易之衣服自爲大恥周禮
罷民亦然上刑易三中刑易二下刑易一輕重之差　公羊傳襄二
疏證曰隊壽祺曰傳末而反於禮四字公羊襄二十九年疏作
而民恥之據路史後紀十一紀陶唐云唐傳作而反於禮甫刑
傳以三刑爲有虞氏者非今依改又曰路史引而上刑下卽言
爲唐傳下非有虞制是此又曰路史引而上刑下刑云
云相屬皆在唐傳中路史又釋云純緣也皆用鄭注文則唐傳
民亦然上刑易一輕重之差上條而民恥之下非也
有此節傳注甚明此下四萬二千家爲州而民恥之下
錫瑞案路史引此下以此四字綴上條而民恥之下非也
里與周禮異羅氏知唐虞與周禮不同然據大傳所推一
州當有四十三萬二千家或今本路史脫十三兩字耳

唐虞象刑犯墨者蒙皁巾犯劓者赭其衣犯臏者以墨幪其臏處

所以巡狩者何巡者循也狩者牧也为天下巡行守牧民也道德太平恐远者不同化幽隐不得所者故必亲自行之谨敬重民之至也又曰所以不岁巡守者何为太疏也因天道三岁一闰天道小备巡五年再闰天道大备故五年一巡守故必亲自行之循也考德黜陟幽明者也道德太平恐远近不同故必亲自行之循也狩者循也巡守者天子适诸侯之所守也考其功德黜陟之辞亦引礼记大传曰五载一巡守之年第八王者注王四方同风俗通山泽篇曰巡狩者何守之必巡守者何天下虽平所以必巡守者方域小备巡五年再闰天道一巡……

故三年一使三公绝陟之国外传曰薄天之下莫非王土率土之滨莫非王臣巡狩至四岳足以知其所守各皆在仲月故引礼记之行政而已御览之夏殷天子巡狩之年周制十二年一巡狩狩之皆在天子之地故巡行烦柴告天之下

齐同有善恶以黜陟之
唐虞象刑罪民不敢犯苗民用刑而民与相渐唐虞之象刑上刑赭衣不纯中刑杂履下刑墨幪以居州里而民耻之〔注〕纯缘也时
人尚德义犯刑者但易之衣服自为大耻履履也幪巾也使不得

疏證曰白虎通巡狩篇曰三歲一閏天道小備五歲再閏天道大備故五年一巡守三年二伯出述職黜陟一年物有終始歲有所成方伯行國時有所生諸侯行邑傳曰周公入為三公作二伯中分天下出黜陟而天下皆正也詩曰周公東征四國是皇言東職周公黜陟而天下大說有言召公述職親說舍於野樹之下也又曰召伯所茇伯所以不舍於居民舍於樹下也三歲一閏天道通義故二伯所以稱陟也何以為二伯所以黜陟也明之最尊者又以王命行天下為其盛故以稱陟也

五年親自巡守巡猶循也狩猶守也循行守視之辭亦不可國至入見為煩擾故至四嶽知四方之政而已
公羊隱八年解詁疏云堯典文
疏證曰陳壽祺曰堯典傳疏脫傳字耳今附錄於此錫瑞案王制曰天子五年一巡守注曰天子以海內為家時一巡省之五年者虞夏之制也禮何尊天重民也所以五年一巡狩何尊禮何盛德之中能興雲致雨也白虎通巡狩篇曰王者巡狩者何巡循也狩牧也為天循行牧民也

謹案陳氏之說是也大傳當作五禮五樂三帛淺人據晚出古文刪之五樂見虞夏傳維元祀篇五玉當從白虎通文質篇義其說日何謂五瑞謂珪璧也禮日天子珪尺有二寸又曰博三寸剡上左右各寸半寸半珪爲璋方中圓外日璧半璧日璜圓中牙外曰琮五玉者各何施功之事也三帛當從鄭義公羊傳疏引鄭尚書注云召璧以聘問璋以發兵珪以質信琮以起土功之事也三帛當從鄭義公羊傳疏史記正義皆引鄭尚書注云辛氏之後用黑繒其餘諸侯皆用白繒周禮改之爲纁也鄭與大傳三統三正之義合其餘諸侯皆用赤繒高陽氏之後用赤繒高天子三公諸侯皆以三帛以薦玉宋均注云其殷之諸侯一色之帛謂高辛氏之後用一色之帛謂朱白蒼象三正其五帝之禮薦一路史後紀十

以賢制爵以庸制祿故人慎德與功輕利而興義疏證曰周禮大司徒施十有二教十有一日以賢制爵則民慎德十有二日以庸制祿則民興功鄭注慎德謂矜其善德也庸功也爵以顯賢祿以賞功正與傳合蓋傳以此爲陶唐氏之事也

三年一使三公黜陟 解詁疏云書傳文 公羊隱八年何休

日用飲食是其政和若其政惡則十月之交徹我牆屋田卒汙萊是也命典市之官進納物賈以觀民之所有愛惡山川是外神故云不舉不敬也山川在其國竟故削以地宗廟是內神故云不舉不順不孝也宗廟可以表明爵等故黜以爵禮樂雖爲大事非是切急所須故以不從君惟流故制度衣服便是政治之急故以爲畔君須誅討此四罪先輕

重後放

舜修五禮五玉三帛 廣韻入聲二十陌帛字注

疏證曰五禮下當有五樂二字漢書郊祀志引虞書修五禮五樂三帛師古曰五樂謂春則琴瑟夏則笙竽季夏則鼓秋則鐘冬則磬也五樂尚書作五玉今志亦有作五玉者五玉卽五瑞陳喬樅曰據禮記東巡守文下言禮樂制度衣服正之則是其所據尚書堯典亦有修五禮五樂制度衣服五字明班固漢書多用夏侯尚書禮記本與夏侯尚書合也追後歐陽傳寫或存或亡本尚書不同故文遂無可考後人胎合史漢疑文去與東晉晚出本合或存五樂而去之玉作樂此志所以有作五樂之解或存五玉而去之解五樂謂春則琴瑟云云實襲漢書音義舊說而爲之注也

山川神祇有不舉者為不敬不敬者削以地宗廟有不順者為不孝不孝者黜以爵變禮易樂為不從不從者君流改衣服制度為畔畔者君討有功者賞之尚書曰明試以功車服以庸〔白虎通巡守篇注〕

百年老成人見尊之之至也

疏證曰禮王制有此文蓋伏生引以釋尚書鄭君云孟子當報王之時王制之作復在其後是王制者引大傳義其說非也王制注曰陳為漢文時博士作王制者賈誼之徒引大傳而視之市典詩謂采其詩而觀之市典物貴賤厚薄也質則用物貴淫則侈物貴舉猶祭也不順謂若逆昭穆流放之類正義曰此謂問百年者就見之若未至方嶽於道路之上見百年者則亦王先見之故祭義云天子巡守諸侯待於竟天子先見百年者下云八十九十者東行西行者弗敢過道經所是不見雖大師乃命其方諸侯善則行者與此少別王巡守以觀其詩以知其政之善惡其國風之詩亦善惡官則陳其詩詞亦惡觀其詩則知君政善惡故天保詩云民之質矣

曰反必告設奠卒斂幣玉藏諸兩階之間乃出蓋貴命也正義曰孔子曰主命者孔子言天子諸侯出無遷主乃以幣帛及皮圭告於祖禰之廟遂奉以出行載於齊車以象受命故曰主命云所告於祖禰者皇氏云謂有遷主者直以幣告帛告神而不將幣帛以出卽埋之兩階之間無一廟以遷主者加之幣玉告以皮圭告於遠祖禰遂奉以出每告一廟以一幣玉告者若將所告於遠祖禰者皇氏以為熊氏以出卽載行幣而去若近祖事畢則埋者卽埋之以其反還之時載行幣玉不以出言於遠祖曾子問下直告於近祖禰幣玉告畢此於文祖本之曾子問分別有遷主載幣帛是故不陳幣玉也案大傳出軍巡守者以先由禰告祖以及遷主以行甘誓云用命賞於祖是也其職則庶子以告祖禰不載遷主故文王命在軍則公禰注謂從軍者公禰行主也遷主得言禰者在外親之言守於公禰之文王世子曰其在軍則守在軍則當載高祖之禰矣册府元龜載皇氏禮疏云惟載新遷一室之主何示有所尊引曾子問曰王者諸侯出必日必以遷主者明廟不可空也
見諸侯問百年命大師陳詩以觀民風俗命市納賈以觀民好惡

疏證曰此解經輯瑞班瑞之義諸侯執圭朝天子無過者還之經言班瑞是也有過者留其圭以差黜創此傳文并言圭與璧或疑一冒不得言圭必與冒兩物不知冒之意大傳白虎通皆未嘗言圭必與冒相合疑者自誤解耳說苑修文篇曰諸侯貢士謂之誣者天子黜以爵再黜以地三黜而地畢又曰諸侯有不貢士謂之不率正一黜以爵再黜以地三黜而地畢又曰諸侯有不適謂之不率正三黜皆諸侯有過之一端也子黜之一黜以地三黜而地畢又曰諸侯有不率正皆諸侯有過之一端也差與此傳合誣與不率正皆諸侯有過之一端也

古者巡守以遷廟之主行出以幣帛皮圭告於祖遂奉以載於齊車每舍奠焉然後就舍反必告奠卒斂幣玉藏之兩階之間蓋貴命也

路史後紀十二

疏證曰禮記曾子問曰古者師行必以遷廟主行乎孔子曰天子巡守以遷廟主行載於齊車言必有尊也今也取七廟之主以行則失之矣注云齊車金路又曾子問曰古者師行無遷主則何主孔子曰主命問曰何謂也孔子曰天子諸侯將出必以幣帛皮圭告於祖禰遂奉以出載於齊車以行每舍奠焉而又就舍注云以脯醢禮神乃敢卽安也所告而不以出卽埋之

冒之似犎冠古文作珇書顧命上宗奉同瑁別傳引馬注訓爲大同天下蓋以同瑁爲一物亦取覆冒天下故爲大同也

古者圭必有冒言下之必有冒不敢專達也天子執冒以朝諸侯見則覆之故冒圭者天子所與諸侯爲瑞也瑞也者屬也無過行者得復其圭以歸其國有過行者留其圭能改過者復其圭三年圭不復少黜以爵六年圭不復而地畢此所謂諸侯之朝於天子也義則見屬不義則不見屬又禮書五十二六珍寶部五文獻通考節引留其圭下有三年二字白虎通文質篇引瑞也者執所受圭與璧以朝於天子一句無過行者有過者上多其餘二字能改過者復其圭作能正行者復還其圭地畢作地削餘同又路史後紀十二山堂考索演繁露玉海並節引

論衡祭意篇曰六宗居六合之間助天地變化王者尊而祭之故曰六宗月令孟冬乃祈來年於天宗盧植注曰天宗六宗之神呂氏春秋文同月令高誘注曰凡天地四時皆為天宗弄天不生非地不載非春不長非夏不成非秋不藏非冬書曰禋於六宗此之謂也楚辭惜誦戒六神以鄉服王逸注曰六神謂六宗之神也尚書禮于六宗九歎訊九魁與六神王逸注曰上問九魁六宗之神太極沖和之氣用事六宗之義皆與大傳今文說同伏生言天地四時三家謂在天地四時之間又變四時為四方蓋東方春南方夏西方秋北方冬其義亦不異也

古者圭必有冒言不敢專達之義也天子執冒以朝諸侯見則覆

〇注 君恩覆之臣敢進人 疏 周禮玉人云天子執冒四寸以朝諸侯注曰名玉曰冒者言德能覆蓋天下也疏引此傳白虎通文質篇曰合符信者謂天子執瑁以朝諸侯執圭以覲天子瑁之為言冒也上有所冒下有所冒也說文玉部瑁諸侯執圭以朝天子天子執玉以

通禮儀部七續漢祭祀志中注北堂書鈔引並無注
禮解續二十六上囧事之祭又御覽五百二十八
疏證曰陳壽祺曰注司人非煙舊作湮路史
餘論五云禮于六宗大傳作煙則事止燔燎據
旁証作煙故鄭注禮記大宗伯煙祀引尚書洛誥
注云禮芬芳之祭祀也周禮祀昊天上帝煙于六宗禮之言
煙周人尚臭煙氣之臭聞者也是鄭據書堯典煙于六宗禮之文
以解禋祀樊毅修西嶽廟記奠柴燎煙於太乙
以供煙祀西京賦升高煙孔子廟碑
魏受禪碑引異義今尚書歐陽夏侯說六宗上
法正義引異義今尚書歐陽夏侯說六宗上
地旁不及四方在六者之間助陰陽變化有名六宗
天並祭之漢書郊祀志引三家說一而名六宗
及書曰司空李郃侍祠南郊不及地旁不及
家書曰禋于六宗鄭注家說六宗助陰陽變化成萬物今宜復舊制度
合之中助陰陽化成萬物今宜復舊制度
上帝禮于六宗在天地四方之中爲上下
書歐陽家說謂六宗在天地四方之中爲上下
始中故事謂六宗易六子之氣日月雷風山澤者爲非是楊雄
太元告曰神游乎六宗范望注曰不居四時天地者爲六宗

此說與大傳合蓋上日卽是元日特以改正而未改正
耳尚書中候曰若稽古帝舜曰重華欽翼皇象建黃授政改朔
詩緯推度災曰軒轅高辛夏后氏皆以十三月為正少昊有
唐有殷皆以十二月為正高陽有虞有周皆以十一月為正漢
書董仲舒對策曰孔子曰無為而治者其舜乎改正朔易服色
以順天命而已其餘盡循堯道何更為哉白虎通曰三正篇曰王
者受命必改正朔易服色何明易姓示不相襲也明受之於天不受之於
人所以變易民心革其耳目以助化也是以舜禹雖繼太平猶宜改
正朔易服色殊徽號異器械別衣服也故大傳曰王者始起改
正朔易服色殊徽號異器械別衣服也是以舜禹古說舜改正朔之義
萬物非天不生非地不載非春不動非夏不長非秋不收非冬不
藏故書曰煙于六宗此之謂也〔注〕煙祭也字當為禋馬氏以為六
宗謂日月星辰泰山河海也經曰肆類于上帝禋于六宗望秩于
山川徧于羣神月令天子祈來年於天宗如此則六宗近謂天神
也以周禮差之則為星辰司中司命風師雨師也部三儀禮經傳
　　　　　　　　　　　　　　　　　　　　　　御覽十八時序

曰升紫微平機衡後碑又曰陟太微準樞衡卽機衡星
名蔡邕九疑山碑曰旋璣是也注云璇璣與樞衡皆星
作旋機攝提皆上察旋璣是承泰階以平璣衡卽蓋杖師
舉王逸九思曰上察旋璣是承泰階以平璣衡郎本
名察後人改之注云大火亦西眣旋璣攝提揆
先察之火攝提皆上察旋璣注云文思矣又注云大
注云璇璣玉衡以喻君之明證機爲九星又曰自輔翼
而注機作璣亦以後人改之明證機爲九星又曰自輔翼
以正義而大傳以斗爲北極兩漢不去小人以辨序從謀
傳古義引大象列星圖旋爲北斗星則人以辨序從謀
御覽引大子第二星最明者爲北極帝星實本之天文
星在紫微宮中央夫解故謂之中經則七政後宮其屬
並爲渾儀古無測古經必用其大義占天也有
其說日月五星旣已誤解尚書鄭注大
以古文異說尚書鄭注爲義和所立不復瀾
鄭氏不加辨正反引考靈曜說以推波助瀾其失甚矣
分圭爲日月五星鄭注帝王易代必改正朔堯正建子此
陳邠不加辨正反引考靈曜說以推波助瀾其失甚矣
尚書鄭注曰帝王莫不改正乃改朔堯正故云月正元日鄭
時未改堯正故云正月上日卽位乃改朔堯正故云月正元日

三星機耀緒史記律書曰璇璣玉衡以齊七政郎天地二十八宿十母十二子天官書曰北斗七星所謂璇璣玉衡以齊七政說苑辨物篇曰璇璣謂北辰句陳樞星也斗牒酌建也斗第一星曰樞人之佐助也玉衡謂斗九星也觀璇璣之運齊玉衡之政則哉以斗星辰也斗九星有齊明則言天地得其正氣七政乃齊候及渾儀分別甚晤觀七星分則合析玉衡指星名名之書星則言分則合析玉衡指建齊七政之經緯班馬之書斗九星也大傳之光之故漢書律曆志曰昔者聖人之處以齊七政故漢書律曆志曰北斗七星所謂璇璣玉衡以齊七政卽天地二十為九渾星分則別天地北斗又謂之旋星名北極也引經亦皆以璇璣為北斗又言玉衡為北斗又以璇璣為北極以玉衡為北斗北極不及玉衡并為北斗攤以為運諸李李所引星經用皆以璇璣為北斗星名也平曰甘泉賦曰攀璇璣而下視兮目眇睞以遊目兩漢人所引處通旋璣以觀大運正而泰階平古文尚書日璇璣而以衡與泰階對難魁杓之前後分亦遂隆於河濱傳毀明帝誄曰璇璣運衡廢與泰階不奄有崔駒則以銘日虞夏作車取象璇璣碑曰機衡又旋機之政周公禮殿記曰旋璣離常山陽太守祝睦碑

御覽二十九時序部十四又史記五帝紀正義天官書索隱王海天文上引大傳與此不同蓋誤〔注〕渾儀中筩為旋機外規為玉衡也

疏證曰陳壽祺曰隋書天文志引尚書考靈曜璇璣亦非大傳義案鄭注此文首有昏明庶主也至政中之大也疑是書緯言在旋機草蕃蕪而百穀登萬事康也玉海天文門引此文則日不及其度月過其宿璇璣中而星未中為急急則日過其度月不及其宿璇璣未中而星為舒舒則風雨時庶草蕃蕪而百穀登萬事康也時乃命中星者九字是書緯文錫瑞案鄭注非言在旋機傳義陳氏引尚書緯文始出握機矩書考靈曜作璇璣皇始出握機矩尚書大傳義案鄭注引中候曰昔帝軒提像配乾鑿度合卦驗長也旋機玉衡以齊七政正義循尚書注云旋機斗樞玉衡拘橫斗衡之尾曰杓又日北斗第一至第四為魁斗第五至第七為標合而為斗七者魁四星為璇璣杓三星為玉衡又日璇璣斗魁四星玉衡拘橫斗衡之尾所謂斗也屬機玉衡運斗樞屬杓魁杓所行同道異位皆循斗屬斗州屬機星衡之分遵人主含天光據璣衡齊七政日北斗第二旋第二星機第三星提感精符第

舜耕於歷山陶於河濱釣於雷澤天下悅之淮南原道訓曰昔者舜耕於歷山朞年而田者爭處墝埆以封壤肥饒相讓釣於河濱朞年而漁者爭處湍瀨以曲隈深潭反質篇曰歷山之田者善侵畔而舜耕焉雷澤之漁者善爭陂而舜漁焉東夷之陶器窳而舜陶於河濱期年而器牢說苑反質篇曰舜耕歷山而交益陶河濱而交禹於是525215215稱其工巧黄帝家教授教子也卷三曰昔舜耕於歷山陶於河濱漁於雷澤陶非舜之事而舜爲之者爲救敗也新序雜事一曰昔者舜自耕稼陶漁而躬孝友父母也趙岐孟子注時居山之間鹿豕近人若與人遊

正月上日受終於文祖在旋機玉衡以齊七政齊中也七政者謂春秋冬夏天文地理人道所以爲政也道正而萬事順成故天道政之大也旋機者何也傳曰旋者還也機者幾也微也其變幾微而所動者大謂之旋機是故旋機謂之北極受謂舜也上日元日

販於頓邱就時負夏

史記五帝紀索隱又御覽八
百二十九資產部九引上句
疏證曰帝王世紀曰始遷於負夏販於頓邱責於傳虛家本冀州每徙則百姓歸之案孟子曰遷於負夏乃貿遷之卽傳
所云就時

舜漁於雷澤之中注雷夏沈州澤今屬濟陰
史記五帝紀集解御
覽七十二地部三十
又八百三十三
資產十三引傳
疏證曰史記五帝紀舜冀州之人也耕歷山漁雷澤陶河濱作什器於壽邱就時於負夏又曰舜耕歷山歷山之人皆讓居陶河濱河濱器皆不苦窳尸子曰舜兼雷澤雷澤上人皆讓居有其利其雷澤有其利天下其田歷山也荷彼耒耨耕彼南畝與四海俱若日月天下歸之若旱之望雨父母韓子曰歷山農者侵畔舜往耕焉朞年而甽畝正河濱之漁者爭坻舜往漁焉朞年而讓長東夷之陶者苦窳舜往陶焉朞年而器牢呂氏春秋曰大舜遇堯天也

郎陶邱乃定陶
西南之陶邱亭

祁祁如雲娣必少於嫡知未二十而往也皆同大傳之義

孔子曰舜父頑母嚚不見室家之端故謂之鰥 毛詩桃夭序正義引唐傳又尚書堯典正義通鑑前編帝堯七十載注堯典正義曰鰥者無妻之名不拘老少書傳以舜年尚少為之說耳

男三十而娶女二十而嫁書有鰥在下曰虞舜 篇盧辨注 大戴禮本命

舜生姚墟 風俗通山澤第十謹案尚書疏證曰陳壽祺曰尚書無此文此蓋尚書傳文錫瑞案路史餘論引援神契云舜生姚墟應劭謂與雷澤相近帝王世紀曰瞽瞍妻曰握登見大虹意感而生舜於姚墟故姓姚名重華字都君 姚墟在濟陰城陽縣

昔舜耕於歷山陶於河濱(注)歷山在河東 毛詩魏譜正義又尚書大禹謨正義又今有

舜井 水經瓠子水注御覽四十二引鄭元云舜陶河濱按元和志乃河東縣北舜井地部七井作墓引鄭元云疏證曰路史餘論引大傳云舜陶河濱又曰皇甫謐謂壽邱在魯東門之北河濱為四十里之故陶城又曰

十肌膚充盈任為人母
內則曰男三十壯有室女
二十再終偶陰節也陽大成於三
而娶陰小成於陰故二十而嫁
論訓禮注三十而娶者陰數二十
子數左行三十年立於已從
子數故聖人制禮使男立於已合
夫婦人所生也男三十左行三十
兩漢經師皆以男女從者陰陽未成時亦生於子男從
異說不足據云三十二十俱立文亦云元氣起
年不出姆此言未嫁之前所講女事以逞其
供衣服也漢經師皆以三十二十俱立文亦云元氣起於已為夫婦則
婦人八歲備數十五從嫡二十承事君子
疏證曰公羊本齊學與濟南家法相同故引大傳解公
白虎通嫁娶篇曰姪娣年雖少猶從適人者明人君無再娶之
義也遷待年於父母之國者詩云姪娣從之祁
祁如雲韓侯顧之爛其盈門公羊傳曰叔姬歸于紀明待年也
穀梁注引異義云謹案姪娣年十五以上能共事君子諸娣從之
二十而御易曰歸妹愆期遲歸有時詩曰韓侯娶妻

十而娶女二十而嫁蓋本於此書大傳孔子之說亦然則大
當更有太古五十而娶之文與本命篇同疏所引不備耳疏載
王肅曰周官令男三十之男二十之女不待禮而行之所以奔者不
不得過此也三十之男二十之女合於中節
禁引家語以爲三十之男二十之女言其極法馬昭則引大傳
此文及禮記本命篇中古男三十而娶女二十而嫁穀梁傳曰男子二十而冠冠而列丈夫三十而娶女十五許嫁笄而字禮也又曰丈夫三十而室尹更始曰男子三十而娶女二十而嫁內則二
太古男五十而娶三十而嫁
而列丈夫三十而室女子十五笄二十而嫁有故二十三而嫁
三十而嫁曲禮始日事女子十五笄云三十而盛又可以娶者何
嫁經有夫姊之長殤舊說盧氏以爲盛衰一說關畏厭溺而殤之盧氏生子禮王世三十而娶文
盛衰義同今大戴禮說男子三十而娶女子二十而嫁內
引異又左氏說人君早娶文王十五而生武王世子禮也天子諸侯
及庶人今禮又所以重繼嗣鄭元以
許君謹案舜生三十不娶故知人君與庶人之異亦當同大戴說又白虎
武王有兄伯邑考在故
駁據禮則古文左氏說人君庶民同
通嫁娶篇日男三十而筋骨堅強任爲人父女二
長女幼者何陽道舒陰道促男三十而娶女二

繕邊城注云立冬節土工其始故治宮室繕修邊城備寇難也又曰廣莫風至則閉關梁斷刑罰殺當罪注云象冬閉藏不通關梁也罰刑之疑者於是順時而決之又曰太陰理冬則欲猛毅剛強又時則訓其令曰審羣禁固閉藏修障塞繕關梁禁外徒斷罰刑殺母赦雖有盛尊之親斷以法度已得執之必固天節已幾刑殺人房易占曰冬當終也萬物於是終也京房易占曰立冬應陰無不周風用事人君當興邊兵治罪決罰乾王不周晏開以索姦人終成乙已占曰天子當以冬之時萬物修積聚坏城郭戒門修鍵閉慎筦鑰固封疆備邊境防要害謹關梁跋徑飭喪紀皆與大傳義合

無行水母發藏母釋罪蔡邕月令章句曰終

孔子對子張曰男子三十而娶女子二十而嫁女二十而通織紝

續紡之事備黼黻文章之美不若是則上無以孝於舅姑下無以事夫養子也

周禮媒氏疏無女二十而四字通典五十九嘉禮四又毛詩摽有梅正義疏證曰路史前紀逸禮本命篇云太古男五十而娶女三十而嫁中古男三十而娶女二十而嫁地官媒氏掌萬民之判男三

之言聚賈疏云柳者諸邑所聚邑日赤兼有餘邑族日
柳穀遂謂說文有穀字云日出之赤穀當眠借爲穀其說非是

寅餞入日辯秩西成傳曰天子以秋命三公將率選士厲兵以征
不義決獄訟斷刑罰趣收斂以順天道以佐秋殺 御覽部二十四時序部九
疏證曰春秋感精符曰霜殺伐之表季秋霜始降鷹率擊王者
順天行誅以成肅殺之威明堂之制曰秋治以矩矩之言度也
肅而不勃剛而不匱殺之威厲而不懾令行而
不廢殺伐既得仇敵乃克矩正不失百誅乃服洪範五行傳曰
仲秋之月乃令農隙民畢入於室日時殺將至毋罹
其災季秋之月除道成梁以利農夫也孟冬之月命農畢積聚
繫牛馬收澤賦王居明堂禮亦與五行傳署同

辯在朔易日短朔始也傳曰天子以冬命三公謹蓋藏閉門閭固
封境入山澤田獵以順天道以佐冬固藏也 時序部十一御覽部二十六
疏證曰陳壽祺曰大傳引書曰短下無星昴二字或傳寫失之
或以日短斷句錫瑞案淮南子天文訓曰不周風至則修宮室

淺人妄增命三公云云所謂辯在伏物絕無始易之意也漢人多用今文尚書王恭傳曰予之北巡以勸蓋藏卽伏物也此今文尚書說也侯康曰段說非也大傳於辯秩西成意亦與西成意不相涉蓋絕無始易之意然大傳果謂改歲入此室處言人物皆循渾舉大意而已況正義引王肅此句注云皆謹約蓋藏行積聚詩嗟我婦子曰爲改歲入此室處言人物皆循傳意同使大傳或亦有朔易之證也傳之不作伏物言之不取以解朔易者即是此其一不必是而大傳以北方爲伏方則伏物卽是北不必定作朔字始與東西南三方相對也王肅亂經之人其說何足爲據

分命和仲度西曰柳穀 是周禮縫人注賈疏云
疏證曰尚書正義引夏侯等昧谷爲柳穀史記
徐廣曰一作柳穀則史記亦當本作柳穀後人妄改之大傳柳穀之穀字蓋亦叚借爲谷與穀通莊子臧與穀二人相與
爲羊崔譔本穀作叚借夏侯等用本字故曰
穀之義是其證也蓋伏生書用叚借字春
爲嵎谷秋爲柳谷亦曰柳穀入處地名是也孫星衍因周禮鄭注云柳
谷徐廣曰入正相對論衡云日出扶桑暮入細柳

傳作北方者何也伏方也萬物之方伏則何以謂之冬冬者中也伏物之方藏於中也故曰北方冬也疏證曰禮記鄉飲酒義曰北方者冬冬之為言中也中者藏也萬物之至冬皆伏貴賤若一也漢志曰太陰者北方北方伏也陽氣伏於下於時為冬冬者終也物終藏乃可稱白虎通五行篇曰北方者伏方也萬物伏藏

冬也春秋繁露曰冬氣襄故藏

中春辯秋東作中夏辯秋南訛中秋辯秋西成中冬辯在朔易 周禮

馮相氏注賈公彥疏云據書傳而言

史記五帝紀索隱亦引辯秋東作

史記五帝紀索隱

便在伏物

疏證曰索隱曰使利叔察北方藏伏之物謂人畜積聚等冬皆藏伏尸子亦曰北方者伏方也尚書作平在朔易今案大傳云便在伏物太史公據之而書段玉裁曰作朔易者古文尚書作便在伏物者今文尚書大傳辯在朔易日短朔始也伏物者今文尚書也此朔易二字乃淺人所改朔始也天子以冬命三公謹蓋藏閉門閭固藏也伏日天道以佐冬固藏也三字亦

古韻西不與齊韻通詩小明我征徂西與明上天叶班固西
都賦汧涌其西涇渭之川叶樂府雁門太守行安陽亭西與
莫不欲傳叶此云鮮方義亦虫諧聲出也鮮當如爾雅秋獵曰
獮之義古文尚書柴誓大傳作鮮誓史記魯世家云作獮徐
廣曰一作鮮一作獮索隱曰鮮也言於盼地誓衆因行獮田
之禮以取鮮獸而祭故字或作鮮或作獮是鮮獮聲義皆近獮
有殺義故秋日鮮方五行志金者西方萬物旣成殺氣之始
也傳云離逢非沴維鮮之功鄭注鮮殺也玉燭寶典引訊作誖
者古者訊誖通用詩訊予不顧訊一作誖

北方者何也伏方也伏方也者萬物伏藏之方伏藏之方則何以
謂之冬冬者中也中也者萬物方藏於中也故曰北方冬也陽盛
則呼荼萬物而養之外也陰盛則呼吸萬物而藏之內也故曰呼
吸也者陰陽之交接萬物之終始 注 呼荼氣出而溫呼吸氣入而
寒溫則生寒則殺也 御覽二十六時序部十一又藝文類聚三記
纂淵海卷三節引又事類賦五玉燭寶典引

南方者任養之方萬物懷任也三禮義宗曰夏大也謂萬物長大也夏謂南者南也案古南男任三字通左氏傳鄭伯男也亦作南禹貢二百里男邦史記作任國可證懷任猶懷妊也

西方者何也鮮方也訊也訊者始入之兒始入者何以謂之秋

秋者愁也愁者萬物愁而入也故曰西方者秋也〔注〕秋收斂兒〔御覽〕秋收斂兒始入之貌始入則何以謂之秋者愁也

疏證曰陳壽祺曰愁當如禮記作揫字之誤注秋字亦當作揫二十四時序部九玉燭寶典引傳曰西方者何也鮮方也鮮者訐之方也訐者始入之貌始入故曰西方者愁也注收斂也作收斂乃成就〔白虎通曰秋之言愁也其神蓐收者縮也釋名曰秋緧也緧迫萬物使得時成也三禮義宗曰秋之言揫縮之意陰氣出地始殺萬物故以秋為節名以西方為鮮方者匡謬正俗曰西有先音孜

錫瑞案爾雅釋天曰秋為白藏又曰秋爲收成又曰秋爲收怒氣故殺漢志曰春秋繁露曰秋愁也湫湫者憂悲之狀又曰秋之言愁也 愁者少㬫少㬫者露也秋攕蓐收也物攕蓐收者縮也釋名曰秋者縮也其帝少皞注獨殺也順秋氣也春秋元命苞曰秋愁也

疏證曰尸子曰東方者動也動氣也故動乃曰東方為春春動也春秋元命包曰春之為言偆偆者喜樂之貌也又曰春名蠢位東方動蠢明達注春之言蠢動此名以自明自達也漢書律厤志曰少陽者東方東方動動物於時為春蠢蠢者物蠢生迺動運白虎通五行篇曰木在東方東方者陽氣始動萬物始生爾雅釋文引劉歆注曰春之為言偆也物偆動祀典篇曰春之為言偆偆動也其音角觸也物觸地而出戴芒角也雙聲召誥維丙午朏一作維丙午蠢

者蠢也蠢蠢搖動也

名之為東方者動方也萬物始動躍也

動萬物始動躍也風俗通五行篇曰春之為言蠢

也物蠢也蠢蠢搖動也

而出戴芒角也雙聲召誥維丙午朏一作維丙午蠢

南方者何也任方也任方者物之方任何以謂之夏夏者假也呼

萬物養之外者也故曰南方夏也

御覽二十一

時序部六

（注）呼荼讀曰噓

舒

事類賦又玉燭寶典引傳任方者呼荼萬物而養之外也作假也是故萬物

養之外也者呼荼萬物而養之注噓下多也字

疏證曰禮記鄉飲酒義曰南方為夏夏之為言假也養之長之假之仁也尸子曰夏為樂樂者南方夏興也漢志曰太陽者南方南方任也

氣任養物於時為夏夏假也物假大乃宣平白虎通五行篇曰

莫不任興蕃植充盈樂之至也

主冬者昴昏中可以收斂田獵斷伐當上告之天子而下賦之民故天子南面而視四星之中知民之緩急急則不賦籍不舉力役故曰敬授人時此之謂也〔注〕籍公家之常徭序部十一又尚書堯典正義北堂書鈔路史後紀十一引小異

疏證曰大傳兩言民字引經必作敬授民時說苑雜言篇文與大傳考靈曜畧同引書曰敬授民時他如史記五帝紀漢書百官公卿表敕律麻食貨藝文志李尋王莽傳潛夫論愛日篇班祿篇中論國語韋注段玉裁以爲衞包所改經以作大傳議皆作民時碑後漢書劉陶政鑄大錢時蓋淺人又依衞包所改

東方者何也動方也物之動也何以謂之春春出也故謂東方者出也作物方者動也

也太平御覽十八時序部三又藝文類聚三又廣韻十八眞引春者出也下多萬物之出也玉燭寶典引傳物之動也作物方者春出也作者春出也作物之出故謂作曰

主冬者昴昏中可以收斂蓋藏二字周禮司寤疏引多禮書無

疏證曰說文曰麥芒穀秋種厚薶故謂之麥麥金也金王而生火王而死白虎通日閒闔風至則種宿麥泛勝之書曰夏至後七十日寒地可種宿麥早種穗強有節晚種穗小而少實麥種以酢漿無蟲冬雪止掩其雪忽從風飛去則麥耐旱

堯典正義禮記月令正義引尚書考靈曜曰太平御覽時序部十又八又十二又二十四引尚書考靈曜曰陳壽祺曰鳥星為春候火星為夏期昴星為冬期陰氣相佐德乃弗邪子助母母合子符鄭康成注虛星北方宿也昴星西方宿也陰指母收母合子符鄭康成注虛星北方宿也昴星西方宿也

冬者昴星昏中可以種麥主夏者心星昏中可以種黍主秋者虛星昏中可以種麥主

引書考靈曜曰主春者鳥星昏中可以種稷主夏者心星昏中可以種黍主秋者虛星昏中可以種麥主冬者昴星昏中可以收斂畜積伐薪木案此卽本大傳注虛星北方玄武之宿八月昏中見於南方民

秋昏虛中可以種麥注虛北方玄武之宿八月昏中見於南方民

要術二

疏證曰尚書作鳥而此云張素卽鳥之喙也穀疏證曰尚書作鳥而此云張素卽鳥之喙也穀卽禾禾卽粱今之小米說文禾嘉穀也二月始生八月而孰得時之中故謂之禾木王而死金王而生金王而死泥勝之書曰種禾無期因地為時三月榆莢時雨高地強土可種禾或引作種稷者後世多誤認粱稷為一物詳見程瑤田九穀攷劉寶楠釋穀

主夏者火昏中可以種黍菽周禮司爟氏疏書引作黍菽
疏證曰春秋說題辭曰精移火轉生黍禮書出秋改得陰乃成也說文去題辭之夏故移也農書曰黍暑也署出改得陰乃成也說文去題辭之夏故移也農書曰黍暑也署必須暑出秋改陰乃成也大體謂春夏謂體屬陽邑也宋均注曰陰陽謂春夏謂黍赤黑也大體謂黍稷滋崔實四體應節小變赤象陽色也白虎通日陰陽謂黍稷滋崔實四題辭又曰黍者暑也春生秋熟理通勝之書曰三月種黍體也月令先夏至二十日可種黍夏至後暑心未生種民也小變謂時之然也此時有雨可種黍皆如禾欲疏於黍黍黑月也小變謂時之然也此時有雨可種黍皆如禾欲疏於黍黍待暑先心傷無實凡種黍必待暑時有雨可種黍皆如禾欲疏於黍黍雨灌其心心傷無實凡種黍皆如禾欲疏於黍黍人五畝大豆忌甲卯三月榆莢時雨高田可種大豆五升後二十日尚可種小豆不保歲難得宜椶黑時種大豆

主秋者虛昏中可以種麥堯典正義書引同

尚書大傳疏證卷一

善化皮錫瑞

困學紀聞卷二云大傳說堯典謂之唐傳則伏生不以是為虞書

唐傳

堯典

毛詩采菽正義史記五帝紀索隱後漢書注癸辛雜識前集引尚書大傳第一曰云又

引辯章

辯章百姓百姓昭明

百姓

疏證曰東觀漢記漢官解詁皆引辯章鄭注尚書云辯別也章明也亦從今文白虎通姓名篇曰姓所以有百者何以為古者聖人吹律定姓以紀其族人含五常而生正聲有五宮商角徵羽轉而相雜五五二十五轉生四時異氣殊音悉備故姓有百也鄭當如白虎通吹律定姓家解辯章百姓之說

主春者張昏中可以種穀

堯典正義禮書引作穀周禮司爟氏疏引作稷

影印师伏堂本
《尚书大传疏证》